21 世纪全国高等院校财经管理系列实用规划教材

人力资源管理实验教程

主　编　畅铁民
副主编　周鸿勇　王永乐

内 容 简 介

本书共 8 章，围绕人力资源管理理论知识和实践能力培养目标要求，涵盖人力资源规划、工作分析、招聘管理、人员素质测评、培训管理、绩效管理、薪酬管理、劳动关系管理等模块，其中每个模块又各自包括基础实验、技能实验和综合实验三个层次实验体系，每个体系又包括诸项实验任务和项目。各个实验项目的内容和方法按照理论教学环节进行同步安排，力求反映较新的人力资源管理理论，并与国内外人力资源管理实践活动密切衔接。本书设计的实验体系针对国内人力资源管理课程存在的实践教学各种弱点，努力促进实验内容和手段符合人力资源管理原理，力争以系列化、层次性、趣味性实验项目引导学生进行自主实验。

在实验项目安排上，简要阐明了人力资源管理预备知识点，详细设计了实验的操作步骤，在兼顾到使用的有效性前提下设计和选择了一些人力资源管理应用工具和表格。各实验项目既相互联系，又具有相对独立性。各个实验项目都对实验目的、基本原理和知识要点、范例介绍、实验内容、实验程序和步骤等内容进行了详细说明，能够很好满足教和学两方面的需要。

本实验教材适合高等院校经济管理类专业学生以及人力资源管理操作人员培训教材和参考用书。

图书在版编目(CIP)数据

人力资源管理实验教程/畅铁民主编. —北京：北京大学出版社，2013.9
(21 世纪全国高等院校财经管理系列实用规划教材)
ISBN 978-7-301-23078-7

Ⅰ.①人… Ⅱ.①畅… Ⅲ.①人力资源管理—高等学校—教材 Ⅳ.①F241

中国版本图书馆 CIP 数据核字(2013)第 198824 号

书　　　　名：	人力资源管理实验教程
著作责任者：	畅铁民　主编
策划编辑：	王显超　李　虎
责任编辑：	王显超
标准书号：	ISBN 978-7-301-23078-7/C·0931
出版发行：	北京大学出版社
地　　　址：	北京市海淀区成府路 205 号　100871
网　　　址：	http://www.pup.cn　新浪官方微博：@北京大学出版社
电子信箱：	pup_6@163.com
电　　　话：	邮购部 62752015　发行部 62750672　编辑部 62750667　出版部 62754962
印　　　刷　者：	三河市博文印刷有限公司
经　　　销　者：	新华书店
	787 毫米×1092 毫米　16 开本　21 印张　486 千字
	2013 年 9 月第 1 版　2017 年 7 月第 2 次印刷
定　　　价：	40.00 元

未经许可，不得以任何方式复制或抄袭本书之部分或全部内容。
版权所有，侵权必究
举报电话：010-62752024　电子信箱：fd@pup.pku.edu.cn

21世纪全国高等院校财经管理系列实用规划教材

专家编审委员会

主 任 委 员　刘诗白

副主任委员　（按拼音排序）

　　　　　　韩传模　　　　李全喜　　　　王宗萍
　　　　　　颜爱民　　　　曾　旗　　　　朱廷珺

顾　　　问　（按拼音排序）

　　　　　　高俊山　　　　郭复初　　　　胡运权
　　　　　　万后芬　　　　张　强

委　　　员　（按拼音排序）

　　　　　　程春梅　　　　邓德胜　　　　范　徵
　　　　　　冯根尧　　　　冯雷鸣　　　　黄解宇
　　　　　　李柏生　　　　李定珍　　　　李相合
　　　　　　李小红　　　　刘志超　　　　沈爱华
　　　　　　王富华　　　　吴宝华　　　　张淑敏
　　　　　　赵邦宏　　　　赵　宏　　　　赵秀玲

法 律 顾 问　杨士富

丛 书 序

我国越来越多的高等院校设置了经济管理类学科专业，这是一个包括经济学、管理科学与工程、工商管理、公共管理、农业经济管理、图书档案学6个二级学科门类和22个专业的庞大学科体系。2006年教育部的数据表明，在全国普通高校中，经济类专业布点1518个，管理类专业布点4328个。其中除少量院校设置的经济管理专业偏重理论教学外，绝大部分属于应用型专业。经济管理类应用型专业主要着眼于培养社会主义国民经济发展所需要的德智体全面发展的高素质专门人才，要求既具有比较扎实的理论功底和良好的发展后劲，又具有较强的职业技能，并且又要求具有较好的创新精神和实践能力。

在当前开拓新型工业化道路，推进全面小康社会建设的新时期，进一步加强经济管理人才的培养，注重经济理论的系统化学习，特别是现代财经管理理论的学习，提高学生的专业理论素质和应用实践能力，培养出一大批高水平、高素质的经济管理人才，越来越成为提升我国经济竞争力、保证国民经济持续健康发展的重要前提。这就要求高等财经教育要更加注重依据国内外社会经济条件的变化，适时变革和调整教育目标和教学内容；要求经济管理学科专业更加注重应用、注重实践、注重规范、注重国际交流；要求经济管理学科专业与其他学科专业相互交融与协调发展；要求高等财经教育培养的人才具有更加丰富的社会知识和较强的人文素质及创新精神。要完成上述任务，各所高等院校需要进行深入的教学改革和创新，特别是要搞好有较高质量的教材的编写和创新工作。

出版社的领导和编辑通过对国内大学经济管理学科教材实际情况的调研，在与众多专家学者讨论的基础上，决定编写和出版一套面向经济管理学科专业的应用型系列教材，这是一项有利于促进高校教学改革发展的重要措施。

本系列教材是按照高等学校经济类和管理类学科本科专业规范、培养方案，以及课程教学大纲的要求，合理定位，由长期在教学第一线从事教学工作的教师编写，立足于21世纪经济管理类学科发展的需要，深入分析经济管理类专业本科学生现状及存在的问题，探索经济管理类专业本科学生综合素质培养的途径，以科学性、先进性、系统性和实用性为目标，其编写的特色主要体现在以下几个方面：

（1）关注经济管理学科发展的大背景，拓宽理论基础和专业知识，着眼于增强教学内容与实际的联系和应用性，突出创造能力和创新意识。

（2）体系完整、严密。系列涵盖经济类、管理类相关专业以及与经管相关的部分法律类课程，并把握相关课程之间的关系，整个系列丛书形成一套完整、严密的知识结构体系。

（3）内容新颖。借鉴国外最新的教材，融会当前有关经济管理学科的最新理论和实践经验，用最新知识充实教材内容。

（4）合作交流的成果。本系列教材是由全国上百所高校教师共同编写而成，在相互进行学术交流、经验借鉴、取长补短、集思广益的基础上，形成编写大纲。最终融合了各地特点，具有较强的适应性。

（5）案例教学。教材具备大量案例研究分析内容，让学生在学习过程中理论联系实际，特别列举了我国经济管理工作中的大量实际案例，这可大大增强学生的实际操作能力。

（6）注重能力培养。力求做到不断强化自我学习能力、思维能力、创造性解决问题的能力以及不断自我更新知识的能力，促进学生向着富有鲜明个性的方向发展。

作为高要求，财经管理类教材应在基本理论上做到以马克思主义为指导，结合我国财经工作的新实践，充分汲取中华民族优秀文化和西方科学管理思想，形成具有中国特色的创新教材。这一目标不可能一蹴而就，需要作者通过长期艰苦的学术劳动和不断地进行教材内容的更新才能达成。我希望这一系列教材的编写，将是我国拥有较高质量的高校财经管理学科应用型教材建设工程的新尝试和新起点。

我要感谢参加本系列教材编写和审稿的各位老师所付出的大量卓有成效的辛勤劳动。由于编写时间紧、相互协调难度大等原因，本系列教材肯定还存在一些不足和错漏。我相信，在各位老师的关心和帮助下，本系列教材一定能不断地改进和完善，并在我国大学经济管理类学科专业的教学改革和课程体系建设中起到应有的促进作用。

刘诗白

2007 年 8 月

刘诗白 现任西南财经大学名誉校长、教授，博士生导师，四川省社会科学联合会主席，《经济学家》杂志主编，全国高等财经院校资本论研究会会长，学术团体"新知研究院"院长。

前　言

1. **本书选题产生的背景**

(1) 人力资源市场要求相关管理类专业在校学生要把管理理论与实践结合起来，满足用人单位需求和学生职业发展要求，提升在校学生的人力资源管理技能和水平。

(2) 满足学生自主参与、自主操作兴趣的要求。大量实践表明，学生爱好知识性和趣味性结合、技能训练逐步提高的人力资源管理实验训练，来提高自己的人力资本，这是本教材编写者所达成的共识。

(3) 满足学科发展要求，提高课程实践教学配套能力。人力资源管理专业性强，知识和理论体系不断发展，各个模块不断吸收实践者的管理活动，及时地把其管理经验进行总结、提炼和完善，就可能发展成一种新的管理知识。

2. **本教材编写的主导思想**

(1) 基础实验项目的设计要求是利用多种实验软件，在教师指导下，学生分组或者独立地进入实验环境，能够对照本书的项目实验指导书，完成实验项目，掌握实验操作技能，加深对人力资源管理理论和组织人力资源管理活动的体会，强化学生学习兴趣和实践能力。学生要在实验室完成这些实验项目，熟悉国内外已有的软件系统。该类型项目主要是促进学生掌握对组织人力资源管理岗位业务活动的具体操作技能。适合一线人力资源管理业务人员、低年级在校生训练使用。

(2) 各种技能实验项目按照人力资源管理理论要求，通过实训和技能练习，运用游戏、角色扮演、情景模拟、案例分析、现场示范等形式，对各个人力资源管理环节中的主要管理技能进行设计、实训和操作，提高学生人力资源管理专业技能和技巧，培养学生的业务实践能力。实验项目安排丰富多样，适合课堂训练和课后练习，特别是各个业务模块中的技巧训练，重点提高学生人力资源管理技能和能力。该类项目和基础实验项目区别在于：更能够提升学生在未来组织人力资源管理活动的主动性、参与性、趣味性、合作与对抗性，各个模块要安排多项具体的游戏、案例、情景模拟、示范训练、小组讨论等技能活动。每个技能型训练项目适合学生在实验室内进行。

(3) 综合实验项目是按照人力资源管理理论某一部分或者紧密联系的若干部分，运用多种管理技能和手段，结合人力资源管理某综合性活动要求，独立或分组进行具有一定程度的研究型、设计型的较高层次实验项目。通常适合高年级本科生或研究生训练。实验方式主要包括人力资源课程设计、人力资源管理部门或综合管理制度设计训练、大型专项活动设计、学年论文、文献综述、大型专项研讨会等。各个具体项目安排选择要针对中高级人力资源管理人员、高年级人力资源管理专业及相关专业类本科、研究生。具体项目安排要注重训练综合性、应用性，适度学术性和研究探索性，提高学生综合运用人力资源管理理论能力和素养。

3. **本书特色**

(1) 实验体系具备领先性、趣味性、层次性、实践技能性、基础性与探索性。

(2) 实验内容丰富并适合国情，实践体系追求国际视野。

(3) 各类实验活动体系遵循课堂理论、实验室项目、现场实践活动相结合原则。

4. 本书编写分工

本书由畅铁民主编，周鸿勇、王永乐分别担任副主编。各个章节分工为：畅铁民编写第1章、第5章、第7章，周鸿勇编写第3章，朱杏珍编写第2章，王永乐编写第4章，刘海林编写第6章，薛银霞编写第8章。

本书得到绍兴文理学院经济与管理省级实验教学示范中心实验教材项目建设的大力支持，在此表示感谢！

本书出版是对人力资源管理实验教学的探讨和尝试，恳请读者提出宝贵意见，以不断完善。

编 者

2013 年 5 月

目 录

第1章 人力资源规划实验 1
1.1 人力资源规划基础实验 1
实验一 人力资源规划软件实验 1
实验二 职员管理与人力资源内部
供给软件实验 6
1.2 人力资源规划技能实验 11
实验一 人力资源需求预测实验 11
实验二 人力资源供给预测实验 17
实验三 人力资源管理制度规划
实验 22
1.3 人力资源规划综合实验 26
实验一 人力资源年度计划实验 26
实验二 企业人力资源战略规划
设计实验 32
习题 36

第2章 工作分析实验 39
2.1 组织设计与工作分析基础实验 39
实验一 组织规划软件实验 39
实验二 组织结构设计实验 43
2.2 工作分析技能实验 54
实验一 工作分析计划与方法 54
实验二 职位说明书设计与
编写实验 68
2.3 工作分析综合实验 74
习题 79

第3章 员工招聘管理实验 81
3.1 人力资源招聘基础实验 81
3.2 模拟招聘技能实验 97
实验一 撰写招聘广告实验 97
实验二 招聘渠道选择实验 100
实验三 筛选制作 102
实验四 履历分析法 105
3.3 招聘计划编制与招聘评估
综合实验 110
实验一 招聘计划编制 110

实验二 招聘评估 114
习题 117

第4章 人员测评实验 118
4.1 基于书面的基础实验 118
实验一 个体职业影响因素测验 118
实验二 行政职业能力倾向测验 126
4.2 基于沟通的模拟面试技能实验 133
4.3 基于场景的综合实验 139
实验一 公文筐测验 139
实验二 无领导小组讨论 146
习题 150

第5章 员工培训管理实验 151
5.1 培训管理基础——培训需求
调查基础实验 151
5.2 培训管理技能实验 160
实验一 人力资源课堂教学培训
方法实验 160
实验二 人力资源培训角色扮演
实验 162
实验三 公司培训计划编制实验 165
实验四 培训经费预算实验 170
5.3 培训管理综合实验 174
实验一 员工培训效果调查与
评价实验 174
实验二 职业生涯计划设计实验 182
习题 191

第6章 绩效管理实验 193
6.1 绩效管理基础实验 193
实验一 考核基础设置实验 193
实验二 考核方案设计实验 195
实验三 考核过程控制实验 199
实验四 考核结果实验 200
实验五 汇总方案实验 205
6.2 绩效管理技能实验 207

实验一 员工绩效考核工具的设计与
应用 207
实验二 绩效计划和绩效实施
实验 212
实验三 360度绩效考核实验 214
实验四 绩效反馈实验 222
6.3 绩效管理综合实验 224
实验一 绩效指标设计情景
模拟实验 224
实验二 设计绩效评价系统——在
诺尔工程公司中评价
行政助理的绩效 233
实验三 设计绩效评价系统——在
卡特洗衣店中评价员工的
绩效 238
习题 240

第7章 薪酬管理实验 242

7.1 薪酬管理基础实验 242
7.2 薪酬管理技能实验 248
实验一 薪酬管理理念与全面薪酬
制度构建实验 248
实验二 职位薪酬制度设计实验 254

实验三 薪酬调查实验 263
实验四 人工成本核算实验 268
实验五 绩效薪酬制度设计实验 273
7.3 薪酬管理制度设计综合实验 280
7.4 非营利组织绩效薪酬制度效果
专题实验 285
实验一 义务教育教师绩效薪酬偏好
实验 285
实验二 义务教育教师的绩效工资
态度综合调查实验 292
习题 298

第8章 劳动关系管理实验 301

8.1 劳动合同的文本签订与解除
基础实验 301
8.2 劳动关系管理技能实验 306
实验一 集体合同订立实验 306
实验二 员工工作满意度调查
实验 310
8.3 人力资源危机反应计划制订
综合实验 316
习题 320

参考文献 322

第 1 章 人力资源规划实验

> **本章主要学习目标**

1. 了解人力资源规划实验基本体系,熟悉人力资源规划实验所需要的基本理论,掌握人力资源规划实验基础操作技能。
2. 理解人力资源规划基本实验原理,掌握相关软件的使用技能。
3. 熟悉人力资源规划技能型实验项目,掌握技能型规划实验操作技巧。
4. 掌握人力资源年度计划和战略规划方案设计技能。

人力资源规划是围绕组织战略与战术目标,根据组织目前的人力资源状况,为了满足未来一段时间内组织的人力资源质量和数量方面的需要,决定引进、保持、流出人力资源所进行的预测和相关事项。人力资源规划实验是运用相关规划原理,依据人力资源管理实际需要,开展的以人力资源供需为核心的人力资源规划实践教学活动。

1.1 人力资源规划基础实验

实验一 人力资源规划软件实验

人力资源管理软件实验目标:结合人力资源管理理论学习、理解人力资源管理思想与范畴;掌握人力资源管理软件的基本业务范围与业务流程;熟悉人力资源管理系统操作的一般内容。

一、实验目的

通过实验掌握人力资源管理系统的账套建立、Web 环境设置、组织机构设置、职务职位设置、用户管理、工作流设置、高级权限设置等系统初始化工作。

二、预备知识

(一) 人力资源规划的内容

1. 人力资源战略规划：是根据企业总体发展战略的目标，对企业人力资源开发和利用的大政方针、政策和策略的规定。

2. 人员规划：是对企业人员总量、构成、流动的整体规划，包括人力资源现状分析、企业定员、人员需求与供给预测和人员供需平衡等。

3. 制度规划：是人力资源总规划目标实现的重要保证，包括人力资源管理制度体系建设的程序、制度化管理等内容。

4. 费用规划：是对企业人工成本、人力资源管理费用的整体规划，包括人力资源费用预算、核算、审核、结算，以及人力资源费用控制。

(二) 岗位设计

在企事业单位中，每个工作岗位都存在于为完成特定目标而设置的组织结构系统的构架之内。在一定的组织结构条件下，每个岗位的内涵都是由它所属单位的功能，以及体现这些功能的工作任务和目标来决定的。

1. 基本原则

明确任务目标的原则，合理分工协作的原则，责权利相对应的原则。

2. 注意事项

具体设置岗位时，还应充分考虑并处理好以下几个方面的关系。

根据企业发展的总体发展战略的要求，对现存的组织结构模式以及组织机构的设置进行评价，是否存在着资源配置不合理、运行规则不适应、纵向管理不顺畅、横向管理不协调的地方。

所有岗位工作责任和目标是否具体、明确，是否足以保证组织的总任务和总目标的实现。

是否以尽可能少的岗位设置承担尽可能多的工作任务。

各个岗位之间上下左右的关系如何，它们之间的关系是否协调，是否能在组织中发挥积极有效的作用，每个工作岗位的存在是否体现了科学化、合理化和系统化的设置要求。

此外，应该明确企业职务、职位、职等的区别与联系，尤其是职务与职位的区别，职务、职位的对应关系；员工入职前企业人力资源管理的基本架构，如组织结构、职务职位、职等；理解企业职等管理的含义，以及职等与职务的对应关系。

3. 金蝶软件中的人力资源规划程序

人力资源规划方式可由用户选择采取集中授权式或分权式：各部门负责人获得授权后可根据各部门实际需要分别进行规划，再根据设定流程进行规划汇总审批。在人力资源数据中心可以进行职位体系、编制、人员等的调整，如增加或减少职位、增加或减少编制，相关数据反映在年度人力资源规划报表中，并且可以自动将规划数据与系统当前数据进行对比，显示空缺情况，如图1.1所示。

图 1.1 金蝶 K/3HR 年度人力资源规划

序号	公司名称	部门名称	规划编制数	实际编制数	在编人数	本年度任职人数	实际人数	空缺(与规划编制数比较)
1	绿色原野集团		185	212	35	35	35	150
2	**绿色原野集团		4	4	2	2	2	2
3	绿色原野集团总部		31	31	0	0	0	31
4	**绿色原野集团总部		1	1	0	0	0	1
5		人力资源部	17	17	-1	-1	-1	18
6		财务部	1	1	0	0	0	1
7		总裁办	1	1	0	0	0	1
8		投资管理部	1	1	1	1	1	0
9		审计部	10	10	0	0	0	10
10		*审计部	4	4	0	0	0	4
11		企划部	6	6	0	0	0	6
12		*企划部	5	5	0	0	0	5
13		广告宣传部	1	1	0	0	0	1
14	绿色原野销售有限公司		115	142	14	14	14	101
15	**绿色原野销售有限公司		1	1	1	1	1	0
16		销售项目开发部	9	25	4	4	4	5
17		销售管理部	56	56	1	1	1	55
18		*销售管理部	2	2	1	1	1	1
19		销售预测部	26	26	0	0	0	26
20		销售业务拓展部	12	12	0	0	0	12
21		销售经营部	16	16	0	0	0	16
22		办公室	2	2	0	0	0	2
23		财务部	6	6	1	1	1	5
24		人力资源部	6	17	3	3	3	3

三、范例介绍

组织变革与杜邦发展

在 19 世纪，杜邦公司是一个家族公司，基本上实行个人决策式经营。在亨利时代，个人决策式的经营基本上是成功的。这主要是因为：第一，公司规模不大，直到 1902 年合资时才 2400 万美元；第二，产品比较单一，基本上是火药；第三，公司产品质量居于绝对领先地位，竞争者难以超越；第四，市场需求变化不甚复杂。个人决策之所以取得了较好的效果，这与亨利的非凡精力也是分不开的。直到 72 岁时，亨利仍不要秘书的帮助。任职期间，他亲自写的信不下 25 万封。

亨利的侄子尤金是公司的第三代继承人。尤金试图承袭其伯父的经营作风，也采取绝对的控制，亲自处理细枝末节，亲自拆信复函，但他终于陷入公司错综复杂的矛盾之中。1902 年，尤金去世，合伙者也都心力交瘁，两位副董事长和秘书兼财务长也相继累死。这不仅是由于他们的体力不胜负荷，还由于当时的经营方式已与时代不相适应。

正当公司面临危机、无人敢接重任、家族拟将公司出卖给别人的时候，三位堂兄弟出来廉价买下了公司，并果断地抛弃了亨利的那种单枪匹马的管理方式，精心地设计了一个集团式经营的管理体制。集团式经营最主要的特点是建立了"执行委员会"，执行委员会隶属于最高决策机构董事会之下，是公司的最高管理机构。在董事会闭会期间，大部分权力由执行委员会行使，董事长兼任执行委员会主席。1918 年时，执行委员会有 10 个委员、6 个部门主管、94 个助理，高级经营者年龄大多在 40 岁上下。此外，杜邦公司抛弃了当时美国流行的体制，建立了预测、长期规划、预算编制和资源分配等管理方式。在管理职能分工的基础上，建立了制造、销售、采购、基本建设投资和运输等职能部门。在这些职能部门之上，是一个高度集中的总办事处，控制销售、采购、制造、人事等工作。

由于在集团经营的管理体制下，权力高度集中，实行统一指挥、垂直领导和专业分工的原则，所以秩序井然，职责清楚，效率显著提高，大大促进了杜邦公司的发展，公司的资产到 1918 年增加到 3 亿美元。

可是，杜邦公司在第一次世界大战中的大幅度扩展，以及逐步走向多元化经营，使组织机构遇到了严重问题。每次收买其他公司后，杜邦公司都因多元化经营而严重亏损。这种困扰不只是由于战后通货从膨胀转化为紧缩，主要是由于公司的原有组织没有弹性，对市场需求的变化缺乏适应力。

杜邦公司经过周密的分析，提出了一系列组织机构设置的原则，创造了一个多分部的组织结构。在执行委员会下，除了设立由副董事长领导的财力和咨询两个总部外，还按各产品种类设立分部。在各分部下，则有会计、供应、生产、销售、运输等职能处。各分部是独立核算单位，分部的经理可以独立自主地统管所属部门的采购、生产和销售。新分权化的组织使杜邦公司很快成为一个具有效能的集团，所有单位构成了一个有机的整体，公司组织具有很大的弹性，能适应市场需要而变化。

20世纪60年代初，杜邦公司又接二连三地遇到了难题。为了摆脱危机，杜邦公司除了实施新的经营方针外，还不断完善和调整原有的组织机构，进行组织结构的创新。

四、实验项目内容、步骤、方法和要求

（一）实验背景

某公司进行组织调整后，在某城市分支机构的数据见表 1-1。

表 1-1 账套设置实验背景与数据

数据项	数据内容
中间件组织结构	名称：SX 集团，编码 sxjt
中间件账套	名称：实验账套，编码 sxzt
组织机构	SX 集团 城区分公司，编码 SXJT01，负责人职位名称：城区分公司总经理 城北分公司，编码 SXJT02，负责人职位名称：城北分公司总经理 城南分公司，编码 SXJT03，负责人职位名称：城南分公司总经理 城东分公司，编码 SXJT04，负责人职位名称：城东分公司总经理 城西分公司，编码 SXJT05，负责人职位名称：城西分公司总经理
职务类型	管理类，编码 01 技术类，编码 02
职务	管理类：总经理、副总经理、分公司总经理、分公司副总经理、部门副经理、职员 技术类：网络工程师
职位	集团公司职位 名称：职能部门经理，对应职务：部门经理，编制 4 人 名称：文秘，对应职务：职员，编制 10 人 城区分公司职位 名称：营销副总，对应职务：分公司副总经理，编制 1 人 名称：计算机维护，对应职务：职员，编制 3 人 城北分公司职位 名称：生产副总，对应职务：分公司副总经理，编制 1 人 名称：网络管理，对应职务：职员，编制 2 人 城南分公司职位 名称：人力资源管理副总，对应职务：分公司副总经理，编制 1 人 名称：文秘，对应职务：职员，编制 4 人

续表

数据项	数据内容
职位	城东分公司职位 名称：科研副总，对应职务：分公司副总经理，编制 1 人 名称：库管，对应职务：职员，编制 4 人 城西分公司职位 名称：行政副总，对应职务：分公司副总经理，编制 1 人 名称：市场经理，对应职务：职员，编制 10 人
职等	1 级至 15 级 总经理：15 级；副总经理：12～14 级；分公司总经理：11～13 级； 分公司副总经理：11～13 级；部门经理：10～12 级； 部门副经理：10～12 级；职员：1～9 级
职称	翻译专业人员：助理翻译、副译审、翻译、译审
人员	姓名：实验者　身份证号码：实验者自己编写
工作流	名称：入职手续，编码：01；级数：2 级，本人提交，本人审批
高级权限	与工资有关的权限全部赋予

(二) 实验内容、方法、步骤和要求

实验要求：掌握账套管理的基本操作，熟练进行系统登录，同时在登录系统后掌握组织机构设置、职务职位设置、用户管理、工作流管理等系统初始化设置。

每组 5～6 人，推选一人担任组长，1 人负责账套管理，1 人负责组织机构管理，1 人负责职务，1 人负责职位管理，1 人负责在职人员新增，1 人负责用户权限管理、工作流管理及高级权限。各操作在人员间轮换。

系统初始化设置实验步骤。根据"实验数据"进行实验练习，并详细记录实验操作步骤，与实验结果对照：①中间件服务部件账套设置；②Web 配置；③登录业务系统设置组织机构；④设置职位及职位类型；⑤设置职务；⑥职称设置；⑦在职管理；⑧用户管理；⑨工作流管理；⑩高级权限设置。

五、实验所需时间

2 小时。

六、实验条件

数据准备：确认组织机构、职务、职位、职等数据已准备；确认人员数据已准备；确认人员权限数据已准备。

人力资源管理软件实验所需条件如下。

1. 服务器端。操作系统：Windows Server 2012/Windows Server 2012 Advanced；数据库：SQL Server 2012。

2. 金蝶人力资源管理软件客户端。操作系统：Windows 2000/Windows XP Internet Explorer 版本 6.0 以上；Office 套件，便于记录实验结果；VBA 运行环境已安装。

七、成绩评价

1. 实验成绩按照优秀、良好、中等、及格、不及格 5 等级评定。

2．成绩评定准则。
(1) 掌握人力资源计划软件系统初始化主要内容。
(2) 掌握人力资源计划软件系统初始化方法与程序。
(3) 结合企业实际情况，维护企业人力资源软件。
(4) 记录了完整实验过程，文字简洁、清晰，结论明确。
(5) 课堂模拟、讨论、总结占总成绩70%，实验报告占30%。
(6) 实验报告要求：编写语言流畅，文字简洁，条理清晰。实验报告书格式见表1-2。

表1-2　人力资源管理实验报告

姓名		专业(班级)		实验日期	年　　月　　日
实验项目名称					
实验目的					
实验内容					
实验资料					
实验过程					
实验结论					
收获与体会					
改进建议					
评价意见					
指导教师					

实验二　职员管理与人力资源内部供给软件实验

一、实验目的

通过实验熟练掌握人员入职、转正、人员调动、人员晋升、人员离职、人员退休以及合同管理等常见人事事务处理，熟悉基本人事事务管理工作与人力资源内部供给情况。

二、预备知识

开展人力资源内部供给预测，就需要对组织内部员工的情况，如员工人数、年龄结构、平均技能水平、发展潜力及流动趋势等情况进行分析，从而预测在未来一段时间里会有多少人能稳定地留在组织中、有多少人会有发展和晋升的可能，最后得出在未来一段时间内组织内部能够提供的人力资源的大致情况。人力资源内部供应预测的主要预测方法中，内部员工流动可能性矩阵图方法强调企业内部员工每年都在流动，了解了流动的趋势就可以知道人力资源内部可能的供应量。从矩阵图中可以看出某一时期各个不同职位上的员工晋升、降职、流出的百分比，结合计划期初的各个岗位人数，就容易掌握内部各个岗位计划期末内部流动后的岗位人员变化情况。

人力资源部经理要求充分了解公司各部门优秀员工，了解符合提升条件的员工数量、整体质量等，也可与各部门经理联系，希望他们推荐。内部提升是一种比较好的方式，因为被提升的员工基本上已经接受了公司的文化，省去了文化培养的程序。其次是通过提升使员工得到某种满足，更易激发工作的热情和积极性。外部招聘相对来说比内部提升效果要差一些，但也不是全部，如果能够从外部招聘优秀人才并留住人才，发挥其作用，也是很好的。在确认供给状况时要明确人员供给的方式、人员内外部的流动政策、人员获取途径和获取实施计划等。

在金蝶人力资源管理软件中，职员管理是提供给人力资源管理专业人员实现对企业内职员信息管理、基本人事事务处理等日常工作的基础模块，此模块的主要功能除了包括以下方面外，更重要的是，能够方便人力资源专业人员掌握内部人力资源供应情况。

1. 人员分类别管理：企业可以结合实际管理需求，按照管理内容和管理对象的不同对职员进行分类管理。

(1) 在职员管理中，可以通过批维护功能方便快捷地维护职员信息，处理入职、返聘流程，浏览并打印员工简历，如图 1.2 所示。

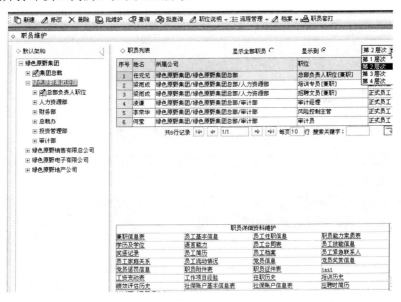

图 1.2　金蝶 K/3HR 职员信息维护

(2) 在离退休职员管理中，可以维护职员信息，处理离退休职员返聘业务，如图1.3所示。

图1.3　金蝶K/3HR职员管理——退休

(3) 在离职职员管理中，可以维护职员信息，处理离职职员重新入职业务，如图1.4所示。

图1.4　金蝶K/3HR职员管理——离职

(4) 在不在职职员管理中，可以维护职员信息，处理职员在不在职与在职之间状态转换的业务，如图1.5所示。

2. **人事事务**：提供员工入职、离职、异动、离退休、借调等常用人事事务类型，应用者可根据本企业管理要求自定义新的事务类型。

3. **合同管理**：提供合同分类别管理，职员详细合同管理以及合同续签、变更、终止、解除业务。合同管理人员可建立如长期劳动合同、试用期合同、保密合同、培训合同等合同类别或子类别，将相关合同模板上传到系统中，并建立与职员个人合同的关联，如图1.6所示。

图 1.5　金蝶 K/3HR 职员管理——状态转换

图 1.6　金蝶 K/3HR 职员合同管理

三、范例介绍

运用金蝶 K/3HR 进行某公司职员管理的操作结果。

1. 通过单击"在职管理",选中主城区分公司财务部,可得到职员列表,如图 1.7 所示,其中员工 B 是部长助理。

图 1.7　金蝶 K/3HR 职员管理——在职管理

2. 单击"离职管理",人员 D 在离职人员记录中,并且应该只有人员 D 的信息,如图 1.8 所示。

图 1.8 金蝶 K/3HR 职员管理——离职管理

3. 单击"离退休管理",人员 C 在离退休人员信息中,并且应只有职员 C 的信息,如图 1.9 所示。

图 1.9 金蝶 K/3HR 职员管理——离退休管理

四、实验项目内容、步骤、方法和要求

(一)实验背景与数据

实验数据见表 1-3。

表 1-3 实验数据

处理数据项	本次处理数据内容
人员入职	某公司的城区分公司财务部新增 5 名文员:甲、乙、丙、丁和戊,身份证号码自编,其中甲、乙、丁和戊为试用员工(试用期为 1 个月),丙为正式员工,入职时间均为 2012 年 6 月 1 日
转正	甲和乙提前转正,转正时间为 2012 年 6 月 21 日
变动	甲由城区财务部调动至城南分公司财务部,职务文员,调动后职级不变;乙由城区财务部文员晋升为部长助理,职级为 8 级;丙、丁和戊由城区财务部调动至城东分公司财务部,职位文员
辞职	员工戊辞职,辞职类型为"辞职",辞职原因为"自谋职业"
辞退	员工丁被辞退,辞退类型为"辞退",辞退原因为"公司淘汰"
离退休	员工丙退休,离退类型为"退休",离退休原因为"解除合同"
再次入职	员工戊再次入职,职务"城区财务部文员",职员类型"正式员工",加入本公司时间为首次入职时间"2012−06−01",职级为 4 级
合同类别	劳动合同 培训合同,合同拥有者为甲
合同文件	劳务合同:长期合同,临时合同
职员合同	职员乙与集团签订的劳务合同,合同生效日为 2012 年 6 月 20 日

(二)实验内容、方式、要求、步骤

以企业人力资源业务处理人员进行实验,进行职员管理、人事事务、合同管理等内容操作。实验组织按照分组进行,每组 5 或 6 人,推选 1 人任组长,1 人负责职员管理,结合人事处理查询系统数据变化情况，1人负责人事事务的转正、异动、变动，1人负责合同管理。各操作在人员间轮换。

根据实验背景数据进行实验练习，进行以下操作并详细记录实验操作步骤。①新增人员；②人员转正；③人员异动；④人员辞职；⑤辞退；⑥离退休；⑦合同类别。

五、实验所需时间

1小时。

六、实验条件

数据准备：确认组织机构、职务、职位、职级等数据已准备；确认人员数据已准备；确认人员权限数据已准备。

人力资源管理软件实验所需条件如下。

1．服务器端。操作系统：Windows Server 2012；数据库：SQL Server 2012。

2．金蝶人力资源管理软件客户端。操作系统：Windows 2000/Windows XP Internet Explorer 版本6.0以上；Office 套件，便于记录实验结果；VBA 运行环境已安装。

七、成绩评价

1．实验成绩按照优秀、良好、中等、及格、不及格5等级评定。

2．成绩评定准则。

(1) 熟练掌握基本人事事务处理，包括人事入职、转正、调动、晋升、降职、离职、离退休的系统处理方式，能够理解人力资源内部供给方式特征。

(2) 结合人事事务处理观察系统中人员信息的变化以理解企业中人员信息动态变化过程。

(3) 结合企业实际情况，维护企业人力资源软件。

(4) 记录了完整实验过程，文字简洁、清晰，结论明确。

(5) 课堂模拟、讨论、总结占总成绩70%，实验报告占30%。

(6) 实验报告要求：编写语言流畅，文字简洁，条理清晰。

1.2 人力资源规划技能实验

实验一 人力资源需求预测实验

一、实验目的

明确人力资源需求预测的概念，了解影响人力资源需求预测的主要因素，掌握人力资源需求预测内容、方法和程序，能够完成人力资源需求分析和预测任务。

二、预备知识

(一) 人力资源需求预测含义

人力资源需求预测就是估算组织未来需要的员工数量和能力组合，作为人力资源规划的核心和前提，其直接依据是公司发展规划和年度预算。

预测的基本原理是根据过去推测未来,预测技术则需要结合社会科学、行为学等学术领域常规的经验研究方法,立足企业具体情况、可获得的数据和企业管理制度等进行选择。

(二)影响人力资源需求因素

影响组织人力资源需求的因素。在进行人力资源需求预测时,需要考虑以下影响因素。

1. 组织外部环境因素。首先是经济因素,具体包括组织未来的发展趋势、社会经济发展状况等,这些因素对组织人力资源需求影响较大,但其可预测性较弱。其次是社会、政治、法律因素,虽然较易预测,但却难以确定它们何时将对组织产生真正的影响。第三是技术革新对组织人力资源影响较大,如工业革命,极大地提高了劳动生产率,使对人力资源的需求锐减。

2. 组织内部因素。首先,组织的战略目标规划是影响人力资源需求最重要的因素,因为它决定了组织的发展速度,决定了组织新产品的开发和试制以及产品覆盖率等。其次,组织产品或劳务的销售预测及组织预算对人力资源需求也有直接的影响。第三,如果组织需重建新的部门机构或分支组织等,其人力资源需求量也会相应增加。最后,组织的人力资源需求还取决于劳动定额的先进与合理程度。

3. 人力资源自身因素。组织现有人员的状况对人力资源需求量也有重要影响。如退休、辞职人员的数量,合同期满后终止合同的人员数量,死亡、休假人数等都直接影响到人力资源需求量。

(三)人力资源需求预测程序

人力资源需求预测分为现实人力资源需求、未来人力资源需求和未来流失人力资源预测3部分。

1. 现实人力资源需求预测。根据职务分析的结果来确定职务编制和人员配置;进行人力资源盘点,统计出人员的缺编、超编及是否符合职务资格的要求;就统计结论与部门管理者进行讨论,修正统计结论,该统计结论就是现实的人力资源需求。

2. 未来人力资源需求预测。根据组织发展规划,确定各部门的工作量;根据工作量的增长情况,确定各部门还需要增加的职务及人数,并进行汇总统计,该统计结论即为未来人力资源的需求。

3. 未来流失人力资源预测。对预测期内退休的人员进行统计;根据历史数据,对未来可能发生的离职情况进行预测;将统计和预测结果进行汇总,对未来流失的人力资源进行预测。

将现实人力资源需求、未来人力资源需求和未来流失人力资源汇总,即得到组织整体人力资源需求预测结果。

(四)人力资源需求的预测方法

人力资源需求的预测方法包括定性预测方法和定量预测方法。定量预测方法包括转换比率法、任务比率法、趋势外推法、回归分析法、经济计量模型法、生产模型法、定员定额法。下面主要介绍几种定性预测方法。

1. 德尔菲(DelPhi)法

这种方法由美国兰德公司于20世纪50年代发明,又叫做专家评估法,是一种定性预测技术。此方法一般采用问卷调查的方式，听取专家们，特别是人事专家对组织未来人力资源需求量的分析和评估，通过多次重复，最后达成一致意见。这种方法要求比较严格，一般不允许专家之间互相见面，组织者只通过电话、传真或者网络与各个专家进行交流。

具体过程分成以下 5 个工作步骤。

(1) 预测筹划工作，包括确定预测目标和课题，规定预测要求，选择若干名熟悉本课题的专家组成专家组，准备有关材料。

(2) 首轮预测工作，针对预测项目提出预测问题，并以预测表格的形式随有关背景材料一起交给专家组，各专家以匿名的方式独自做出预测。

(3) 反复预测工作，对各专家的预测结果进行整理、汇总和统计分析，最后形成第一次预测结果，并把结果再次分发给各位专家，由他们对新的预测表格进行第二轮预测，如此反复进行几轮。

(4) 表述预测结果，经过几轮预测以后，把最后一轮的预测结果加以整理和分析，以文字或图表的形式表达出来。

(5) 德尔菲法能够有效地避免不同专家受到他人的干扰，另外，它不需要专家面对面地坐在一起，这样就可以使不同地方的专家参与到同一个决策项目中。这种技术被广泛地运用于人力资源规划中。现代社会技术更新非常迅速，用传统的人力资源预测方法很难准确预计未来的技术人员的需求。相关领域的技术专家由于能把握技术的发展趋势，所以更容易对该领域的技术人员状况做出预测。不过，这种方法也有它的不足——费时，如果想迅速做出决策，这种方法就不适用了。

2. 经验判断法

这是一种主观预测方法，即管理人员凭借自己的经验，根据组织过去几年的人力资源需求状况和自己认为将来可能发生变化的因素，来对组织的人员需求进行估计和预测。经验预测法建立在启发式决策的基础上，这种决策的基本假设是：人力资源的需求与某些因素的变化之间存在着某种关系。一般来说，组织在未来一段时间内可能发生变化的因素有：组织决定提高产品质量或服务质量，或者决定进入新市场；技术变革和管理变革会促进生产率的提高；可能获得新的财力资源。由于此种方法完全依靠管理人员的个人经验，所以预测结果的准确性得不到保证。

3. 趋势分析法

趋势分析法就是通过分析组织在过去若干年中的雇佣趋势，以此来预测组织未来的人员需求。此方法一般遵循以下步骤：首先，选择一个对人力资源需求影响比较大的适当的商业变量或经济变量(如销售额)；然后分析该变量与所需员工之间的关系，两者的比率构成一种劳动生产率指标(如销售额/人)；计算过去 5 年(或更长时间)该指标的值，求出均值；最后用平均劳动生产率去除目标年份的商业变量或经济变量，即可得出目标年份的人员需求预值。趋势分析法虽然很有价值，但它是一种简单而又初步的预测方法，而且它的成立要依靠众多假设前提，如假定组织的生产技术构成不变，市场需求基本不变等，因此仅仅靠这种方法来预测组织的人力资源需求量是远远不够的。

三、范例介绍

某国有企业的人力资源管理存在现代管理意识不强、管理方法落后、职能缺位等问题，严重阻碍了企业改革的进度。集团人力资源专题规划小组围绕"十二五"发展规划,根据总体战略目标,结合业务布局与调整、管理创新和技术发展等因素,本着"分步实施、持续改进"的原则,基于现状,着眼未来,负责人力资源专题规划的制订。

1. 人力资源发展目标

为集团"十二五"生产业务发展提供人才保障,建设并不断完善一个充满凝聚力和竞争力的平台,吸引一流人才,提供培训和发展的机会。

集团层面:对集团人力资源管理进行全新的定位,从后台走到前台,由后勤服务为主转变为决策与服务并重,使人力资源管理成为集团整个企业管理的轴心之一。

业务层面:能够准确及时地配置管理人才、技术人才、业务人才、特殊人才,提供足够的人力资源,以适应技术更新、业务拓展、功能调整和市场变化。

职能层面:结合职位、工作、人三者关系打造人力资源平台,建设业务操作系统,使工作分析、招聘录用、岗位配置、培训教育、薪酬福利、绩效管理等工作专业化,流程规范化。

到 2015 年,集团管理人才的年龄、专业性有大的改进,专业人才有新的引进,人力资源管理符合集团战略转型的需要。

2. 人力资源现状分析

(1) 人员结构分析。目前集团员工数量除存在大量不在岗富余人员外,在岗员工人数基本符合生产的需要,但今后随着港口行业竞争的加剧及新业务的不断开拓,那些只能应付现岗位工作的人员,将难以面对今后更具挑战性的工作。

(2) 知识技能水平分析。随着经济社会的发展和温州港务集团更高的定位,集团对高素质管理人员和专业人才需求会更大,总的来说,集团人员仍然偏多,总体素质不高,高档次专业技术人才偏少。从文化结构看,集团初中及以下文化程度有 577 人,占全部在岗正式职工的 51.84%,高中文化程度的员工 270 人,占全部在岗正式职工的 24.26%,大专文化程度的员工 170 人,占全部在岗正式职工的 15.27%,本科文化程度的 96 人,占全部在岗正式职工的 8.63%。从专业技术职务角度分析,目前集团现有各类专业技术职务人员 191 名,是 2000 年集团刚成立时 77 名的 2.48 倍,其中,高级专业技术职称 2 人,中级职称 71 人,初级职称 118 人;中级以上专业技术职称的员工仅占在岗正式员工总数的 6.6%,助师级专业技术职称的员工仅占在岗正式员工总数的 10.6%。从人力资源的质量结构看,普通员工占的比重很大,高学历、高档次专业技术人员和复合型人才却严重不足,新业务的开拓急需一大批精通投资、物流、机械、信息技术、外语、企业理财等全方位复合型人才。

(3) 年龄结构分析。集团成立五年来通过招聘本专科毕业生和实施带薪退养等人员调整办法,大大缓解了员工队伍的年龄结构老化趋势,但从整体上看,集团员工的年龄仍然偏高,现在岗员工 30 岁以下约占 20%,31～40 岁的员工约占 20%,41～50 岁的约占 38%,51～60 岁的约占 22%,人员年龄集中在 40 岁到 50 岁之间,容易造成断层,影响企业未来的发展和稳定;再加上只进不出、只上不下的用人机制及提拔任用青年干部的力度还不够,集团员工队伍缺乏生机和活力。

(4) 人员动态分析。港务集团属于国有老企业,人员离职率并不高,员工队伍相对稳定,人员流动率低,在某种意义上可以说过于稳定,缺少退出机制,使得员工竞争意识不强,不利于发挥现有人员的潜力。

3. 人力资源需求分析

根据所在城市的港口总体规划，在"十二五"期间，集团将投资近 50 个亿用于港口建设，新增 1000 万吨的吞吐能力和 100 万 TEU 的集装箱处理能力，到 2015 年集团港口吞吐量达到 2500 万吨，集装箱吞吐量达到 120 万 TEU，同时实施"老港换新港"战略，实现市区老港区和新码头的功能转换，筹建新公司。"十二五"发展规划甚至更长远蓝图的实现，人力资源的支撑和保障是关键。总体规划在分析集团业务发展、规模扩大、技术升级以及人力资源现状的基础上，确定集团人力资源需求主要来自业务发展带来的管理人才需求，技术进步导致的专业人才需求。

(1) 中高层管理人才。集团中层以上管理人员基本上来自于基层或一线生产人员，具有丰富的港区生产管理经验，熟悉集团的全面情况，并且形成了企业文化的沉淀和积累。但由于条件的限制，集团中层以上管理人员缺少学习和培训的机会，运用现代企业管理技术的能力不足。集团中层以上管理人员的整体提升仍然以内部培养为主，一方面通过提供高层次的培训机会提高中高层管理人员的理论修养和管理水平；另一方面为年轻职工提供工作实践和职位锻炼等发展机会，进行人才梯队和储备建设。中高层管理人员的培养不仅要满足现有港区的需要，更要为新港区的管理岗位和合资公司的外派管理人员做好人才准备。

(2) 工程建设人员。在"十二五"期间，集团工程建设投资大，项目多。现有工程建设人员，基本上是集团成立之后招聘的本科毕业生，专业细分比较广，整体素质相对较高，但在工作经验和人员数量方面还不能满足工程项目建设量多面广的局面，专业人才缺口较大。未来 5 年，需要补充 15 名左右的专业人才，考虑到人员使用的培养期和迫切性，招聘工作应适当提前。

(3) 营销揽货人员。目前，集团尚未组织起正规意义上的营销揽货工作，这也是货源外流的原因之一。随着新市场和新航线的开发，以及周边港口和专业货主码头的竞争日益激烈，集团应以更加积极主动的态度参与到市场竞争中去，培养一支专业、正规的营销揽货队伍，变"等货上门"为"引货进门"。同时，各公司设立客户经理制，提高客户服务的质量和效率。建议每个港区设立 5 人左右的营销小组，驻外揽货网点每个网点至少配置 2 人，揽货和客户管理人员以内部培养为主，立足于现有人员，通过培训，提高揽货人员的营销知识水平和实际工作能力。另外集团需要 1~2 名营销经理，主管营销业务，全力负责货源市场开拓和航线开发，由于对营销的知识和能力要求较高，建议外部引进。按照"十二五"期间的港区划分和揽货网点设置，集团至少需要配置 25 人以组成完整的营销队伍。

(4) 集装箱管理人员。专业集装箱管理人才应根据各个港区集装箱运输量设立相应岗位编制，对外引进并加以系统培养，按照每 20 万 TEU 配置 2 名专业集装箱管理人员，在"十二五"期间需要 10 名左右才能满足业务工作开展尤其是状元吞深水港发展的需要。

(5) 机械技术人员。在"十二五"期间，集团机械设备计划总投资 3000 万元，用于淘汰陈旧设备和更新改造新设备。港口设备的大型化、现代化和整体技术含量的提高，使得集团各港区机械技术人员缺口问题日益明显。现有技术人员总体技术水平不高，现代科学技术知识缺乏。未来 5 年还需要引进和培养机械技术方面的专业人才 50 名左右。集团可通过与专业院校挂钩的形式，建立稳定的人才输送渠道，引进各个层次的机械管理和机械操作方面的实用型人才。

(6) 新型管理人才。在"十二五"期间，集团将在巩固发展码头产业的基础上大力拓展其他领域，培育集团新的业务增长点，如房地产开发、物流、投资、景观休闲、信息服务等。新兴领域市场竞争激烈，对人才专业性要求高，集团没有相应的人才资源支撑，为保证拓展业务的顺利开展，前期应引进相关专业较高层次的人才。

四、实验项目内容、步骤、方法和要求

(一) 实验背景

某股份有限公司作为大型民营矿业企业。公司愿景是创建有色金属行业集采选冶为一体的综合企业集团，拓展经营领域，多元化发展，实现跨国经营；在适当阶段，企业整体或局部绩优资产上市，增资融资扩股、提升规模，由单纯生产经营型经济向资本经营型经济转变；争创中国一流企业，整合资源优势，塑造独特的强势文化，建立"百年品牌"。为了实现愿景，公司已经或将形成几大板块。

矿业板块：是公司长期生存和发展的基础，目前公司年采选矿石150万吨，主要产品涵盖了金、银、铜、铁、锌、铅、铟、铋、锡等多种有色金属、黑色金属及稀贵金属。

冶炼板块：定位于公司发展所必需的功能和手段。计划与其他公司合资筹建总投资为4.5亿元，建设以稀有贵金属为主、锌金属为辅，年产5万吨的冶炼厂，该项目的建设期为两年，建成达产后每年可新增产值6亿元，利税1.2亿元。

乳牛饲养板块：是公司多元化的一次尝试。根据集团总体规划，某饲养基地主要作为青年奶牛和500头育肥牛饲养基地。

机械加工板块：是集团面向一体化多元经营的重点项目。公司的产品力求能满足集团内部企业的需要，并为采选业其他企业提供机械配套支持。

配件经营板块：是公司降低采购成本、开辟新利润点的平台。主要定位是为集团生产提供采购服务，并积极参与市场竞争，为公司提供新的利润来源。

规划期内，总部的决策、投资和管理职能将进一步加强，战略、人力资源、投资、财务、审计、法律、企业文化等职能管理链条将进一步延伸。

公司愿景决定了公司人才队伍的国际化。公司需要积极培养和储备国际化人才。提升人才的国际化水平包括两层含义：一是针对未来的国际业务，培养具有国际沟通和交往能力、熟悉国际商务规则、具有国际眼光的专门人才；二是培养公司各类高级人才的国际化眼光和全球经济一体化的系统思维能力。

公司的性质、业务架构、发展战略和管理模式，为公司人才队伍分类提供了依据，也为公司的人力资源开发指明了方向和重点。

根据初步预测，该公司需要的经营决策人才类型和数量为：经营决策人才类型为公司总裁、副总裁、专业总工、总监等，他们主要负责把握和引导公司战略发展方向，负责公司日常经营决策；根据规划期内机构设置变化和管理人员配置原则，初步预计公司经营决策人才总需求为8~11人。

(二) 实验内容、要求

根据上述资料，依据人力资源需求预测原理，进行该公司人力资源需求预测。

1. 中高级管理人才(包括总部职能部门部长、分子公司总经理、副总经理，总部职能

部门副职、分子公司部门处长等中级管理人才)。这些管理人才担负双重角色，在公司层面是执行者，在其主管的领域和单位又是领导者，主要职责：一是决定管理权限内的重大事项，二是使用和培养人才，发挥团队作用。

2．各类职能专业人才。包括战略规划、人力资源、财务、投资、证券、信息、审计、企业文化等专业人才。公司对职能专业人才的需求主要集中在公司总部，根据公司职能管理定位，总部需要专业门类齐全、具有较高专业水平的专家型人才队伍，各分子公司除财会专业外，以操作型专业人才为主。

(三) 实验步骤、方法

1．查阅相关文献资料，提出企业人力资源需求总量与各类人才数量预测方法。

2．结合该公司愿景和产业发展规划，按照该公司战略要求，提出初步的各类人才需求分析结果。

3．分析影响该公司上述人力资源需求的内外环境影响因素，完善人力资源需求分析结果。

4．提交实验报告。

五、实验条件

1．计算机与打印机。

2．实验室条件与环境。

3．有关统计分析软件。

六、实验所需时间

4 小时。

七、实验报告和实验成绩评定

1．实验成绩按照优秀、良好、中等、及格、不及格 5 等级评定。

2．成绩评定准则。

(1) 掌握人力资源供需预测的主要方法与程序。

(2) 掌握人力资源供需影响因素。

(3) 结合企业实际情况，进行合理的企业人力资源需求预测和供应分析。

(4) 记录完整实验过程，文字简洁、清晰，结论明确。

(5) 课堂模拟、讨论、总结占总成绩70%，实验报告占30%。

(6) 实验报告要求：编写语言流畅，文字简洁，条理清晰。

实验二 人力资源供给预测实验

一、实验目的

通过人力资源供给预测实验，提高对人力资源供给预测的认识，掌握人力资源供给分析技能和供给预测实践能力。

二、预备知识

(一) 企业内外环境战略对未来人力资源供给的影响

人力资源供给预测是企业根据既定的目标,对未来一段时间内企业内外各类人力资源补充来源情况的分析预测。

1. 影响人力资源供给的内部因素

企业战略因素对人力资源供给的影响主要包括企业战略目标、企业发展战略与资源配置模式、企业竞争优势策略选择、企业经营职能战略选择与实施等因素对人力资源供给的影响,此外组织内部人员的自然流失,如伤残、退休、死亡等,人员内部流动,如晋升、降职、平调等,人员离职,如辞职、解聘等因素也会影响内部供给。在预测时,应充分利用组织的人力资源信息系统,分析组织现有人力资源的整体结构状况,全面了解组织现有员工的个体情况,由此来预测现有人力资源状况满足组织对人力资源需求的程度。

2. 影响人力资源供给的外部因素

外部影响因素有地区性因素和全国性因素。其中,地区性因素具体包括:组织所在地区的就业水平、就业观念;组织所在地区和邻近地区的人口密度;组织所在地区的科技文化教育水平;组织所在地区的人力资源供给状况;组织所在地区对人们的吸引力;组织所在地区的住房、交通、生活条件;组织本身对人们的吸引力;竞争对手对劳动力的需求状况。

全国性因素具体包括:全国劳动人口的增长趋势;全国对各类人员的需求程度;各类学校的毕业生规模与结构;教育制度变革所产生的影响,如延长学制、改革教学内容等对职工供给的影响;国家就业法规、政策的影响。组织外部人力资源供给预测主要是指在未来一段时期内对劳动力市场上的相关人力资源供给状况进行预测的过程。应当注意的是,在对劳动力市场上的供给情况进行预测的过程中,不应当仅仅局限于劳动力市场表层上的供给分析,而应当同时对整个社会的人力资源供求状况进行合理预测。

(二) 内部劳动力市场

内部劳动力市场是由现在正被企业聘用的员工构成的。

1. 组织战略与内部劳动力供给

企业内部劳动力市场的可供给程度首先取决于组织发展战略:如果组织准备实施收缩战略,超过一定年龄的员工就要考虑提前退休;当企业实施扩张战略时,则可以从组织内部提拔人员补充到经理队伍中,这就要求对候选人在目前岗位上的业绩进行评价,考察他的提升潜力。

2. 组织结构与内部劳动力供给

随着组织纵向层次的减少,管理层数有所减少,员工跨层升迁的机会也有所减少。同一级别的人员供给相对过剩,这时横向的职位变迁(如在某个同级工作部门中调换不同的岗位)将受到欢迎,而直线制、事业部制和矩阵制的劳动力供给则有所不同。

3. 企业人员流动率与内部劳动力供给

企业内部人员流动率将对劳动力供给产生重大影响。某些行业通常会有较高的人员流动率，如餐饮娱乐业的厨师在某一岗位的留任时间通常较短。

一个员工离职以后，从找新人到顺利上手，仅仅替换成本就可能高达离职员工薪水的1.5倍，而如果离开的是核心管理人员则代价更高。据调查，各公司花在人员流动上的成本是支付给雇员年薪的1.5～3倍。

(三) 供给预测的基本步骤

1．人力资源盘点。
2．分析历年职务调整政策和调整数据。
3．向主管部门了解可能出现的调整。
4．得出内部供给量。
5．外部供给预测。
6．内外供给汇总，得出总预测。

(四) 内部人力资源供给预测步骤

1．确定人力资源计划范围，即确定需要制定接续计划的管理职位。
2．确定每个管理职位上的接替人选，所有可能的接替人选都应该是考虑的范围。
3．评价接替人选，主要是判断其目前的工作情况是否达到提升要求，可以根据评价结果将接替人选分成不同等级。
4．确定职业发展需要，将个人的职业目标与组织目标结合起来，实现人力资源供给与接替。
5．人力资源内部供给预测的常用方法有马尔科夫法(Markov)、档案资料分析、继任卡法。

此处，重点介绍马尔科夫法(Markov)。该方法是分析组织人员流动的典型矩阵模型，基本思想是：通过发现组织人事变动规律，推测组织未来的人员供给情况。马尔科夫法(Markov)通常分几个时期来收集数据，然后得出平均值，利用这些数据代表每一种职位的人员变动频率，从而推测出人员的变动情况。具体的做法是将计划初期每一种工作的人数与每一种工作的人员变动概率相乘，然后纵向加和，得到组织内部未来劳动力的净供给量。基本计算公式为：

$$N_i(t) = \sum_{j=1}^{k} N_j(t-1) \cdot P_{ji} + R_i(t)$$

其中：$i, j, k, t = 1, 2, 3, \ldots$；

$N_i(t)$——时刻 t 时 i 类别中的雇员人数；

P_{ij}——从 j 类向 i 类的转移率；

$R_i(t)$——在时间 $(t-1, t)$ 内 i 类所补充的人数；

k——职务分类数。

将上式写成向量形式，则

$N(t) = [N_1(t), N_2(t), \ldots, N_k(t)]$ 为时刻 t 时人数的行向量；

$R(t) = [R_1(t), R(t), R_3(t), \ldots, R_k(t)]$ 为 $(t-1, t)$ 时间内补充人数的行向量。

$$P = \begin{Bmatrix} P_{11} & P_{12} & P_{13}\cdots & P_{1k} \\ P_{21} & P_{22} & P_{23}\cdots & P_{2k} \\ \cdots & \cdots & \cdots & \cdots \\ P_{k1} & P_{k2} & P_{k3}\cdots & P_{k4} \end{Bmatrix}$$ 是各类人员间的转移矩阵。

则上式可以写成：

$$N(t) = N(t-1) \cdot P + R(t), t = 1, 2, \ldots$$

以某企业四类职位上人员的转移矩阵为例，见以下数据：

$$\begin{array}{c} \text{职位} \quad 1 \quad\quad 2 \quad\quad 3 \quad\quad 4 \quad \text{离开企业} \\ P = \begin{array}{c} 1 \\ 2 \\ 3 \\ 4 \end{array} \begin{Bmatrix} 0.7 & 0.2 & 0 & 0 \\ 0.15 & 0.8 & 0 & 0 \\ 0 & 0.15 & 0.75 & 0.05 \\ 0 & 0.05 & 0.15 & 0.7 \end{Bmatrix} \begin{Bmatrix} 0.1 \\ 0.05 \\ 0.05 \\ 0.1 \end{Bmatrix} \end{array}$$

其初始的人力资源分布见表 1-4 所示。

表 1-4 某企业初始人力资源分布表

类别				总计(人)
1	2	3	4	
250	200	160	100	710

如果每年给每一类职位补充 100 名员工，则可以测算出该企业在 3 年来的人力分布情况，见表 1-5。

表 1-5 企业未来 3 年的人力分布情况

	类别				总计(人)
	1	2	3	4	
$t=0$	250	200	160	100	710
$t=1$	305	339	235	178	1057
$t=2$	364	476	303	236	1379
$t=3$	426	611	363	280	1680

(五) 外部人力资源供给预测

1. 市场调查的程序。主要包括以下步骤：①明确调查的目的；②情况分析；③非正式调查；④正式调查；⑤数据资料的整理加工和分析。

2. 调查方案与调查方法。调查方案有：普查、抽样调查、典型调查。调查方法包括文献查阅法、询问法、实验法、直接观察法、企业本身积累的资料调查法、会议调查法。

三、范例介绍

组织内部人力资源供给预测

某会计师事务所运用马尔可夫预测分析方法进行了内部人力资源供给预测，具体过程见表 1-6。

表 1-6　内部人力资源供给预测表

	人员调动的概率				
	P	M	S	J	离职
合伙人(P)	0.80				0.20
经理(M)	0.10	0.70			0.20
高级会计师(S)		0.05	0.80	0.05	0.10
会计员(J)			0.15	0.65	0.20
	初期人员数量	P	M	S	J	离职
合伙人(P)	40	32				8
经理(M)	80	8	56			16
高级会计师(S)	120		6	96	6	12
会计员(J)	160			24	104	32
预计的人员供给量		40	62	120	110	68

四、实验项目内容、步骤、方法和要求

某公司内部人员流动情况见表 1-7，要求按照马尔可夫预测分析方法预测 2013 年初该公司内部人力资源供给情况，并结合预测结果为该公司提出改善人员结构的人力资源对策。

表 1-7　某公司内部人力资源流动状况

职位名称	2012 年 1 月—2013 年 1 月					
	2012 年期初	区域经理	分公司经理	经营部经理	业务主管	业务员	离开公司
区域经理	4	0.750					0.250
分公司经理	20	0.050	0.750	0.050			0.150
经营部经理	96		0.042	0.900			0.058
业务主管	264			0.027	0.730		0.243
业务员	1258				0.028	0.810	0.162

五、实验条件

1．在实验中心进行网络调查。

2．提供学员打印条件。

3．提供学员讨论场所。

六、实验时间

2 小时。

七、成绩评价

1．实验成绩按照优秀、良好、中等、及格、不及格 5 个等级评定。

2．成绩评定准则。

(1) 掌握人力资源内部供给预测分析的主要内容与制订原则。

(2) 掌握人力资源内部供给预测方法。

(3) 记录了完整实验过程，文字简洁、清晰，结论明确。

(4) 课堂模拟、讨论、总结占总成绩 70%，实验报告占 30%，要求编写语言流畅，文字简洁，条理清晰。

(5) 实验报告要求：编写语言流畅，文字简洁，条理清晰。

实验三　人力资源管理制度规划实验

一、实验目的

熟悉人力资源管理制度的相关知识，掌握制定人力资源管理制度的内容、程序、技能，能够为某公司制定初步的人力资源管理制度体系。

二、预备知识

人力资源管理需要依靠制度保障运行，人力资源制度规划是人力资源规划的重要组成部分。人力资源管理制度是企业运行的物质载体；是企业人力资源管理具体操作的规范体系；是达到企业的战略目标，实现企业人力、物力和财力资源有效配置的最佳方式。因此，要做好人力资源管理制度的规划与制定工作，保证人力资源各项管理活动的规范进行。

制度化管理通常称为"官僚制"、"科层制"，是以科学确定的制度规范作为组织的基本约束机制，对组织全体成员日常和例行的事务决策实行程序性决策，因此主要依靠外在于个人的、科学合理的理性运作模式。

制度化管理的主要特征包括：对组织内的权利和责任以制度方式进行明确；各机构、各层次不同岗位权力的大小以制度形式固定下来；以文字形式规定岗位特性，提出员工应具备的素质、能力等要求；所有员工都应服从制度的规定；管理者的职务是管理者的职业。

制度化管理的作用在于促进了个人与权力相分离；制定出的管理规章和制度是理性精神的体现；促进了现代大型企业组织的需要。

既然制度规范是组织在管理过程中借以约束全体组织成员行为的基础，因此确定办事方法，规定工作程序的各种章程、条例、守则、规程、程序、标准、办法等就成为制度管理的主要内容。

依照制度规范涉及层次和约束范围的不同可以把组织制度分为企业基本制度、管理制度、技术制度、义务规范和行为守则 5 类。

企业基本制度是根本性的明确企业形成和组织方式并决定企业性质的基本制度，规定了企业的法律财产所有形式、企业章程、董事会组织、高层管理组织规范等。

管理制度是对企业管理活动及基本方面的规定，明确了集体协作行为，它比企业基本制度层次略低，主要约束集体性活动和行为，针对集体而非个人，如各项专业管理规定、公司会议与信息沟通、公司组织结构与命令服从关系等方面的制度。

技术制度涉及企业某些技术标准、技术规程，反映本企业生产和流通规程中客观事物的内在技术要求，主要有技术标准、操作规程、生产工艺流程、保管运输要求、使用保养维修规定等。

业务规范是针对企业业务活动过程中大量、反复出现，能够科学处理的事务而制定的处理规定。业务规范的程序性强，是人们用来处理常规化、重复性问题的有力手段，如安全规范、服务规范、业务规程、操作规范等。

行为守则是专门针对个人行为制定的,如个人行为品德规范、劳动纪律、仪态仪表规范等,是塑造本企业独具特色的日常员工行为特征、约束员工工作行为举止、建立组织文化的重要外在制度。

总体上,企业人力资源管理制度也是组织文化的核心组成,对组织战略的实现有重要的支撑和保障作用。

从构成看,企业人力资源管理制度体系由基础管理制度和员工管理制度组成。

基础管理制度主要包括:组织机构和设置调整的规定;工作岗位分析与评价工作的规定;岗位设置和人员费用预算的规定;对内对外人员招聘的规定(含合同管理规定);员工绩效管理(目标管理)的规定;人员培训与开发的规定;薪酬福利规定(含社会保险规定);劳动保护用品与安全事故处理的规定;其他方面的规定,如职业病防治与检查的规定等。

员工管理制度主要包括工作时间(如加班、轮班、不定时工作)的规定、考勤规定、休假规定、年休假的规定、女工劳动保护与计划生育规定、员工奖惩规定、员工差旅费管理规定、员工佩戴胸卡的规定、员工因私出境规定、员工内部沟通渠道的规定、员工合理化建议的规定、员工越级投诉的规定,以及其他的有关规定(如员工满意度调查的规定)等。

企业人力资源管理制度体系设计注意事项。第一,要体现人力资源管理的基本职能,即人员录用、保持、发展、考评、调整5种基本管理职能。第二,要体现物质存在与精神意识的统一,秉持"以人为本"的管理哲学,并将其运用到包括企业人力资源管理制度规划在内的一切活动中去。第三,共同发展原则,将员工与企业的利益紧密地结合在一起,促进员工与企业共同发展。第四,适合企业特点,从企业内外部环境和条件出发,建立适合企业特点的人力资源管理制度体系。第五,学习与创新并重,企业人力资源管理制度体系应当在学习借鉴国外先进人力资源管理理论的同时,有所创新,有所前进。第六,符合法律规定。

制定具体人力资源管理制度的程序。人力资源管理制度一般包括总则、主文和附则等章节。在制定其具体内容时,可按照如下程序进行。

1. 概括建立本项人力资源管理制度的原因、地位和作用。
2. 负责本项人力资源管理制度的机构设置、职责范围、业务分工的具体规定。
3. 明确本项人力资源管理的目标、程序和步骤。
4. 说明本项人力资源管理制度设计的依据和基本原理,详细规定本项人力资源管理活动的类别、层次和期限(如何时提出计划,何时确定计划,何时开始实施,何时具体检查,何时反馈汇总,何时总结上报等)。
5. 对本项人力资源管理制度贯彻实施进行明确规定。
6. 对本项人力资源管理活动中员工的权利与义务、具体程序和管理办法进行明确详细的规定。
7. 对本项人力资源管理制度的解释、实施和修改等其他有关问题进行必要的说明。

三、范例介绍

"宝洁"公司的人力资源管理制度

有人这样形容,"不仅仅在中国有宝洁系,其实在全世界都有宝洁系这样一个概念,在某种程度上已经成为全世界企业经理人才的一个培训学校和人才宝库。"

要想进入宝洁，学习成绩并不是重要的，因为宝洁招聘的人员几乎都是名校毕业，他们的成绩已经得到了证明，不需另外考评。相比而言宝洁更看重的是人解决问题的能力，以及是否积极主动，而这是学校教育无法训练出来的。另外相当重要的是一个人的人品是否正直诚实。所有这些要求，通过一些规范化系统的测试，可以大概测得出来。

一旦被宝洁录取，第一件要做的事就是将所有人员全部封闭起来，进行一个集中的培训。这个培训除了包括一些公司的常规培训，企业的介绍、企业文化以及一些岗位技能的培训之外，宝洁还会派出一些相关部门的领导者，各部门总监、副总监等给学员上课，讲授本部门的主要工作、注意事项、做好工作的方法等。除此之外，宝洁还会为每一个学员从现职本部门员工中挑选一个人做他的"伙伴"，经常看望他，与其谈心，关注其生活，倾听生活的困惑与苦恼以及遇到的困难，同时以其自身经验告知在公司里的注意事项，如何去开展工作，公司文化的细节等。这些措施使每一个进入到宝洁的人都会感觉很亲切，就像来到了一个大家庭一般，产生一种非常强的归属感。

除了这种文化方面的培训之外，在中国宝洁还有一项强制性的培训——英文培训，所有管理员工都必须通过一项极其严格的英文培训，这是因为在宝洁内部必须说英文。在20世纪90年代的中国，许多人都不适应这种作风。据说有一次宝洁有一个集体活动，许多宝洁管理员工一同坐飞机，结果在飞机上大家继续用英文对话，结果飞机乘务员以及其他的旅客纷纷对其侧目而视，认为都是中国人为什么还要用英文说话，其实不过是相互讲话的一种习惯。

在文化方面，宝洁既提供了一个类似于家一般的让人产生极强认同感和归属感的企业氛围，所有的员工不分等级，上至最高的公司CEO，下至一个最基层的员工，全部都直呼其名，没有注重等级、论资排辈的风气，同时也不存在其他企业通常存在的拉帮结派、各有亲疏的问题。

此外，宝洁还形成了一种注重实际的稳扎稳打的文化传统。当然在这方面宝洁也曾付出过惨痛代价。2000年，在美国华尔街挂牌的宝洁股票曾发生过股灾，其股价在一天之内暴跌了60%。原因是在之前的网络经济泡沫时，当时的宝洁CEO耐不住寂寞，提出了一个高达两位数的不切实际的增长目标，同时采取了一些冒进的措施，这些事后被认为是要引领企业走向灾难。幸好关键时刻，宝洁董事会果断解聘了该CEO，使宝洁又重新回到了其熟悉的稳步发展轨道。经历了这次风波，也使宝洁进一步认清了企业的现实：作为一个已如此庞大的企业，它适合做什么，不适合做什么。宝洁不应当追求一夜间的暴富，而更应注重长期的收益。

四、实验项目内容、步骤、方法和要求

（一）实验背景

某大型医药上市集团公司建立公司人力资源管理制度体系目的：有效配置集团有限公司人力资源，规范员工协作关系，建立公司人力资源管理制度(以下简称制度)。

制度适用范围：本制度各个章节分别适用于所有正式员工和试用期员工。

制度管理目标：以人事管理为基础，以人力资源管理为手段，建立一支具有创新精神和整体观念的员工队伍，为公司的高速增长和永续经营奠定坚实的基础。

制度设立原则如下：

1. 符合"以人为本"的人才观。公司一贯坚信：人不仅是企业生存和发展最重要、最具活力的资源，而且是企业经营必不可少的资本。企业成功与否，人力资本能否得到最大增值是其重要指标。

2. 贯彻"公正、公平、公开"的"三公"准则。公正是指公司对员工工作表现做出公正的评价；"效益优先，兼顾公平"是奉行不渝的信条。公司鼓励员工在承诺责任的基础上展开良性竞争；公开是实现公正和公平的基础及保障，为保障制度执行的公正，在保守商

业机密和尊重员工的前提下，有选择性地公开制度执行的依据和结果，以确保制度得以有效执行。

（二）实验内容、要求

结合该公司实际，围绕建立人力资源管理制度体系任务，构建该公司人力资源管理制度体系，各项细化制度与框架要求如下。

1. 员工招聘及聘用制度：总则、招聘范围、招聘原则和标准、招聘计划制定程序、招聘组织程序、招聘费用管理。
2. 试用期员工管理制度：总则、试用期管理程序、试用期薪酬福利。
3. 员工考勤及假期管理制度：总则、考勤管理、加班管理、假期管理。
4. 员工培训管理制度：总则、培训内容、对象、师资与组织者、培训计划的制定、内部培训组织程序、外部培训组织程序、培训管理、培训管理文件或表格。
5. 岗位及薪酬调整制度：总则、岗位调整程序、薪酬级别调整程序。
6. 人事奖励与处分管理制度：总则、人事奖励、人事处分、人事奖励与处分程序。
7. 员工离职管理制度：总则、辞职管理、解聘管理。
8. 劳动申诉与劳动仲裁制度：总则、劳动申诉、劳动申诉程序、劳动仲裁。
9. 员工福利管理制度：总则、员工福利分类、员工休假、员工保险、员工住房公积金。
10. 员工教育进修、贺仪、其他。
11. 员工考核制度。

（三）实验步骤、方法

1. 学生分组。
2. 按照指导教师要求和各组同学的兴趣，选择该公司制度体系中的3项制度，进行讨论和设计。
3. 实地调查周围熟悉的企业，获得直接参照性资料。
4. 查询二手资料，获得相关参考。
5. 提交讨论方案，进行意见征集和完善；提交实验报告。

五、实验条件

1. 计算机及打印机。
2. 具备上网和讨论学习实验环境。
3. 准备管理制度纸质表格，供学生现场讨论，设计人力资源管理制度。

六、实验所需时间

4小时。

七、实验报告和实验成绩评定

1. 实验成绩按照优秀、良好、中等、及格、不及格5个等级评定。
2. 成绩评定准则。
(1) 掌握人力资源管理制度设计内容和流程。

(2) 掌握人力资源管理制度设计的主要方法。

(3) 结合企业实际情况，进行企业人力资源管理制度设计结果讨论与报告。

(4) 记录完整实验过程，文字简洁、清晰，结论明确。

(5) 课堂模拟、讨论、总结占总成绩70%，实验报告占30%。

(6) 实验报告要求：编写语言流畅，文字简洁，条理清晰。

1.3 人力资源规划综合实验

实验一 人力资源年度计划实验

一、实验目的

通过本设计与调查实验，提高对人力资源年度计划的认识和综合实践能力。

二、预备知识

1. 人力资源计划的内容

人力资源规划分长期、中期和短期规划。一般来讲，长期规划是5～10年或更长的战略性计划，比较抽象；短期规划是1～3年的，一般而言任务清晰、目标明确；中期规划介于前两者之间。短期规划是执行计划，是中长期规划的贯彻和落实。中长期规划对组织人力资源规划具有方向性的指导作用。

人力资源规划一般从两方面入手：一方面侧重对组织的发展态势、工作内容、任职要求以及内部人力资源现状进行分析；另一方面，对组织未来的人力资源需求和劳动力市场相关人力资源的供求趋势进行科学的预测，以便为人员的增减补充做出全面而周到的安排。

组织的人力资源规划分两个层次：总体规划和具体规划。人力资源总规划主要是指计划期内人力资源管理的总原则、总方针、总目标、总体实施步骤和总体预算安排。

具体规划是总体规划的展开和时空具体化，每一项具体计划也都是由目标、任务、政策、步骤和预算等部分构成的，从不同方面保证人力资源总体规划的实现。具体规划主要包括以下方面。

(1) 岗位职务规划。该计划主要包括组织的结构设计、职位设置、职位描述和任职资格要求等内容，旨在解决组织定岗定编的问题。组织要依据自己的近远期目标、劳动生产率、技术设备工艺要求等状况确立相应的组织机构、工作标准与规范，进而制定定岗定编计划。

(2) 人员配置年度计划。该计划主要包括组织中每个职务的人员数量、职务变动以及职务人员空缺等内容，具体由以下内容组成。

① 人力分配年度计划：依据各级组织机构、岗位职务的专业分工来配备所需的人员，包括工人工种分配、管理人员职务调配及工作调动等内容。

② 晋升规划：实质上是组织晋升政策的一种表达方式。对组织来说，有计划地提升有能力的人员，以满足职位对人员的要求，是组织的一项重要职能。从员工个人角度来看，有计划地提升会满足员工自我实现的需要。

③ 调配计划：确定组织内人员的职位分配，这是通过有计划的人员内部流动来实现的。

④ 招聘计划：目的是合理填补组织年度内可能产生的职位空缺。组织要依据所需要增加的人力资源，制定出相应的人员招聘计划，这种计划一般以一年作为一个阶段。

⑤ 年度退休解聘规划：建立组织内部的退出机制，旨在解决人员冗余问题。该计划可以降低劳务成本，提高劳动生产率，调动员工的积极性，同时保持组织的竞争优势。

⑥ 年度人员补充计划：该计划旨在于中长期内使岗位职务空缺能从质量上和数量上得到合理的补充。人员补充规划要具体指出各级各类人员所需要的经验、培训、年龄等要求。

⑦ 年度教育培训计划：制定教育培训规划的目的是依据组织发展的需要，通过各种教育培训途径，为组织培养当前和未来所需要的各级各类合格人员。教育培训计划包括两方面：对内挑选现有员工，加强对员工进行专业知识及工作技能培训；对外应积极猎取那些社会上稀缺，却是组织未来急需的人才。

⑧ 年度薪酬激励计划：该计划的目的是为了减少人才流动，提高员工士气，改进员工工作绩效，同时确保组织的人工成本不超过合理的支付限度。这里需要制定工资政策、激励政策和福利政策等。

⑨ 职业生涯规划：在实际中有两个层次的职业规划，即个人层次的职业规划和组织层次的职业规划。每个人都有自己的职业生涯，即一个人一生中所有工作活动与工作经历按编年的顺序串接组成的整个工作过程。个人层次的职业规划就是个人为自己设计的成长、发展和不断追求满意的计划；组织层次的职业规划则是指组织为了不断增强其成员的满意感并使其与组织的发展和需求相一致，制定有关协调组织成员个人的成长发展与组织的需求发展相结合的计划。人力资源规划中的职业规划指的是组织层次的职业规划。

2. 制定人力资源年度计划的原则

在制定人力资源规划的时候要遵循以下原则。

(1) 兼顾性原则。在制定人力资源规划时要兼顾组织内外部环境的变化，只有充分考虑内外环境的变化，才能真正做到为组织发展目标服务。内部变化主要指销售的变化、开发的变化，或者说组织发展战略的变化，还有组织员工的流动变化等；外部变化指社会消费市场的变化，政府有关人力资源政策的变化，人才市场的变化等。为了更好地适应这些变化，在人力资源计划中应该对可能出现的情况做出预测和风险规划，最好能有面对风险的应对策略。

(2) 合法性原则。要注意国家及地方人力资源政策环境的变化，人力资源规划的各种实践活动和结果都不能违反国家及地方法规及有关政策。

实效性原则。要保证组织的人力资源规划的实效性，在进行人力资源预测时要充分考虑各项因素，准确、客观地预测组织对人力资源的需求，为其他人力资源管理活动提供基础。

(3) 发展性原则。人力资源规划应该致力于组织的发展、壮大，应该以组织获得可持续发展的生命力为目标，在现实中，组织现在的环境并不代表组织的长远发展，这就要求组织领导者和人力资源管理者具有长远目标和宽阔的胸襟，从组织长远发展的大局出发，协调好各种关系，做好组织的人才再造和培养接班人的工作。

3. 人力资源年度计划的流程

(1) 人力资源计划的分析阶段。对组织的内外部环境进行分析。人力资源规划的第一步就是分析组织的内外部环境。外部环境包括劳动力市场的供求状况、相关政策法规；内部环境即内部战略目标和各项经营活动，例如，当期要达到多少销售额和利润，要超过上一期百分之多少。在一些组织里，人力资源总监会直接参与组织战略目标的制定。而在另外一些组织则情况相反，这就要求进行人力资源规划的相关人员要获取准确、具体的战略目标，以及由战略目标分解后形成的各个战略子目标，各关键部门的战略目标。通过对这些战略目标进行分析或参考相关资料来确定组织的业务规划和各项经营活动。这一程序为后面进行供求分析提供了依据和保障，也是整个人力资源计划流程正确与否的关键。

分析组织现有人力资源状况。在对组织内外部环境进行分析之后，下一步就是确定组织现有的人力资源状况。对现有人力资源状况的分析要分层分类进行，对各个部门、各个职位、不同层级的人员状况进行细致分析，找出其优势和不足，确定现有人力资源与组织实现战略目标所需人力资源之间的差距，为下一步的分析做好准备。

(2) 人力资源规划的制定阶段。首先要进行人力资源需求预测，即预测组织所需要的人力资源，包括人力资源的数量、质量和结构 3 个方面，即为达成组织战略目标需要多少数量的员工，在年龄、专业、经验、教育程度等方面组织需要什么样的人力资源，组织现有关键岗位与人员是否匹配。该阶段的一项重要工作就是对现有职位进行分析，收集相关信息，其中包括组织现有的以及将来要有的职位信息。应该详细规定任职者所必需的技能、职责以及评价绩效的标准。另外，了解每个职位与整个组织结构之间的关系也是很重要的，因此，职位信息中还需要包括该职位在整个职业生涯通道中所处的位置以及该职位在组织中能持续的时间，也就是说组织需要该岗位的时间。

此外，要预测人力资源供给。预测人力资源供给首先要对组织内现有的人员状况进行详细了解，包括现有人员的数量、技能、职责以及薪水或工资水平，列出关于现有人员状况的一张"清单"，这是掌握组织内部人力资源供给状况的手段。

最后要制定人力资源供求平衡政策。根据人力资源供求预测的数据，对组织在人力资源质量、数量和结构上存在的不平衡进行比较，计算出人力资源净需求。比较的结果不外乎以下 3 种情况。

① 人力资源供大于求，这时组织采取的措施主要有减少临时工数量、实行工作分担制、提前退休，甚至解雇等。

② 人力资源供不应求，这时组织所能采取的主要措施有招聘新员工、加班、培训、晋升、外包、工作再设计等。

③ 供求相等，在这种情况下，组织不需要采取重大的人力资源调整措施。

制定人力资源的各项规划。根据所确定的人力资源净需求情况制定人力资源规划，包括以上所提到的岗位职务规划、人员配置规划、人员补充规划、教育培训规划、薪酬激励规划和职业生涯规划。人力资源的各项规划制定出来之后就要付诸实施了，这要通过整个组织内部的通力合作才能实现。在实施过程中如果发现问题要及时记录下来，并根据情况做出适当调整，为评估阶段做好准备。

(3) 人力资源规划评估阶段。在这一阶段，人力资源规划主要包括人力资源规划的调整和人力资源规划的评估。主要是对整个人力资源规划的有效性进行评估。对人力资源规划的有效性进行评估是为了了解组织的目标是否已经达到，如果没有达到预期目标，问题出在哪里？原因是什么？应该采什么样的措施才能真正实现目标？初期制定的目标是否合理？如果不合理，就要重新回到最初阶段，从分析组织内外部环境阶段重新开始。

三、范例介绍

某集团公司2013年度人力资源管理计划

某集团成立于1990年，主要生产电冰箱。由于产品质量好，价格比较低廉，加上管理得力，使得集团生产的电冰箱很快成为国内电冰箱主流产品。随着业务的发展，某集团2000年开始走多元化经营之道，到2012年，先后开发出的主要新产品有洗衣机、微波炉等。

为了集团人力资源的优化发展，公司总裁和人力资源部制定了2013年度人力资源管理计划如下。

1. 职务设置与人员配置计划

根据公司2013年发展计划和经营目标，人力资源部协同各部门制定了公司2013年的职务设置与人员配置计划。在2013年，公司将划分为8个部门，其中行政副总负责行政部和人力资源部，财务总监负责财务部，营销总监负责销售一部、销售二部和产品部，技术总监负责开发一部和开发二部。具体职务设置与人员配置如下。

(1) 决策层(5人)：总经理1名、行政副总1名、财务总监1名、营销总监1名、技术总监1名。
(2) 行政部(8人)：行政部经理1名、行政助理2名、行政文员2名、司机2名、接线员1名。
(3) 财务部(4人)：财务部经理1名、会计1名、出纳1名、财务文员1名。
(4) 人力资源部(4人)：人力资源部经理1名、薪酬专员1名、招聘专员1名、培训专员1名。
(5) 销售一部(19人)：销售一部经理1名、销售组长3名、销售代表12名、销售助理3名。
(6) 销售二部(13人)：销售二部经理1名、销售组长2名、销售代表8名、销售助理2名。
(7) 开发一部(19人)：开发一部经理1名、开发组长3名、开发工程师12名、技术助理3名。
(8) 开发二部(19人)：开发二部经理1名、开发组长3名、开发工程师12名、技术助理3名。
(9) 产品部(5人)：产品部经理1名、营销策划1名、公共关系2名、产品助理1名。

2. 人员招聘计划

(1) 招聘需求。根据2013年职务设置与人员配置计划，公司管理层人员数量应为96人，到目前为止公司只有83人，还需要补充13人，具体职务和数量：开发组长2名、开发工程师7名、销售代表4名。

(2) 招聘方式。

开发组长：社会招聘和学校招聘。

开发工程师：学校招聘。

销售代表：社会招聘。

(3) 招聘策略。学校招聘主要通过参加应届毕业生洽淡会、在学校举办招聘讲座、发布招聘张贴、网上招聘等4种形式。

社会招聘主要通过参加人才交流会、刊登招聘广告、网上招聘3种形式。

(4) 招聘人事政策。

本科生：

① 待遇：转正后待遇2000元，其中基本工资1500元、住房补助200元、社会保险金300元左右(养老保险、失业保险、医疗保险等)。试用期基本工资1000元，满半月有住房补助。

② 考上研究生后协议书自动解除。

③ 试用期3个月。

④ 签订3年劳动合同。

研究生：

① 待遇：转正后待遇5000元，其中基本工资4500元、住房补助200元、社会保险金300元左右(养老保险、失业保险、医疗保险等)。试用期基本工资3000元，满半月有住房补助。

② 考上博士后协议书自动解除。

③ 试用期3个月。

④ 公司资助员工攻读在职博士。
⑤ 签订不定期劳动合同，员工来去自由。
⑥ 成为公司骨干员工后，可享有公司股份。

(5) 风险预测。由于今年本市应届毕业生就业政策有所变动，可能会增加本科生招聘难度，但由于公司待遇较高并且属于高新技术企业，基本可以回避该风险。另外，由于优秀的本科生考研的比例很大，所以在招聘时，应该留有候选人员。

由于计算机专业研究生愿意留在本市的较少，所以研究生招聘将非常困难。如果研究生招聘比较困难，应重点通过社会招聘来填补"开发组长"空缺。

3. 选择方式调整计划

开发人员已经选择实行了面试和笔试相结合的考查办法，取得了较理想的结果。

本年度首先要完善非开发人员的选择程序，并且加强非智力因素的考查，另外在招聘集中期，可以采用"合议制面试"，即总经理、主管副总、部门经理共同参与面试，以提高面试效果。

4. 绩效考评政策调整计划

公司已经开始对员工进行了绩效考评，每位员工都有了考评记录。另外，对开发部进行了标准化的定量考评。在今年，绩效考评政策将做以下调整。

① 建立考评沟通制度，由直接上级在每月考评结束时进行考评沟通。
② 建立总经理季度书面评语制度，让员工及时了解公司对他的评价，并感受到公司对员工的关心。
③ 在开发部试行"标准量度平均分布考核方法"，使开发人员更加明确自己在开发团队中的位置。
④ 加强考评培训，减少考评误差，提高考评的可靠性和有效性。

5. 培训政策调整计划

公司培训分为岗前培训、管理培训、岗位培训三部分。岗前培训已经开始进行，管理培训和技能培训开始由人力资源部负责。在今年，培训政策将做以下调整。

① 加强岗前培训。
② 管理培训与公司专职管理人员合作开展，不聘请外面的专业培训人员。该培训分成管理层和员工两个部分，重点对公司现有的管理模式、管理思路进行培训。
③ 技术培训根据相关人员申请进行，采取公司内训和聘请培训教师两种方式。

6. 人力资源预算

(1) 招聘费用预算。
① 招聘讲座费用：计划本科生和研究生各4个学校，共8次，每次费用300元，预算2400元。
② 交流会费用：参加交流会4次，每次平均400元，共计1600元。
③ 宣传材料费：2000元。
④ 报纸广告费：6000元。

(2) 培训费用。
年实际培训费用按20%递增，预计今年培训费用约为42000元。

四、实验项目内容、方法、步骤和要求

(一) 实验背景

2013年度某公司制定人力资源管理计划，具体包括职务设置与人员配置计划、人员招聘计划、员工激励计划、培训计划、绩效考核计划和人力资源预算，共6个部分。根据公司2013年发展计划和经营目标，公司人力资源部协同各部门制定了2013年的职务设置与人员配置计划。2013年公司整体设置行政部、人力资源部、财务部、销售部、产品部、技术开发部。公司领导层设置总经理1名，副总经理3名。分别安排总经理的分管部门为：

行政副总主管行政和人力资源管理部，财务总监分管财务部，营销总监分管销售部，技术总监分管产品部和技术开发部。

(二) 实验内容、要求、方法

要求依据上述背景，对该公司 2013 年人力资源计划进行调查、设计。具体计划内容格式如下。

1. 职务设置和人员配置计划

该计划包括部门总人数、部门内部各个职位设置及需求的人数。

2. 2013 年度公司招聘计划

(1) 招聘目标安排与计划：职务名称、人员数量和职务聘任要求条件。
(2) 信息发布时间和渠道计划。
(3) 招聘方法与招聘策略。
(4) 招聘活动方案与组织领导。

3. 2013 年公司培训计划

(1) 培训目标。
(2) 培训内容。
(3) 培训时间安排。
(4) 培训师资计划与选择。
(5) 培训费用预算。

4. 绩效考核计划

(1) 建立绩效管理制度计划。
(2) 绩效考核方法计划。
(3) 绩效提高计划。
(4) 绩效沟通计划。

5. 人力资源费用预算

(1) 招聘预算。
(2) 培训费用预算。
(3) 人工工资与福利预算。
(4) 其他预算。

(三) 实验步骤

1. 准备工作。各个小组同学在掌握基本理论基础上，走访周围企业，查阅资料，熟悉企业人力资源计划内容与计划步骤细节。

2. 实施阶段。各个小组同学组织讨论、演讲、发表个人观点，对各个计划部分提出主张和建议。

3. 归纳总结，接受教师评价，并进行完善。

4. 选择具体的熟悉企业，进行人力资源计划的各个部分编写。

5. 总结并交流报告。

五、实验条件

1. 在实验中心进行网络调查。
2. 提供学员打印条件。
3. 提供学员讨论场所。

六、实验时间

3 小时。

七、成绩评价

1. 实验成绩按照优秀、良好、中等、及格、不及格 5 个等级评定。
2. 成绩评定准则。
   (1) 掌握人力资源年度计划的主要内容与制订原则。
   (2) 掌握人力资源年度计划编撰的方法与程序。
   (3) 结合企业实际情况,制订企业年度人力资源管理计划。
   (4) 记录了完整实验过程,文字简洁、清晰,结论明确。
   (5) 课堂模拟、讨论、总结占总成绩 70%,实验报告占 30%。
   (6) 实验报告要求:编写语言流畅,文字简洁,条理清晰。

实验二 企业人力资源战略规划设计实验

一、实验目的

熟悉企业人力资源战略规划内容和构成体系,理解企业人力资源战略规划程序与方法,能够制定企业人力资源战略规划。

二、预备知识

企业人力资源管理是企业战略管理的重要职能战略。人力资源和其他资源比较,员工的专业知识、接受培训程度决定其基本能力,员工适应能力影响企业本身的灵活性,忠诚度和奉献精神以及学习能力决定企业维持竞争优势的能力。战略上,对人力资源的评估主要集中在员工知识结构、受教育水平、平均技术等级、专业资格、培训情况和工资水平等方面。

三、范例介绍

某公司人力资源战略规划

某公司未来 5 年人力资源战略规划的制定程序包括:人力资源现状分析、员工队伍总体规划、人力资源职能规划、关键员工队伍规划、人力资源管理改善规划。因篇幅所限,这里仅介绍前两部分规划内容。

(一) 人力资源现状分析与评价

通过对当前的人力资源状况进行分析,并与行业知名标杆性企业进行对比,找出存在的问题,明确本企业人力资源规划的基础状况。因此本部分的实质是确定企业人力资源目前的总量、结构、优缺点等。

1. 本公司及标杆企业人力资源目前相关数据

静态数据：(全日制)员工数量、人力资源工作人员数量、各学历层次员工数量、各年龄阶段员工数量、男(女)员工数量、各职位层级员工数量、各专业序列员工数量、各地区籍贯员工数量、各工作地点员工数量，见表1-8。

表1-8 本公司静态数据分类标准表

数 据	类别数	类 别
各学历层次员工数量	5	专科以下、专科、本科、硕士、硕士以上
各年龄阶段员工数量	5	20以下、20—30岁、30—40岁、40—50岁、50以上
男(女)员工数量	2	男、女
各职位层级员工数量	4	管理：职员、专员、主管、部长(部长以上暂不做统计)
	4	研发：助理设计师、设计师、主管设计师、主任设计师
各专业序列员工数量	5	研发、管理、生产、营销、其他
各地区籍贯员工数量	5	京津地区、长三角、珠三角、山东、其他
各工作地点员工数量	4	所在的各个城市

动态数据：晋升人员数量、转岗人员数量、辞职员工数量、淘汰员工数量、新进员工数量，见表1-9。

表1-9 动态数据解释

数 据	解 释
晋升人员数量	在一年中晋升到更高层级的人数
转岗人员数量	在一年中从一个岗位平调或降职到其他岗位的人数
辞职员工数量	一年中主动辞职的员工数量
淘汰员工数量	一年中企业主动淘汰(辞退、待岗)的员工数量
新进员工数量	一年中新招聘进入企业的人员数量

财务数据：营业收入、营业成本、利润、人力资源成本。人力资源成本的构成见表1-10。

表1-10 人力资源成本的构成

项 目	内 容
工资	应发工资
奖金	月度、季度、半年、年度、项目、其他
津贴、补贴	交通、高温、膳食、烤火、通讯、加班、住房、安家、独子、其他
福利	过节费、员工活动、体检、其他
保险、公积金	企业承担的社保、商保、住房公积金等费用
培训费	内训、外训、食宿、差旅、教材等费用

(2) 对数据进行计算、分析，得出指标指数，透视出目前人力资源存在的问题，提出对策。指标定义见表1-11。

表1-11 指标定义

类 别	指 标	定 义	解 释
员工数量与结构	学历结构	某学历层级人数/总人数	反映员工知识水平
	年龄结构	某年龄段人数/总人数	反映企业活力、后备队伍情况
	性别结构	男(女)员工数/总人数	反映企业工作风格、组织氛围

续表

类别	指标	定义	解释
员工数量与结构	职位结构	某职位层级人数/总人数	反映企业管理机制
	职能结构	某类职能人数/总人数	反映企业业务结构
	部门结构	某部门人数/总人数	反映企业组织结构
	籍贯结构	某籍贯区域人数/总人数	反映企业文化多元性/同一性
	工作地结构	某区域工作人数/总人数	反映企业产业布局
人力成本	人力成本/营业成本	人力成本/营业成本	反映人力成本占总成本的比例
	人均人力成本	人力成本/总人数	反映单人人力资源成本量
员工效能	人力成本效率	营业收入/人力成本	反映人力投入对业务扩张的促进
	人力资本投资回报率	(利润+人力成本)/人力成本	反映在员工身上的财务投入的回报率
	人均利润	利润/总人数	反映人力资源的盈利能力
	人均营业收入	营业收入/总人数	反映人力资源的业务扩张能力
员工流动	员工晋升率	晋升员工数/总人数	反映人才培养速度
	员工转岗率	转岗员工数/总人数	反映人员内部流动速度
	员工辞职率	辞职员工数/总人数	反映企业的留人能力
	员工淘汰率	淘汰员工数/总人数	反映企业人才培养能力
	员工补充率	新招聘人数/总人数	反映人员补充能力
人力资源管理	人力资源管理幅度	(总人数-人力资源管理者人数)/人力资源管理者人数	反映企业人力资源管理效率
	员工满意度	通过员工投票获得	反映人力资源管理质量

填写人力资源问题/对策表(见表1-12),与标杆公司比较。

表 1-12 人力资源问题/对策

类别	指标	总结/问题	原因分析	启示/对策
员工数量与结构	学历结构			
	年龄结构			
	性别结构			
	职位结构			
	职能结构			
	籍贯结构			
	工作地结构			
人力成本	人力成本/营业成本			
	人均人力成本			
员工效能	人力成本效率			
	人力资本投资回报率			
	人均利润			
	人均营业收入			
员工流动	员工晋升率			
	员工转岗率			
	员工辞职率			
	员工淘汰率			
	员工补充率			
人力资源管理	人力资源管理幅度			
	员工满意度			

2. 员工队伍总体规划

主要任务：结合历史前推法和目标倒退法对员工队伍的宏观状况进行规划，主要内容包括总量规划和结构规划。

(1) 员工总数规划。

总体思路：结合历史数据、运用回归分析法等方法预测员工总数，同时运用目标测算法，预测员工总人数。

(2) 人员结构规划。

根据历史数据，采用回归分析，预测出分项数据，用分项数据计算预测比例；同时根据企业战略对人力资源的要求及标杆企业的指标，对人力资源的结构调整进行预测，得出预测比例。取两个比例的(加权)平均值，作为预测的最终比例。

四、实验项目内容、步骤、方法和要求

(一) 实验背景

企业人力资源战略规划背景资料

某股份有限公司是一家上市公司，是集探矿、采矿、选矿、冶炼、化工、科研为一体的大型有色金属联合企业。公司成立于 2008 年 7 月 20 日，于 2012 年 4 月 20 日在上海证券交易所上市。随着资源和产能战略初见成效，该企业正处于历史上最快速的发展时期。但与企业的发展和经营的转型相伴随的是人力资源管理模式的滞后、零散与被动，历史遗留问题逐渐凸显。企业为求得可持续发展，迫切需要对人力资源管理模式进行改善与优化。现在准备对企业的人力资源管理体系进行重新规划。该公司存在的关键问题有：①基于战略需要，未来 5 年人力资源政策将如何导向？②如何平衡不同人力资源之间的结构关系？③员工应该具备什么样的核心专长与技能？如何有效利用现有人力资源能力？④需要进行哪些制度化的改进？

(二) 实验内容与要求

1. 人力资源盘点任务。要求对人力资源管理人员以及相关职类职种的管理者进行访谈，以及内部资料分析，深入了解所有的生产工艺、各部门的业务内容及管理模式等，准确精细地把握现状各类人员的结构比例、质量状况、数量状况，并区分核心岗位与通用岗位，同时听取各部门对关键岗位的人力规划意见等，最终明确未来企业人力资源规划的重点和提升方向。

2. 中长期战略规划方案设计任务。要求对行业内标杆企业内部人力资源数量与结构关系进行分析，设计制定中长期人力资源规划。规划的内容包括各类人员比例结构规划、各类人员质量结构规划以及各类人员数量规划。

3. 人力资源实施规划设计任务。要求结合人力资源项目设计的原则与方案成果，根据公司的现实管理水平与特点，制定公司未来 3 年人力资源管理机制分阶段实施的整体规划。

(三) 实验步骤、方法

1. 准备工作。各个小组同学在掌握基本理论的基础上，走访周围类似的企业，查阅资料，熟悉企业人力资源计划内容与计划步骤细节。

2. 实施阶段。各个小组同学组织讨论、演讲，发表个人观点，对各个计划部分提出主张和建议。

3. 编写人力资源计划的各个部分。

4．交流、归纳、总结，接受教师评价，并进行完善。
5．总结并交流实验报告。

五、实验条件

计算机与打印机；实验室讨论环境；相关企业调研条件。

六、实验时间

3 小时。

七、成绩评价

1．实验成绩按照优秀、良好、中等、及格、不及格 5 个等级评定。
2．成绩评定准则。
(1) 掌握组织人力资源中长期规划内容与制订原则。
(2) 掌握组织人力资源中长期规划编撰的方法与程序。
(3) 结合企业实际情况，制订出企业的人力资源管理规划主体内容。
(4) 记录完整实验过程，文字简洁、清晰，结论明确。
(5) 课堂模拟、讨论、总结占总成绩70%，实验报告占30%。
(6) 实验报告要求：编写语言流畅，文字简洁，条理清晰。

习　　题

1．阅读以下资料，完成后面的作业。
(1) 国内印刷产业现状与技术发展趋势。

截至 2006 年统计，我国现有印刷企业约 9.74 万家，从业人员约 340.22 万。区域分布主要集中在沿海地区。近年来，中国印刷工业以年增长率高于10%的速度发展，2006 年年产值达 3800 亿元人民币。数字化、网络化、多样化、快捷化是当今印刷产业发展的特点。庞大的印刷行业规模和技术的迅猛发展导致印刷产业对相关专业技术与管理人才的巨大需求，特别是技术的不断更新和产业调整，对具有较强职业素养和技术水平的高技能人才的需求日益加剧。

据统计，我国目前大约需要 150 万印刷高技能人才，而实际在岗的高技能印刷人才不足 13 万人。国内目前有 50 余家培养印刷人才的高职高专院校和 20 余家本科院校，每年毕业的印刷技术专业学生不足 2 万人，因此各院校印刷技术专业的毕业生人数远远满足不了企业的用人需要，供不应求。

某市印刷产业在国内的独特地位。某市确定了高新技术产业、金融业、物流业与文化产业为四大重点发展产业，其中，在某市文化产业的"十一五"发展规划中，明确将印刷、出版发行、传媒、创意设计、动漫游戏、视听、歌舞娱乐、旅游休闲八大优势产业作为重点发展的文化支柱产业。目前，某市是世界第四大印刷基地——珠三角的核心城市，其印刷业规模和技术水平均在全国处于首位。

据该市印刷行业协会 2007 年统计数据显示，已有 2580 家印刷企业，从业人员近 20 万人，年产超过 300 亿元，出口产值 100 亿元以上，在该市文化产业中占据了 40%以上的比例。

该市印刷产业的发展带来了对人才的强劲需求，尤其是掌握先进工艺、先进设备操作技能的高技能型人才更是抢手，有些企业在购买先进印刷设备时，甚至提出要设备供应商同时推荐技术熟练的操作机长，否则就不买这家供应商的设备。

调研表明，印刷企业人才缺口较大的岗位主要有 CTP 操作、印刷工艺与生产管理、印刷机操作、设备维修与管理、印刷质量控制、营销与客户服务等。而国家和各高等院校现行的职业资格体系、专业教学体系、教学资源已滞后于行业发展，满足不了应用性高技能专业人才的要求。

(2) 平版印刷高技能人才岗位与需求调查分析。

该市平版印刷行业高技能人才岗位与需求调查问卷共包含了 21 道题目，其中主体部分 18 道，个人资料部分 3 道，由于本次调查针对性较强，再加上调查人员本身专业素质较高，所以问卷结构没有包含说明部分和甄别部分。问卷形式以开放式和封闭式相结合的方式，问题结构既包含自由选择，又包含强制性选择和自由问答。问卷设计的原则为：①针对性强，针对企业高层、主管或技术人员；②合理性，问卷必须紧密与调查主题相关；③逻辑性，问题与问题之间要具有一定逻辑性；④一般性，即问题的设置具有普遍意义。

由于平版印刷是一个传统行业，因此调研时没有采用随机发放问卷的方式，而是采取比较有针对性的方法，调研方法分为 4 种形式：①座谈，通过调查组成员走访重点企业，与专家、企业技术人员进行面对面的交流；②走访平版印刷企业，发放调查问卷，由企业技术人员自由填写；③电话调查，通过打电话，与被调查人交流；④网络调查，通过 E-mail 发送调查问卷，由企业技术人员填写后，发送回来。调查对象确定了 3 类人员：专业教师、中层及以上管理人员、技术人员或机长。这 3 类人员都具有一定的代表性，基本上可以涵盖所有要调查类型的人群。

在被调查企业中 68%为三资企业，23%为个体企业，事业单位和国营企业也各占一定比例。

70%的被调查企业员工数在 300 人以上。76%的印刷企业缺乏或比较缺乏急需的人才，表明当前印刷人才培训的重要性。94%的被调查人员都认为一个合格的平版印刷操作员应具备高中或技校以上学历，其中一半以上的受访者认为应具备大专及以上学历，这说明作为一名印刷操作员应具备较高的素质和接受、理解理论知识的能力。98%的被调查人员都认为一个合格的印刷操作员应具备中级以上的技能等级，其中 41%的受访者认为应具备高级工以上等级。

高科技领域(行业)人才需求调查应该侧重哪些方面？运用哪些调查方法？人才需求有什么特征？

2. 阅读以下资料，回答后面的问题。

某公司目前人力资源总量和队伍构成如下：生产与维修工人 825 人，行政和文秘性白领职员 143 人，基层与中层管理干部 79 人，工作技术人员 38 人，销售员 23 人。据统计，近 5 年来职工的平均离职率为 4%，预计未来不变，但是不同类别的职工离职率并不一样，生产工人离职率高达 8%，而技术人员和管理干部则只有 3%。此外，按照既定的扩产计划，白领职员和销售员增加 10%～15%，工程技术人员要增 5%～6%，中、基层干部不增也不减，而生产与维修的蓝领工人要增加 5%。另外最近本地政府颁布了一项政策，要求当地企业招收新职工时,要优先照顾妇女和下岗职工。该公司一直未曾有意排斥妇女或下岗职工,只要他们来申请,就会按同一种标准进行选拔,并无歧视,但也未予特殊照顾。如今的事实却是,销售员除一人是女性外全是男性;中、基层管理干部除两人是妇女外,其余也都是男性。工程师里只有3个是妇女,蓝领工人中约有11%妇女或下岗职工,而且都集中在最底层的劳动岗位上。此外,公司刚开发出几种有吸引力的新产品,所以预计公司销售额5年内会翻一番。那么该公司编制人力资源规划时要考虑哪些情况和因素?在预测该公司人力资源需求时,应该采用哪些技术?

第 2 章 工作分析实验

本章主要学习目标

1. 熟悉企业组织结构设计原理和方法。
2. 提高组织规划软件操作与职位设计技能。
3. 掌握职位说明书写作技能。
4. 掌握组织设计综合能力。

2.1 组织设计与工作分析基础实验

实验一 组织规划软件实验

一、实验目的

通过实验进一步掌握组织结构、职务设置、职位设置操作。能够处理企业组织结构、职务体系、职位体系发生变化的业务情景。

二、预备知识

1. 理解企业组织架构变动的必然性，并根据企业组织架构变动在系统中进行相应地调整。
2. 理解企业职务、职等管理变化的必然性，并根据企业职务管理体系、职等管理体系变动进行相应地调整。
3. 理解企业职位层级属性的灵活性，并根据层次关系进行设置和调整。

组织规划是实现构建符合企业战略发展需要的组织架构(如图 2.1 所示)、职务体系、职位体系和职称体系的基本模块，该模块中的数据是作为组织绩效管理、部门薪酬核算、进行人力资源规划等各项业务的基本数据来源。所以在不同类型、不同行业企业的 HR 管理中，组织规划都是支撑其它业务模块正常运行的基础模块。

图 2.1 金蝶 K/3HR 组织架构

职务体系主要是对人力资源系统中的职务、职务类型、职级、职等进行维护，如图 2.2 所示。用户可根据自身实际需求对企业内部的职务进行设置，通过对职务类型、职级和职等的设置将职务进行横向和纵向的划分，为未来建立规范的薪酬体系提供依据。

图 2.2 金蝶 K/3HR 职务体系

职员管理是提供给 HR 专业人员实现对企业内职员信息管理、基本人事事务处理等日常工作的基础模块。

从事事务处理提供员工入职、离职、异动、离退休、借调等常用人事事务类型，应用者可根据本企业管理要求自定义新的事务类型，如图 2.3 所示。

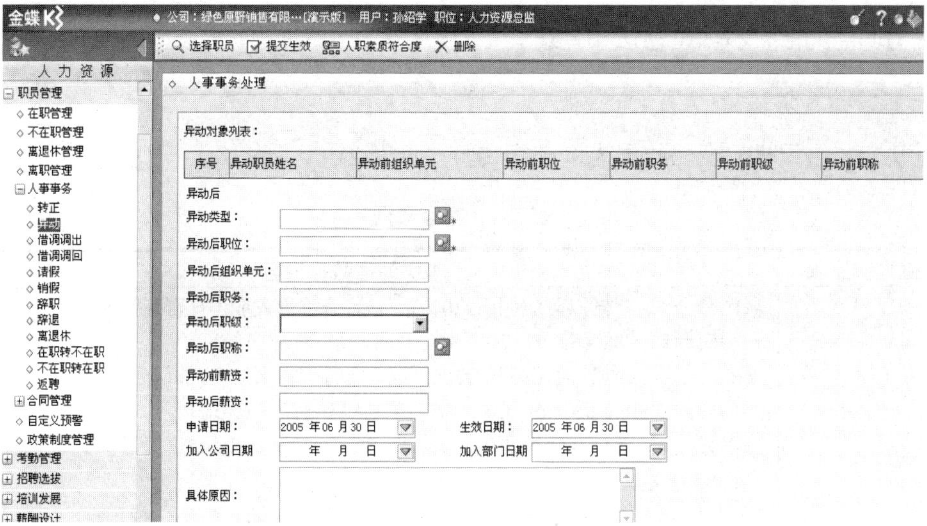

图 2.3　金蝶 K/3HR 人事事务

三、范例介绍

面向市场的组织机构优化

某公司近年来在组织机构方面的改革主要有以下几方面。

1. 逐步推行事业部制。为了适应快速多变的市场需要，提高企业的应变能力与管理效率已势在必行。某公司精心研究和策划企业组织机构的改革方案，作出了先实行模拟事业部制，而后实行独立事业部制的决定，将厂部的 8 个职能部门重新合并成八部一室，压缩或分流 102 名处室人员。这一措施激发了各经营分厂的活力，管理效率得以提高，而厂部的工作则着重于制定企业的发展战略及协调各经营分厂的经营战略、技术战略等更高层次的决策。

2. 生产组织管理从工艺专业化转向产品专业化。早在 20 世纪 80 年代末期，某公司采用以工艺专业化为核心的生产组织形式，但常常出现如下问题。①这种生产组织是跨行政部门的，在各生产工艺环节出现生产进度不一致时，有时难以协调；②由于原料品种多，可能会引起原料组织不到位而出现停工待料现象，影响生产效率。

某公司对该公司的产品的生产组织进行仔细研究后，发现其主导的三大类产品基本上是相对独立的，没有必要按照生产工艺划分车间，于是打破了原来低效率的工艺专业化生产格局，建立起产品专业化的新体系，一年内劳动生产率提高了 50%。

3. 改革科研体制。1991 年以前，某公司将研究所集中于总厂，负责全厂的技术开发，由于科研人员远离市场，缺乏市场意识，新产品开发的速度与品种均跟不上市场需求的变化。针对这一矛盾，某公司作出了把科技人员推向市场的决策，即解散远离市场的集中式新产品开发研究所，而将其转移到相关的经营分厂。这一措施取得了很好的效果，表现在：①技术开发以市场为导向，消除了科研与生产、销售脱节的弊端；②由于有了经济观念，产品开发中的不合理费用得以减少。

4. 引进多种经营机制，实行"一厂多制"。在市场经济条件下，各种所有制有其各自的优势，国有企业引进多种经营机制、提高自身活力是一种新的尝试，某公司对此进行了初步的探索。例如，某公司的传输分厂积极采用横向联合方式进行生产经营，一方面与某省古荡镇政府合办企业，解决了产业发展所必需的土地与厂房和企业富余人员的流向问题；另一方面与香港一家公司组建了合资企业——爱华达有限公司，生产具有当今国际先进水平的 SDH 同步数字传输光端机，既获得了必要的资金，又得到了先进的技术。

四、实验项目内容、步骤、方法和要求

(一) 实验背景数据

以某公司组织机构变化数据为例进行实验,见表 2-1。

表 2-1 实验数据

本次处理数据项	本次处理数据内容
组织结构——部门	城区分公司:财务部 编码(SX.01.02) 部门负责人职务(部门经理) 人力资源部 编码(SX.01.02) 部门负责人职务(部门经理) 城北分公司:财务部 编码(SX.01.02) 部门负责人职务(部门经理) 人力资源部 编码(SX.01.02) 部门负责人职务(部门经理) 城南分公司:财务部 编码(SX.01.02) 部门负责人职务(部门经理) 人力资源部 编码(SX.01.02) 部门负责人职务(部门经理) 城东分公司:财务部 编码(SX.01.02) 部门负责人职务(部门经理) 人力资源部 编码(SY.01.02) 部门负责人职务(部门经理) 城西分公司:财务部 编码(SX.01.02) 部门负责人职务(部门经理) 人力资源部 编码(SX.01.02) 部门负责人职务(部门经理)
部门变动	城西分公司合并入江东分公司,更名为城西分部(编码 SX.04.05,负责人职务:部门经理),原城西分公司下财务部,人力资源部撤销
职务变动	部门副经理职位取消,新增部长助理职务,对应的职级为 8~9 级
职等变动	将原有的 14 级,15 级调整为负 14 级,正 14 级,负 15 级,正 15 级 总经理对应正 15 级,负 15 级 副总经理对应 12 级,13 级,负 14 级和正 14 级
职等控制	将城西分部下的职等控制为第 1~3 级
职位新增	在新增的财务部,人力资源部中增加职位"部长助理"(对应职务:部长助理,编制 2 人)和"文员"(对应职务:职员,编制 6 人) 城西分部设职位"技术部长"(职务类型:技术类,编制 1 人)
职位变动	"技术部长"职位由城东分公司总经理管辖
职位说明	设置城区分公司财务部部门经理的职位说明: 职责信息:预算管理 60%,资金管理 20%,财务核算 10% 任职要求:学历大学本科以上,工作经历 3 年以上,职称中级以上 素质要求:领导力(级别 4 级,重要性 5 级)团队精神(级别 4 级,重要性 4 级)

(二) 实验内容、方法

处理企业组织结构、职务体系、职位体系发生变化的业务情景。包括新建账套、启用账套、登录系统、组织机构设置、职务设置、职位设置、在职人员新增、用户授权、工作流管理、高级权限。

(三) 实验步骤、要求

1. 检查系统中已有数据内容。
2. 修改组织结构。
3. 修改职务体系。
4. 修改职位体系。

5. 职位说明书编制。

五、实验条件

软件准备：确认人力资源系统已安装；确认 IE 版本 6.0 以上；确认 Office 已安装(便于实验数据准备及实验结果记录)。数据准备：确认实验 1(系统应用初始化设置)已完成；确认组织机构、职务、职位、职等数据已准备。

六、实验所需时间

2 小时。

七、实验报告和实验成绩评定

1. 实验成绩按照优秀、良好、中等、及格、不及格 5 个等级评定。
2. 成绩评定准则。
(1) 掌握组织规划的主要内容与制订原则。
(2) 掌握组织规划编撰、调整的方法与程序。
(3) 掌握人力资源规划软件的操作内容、方法。
(4) 记录了完整实验过程，文字简洁、清晰，结论明确。
(5) 课堂模拟、讨论、总结占总成绩 70%，实验报告占 30%。
(6) 实验报告要求：编写语言流畅，文字简洁，条理清晰。实验报告书格式见表 1-2。

实验二　组织结构设计实验

一、实验目的

通过该项目实验，使学生了解组织结构设计的基本概念，熟悉常见的组织结构类型，掌握组织结构设计的内容、流程和方法，使学生具备组织结构设计的初步能力。

二、预备知识

1. 组织结构的概念

组织结构(Organizational Structure)是组织的全体成员为实现组织目标，在管理工作中进行分工协作，在职务范围、责任、权利方面所形成的结构体系。

组织结构一般分为职能结构、层次结构、部门结构、职权结构 4 个方面。

职能结构：是指实现组织目标所需的各项业务工作以及比例和关系。其考量维度包括职能交叉(重叠)、职能冗余、职能缺失、职能割裂(或衔接不足)、职能分散、职能分工过细、职能错位、职能弱化等方面。

层次结构：是指管理层次的构成及管理者所管理的人数(纵向结构)。其考量维度包括管理人员分管职能的相似性、管理幅度、授权范围、决策复杂性、指导与控制的工作量、下属专业分工的相近性等。

部门结构：是指各管理部门的构成(横向结构)。其考量维度主要是一些关键部门是否缺失或优化。从组织总体形态，各部门一、二级结构进行分析。

职权结构：是指各层次、各部门在权力和责任方面的分工及相互关系。主要考量部门、岗位之间权责关系是否对等。

2. 组织结构设计的概念

组织结构设计，是通过对组织资源(如人力资源)的整合和优化，确立企业某一阶段的最合理的管控模式，实现组织资源价值最大化和组织绩效最大化。狭义地、通俗地说，也就是在人员有限的状况下通过组织结构设计提高组织的执行力和战斗力。

组织结构设计的6项主要内容如下。

职能设计：职能设计是指企业的经营职能和管理职能的设计。企业作为一个经营单位，要根据其战略任务设计经营、管理职能。如果企业的有些职能不合理，那就需要进行调整，对其弱化或取消。

框架设计：框架设计是企业组织设计的主要部分，运用较多。其内容简单来说就是纵向的分层次、横向的分部门。

协调设计：协调设计是指协调方式的设计。框架设计主要研究分工，有分工就必须要有协作。协调方式的设计就是研究分工的各个层次、各个部门之间如何进行合理的协调、联系、配合，以保证其高效率的配合，发挥管理系统的整体效应。

规范设计：规范设计就是管理规范的设计。管理规范就是企业的规章制度，它是管理的规范和准则。结构本身设计最后要落实、体现为规章制度。管理规范保证了各个层次、部门和岗位，按照统一的要求和标准进行配合和行动。

人员设计：人员设计就是管理人员的设计。企业结构本身设计和规范设计，都要以管理者为依托，并由管理者来执行。因此，按照组织设计的要求，必须进行人员设计，配备相应数量和质量的人员。

激励设计：激励设计就是设计激励制度，对管理人员进行激励，其中包括正激励和负激励。正激励包括工资、福利等，负激励包括各种约束机制，也就是所谓的奖惩制度。激励制度既有利于调动管理人员的积极性，也有利于防止一些不正当和不规范的行为。

3. 组织结构设计的理念

创建柔性灵活的组织，动态地反映外在环境变化的要求，并在组织成长过程中，有效地积聚新的组织资源，同时协调好组织中部门与部门之间的关系，人员与任务间的关系，使员工明确自己在组织中应有的权力和应承担的责任，有效地保证组织活动的开展。

4. 组织结构设计的原则

劳动分工原则；统一指挥原则；控制幅度原则；权责(职权与职责)对等原则；柔性经济原则。

5. 影响组织结构设计的因素

①环境与结构；②战略与结构；③技术与结构；④规模与结构；⑤生命周期与结构。

6. 部门划分原则与方法

组织设计任务的实质是按照劳动分工的原则将组织中的活动专业化，而劳动分工又要求组织活动保持高度的协调一致性。协调的有效方法就是组织的部门化，即按照职能相似性、任务活动相似性或关系紧密性的原则把组织中的专业技能人员分类集合在一个部门内，然后配以专职的管理人员来协调领导，统一指挥。

(1) 职能部门化：根据整个组织开展业务活动所要求的职能的相似性和差异性，或技能相似的要求，分类设立专门部门，并配以专职主管。

(2) 产品或服务部门化：按照生产某一产品所要求的业务活动或职能的相似性、差异性和技能的相似性，分类设立专门的部门，并配备相应的产品主管。

(3) 顾客部门化：就是按照顾客所要求的业务活动的相似性和技能的相似性，分类设立专门的部门，并配相应的主管。如中央电视台"12演播室"、夕阳红、大风车等栏目。

(4) 地域部门化：按照地域环境特点(文化、资源、顾客等)所要求的业务活动的相似性、差异性，分类设立专门的部门，委派一位经理主管。

(5) 流程(过程)部门化：按照工作业务流程的差异性、逻辑性、相似性，分类设立部门，每一个部门负责流程的特定阶段，配备部门主管。如制造部门，服务部门(政府现场大厅办公)。

(6) 多种形式部门化。

由于组织的日益复杂化和多样化，大部分的组织在单一的整体组织下按不同部门化形式设置其下属部门。复杂的环境因素，加以不同的层次和不同的领域均有其不同的要求，因而组织分工和建立部门不能强求划一，允许根据具体情况和特种需要，采用不同的形式。图 2.4 说明一个大公司在不同层次中使用多种部门化的形式。例如，华而马特公司在公司这一级是按职能进行部门化；在采购职能系统中再按产品建立部门；在产品部门中再分别按顾客、按地区建部分和地区服务部门。

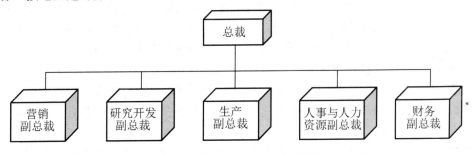

图 2.4 某制造业组织的职能型结构

7. 组织机构的主要类型

1) 直线型组织结构

直线型组织结构是最古老的组织结构形式。所谓的"直线"是指在这种组织结构下，职权直接从高层开始向下"流动"(传递、分解)，经过若干个管理层次达到组织最低层。

2) 职能型结构

应用职能设计方法，以职能为导向的组织结构形式，如图 2.5 所示。

3) 直线职能型组织结构

直线职能型组织结构是现代工业中最常见的一种结构形式，而且在大中型组织中尤为普遍。这种组织结构的特点是，以直线为基础，在各级行政主管之下设置相应的职能部门(如计划、销售、供应、财务等部门)从事专业管理，作为该级行政主管的参谋，实行主管统一指挥与职能部门参谋—指导相结合。在直线职能型结构下，下级机构既受上级部门的管理，又受同级职能管理部门的业务指导和监督。各级行政领导人逐级负责，高度集权。因而，这是一种按经营管理职能划分部门，并由最高经营者直接指挥各职能部门的体制。

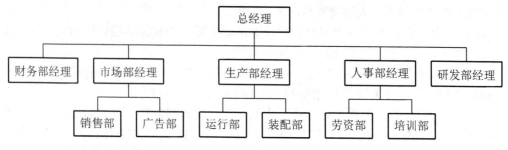

图 2.5 职能型结构示意图

在这种结构中，除了直线人员外，还需要职能参谋人员提供服务——他们与直线人员共同工作。直线人员直接参与组织目标的实现；而职能参谋人员则是间接参与，他们为组织目标的实现提供服务。对于生产性企业，它的主要目标有两个：生产和销售。作为组织目标实现的直接参与者，生产与市场人员构成了直线人员。区分组织中谁是直线人员和职能参谋人员的一个方法就是根据组织的目标，看谁直接为其作出贡献，谁间接为其作出贡献。

在一个组织中，人事、工程、研究与开发、法规、财务及公共关系部门往往被认为是职能参谋部门，尽管在整个组织中这些部门是职能部门。

职能参谋部门拟订的计划、方案以及有关指令，由直线主管批准下达；职能部门参谋只起业务指导作用，无权直接下达命令。因此，职能参谋人员的服务本质上是建议性的，他们不能对直线人员行使职权。例如人事部经理只能向生产部门建议聘用新员工，他没有职权强迫生产经理接受他的建议。在组织最高层，职能参谋人员参与决策制定。除了这些特殊的职能参谋人员外，在组织中还有服务性质的职能参谋人员，包括办公室人员、速记员、维修人员以及其他类似人员。

直线—职能型组织结构比上述两种组织结构具有优越性。它既保持了直线型结构集中统一指挥的优点，又吸收了职能型结构分工细密、注重专业化管理的长处，从而有助于提高管理工作的效率。

直线—职能型组织结构的内在缺陷如下。①属于典型的"集权式"结构，权力集中于最高管理层，下级缺乏必要的自主权；②各职能部门之间的横向联系较差，容易产生脱节和矛盾；③直线—职能型组织结构建立在高度的"职权分裂"基础上，各职能部门与直线部门之间如果目标不统一，则容易产生矛盾。特别是对于需要多部门合作的事项，往往难以确定责任的归属；④信息传递路线较长，反馈较慢，难以适应环境的迅速变化。

直线—职能型组织结构所存在的问题是经常产生权力纠纷，从而导致直线人员和职能参谋人员的摩擦。为了避免这两类人员的摩擦，管理层应明确他们各自的作用，鼓励直线人员合理运用职能参谋人员所提供的服务。Louis Allen 指出，直线人员学会如何有效运用职能参谋人员的协助是很重要的，因为直线管理人员对组织的价值在很大程度上取决于他如何利用职能参谋人员提供的服务。

直线—职能型组织结构被称为"U-型组织"或"单一职能型结构""单元结构"(U-form Organization，Unitary Structure)。这种组织结构，相对于产品单一、销量大、决策信息少的企业非常有效。

在 20 世纪初期(以及在此之前)，经济增长的主要特点是劳动分工，这激发了职能制结构的产生。美国钢铁公司就是以这种方式在 1901 年成为第一个 10 亿美元的企业的。美国标准石油公司也是采用直线—职能型结构的先驱。这种组织结构同样也在福特时代的汽车工业得到应用，它使福特公司开发出流水线作业方式，使汽车工业得以规模化并带动了经济上的成功。

4) 事业部制组织结构

事业部制组织结构是对 U-型结构的创新，又称"M-型组织"或"多分部结构"(M-form Organization，Multi-divisional Structure)。

事业部制结构不是按职能或任务来组织，而是按产品、地区或顾客类型来进行组织，每个事业部内部都建立起自己的 U 型结构。所谓事业部结构，就是在一个企业内部对具有独立的产品和市场、独立的责任和利益的部门实行分权管理的一种组织形态。事业部是一些相互联系的单位的集合，具有三个特征：①具有独立的产品和市场，是产品责任或市场责任单位；②具有独立的利益，实行独立核算，是一个利益责任单位；③是一个分权单位，具有足够的权力，能自主经营。

采用事业部制的组织，其特点在于把政策制定与行政管理分开，政策管制集权化(公司集中决策)，业务运营分权化(事业部独立经营)，即所谓"集中决策，分散经营"。换言之，企业最高管理层是企业的最高决策者，以实现组织长期利益为最大任务，集中力量来研究和制定公司的总目标、总方针以及各项政策。事业部的经营活动只要不违背总目标、总方针、总计划，完全由事业部自行处理。因而，事业部成为日常经营活动决策的中心，是完全自主的经营单位，可以充分发挥自己的主观能动性。这是组织领导方式由集权制向分权制转化的一种形式。

事业部制结构是在一个大的多样化经营的企业中，针对直线—职能型结构的局限性所作出的一种反应。当企业跨地理区域或产品类型进行多样化经营时，协调各个市场内的不同的职能就变得非常重要。例如，跨区域经营的企业，就要决定在不同的地区市场中赋予多大程度的自主权。采用一种按地理区域进行组织的事业部制结构，将会使得企业能够对不同市场内的生产、分销和销售职能进行协调。其中，每一个市场都具有独立的竞争地位。这种结构还有助于解决大型组织中的另一个问题：通过把个体的报酬与其业绩紧密地结合在一起来减少代理成本。介绍一个发生在零售业中简单的例子。在诸如皮格利-威格利这样的零售连锁公司中，每一个店事实上就是一个分部，并且各店独立核算利润。这就为高层管理人员提供了一种简单的对分店业绩进行评价的方法——以利润指标来清晰地度量单个部门的业绩对整个公司的贡献，使其可以用来对分店经理进行评估，并对业绩好的实施奖励。

在事业部制组织结构下，最高管理层必须保持三方面的决策权：①事业发展的决策权。整个企业进入什么市场、发展什么产品，开辟什么新事业、放弃什么事业等经营方针以及价格政策、竞争策略等基本原则的决策权要保留在总部。②有关资金分配的决策权。资金的供应以及资金分配必须由企业最高管理层控制，而不是交由分权的事业部处理。③人事安排权。公司的人事政策、各事业部重要干部的人事安排应由总部高层决策。公司的职能部门的主要任务是为最高管理层和各事业部门提供有效的建议、劝告与服务，它不是事业部那样的独立的利益责任单位。

分权化的事业部经理与一家独立公司的最高层面对的问题几乎是一样的，他应考虑市场、人力、技术，考虑事业部的今天和明天。不同的是，他不负责有关财务资源与供应。所以事业部制在培养和考验着组织未来的领导人才。

事业部制使组织最高管理层摆脱了具体日常管理事务，有利于集中精力做好战略决策和长远规划，提高组织的灵活性和适应性；同时事业部制也有助于培养和训练全面的管理人才。这是事业部制的优越之处。

事业部制组织结构首创于20世纪20年代的美国通用汽车公司。美国杜邦公司利用事业部制的开发优势，开发并控制了合成橡胶、尿素、乙烯、尼龙、的确良、塑料等产品市场，并参与了原子弹的制造，使杜邦公司成为世界一流的大公司。目前，事业部制成为各大公司的主要组织结构形式，使企业的多元化经营顺利发展。

事业部制的缺陷是，由于机构重复，造成了管理人员的浪费；由于各个事业部独立经营，各事业部之间要进行人员互换就比较困难，相互支援较差；各事业部主管人员考虑问题往往从本部门出发，而忽视整个组织的利益。

为克服以上不足，20世纪70年代在美国和日本的一些大公司又出现了一种超事业部制结构。它在组织最高管理层和各个事业部之间增加了一级管理机构，负责统辖和协调各个事业部的活动(如研究与开发)，使领导方式在分权的基础上又适当集中，从而进一步增强了组织活动的灵活性和效率性。

5) 矩阵型组织结构

有时企业同时有几个项目需要进行，每个项目要求配备不同专长的技术人员或其他资源。为了加强对项目的管理，每个项目在总经理领导下由专人负责。因此，在直线—职能型组织结构的纵向领导系统的基础上，又出现了一种横向项目系统，形成了纵横交错的矩阵结构。

企业同时按多个维度(通常是两个)组织其业务活动，就会形成矩阵结构。企业可以采用任何一种特定的组合维度，例如它可以包括两种不同类型的分部(地域分部—客户分部)。工作在矩阵结构的交界处的通常是中层经理，他们同时向两个上级报告有关工作情况，因而有两个老板。

矩阵结构的运行是以工作小组或任务小组为基础的。工作小组一般是一组具有不同背景、不同技能、不同知识、分别来自不同部门的人员所组成的，通常人数不多。组成工作小组后，大家为某个特定的任务而共同工作。

工作小组的结构特点是根据任务的需要把各种人才集合起来，任务完成以后就解散。在某一小组内，人员也不固定，需要谁谁就进来，任务完成后就可以离开，所以一个人可以同时参加几个工作小组。

由于矩阵结构是按项目进行组织的，所以它加强了不同部门之间的配合与信息交流，克服了直线—职能型结构中各部门相互脱节的现象。

在矩阵结构中，工作小组具有机动灵活性特征，可根据项目需要及其进展状况进行组织或解散，而且一个人可以同时参加几个项目小组，这也提高了人员的利用效率。

此外，由于职能人员直接参与项目，而且在重大问题上具有发言权，这就使他们增加了责任感，激发了工作热情。

当然，在矩阵结构中，工作小组成员同时有两个老板，因而潜伏着职权关系的混乱和冲突，可能造成管理秩序混乱。类似的冲突必须通过双方的讨论和协商，按照事件本身的是非曲直来解决。图2.6例示了一家航空公司的矩阵结构。

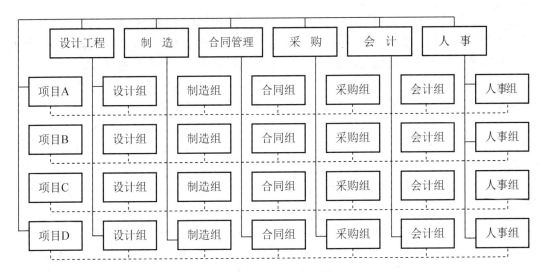

图 2.6　矩阵结构示意图

注意，图 2.6 中的上部排列的是工程、会计、人事这些类似的职能，但在纵坐标上增加了该航空公司目前开展的各类项目，每一项目由一经理人员领导，他将为其负责的项目从各职能部门中抽调有关人员。在横向的传统职能部门基础上增加纵向坐标，将职能部门化和产品部门化的因素交织在了一起，因此称之为矩阵。

6) 动态网络结构

(1) 概念：以项目为中心，以合同为基础，通过与其他组织建立研发、生产制造、营销等业务网络，有效发挥核心业务专长的临时性协作组织。它通过以市场的组合方式替代了传统的纵向层级组织，实现了组织内在核心优势与市场外部资源优势的动态有机结合，因而更具敏捷性和快速应变能力，可视为组织结构扁平化趋势的一个极端例子。

一个典型的动态网络型结构示意图如图 2.7 所示。

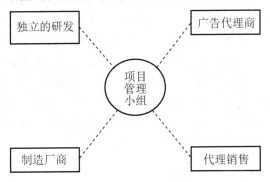

图 2.7　网络组织结构示意图

网络组织并不是对所有的企业都适用的。它比较适合于玩具和服装制造企业，这类企业需要相当大的灵活性以对时尚的变化作出迅速反应。网络组织也适合于那些制造活动需要低廉劳动力的公司，这些劳动力只存在于美国以外的国家，可以通过与这些外国供应商签订合同而最好地加以利用。从不利的方面来看，网络结构的管理当局对其制造活动缺乏传统组织所具有的那种紧密的控制力，供应品的质量也难以预料。另外，网络组织所取得的设计上的创新很容易被窃取,因为创新产品一旦交由其他组织的管理当局去领导生产,对创新加以严密的防卫是很困难的。不过,借助于计算机手段,一个组织现在可以与其他组织直接进行相互联系和交流,这样就使网络结构日益成为一种可行的设计方案。

(2) 优点:组织结构具有更大的灵活性和柔性,以项目为中心的合作可以更好地结合市场需求来整合各项资源,而且容易操作,网络中的各个价值链部分也随时可以根据市场需求的变动情况增加、调整或撤并;另外,这种组织结构简单、精练,由于组织中的大多数活动都实现了外包,而这些活动更多的是靠电子商务来协调处理的,组织结构可以进一步扁平化,效率也更高了。

(3) 缺点:可控性太差。这种组织的有效动作是靠与独立的供应商广泛而密切的合作来实现的。由于存在着道德风险和逆向选择性,一旦组织所依存的外部资源出现问题,如质量问题、提价问题、及时交货问题等,组织将陷于非常被动的境地。另外,外部合作组织都是临时的,如果网络中的某一合作单位因故退出且不可替代,组织将面临解体的危险。网络组织还要求建立较高的组织文化以保持一定的凝聚力,然而,由于项目是临时的,员工随时都有被解雇的可能,因而,员工的组织忠诚度也比较低。

7) 有机的附加结构

前面介绍的设计选择适用于整个组织范围。但是,有时管理当局可能要保持总体的机械式结构,同时需要获得有机式结构的灵活性。一个可考虑的选择是,将一个有机式结构单位附加在机械式组织之上。任务小组和委员会结构就是这种附加设计的两例。

(1) 任务小组。任务小组结构(Task force structure)是一种临时性结构,其设计用来达成某种特定的、明确规定的复杂任务。它涉及许多组织单位人员的介入,它可以看做是临时性矩阵的一种简版。任务小组的成员一直服务到目标成达为止。然后,任务小组解散,其成员转换到另一任务小组,或者回到他们永久隶属的职能部门,或者离开组织。

(2) 委员会结构。将多个人的经验和背景结合起来,跨越职能界限地处理一些问题的另一种设计选择,就是委员会结构(Committee structure)。从实质上说,委员会可以是临时性的,也可以是永久的。临时性委员会通常等同于任务小组。永久性委员会与任务小组一样,都可以促进各种投入的统一,但前者更具稳定性和一致性,在这一点上又与矩阵结构相似。然而,委员会只是一种附加的设计。委员会的成员长久地隶属于某一职能部门,他们定期或不定期地聚在一起分析问题,提出建议或作出最终决策,协调有关的活动,或者监控项目的进行。因此,委员会是将各职能部门的投入聚合在一起的一种手段。高等院校就经常使用永久性委员会处理诸如招生、员工晋级和校友联系等方面的事宜。大型工商企业也将委员会用作协调和控制的手段。

三、范例介绍

某公司组织结构设计

1. 公司介绍

广州洁雅材料科技股份有限公司(以下简称"洁雅公司")是一家由留美博士回国创办的集产品开发、生产、销售为一体的高新技术复合材料专业厂家,产品主要由实体面材和星盆。洁雅公司总部设在广州市芳村区茶滘工业园,在广州市、河南省和湖北省分别设有生产基地,在世界各地设有12个分支经营机构。

洁雅公司产品实体面材是一种新型的建筑装饰材料,兼容了木材的可塑性与天然石材的坚硬性,可做到无缝拼接，结构细密而无毛细孔，其弯曲和异型加工特性超越了任何其他材料。实体面材在商业服务柜台、银行(酒店等)柜台、浴室洗手台、茶几、餐桌、楼梯扶手、工艺品等应用方面可以取代传统的木材、石材、塑料、不锈钢等。星盆又称洗脸盆，由高分子实体面材制成。

洁雅公司计划在5年内建成一个占地面积达38亩的"洁雅新材料研究开发中心"。公司未来5年将发展成为全球最大的实体面材石材基地和国内最具实力的高性能复合材料研发生产基地。

2. 部门划分情况

洁雅公司的部门按业务性质和职能可以划分为五大类：第一大类为生产运作部门类，包括物流部、品质部、设备工程部、生产部(下设一分厂、二分厂、三分厂)；第二大类为市场销售部门类，包括国内市场部、销售部、国际市场部、项目部、客户服务部；第三大类为技术开发部门类，包括产品开发部、新材料研发中心；第四大类为行政管理部门类，包括总经理办公室(行政部)、人力资源部、总务部、电脑部、审计部、采购信息中心；第五大类为财务管理部门，即财务部。另外在董事会下设秘书室。

在外地则按地域设置部门，如生产运作部门类，还设立了生产型的河南分公司、湖北分公司；市场销售部门类，还设立了深圳、香港、厦门、成都、武汉、西安、上海、北京、济南、沈阳、杭州销售分公司以及美国销售分公司。

3. 岗位设置情况

洁雅公司的五大类部门设立好以后，我们再看看如何在部门内设置岗位。洁雅公司根据其实际情况和未来需要，设置了如下岗位：

(1) 董事长、董事、监事会主席、监事；总经理兼技术开发部副总经理；董事会秘书兼总经理秘书；国际市场部经理、国际业务代表、会计、出纳。

(2) 生产运作部门副总经理；生产部厂长，下设厂长助理、分厂厂长(车间主任)、班组长、技术工人、生产工人、杂工；物流部经理，下设采购员、送货员、仓管员、货车司机；品质部经理，下设质检员；设备工程部经理，下设工程师、助理工程师、电工、焊工、修理工；生产型分公司经理、生产主管、行政主管、财务主管、文员、会计、出纳、班组长、生产工人。

(3) 市场销售部门副总经理；国内市场部经理、平面设计师、市场代表；销售部经理、销售主管、销售代表；项目部经理、项目代表；客户服务部经理、客户代表；各销售分公司经理、销售主管、会计、出纳、销售代表。

(4) 技术开发部副总经理由总经理兼任；产品开发部主管；新材料研发中心主任；化学师；助理化学师；技术员。

(5) 行政管理部门副总经理；总经理办公室主任(行政部经理)、法律顾问、行政部助理、前台文员；人力资源部经理、人事助理；总务部经理、总务助理、车队队长、司机、司务长、厨师、厨工、清洁工；电脑部工程师；审计部经理兼采购信息中心主任。

(6) 财务管理部门副总经理；财务部经理、会计、出纳。

4. 组织结构图

由于雅洁公司是一家拥有1500多人的中型股份制公司，而直线制是小型公司的结构类型，事业部制适合在大型企业中运用，都不符合洁雅公司的要求。职能制容易造成多头指挥，一般企业很少采用；矩阵制适合特别注重内部横向信息沟通的情况，并且多数情况下属于临时性的结构形式。

根据上述分析决定洁雅公司采用直线职能制组织结构类型，实际上大多数公司都是如此。考虑到洁雅公司是一家上市公司，所以在组织结构图中设立董事会和监事会；再根据前面谈到的洁雅公司部门划分情况和分析，还有岗位设置情况和分析，就很容易画出洁雅公司的组织结构，如表2-2。

5. 岗位分类

在组织结构设计和岗位设置的基础上，根据洁雅公司的规模大小和实际需要划分组织岗位系列，从而为组织的岗位管理、岗位分析、岗位评价和岗位说明书的编写提供必要条件。一般来讲，组织岗位系列分成2~4类为宜，其中以3类的划分居多。下表是洁雅公司"岗位系列及员工职等对应表"，供参考。

表 2-2　洁雅公司"岗位系列及员工职等对应表"

职等类型		管理类	职员类	技术类
高层管理	一等总经理职系	总经理	董事长助理	
	二等副总职系	副总、总监、生产分公司总经理	董事会秘书、总经理助理	技术顾问
	三等高级经理职系	厂长、分公司副总、独立设置的销售分公司经理	总经理办公室主任	总工程师、总会计师
中层管理	四等经理职系	副厂长、各部门经理	总经理秘书	分公司总工程师、分公司总会计师
	五等部门主管职系	主管部门的主管、销售区域经理	厂长助理	高级化学师、高级工程师
基层管理	六等职能主管职系	一般职能主管、销售区域主管	主办会计、主办出纳、人力资源师	工程师、化学师、审计师
	七等普通管理职系	部门专员、车间主任	会计、出纳、储备干部	助理工程师、助理化学师、审计员
	八等一线管理职系	班组长、车队队长、司务长	部门助理及秘书、文员、营销代表、送货员	开发部技术员、特殊岗位技术人员
基层员工	九等技术员工职系	司机、技术人员、质检员、仓管员、厨师、特殊工		
	十等普通员工职系	生产工人、厨工、清洁工、杂工		

四、实验项目内容、步骤、方法和要求

本实验有两项实验任务。

(一) 某公司组织结构设计实验

1. 实验背景

1992 年，沃尔玛超过希尔斯公司成为美国的第一号零售商。管理大师 Tom Peters 早在几年前就预见到这一结果。他说："希尔斯不会有机会的，一个 12 层次的公司无法与一个 3 个层次的公司抗争。"Peters 也许有点夸大其词，但这个结论清楚地反映了近年来出现的设计扁平结构的趋势。

2. 要求

(1) 模拟编写沃尔玛公司的组织结构，说明其合理性。
(2) 分析比较事业部制与直线—职能制的联系与区别。

3. 方法与步骤

(1) 实验前准备。要求学生课前复习有关组织结构方面的知识。
(2) 分组讨论。按照一般团队要求，3~5 人为一个小组开展讨论，充分发表个人观点。
(3) 案例分析。在规定时间内阅读、讨论、分析案例。

(4) 实训讲评。指导教师适时讲评。

(5) 总结并编撰实验报告。

(二) 集权与分权的对立统一的组织结构设计实验。

1. 实验背景

最近，一家大公司的总裁感叹道："我们对地方分权长期、坚定和近乎狂热的承诺，造成与产品相关的不同部门为争取客户而彼此竞争。结果造成一股有悖整体的力量和一种人人为我、却无我为人人的精神。"他还说："表面上把企业分成较小的单位，应该能够鼓励地方的主动性和承担风险，事实上恰巧相反，部门分立与自治产生了更短期导向的管理者，他们比以前更受利润的影响。"

2. 实验要求

试根据上述现象，说明组织结构设计的集权与分权问题，如何才能有效解决这对矛盾。

3. 方法与步骤

(1) 实验前准备。要求学生课前复习有关组织结构方面的知识。

(2) 分组讨论。按照一般团队要求，3~5人为一个小组开展讨论，充分发表个人观点。

(3) 案例分析。在规定时间内阅读、讨论、分析案例。

(4) 实训讲评。指导教师适时讲评。

(5) 总结并编撰实验报告。

五、实验条件

1. 计算机以及打印机。

2. 实验室讨论条件。

六、实验所需时间

2 小时。

七、实验报告和实验成绩评定

1. 实验成绩按照优秀、良好、中等、及格、不及格5个等级评定。

2. 成绩评定准则。

(1) 按照学生对组织设计基本原理掌握以及组织结构内容设计情况进行评价。

(2) 对学生组织结构设计方法与实验结果进行评价。

(3) 学生实验报告必须反映出实验目的、实验要求、实验方法、过程、实验结论、实验中存在的问题分析、解决对策等内容，并根据学生的实验报告撰写质量进行考核。

(4) 课堂模拟、讨论、总结占总成绩70%，实验报告占30%。

(5) 实验报告要求：编写语言流畅，文字简洁，条理清晰。

2.2 工作分析技能实验

实验一 工作分析计划与方法

一、实验目的

理解工作分析的目的与意义,学习如何拟定工作分析计划,理解并掌握工作分析的基本方法,学习如何利用相关方法和工具搜集工作分析所需的信息。

二、预备知识

(一) 工作分析的含义

在人力资源管理中经常会遇到这样一些问题,员工与员工之间、员工与部门经理之间由于工作岗位的职责界定不清,经常会出现该做的事没有人去做,或出现问题时相互推卸责任的现象。例如,工作中的意外事件无人处理,因为没有明确写在工作职责范围内,或两个不同工作之间如何在权限上界定和衔接等。要解决这些问题就要依靠科学的方法进行工作分析。只有在工作分析的基础上,才能从根本上解决这些问题。

工作分析是收集信息以确定完成各项工作所需的技能、责任和知识的系统过程。工作分析的实质就是研究某项工作所包含的内容及工作人员必需的技术、知识、能力和责任,并区别本工作和其他工作的差异。亦即对某一职位工作内容及有关因素做全面、系统、有组织的描写或记载。因此,工作分析是一种重要而又普遍的人力资源管理技术,工作分析的结果是通过工作说明书来实现的。

(二) 工作分析的内容

工作分析是现代人力资源管理所有职能的基础和前提,只有做好了工作分析和工作设计,才能依此有效地完成人力资源管理工作。一般来说,工作分析包括工作描述和工作要求两个方面的内容。

1. 工作描述

为了做出明确的规定,必须对每一个具体的工作进行描述,即工作描述。工作描述是工作分析的第一个组成部分,包括以下内容。

(1) 工作名称描述,又称职务名称。为了便于识别登记与分类,工作名称描述需要说明某项工作的专门名称、以何种职务形式出现、以何种代码加以命名等。

(2) 工作内容描述,又称工作活动或工作程序。工作内容描述需要说明所要完成的任务与责任、所使用的原材料与设备、所体现的工作展开顺序、所连接的工作前后道工作关系,以及所要接受的被监督内容等。

(3) 工作条件描述,又称工作环境描述。工作条件描述需要说明工作地点的温度与湿度、工作地点的光线与噪音、工作地点的安全性条件,以及工作地点的地理性位置等。

(4) 工作待遇描述,由于人们常常根据工作待遇来判断和解释工作描述中的其他内容,因而这部分内容特别重要。工作待遇描述需要说明工资报酬、工作时间、工作季节性、晋级机会、进修和提高的机会、该工作在本组织中与其他工作的关系等。

(5) 社会环境。社会环境需要说明工作团体的情况、社会心理气氛、同事的特征及相互关系，以及各部门之间的关系等。此外，应该说明企业和组织内及附近的文化和生活设施。

2. 工作要求

工作分析的另一部分是工作要求。工作要求是根据工作描述的结果，提出对从事该项工作人员的特定要求，它主要包括以下几方面。

(1) 一般要求，它是指从事该项工作所需的一般性要求，包括年龄、学历、知识与技能、工作经验等。

(2) 生理要求，它是指从事该项工作所需的生理性要求，包括健康状况、力量与体力、运动的灵活性和感官的灵敏度等。

(3) 心理要求，它是指从事该项工作所需的心理性要求，包括事业心、合作性、观察力、领导能力和沟通能力等。

有些时候也把工作分析内容细化分为 3 个部分，即把工作环境独立出来，包括工作活动本身、任职者资格要求和工作环境，通过工作分析达到组织特定的目的，如下所示。

$$
工作分析\begin{cases}工作任职者(工作能力、经验……) ——人尽其才\\ 工作岗位(工作任务、职责……) ——才尽其职\\ 工作环境(工作环境、设备……) ——职尽其用\end{cases}
$$

简单来看，国外人事心理学家从人力资源管理的角度出发，提出了方便记忆的 6W1H 的工作分析公式，可以从以下 7 个方面来进行分析。

Who：谁来完成这项工作。What：这项工作主要做什么。When：工作的时间安排。Where：工作的地点安排。Why：为什么工作。For who：为谁工作。How：如何工作。

工作分析的内容取决于工作分析的目的和用途。不同的人力资源管理者在做工作分析时都有各自的特点和急需解决的问题。有的是为了调动员工的积极性，制定激励性强的奖励制度。有的是为了根据工作要求改善工作环境，提高工作的安全性。因此，每个组织进行工作分析时要根据实际需要，对工作分析的内容做有侧重点的分析。

(三) 工作分析的作用

1. 工作分析是人力资源管理的起点，可以为许多人力资源管理活动提供信息，它是人力资源管理最基本的工具。在人力资源管理活动中，几乎每一个方面都涉及工作分析所取得的成果。良好的工作分析可以为组织制定人力资源规则，可以为人员招聘、员工培训与发展、绩效考核、薪酬管理等工作提供科学的依据。这对提高企业组织的管理制度效率，实现公平管理和调动员工的工作积极性具有重要的意义。

2. 为人事决策提供坚实的基础。全面而深入的工作分析，可以使组织充分了解各项工作的具体内容，以及对工作人员的身心要求，这样为正确的人事决策提供了科学依据。

3. 奠定组织结构和组织设计的基础。从工作和组织的设计与重新设计的角度来看，工作分析信息可以帮助我们明确各项工作之间在技术和管理责任等各个方面的关系，消除盲点，减少重复，提高效率。如果企业要使用稳定高效的机器设备改进工作手段，就需要首先确切地了解工作对操作者的要求，工作方式的改进也需要首先明确工作的要求。在工作分析中，人们经常可以发现由于环境因素或员工的习惯造成的安全隐患。

4. 使员工招聘和选择有了明确的要求。有效的人力资源计划是企业人力资源管理工作的重要指导，是预测人力资源需求的基础。因为招聘录用过程是要发现将来最能胜任工作的人员，所以首先需要明确将来的工作对工作者的要求。工作分析能够提供工作内容和任职的资格条件方面的资料，所以可以用来决定招聘与任用哪种人才。同时，工作分析也可以用作确定和实施选择候选人的遴选工具。此外，员工的工作安排也需要工作分析信息。

5. 避免人力资源浪费，做到人尽其才。通过工作分析的结果，企业中的每个人包括从高层领导到一线员工的职责明确，提高了个人和部门的工作效率和和谐性，从而避免了工作重叠、劳动重复等浪费现象。工作规范明确指出工作岗位的任职资格，这样能够尽量避免"大材小用"或"小材大用"的不合理现象，做到人尽其才。

6. 为培训员工和考核员工提供依据。工作说明书指明了各项工作所需要的技能，据此设计适合的训练培养计划，包括评估培训的要求，选择培训方式，衡量培训对工作绩效产生的效果，还可以被用来建立员工的晋升渠道和职业发展路径。在帮助员工建立自己的职业生涯计划时，只有企业和个人都对工作的要求和各项工作之间有了明确的了解，才能设计出有效的职业生涯计划。另外，员工工作绩效评价也是人力资源管理中的一项重要内容，而工作的要求是评价员工工作成绩的标准和依据。工作分析可以确定绩效标准，然后把员工的实际绩效和企业的期望绩效相比较，就可以进行绩效评估。

7. 通过工作分析确定合理的薪酬政策，做到有效激励员工。从薪酬政策的制定角度看，工作分析是合理制定薪酬标准的基础。而工作分析则要求深入地理解各种工作的要求，这样才能根据它们对组织的价值大小进行排序。工作分析通过了解各项工作的内容、工作所需要的技能、学历背景、工作的危险程度等因素确定工作相对组织目标的价值，可以作为决定合理薪酬的依据。在西方发达国家，工作分析的结果还有助于劳资谈判的顺利进行和消除劳资双方的权限争议，全方位地有效激励员工。

(四) 工作分析的程序

工作分析是一个非常复杂和完整的过程，需要一定的时间来进行。企业根据分析目的的不同，时间的长短也不一样。另外，各个企业中所分析的工作种类和所使用的分析方法不同，也会影响工作分析的进度，一般复杂、重要的工作所用的时间较长。但不管哪种情况，工作分析都要遵循一个完整的多步骤的基本流程，它包括准备阶段、调查实施阶段、分析描述阶段和完成阶段。这4个阶段相互联系、相互影响、不可分割。

1. 准备阶段

准备阶段是工作分析的第一阶段，是在正式进行工作分析之前的准备工作。主要任务是了解有关情况，寻求并建立与各种信息渠道的联系，建立工作小组，设计总体的工作方案，确定调查分析的范围、对象及方法等。具体工作如下。

(1) 明确工作分析的意义、目的、方法和步骤。确定工作分析的目的是工作分析的第一步。因为工作分析所获得信息的用途直接决定了需要搜集何种类型的信息，以及使用何种技术来搜集这些信息。这对于编写工作说明书和为空缺的工作岗位甄选员工是极为有用的。例如，同在工作岗位上的员工进行面谈，让他们自己说出自己所从事的工作任务是什么，以及他们自己所负有的责任有哪些。而另一些工作分析技术则不能提供上面所需要的那种描述性信息，因而无法满足编写工作描述这一任务的需要，但它们所提供的信息却有助于对每一种工作进行量化排序，可以对各种工作进行对比。由于以上这些原因，在工作分析开始的第一步就必须首先确定工作所得出的信息将被用于何种目的，只有这样才能确定采用何种方法、步骤去搜集这些信息。

(2) 向有关人员宣传、解释，以取得相关方面的支持。

(3) 与工作分析有关工作的员工建立良好的人际关系，并使他们做好心理准备。

(4) 组成工作小组，力求精简和高效。

(5) 确定调查和分析对象的样本，同时考虑样本的代表性，确保工作分析的基础是有效的。

(6) 把各项工作分解成若干工作元素和环节，确定工作的基本进度。

2. 调查实施阶段

调查实施是工作分析的第二个阶段，也是比较关键的一个环节。主要任务是对整个工作流程、工作环境、工作内容和工作人员等主要方面作一个全面的调查。具体工作：编制各种调查问卷和提纲；灵活运用各种调查方法，如面谈法、问卷法、观察法和关键事件法等；广泛收集有关工作的特征以及需要的各种数据；重点收集工作人员必需的特征信息；要求被调查的员工对各种工作特征和工作人员特征的重要性和发生频率等做出等级评定。

3. 分析描述阶段

分析描述是工作分析的第三阶段，主要任务是对有关工作特征和工作人员特征的调查结果进行深入全面分析。具体工作：仔细审核已收集到的各种信息；创造性地分析、发现有关工作和工作人员的关键成分；归纳、总结出工作分析的必需材料和要素。

在此阶段要对有代表性的工作进行具体分析，即当需要分析的工作有很多，且它们又比较相似的时候，选择有代表性的工作进行分析是十分必要的，这样既可以节约人力，又可以减少时间的花费。在这一步，我们一要确定代表性的工作，二是要通过搜集有关工作活动、工作对员工行为的要求、工作条件、工作对人员出身条件(如个人特点与执行工作的能力等)的要求等方面的信息进行实际的分析。同时，工作分析提供了与工作性质和功能有关的信息。通过工作分析所得到的这些信息只有与从事这些工作的人员，以及他们的直接主管人员进行核对才可能不出现偏差。这一核对工作有助于确定工作分析所获得的信息是否正确、完整，同时也有助于确定这些信息能否被所有与分析工作相关的人所理解。此外，由于工作描述是反映工作者的工作活动的，所以这一审查步骤实际上还为这些工作的承担者提供了一个审查和修改工作描述的机会，而这无疑会有助于赢得大家对所搜集到的工作分析资料的认可。

4. 完成阶段

完成阶段是工作分析的最后阶段，前三个阶段的工作都是以达到此阶段为目标的，在大多数情况下，在完成了工作分析之后都要编写工作说明书。工作说明书就是对有关工作职责、工作活动、工作条件及工作对人身安全危害程度等工作特性方面的信息所进行的书面描述，还包括对从业人员的品质、特点、技能，以及工作背景或经历等方面要求的书面文件。与工作设计相比，工作分析注重有关工作的实际要求和客观实在的信息。通过工作分析发展而来的工作描述和工作规范就应该尽可能的准确，只有这样才能对人力资源管理决策具有价值。这些决策可以包括任何人力资源管理的职责，即从招聘员工到解聘员工阶段。

(五) 工作分析常用术语

在人力资源管理中，有许多专业术语，其中有的与人们在日常生活中所使用的术语有近似之处，但是有的却与通常意义上理解的术语完全不同。工作分析中所涉及的概念和基本术语如下。

1. 工作要素。工作中不能再分解的最小单位。例如，从工具箱中拿出一把锯子；从抽屉中拿出文件；削铅笔；盖上瓶盖儿；等等。

2. 任务。为达到某一特定目的所进行的一系列相关活动，例如打字员打字，打字员为了打出正规的文件，需要打开计算机、输入文字、调整版面布局、从打印机中输出文件。

3. 职责。指特定的工作岗位所负责承担的某类工作任务的集合。例如，车工的职责是加工零件、加工件的质量检验、机床的维修与养护；打字员的职责包括打字、校对、简单维修机器等一系列任务。

4. 职位。由组织在一定时期内要求个人完成的一项或多项相互联系的职责的集合。例如，办公室主任既要处理日常行政事务，又要担负文书管理以及其他工作的协调、沟通等多项职责；生产科长既要对整个生产管理工作负责，又要担负完成生产管理工作的协调、监督和指挥等多项职责。

5. 职务。与工作同义，是职责相同的一组职位的集合或统称。根据组织规模的大小或工作性质，一种职务可以有一个职位，也可以有多个职位。例如，在企业中，生产计划员、生产统计员、生产调度员等这些职位均可由一人或二人甚至多人共同来担任，因而这些职位分别构成对应的职务。而生产科长则由一人担任，它既可以是职位，又可以是职务。再如，在政府机关中，职务具有职务地位、职务位置的双重含义，厅长、处长等都是职务地位的意思。如第一副厅长、第二副厅长等，其职位均是副厅长，但其职务地位却不一样。通常，职位与职务是不加区分的。但是职位与职务在内涵上有很大区别。职位是任务与责任的集合，它是人与事有机结合的基本单元；而职务则是同类职位的集合，它是职位的统称。职位的数量是有限的，职位的数量又称为编制。一个人所担任的职务不是终身的，可以是专任，也可以是兼任，可以是常设的，也可以是临时的，是经常变化的；职位不随人员的变动而变动，当某人的职务发生变化时，是指他所担任的职位发生了变化，即组织赋予他的责任发生了变化，但他原来所担任的职位依旧是存在的，并不因为他的离去而发生变化或消失。职位可以按不同的标准加以分类，但职务一般不加以分类。

我们通常所说的职位分类是指将所有的工作岗位(职位)，按其业务性质分为若干职组、职系(从横向上讲)，然后按责任的大小、工作难易、所需教育程度及技术水平高低分为若干职级、职等(从纵向上讲)，对每一职位给予准确的定义和描述，编制成工作说明书，以此作为对聘用人员管理的依据。

6. 职业。不同时间内不同组织中的相似工作的职位集合。例如教师、工程师、会计、工人、电工等都是职业。

7. 职系。工作性质相似，但职责繁简难易、轻重大小及所需资格条件不同的所有职位集合。所以，职级、职等也分不同的职位系列。简言之，一个职系就是一种专门职业。例如人事行政、社会行政、财税行政、保险行政等均属于不同的职系。

8. 职组。又称职群，指若干工作性质相似的若干职系的集合。例如小学教师、中学教师、大学教师就组成了教师这个职组。

9. 职级。指工作内容、难易程度、责任大小、所需资格皆很相似的职位的集合。例如，中教一级的数学教师与小教高级的数学教师属于同一职级；中教一级的语文教师与一级英语教师也属同一职级。

10. 职等。指工作性质不同或主要职务不同，但其难易程度、责任大小、工作所需资格等条件相似的职级的集合，例如不同职系的科长、工程师、讲师、管理师等。下面通过我国部分技术人员专业技术职务的一张表格来说明职组、职系、职级、职等之间的关系与区别，见表2-3。

表2-3 职组、职系、职级、职等之间的关系与区别

职组	职系	职等 职级	V 员级	IV 助级	III 中级	II 副高职	I 正高职
高等教育	教师				助教	讲师	副教授	教授
	科研人员			助理工程师	工程师	高级工程师	
	实验人员		实验员	助理实验师	实验师	高级实验师	
	图书、资料、档案		管理员	助理馆员	馆员	副研究馆员	研究馆员
科学研究	研究人员			研究实习员	助理研究员	副研究员	研究员
医疗卫生	医疗、保健、预防		医士	医师	主治医师	副主任医师	主任医师
	护理		护士	护师	主管护师	副主任护师	主任护师
	药剂		药士	药师	主管药师	副主任药师	主任药师
	其他		技士	技师	主管技师	副主任技师	主任技师
企业	工程技术		技术员	助理工程师	工程师	高级工程师	正高工
	会计		会计员	助理会计师	会计师	高级会计师	
	统计		统计员	助理统计师	统计师	高级统计师	
	管理		经济员	助理经济师	经济师	高级经济师	
农业	农业技术人员		农业技术员	助理农艺师	高级农艺师		
新闻	记者			助理记者	记者	主任记者	高级记者
	广播电视播音		三级播音员	二级播音员	一级播音员	主任播音指导	播音指导
出版	编辑			助理编辑	编辑	副编审	编审
	技术编辑		技术设计人员	助理技术编辑	技术编辑		
	校对		三级校对	二级校对	一级校对		

三、范例介绍

某公司工作分析计划

（一）目的

为高效地开展公司的工作分析，科学准确地对公司所属部门和所属岗位进行工作分析，特制订本计划。

(二) 主要任务

①对公司所有部门进行科学的部门工作分析,制订各部门工作说明书;②对所有岗位进行科学的工作分析,制订各岗位的职务说明书;③建立规范的工作分析标准和流程。

该计划主要由人力资源部经理负责,各部门相关人员予以协助。

根据集团发展战略和人力资源部为集团人力资源开发制定的发展规划,决定实施工作分析。此次进行工作分析的主要目的,是为了配合集团进行岗位说明书和岗位规范的修改和制订,通过工作分析来了解集团分公司各岗位的工作内容和职责、关系及在此岗位所必须具备的知识、技术、能力,掌握各岗位的相关正确数据。

(三) 工作分析的用途说明

①人力资源规划;②人员招聘及甄选;③人员任用及配置;④薪资调查;⑤薪资结构;⑥员工培训及发展;⑦职业规划;⑧工作评价;⑨职位分类;⑩绩效评估;⑪目标管理计划;⑫工作流程分析;⑬组织结构研究。

(四) 工作分析的内容说明

根据集团分公司内部的实际部门设置与人员配置状况,此次工作分析的主要内容包括确认各分公司内部部门设置、各部门内部岗位的确认、岗位工作范围、工作任务、工作方法及步骤、工作性质、工作时间、工作环境、工作关系、人员种类、工作技能等,最终完成岗位说明书和岗位规范的制定。

(五) 工作分析的方法、步骤及相关人员、时间安排说明

根据集团分公司的人员配置情况,此次工作分析采取的主要方法是问卷调查法、访谈法和观察法。

1. 项目小组的建立

工作分析是一项技术性很强的工作,需要做周密的准备;不仅需要人力资源部各人员的团队行动,还需要各分公司行政人事部的协助。

2. 工作分析的步骤及人员时间安排

工作分析培训(部门和岗位两方面):各分公司所属事业部总经理、分公司总经理、部门经理、员工等若干人,为期1~2星期(包括准备培训资料,拟定培训计划,视频培训)。

问卷填写培训(部门工作分析问卷和岗位分析问卷):各分公司所属事业部总经理、分公司总经理、部门经理、员工等,在发放问卷实时调研培训或者是视频培训。

工作分析问卷设计(部门工作分析问卷和岗位分析问卷):各分公司所属事业部总经理、分公司总经理、部门经理、员工等若干人,为期3~4个星期(包括分公司除总经理岗位外各岗位)。

员工填写问卷(岗位分析问卷):各分公司部门经理、员工、各分公司行政人事部,为期3~5天。

各分公司部门经理审核问卷,各分公司部门内员工、各分公司各部门经理,为期3~5天。

各分公司经理审核问卷,各分公司所有部门经理及员工、各分公司总经理,为期5~7天。

各分公司所属事业部总经理审核问卷,各分公司所有部门经理及员工、各分公司所属事业部总经理,为期7~10天。

人力资源部收集问卷并整理,各分公司所有部门经理及员工,为期1个月至1个半月。

访谈题目设计,各分公司所有部门经理及员工,为期3~4个星期(包括分公司除总经理岗位外各岗位)。

确定访谈员工:各分公司所有部门骨干员工,各分公司所有部门经理及员工,访谈时实时选取重点岗位访谈员工。

人力资源部组织访谈并整理访谈信息,各分公司所有部门骨干员工,为期1个月至1个半月。

人力资源部综合整理工作分析问卷和访谈问题,撰写工作分析报告,为期1个月。

根据工作分析报告编写岗位说明书和岗位规范书,人力资源部、各分公司行政人事部,为期2~3个月。

各事业部总经理、各分公司总经理审核岗位说明书和岗位规范书,各分公司所有部门经理及员工、各事业部总经理、各分公司,为期2~3星期。

人力资源部选取部分员工试用岗位说明书和岗位规范书，各分公司所有部门经理及员工人力资源部、各分公司行政人事部，为期1~2个月。

人力资源部进一步修订并最终定稿岗位说明书和岗位规范书，人力资源部、各分公司行政人事部，为期半个月。

合计10~11个月

3. 各调研分公司的选取及调研时间的确定

根据集团内部分公司的设置现状上来看，计划选取xx分公司(包括xx分公司)，时间一个月；xx分公司，时间一个月；xx分公司(包括xx分公司、xx分公司)一个半月进行访谈调研。

4. 工作分析步骤详细说明

准备阶段：3月15号—3月22号。分析公司组织结构图；收集现有部门职责说明；明确部门分析要素；制作部门工作说明书模板。明确工作分析的目的、意义和作用；研究工作分析的方法和技术；确定工作进度表。

调查阶段：3月23号—4月23号。编制各种调查提纲和问卷；根据具体的部门进行调查，主要与公司领导和各部门经理进行半结构化访谈。采取面谈法和问卷调查法。

分析阶段：4月24号—6月24号。收集有关工作的特征及需要的各种数据，如规章制度、各人员对各部门工作的认识等。仔细审核已收集到的各种信息。创造性地分析、发现有关工作和部门的关键成分。归纳、总结出工作分析的必须材料和要素。对各部门工作进行科学分析；制作标准的工作分析表格。

反馈运用阶段：6月25号—7月25号。对人力资源部制作的部门工作说明书进行讨论和定稿。运用部门工作说明书对各部门岗位进行工作分析指导与运用。

四、实验项目内容、步骤、方法和要求

(一) 实验内容与要求

1．掌握工作分析的基本流程并制订工作分析计划。

2．确定采取何种方法搜集信息。

3．利用工作分析的基本方法对某一个或几个岗位进行工作分析。

(二) 步骤与方法

1．实验前准备。要求学生课前复习有关工作分析方面的知识。

2．分组讨论。按照一般团队要求，3~5人为一个小组开展讨论，充分发表个人观点。

3．实训讲评。指导教师适时讲评。

4．总结并编撰实验报告。

五、实验条件

计算机以及打印机；实验室讨论条件；实验需要的相关表格文档，见附录。

六、实验所需时间

4小时。

七、实验报告和实验成绩评定

1．实验成绩按照优秀、良好、中等、及格、不及格5个等级评定。

2．成绩评定准则。

(1) 按照学生对工作分析实验内容、方法和程序了解情况进行评价。

(2) 对学生运用各种方法进行工作分析的实验结果进行评价。

(3) 学生实验报告必须反映出实验目的、实验要求、实验方法、过程、实验结论、实验中存在的问题分析、解决对策等内容，并根据学生的实验报告撰写质量进行考核。

(4) 课堂模拟、讨论、总结占总成绩70%，实验报告占30%。

(5) 实验报告要求：编写语言流畅，文字简洁，条理清晰。

本实验附录

附录1：工作分析计划

表2-4　工作分析计划

一、进行工作分析的目的
二、进行工作分析的职务 1. 2. 3. ……
三、进行工作分析的样本 出于职务经验、职务完整性及其他相关因素的考虑，计划选取各部门以下职务为工作分析的样本： 1. 2. 3. ……
四、工作分析的方法选择 由于各样本的工作性质不同，需采取不同的工作分析方法来进行职位分析： 1. 2. 3. ……
五、工作分析的时间进度安排 1. 2. 3. ……
六、工作分析小组的构成 组长： 成员：
人力资源部 年　月　日

附录 2：工作分析的具体项目及要点

表 2-5　工作分析的具体项目及要点

具体项目	分析要点
工作名称	必须明确，使人一看就可大致了解工作的内容
雇佣的人员数目	对所雇人员的数目、性别应予以记录。如果雇佣人员数目经常变动，应说明变动范围，若采用轮班制或所雇人员分在两个以上工作单位也要说明，由此可了解工作负荷量以及人力资源配置情况
工作单位	要显示工作所在单位及其上下左右关系，即说明工作的组织位置
职责	说明工作的职责和权限有多大。主要有：①对原材料和产品的职责；②对机械设备的职责；③对工作程序的职责；④对其他人员的工作职责；⑤对其他人员合作的职责；⑥对其他人员安全的职责。分析人员应尽可能地采用量化指标来确定所有职责的情况
工作知识	指工作人员为圆满完成工作而应具备的实际知识
智力要求	指在执行工作的过程中所需运用的智力，包括独立能力、判断能力、应变能力、敏感能力等
熟练及精确度	该因素适用于需用手工操作的工作。工作精确度可以用误差来说明
机械、设备、工具	工作时所使用的各种机械、设备、工具等，列明其名称、性能、用途等
经验	是否需要经验，如需要以何种经验为主，其程度如何
教育与训练	(1) 岗位培训：由雇主所给予的训练，是为企业中某一专门工作而开办的 (2) 职业训练：由私人或职业学校所进行的训练。是为发展普通和特殊技能，并非为任何企业现有某一特种工作而训练 (3) 技术训练：指在中学以上的教育、培训机构进行的含有技术性的训练 (4) 一般教育：指所受大、中、小学教育
身体要求	有些工作必须进行站立、弯腰、半蹲、跪下、旋转等消耗体力的活动，要加以记录并作具体说明
工作环境	包括室内、室外、湿度、宽窄、温度、震动、油渍、噪声、光度、灰尘、突变等，各项都要作具体的说明
与其他工作的关系	表明过于其他工作的关系，由此可以表示工作升迁及调职的关系
工作时间与轮班	该项工作的时间、天数、轮班次数等均应予以说明
工作人员特性	工作所需的主要能力，包括手、指、腿、臂的力量及灵巧程度，感觉辨别能力、记忆、计算及表达能力等
选任方法	此项工作应采用的选任方法。例如，从专业学校招收或从企业内招聘

附录 3：工作日志表

表 2-6　工作日志表

　　　　月　　　　日　　　　　　　　　工作开始时间　　　　

序号	工作活动名称	工作活动内容	工作活动结果	时间消耗	备注
1					
2					
3					
……					

附录 4：工作分析观察提纲

表 2-7　工作分析观察提纲

被观察者姓名：	日期：
观察者姓名：	观察时间：
工作类型：	所属部门：
观察内容： 1．什么时候开始正式工作？ 2．上午工作多少小时？ 3．上午休息几次？ 4．第一次休息时间从_____到_____ 5．第二次休息时间从_____到_____ 6．上午完成产品多少件？ 7．平均多长时间完成一件产品？ 8．与同事交换几次？ 9．每次交换多长时间？ 10．室内温度为_____ 11．上午抽了几支香烟？ 12．上午喝了几次水？ 13．什么时候开始午休？ 14．出了多少次品？ 15．搬了多少次原料？ 16．工作环境的噪音分贝是多少？ 17．……	

附录 5：工作分析调查问卷

尊敬的员工：

您好！非常感谢您参加本公司工作分析的问卷调查活动，以下信息请您根据所在的职位如实填写，如发现有遗漏或者不足之处，请您的后面附言或与人力资源部联系。

谢谢合作！

年　月　日

表 2-8　工作分析调查问卷

基本情况	姓名		职位名称	
	直接主管		所属部门	
工作时间	1．每周平均加班时间为(　　)小时 2．所从事的工作都忙闲不均(□是　□否) 3．若工作忙闲不均，最忙时发生在哪段时间 4．是否经常出差(□是 (　　)次/月　□否　　　) 5．工作负荷情况(□超负荷　□饱满　□基本饱满　□不饱满)			
工作设备	1．为完成本职工作，需要使用的设备或工具： 2．平均每周使用(　　)小时			

续表

任职资格要求	本职位所需的学历要求	☐硕士及以上　☐本科 ☐大专　☐高中及以下	
	完成本职工作需具备的能力	评分标准　1：不需要　2：较低　3：一般　4：较高　5：高 　　　能力要求　　　　　　　得分 领导能力　　　　　　　　（　） 执行力　　　　　　　　　（　） 沟通能力　　　　　　　　（　） 组织协调能力　　　　　　（　） 分析判断能力　　　　　　（　） 创新能力　　　　　　　　（　） 语言表达能力　　　　　　（　）	
	是否需要培训	☐是　☐否 若需要培训，需要哪方面培训：	
	工作经验要求		
工作任务描述	简要地描述工作任务，工作中您觉得最困难的事情是什么？您通常是怎样处理的？ 请您尽可能详尽地描述日常工作，并根据工作的重要性和每项工作所花费的时间由高到低排列。 除了日常工作外，您每周、每月、每季或每年还需要承担哪些其他工作？ 工作中有无需要立即处理的突发事件发生？若有，发生的概率大概是多少？		
与其他部门的联系	请您列出在公司内所有因工作而与您发生联系的部门和人员，并依接触频率由高到低排列 您的工作是否与其他工作职位的职责有交叉的部分？如果有，是哪些？您平时又是怎样协调分工的？		
工作权限	您的工作中是否有独立决策的权限，若有，主要有哪些方面的权限？ 为了更好地开展工作，您觉得还应增加哪些权限？		
工作压力	1. 您工作时是否要求精神高度集中？若是，占每天工作时间的比重是多少？ 2. 工作中容易出错的地方是哪些？产生错误的原因主要是什么？对其他工作有什么影响？ 3. 工作中是否经常遇到棘手的问题且要迅速作出决定？ 4. 是否需要不断地补充新知识才能更好地完成工作？若是，需要学习哪方面的知识？		
工作环境	1. 请描述您的工作环境和条件： 2. 对工作条件及其环境满意状况为（　好　　一般　　差　），并可提出您的宝贵意见		
其他方面	企业经常从哪些方面对您的绩效工作进行考核？您认为从这些方面来考核是否合理？有无改进的建议？ 您是否感觉到您的工作中存在职位职责不清的现象，如果有，请列举，并说明应由哪个职位来负责。 请写出前面各项中没有涉及的，但您认为对本职务很重要的其他信息。		

*以上调查问卷完成后，请交至您的直接主管，您的直接主管将附上您的职位说明书一同交至人力资源部。

附录6：工作分析面谈样本

职务分析面谈样本(一)

(1) 请问你的姓名、职务名称、职务编号是什么？
(2) 请问你在哪个部门工作？请问你的部门经理是谁？你的直接上级是谁？
(3) 请问你主要做哪些职务？可以举一些实例。
(4) 请你尽可能详细地讲讲你昨天一天的工作内容。
(5) 请问你对哪些事情有决策权？哪些事情没有决策权？
(6) 请讲讲你在工作中需要接触到哪些人？
(7) 请问你需要哪些设备和工具来开展你的职务？其中哪些是常用的？哪些只是偶尔使用？你对目前的设备状况满意吗？
(8) 请问你在人事审批权和财务审批权方面有哪些职责？可以举些实例。
(9) 请问你认为做好这项职务需要什么样的文化水平？需要哪些知识？需要什么样的心理素质？
(10) 如果对一个大专学历层次的新员工进行培训，你认为需要培训多长时间才能正式上岗？
(11) 你觉得目前的工作环境如何？是否还需要更好的环境？你希望哪些方面得到改善？
(12) 你觉得该工作的价值和意义有多大？
(13) 你认为怎么样才能更好地完成工作？
(14) 你还有什么要补充的？
(15) 你确保你回答的内容都是真实的吗？

职务分析面谈样本(二)

(1) 岗位的目标是什么？
- 这项岗位最终要取得怎样的结果？
- 从公司角度来看，这项岗位具有哪些重要意义？
- 为何设置这一岗位？
- 为这项工作投入经费会有何收益？

(2) 工作的意义何在？
- 计算用于这项岗位的一年经费，比如：经营预算，销售额、用于员工本身的开销。
- 此岗位主管能否为部门或机构节省大笔开支？且能否年年如此？
- 岗位主管能否为公司创造不菲的收益？且能否保持业绩？

(3) 岗位在机构中的位置如何？
- 他直接为谁效力？
- 哪些职位与他同属一个部门？
- 他最频繁的对内对外联系有哪些？
- 他在哪个委员会供职？
- 他出差吗？去何处？因何故？

(4) 他一般有哪些助手？
- 主管哪些工作？
- 简要说明每位下属的工作范畴：规模、范围、及存在原因。
- 他的下属是何种类型的员工：是否称职、是否经验丰富？等等。
- 他如何管理下属？
- 使用何种信息管理系统？
- 经常与哪些下属直接接触？
- 他是否需具备和下属同样丰富的专业或技术知识？因何如此？

(5) 需具备何种技术、管理，及人际关系的协调能力？
- 岗位的基本要求是什么？
- 岗位主管(他)的工作环境在技术、专业，以及经济方面的状况如何？
- 需要哪些专业技术，按重要程度列出。按事件发生的先后顺序，请他举出工作中的实例来说明。
- 如何掌握技术知识，脱产培训还是在职培训？
- 公司是否有其他渠道提供类似的技术知识？他能否有机会接触这些知识？
- 他对下属工作士气的影响如何？
- 下属是否拥护他的管理和指导，是否需要他的配合？
- 他在说服别人——级别相同或更高的人——接受他对本领域或其他领域意见时，是否要颇费口舌？
- 他与下属的工作程度如何？
- 他可向谁寻求帮助？
- 他的自主权限有多大？
- 他向哪级主管负责？
- 他大部分时间在做什么？
- 日常工作中，与技术知识相比，处理人际关系的技巧重要程度如何？

(6) 管理工作中需解决的关键问题是什么？涉及哪些方面？
- 他认为工作中最大的挑战是什么？
- 最满意和最不满意的地方是什么？
- 工作中最关切或最谨慎的问题是什么？
- 在处理这些棘手或重要问题时，以什么为依据？
- 其上司以何种方式进行指导？
- 他是否经常请求上司的帮助；或者上司是否经常检查或指导他的工作？
- 他对哪类问题有自主权？
- 哪类问题他需要提交上级处理？
- 解决问题时，他如何依据政策或先例？
- 问题是否各不相同？具体有哪些不同？
- 问题的结果在多大程度上是可预测的？
- 处理问题时有无指导或先例可参照？
- 以先例为依据和对先例进行分析解释，是不是解决问题的唯一途径？
- 他能否有机会采取全新的方法解决问题？
- 他是否能解决交给他的问题，或者说他是否知道该如何解决这些问题？
- 着手解决问题之前需对问题做的分析工作是由他本人还是他的上司来完成？
- 要求他举例说明问题是谁、以何种方式解决的？

(7) 他的行为或决策受何种控制？
- 他依据怎样的原则、规章制度、先例和人士制度办事？
- 他是否经常会见上司？
- 他与上司讨论什么问题？
- 他是否改变自己部门的结构？
- 要求他举例说明曾做出的重大决定或举措。
- 在以下几方面他有何种权力：

① 雇用和解雇员工。
② 动用资金。
③ 决定近期开支。

④ 确定价格。
⑤ 改变方法。
⑥ 改变岗位设计、政策和薪金。
(8) 管理工作最终要取得什么重要成果？
- 除能圆满解决问题之外，他还直接负责什么工作？
- 他是具体负责处理某事还是负责监督别人来处理此事？
- 用何种标准衡量事情的结果？
- 是由他来确定任务还是由他来组织完成任务？
- 他对事情的成败是否有决定性作用？

实验二　职位说明书设计与编写实验

一、实验目的

通过该项目实训，使学生理解编写职位说明书的基本原理和基本思路，掌握职位说明书的编写方法。

二、预备知识

1. 职位说明书的概念

职务说明书是工作分析人员根据某项职务工作的物质和环境特点，对工作人员必须具备的生理和心理需求进行的详细说明。它是职务分析的结果，是经职务分析形成的书面文件。职务说明书也是一种常用的应用文体，是应用写作学科研究的文种之一。

职务说明书由职务描述与职务规范两部分组成。职务描述是经过职务分析收集资料后产生的。职务描述是说明某一职务的职务性质、责任权利关系、主体资格条件等内容的书面文件。职务规范是任职者任用条件的具体说明，二者结合起来构成了针对某一职务的完整、全面、详细的职务说明。

编写职务说明书就是编制职务描述和职务规范两个书面文件。职务规范集中于对任职人员的分析，职务描述侧重于反映工作定向分析的结果，职务描述可用于设计业绩评价形式，职务评价和建立报酬系统，能确定需要完成工作的教育和训练，为设计适当的招聘、选择、训练和开发计划提供依据。

2. 职位说明书的基本结构

(1) 概述：职务说明书不存在标准格式，所以每个组织的职务说明和内容都不相同，但是作为一般规律都应说明所执行的工作、职务的目的和范围、员工为什么做工作、做什么工作及如何工作。多数职务描述有三个主要部分：职务头衔、职务确定和职务责任。

(2) 职位的识别部分

这部分位于职务说明书的首部，有识别和确定某项职务的作用。主要内容有职务头衔、职务所在的部门、职务分析者及其向谁报告、最近修改职务说明书的时间和编号等。其中职务头衔是其主要内容。

职务头衔是指对一组职位的称呼，如软件技术员、助理会计师等。设定头衔有几个作用，第一，头衔名称归纳职务活动的特点，对职务提示出一个整体概念以及职务的责任，如销售员名称会暗示该职务有销售特征和责任；第二，它对员工有心理上的作用，如将垃圾清扫工作称为"清洁工程师"能提高这一职务在人们心中的地位；第三，头衔也可反映出该职务与其他职务的关系、处于何种级别水平等，如助理工程师、初级工程师、高级工程师的头衔可说明职务的不同等级。

(3) 功能部分

功能部分是描述职务应完成的工作、任务和责任，说明工作活动本身的特性和进行工作的环境特性等。这部分首先是确定组成职务的责任和任务。任务是指员工要完成的工作，或是制造产品或提供服务的行为。责任则是一系列主要任务的集合，职务的责任依据完成任务的花费的时间和重要性依优先次序排列。因此，有关职务责任说明通常按其重要的程度编写。

此外这部分说明劳动手段和工作环境。劳动手段即工人用来执行职务的具体活动的机器、工具、设备和辅助装置。工作环境是说明工作是处在何种环境状态完成的，如在室内外、温度、湿度、或是否需站立、久坐、受电磁、噪音、有害气体、传染病及焦虑完成工作。它提供员工的工作环境方面的信息。

(4) 职位说明部分

这部分反映为取得成功的职务绩效所需要的工人特性。通常是描述从事该职务的员工应该具备的经验、教育和培训等条件和特殊的知识、能力和技能等。

三、范例介绍

某公司人力资源经理职位说明书

(一) 基本资料

1. 岗位名称：人力资源部经理。
2. 直接上级职位：总经理。
3. 所属部门：人力资源部。
4. 辖员人数：5人。
5. 定员人数：6人。

(二) 工作概要

1. 工作摘要。负责建立健全人力资源管理系统，制定人力资源发展战略和各项人力资源匹配政策，为集团各业务系统提供优秀的员工，建立良好的工作氛围和企业文化，确保集团业务和各项人事关系的正常运行。
2. 工作内容说明，见表2-9。

表2-9 工作内容说明表

编号	工作任务	责任
1	根据公司发展目标及内外部需求，制订人力资源发展策略	起草、制订
2	建立并不断根据内外形势健全人力资源管理系统，根据公司短期和长期需求，进行人员招聘与储备工作	主办与督办
3	根据市场的需要，不断评估组织结构、部门工作职能和工作流程	督办

续表

编号	工作任务	责任
4	拟定并及时修改薪酬制度	主办
5	拟定并不断评估现行福利制度	主办
6	根据公司发展目标与要求,进行员工教育培训与能力开发管理	主办与督办
7	拟定与修改员工绩效评估制度	主办
8	拟定与修改员工升迁制度	主办
9	建立员工职业生涯管理系统,使员工个人发展与公司发展目标相符	主办
10	制订人事运作程序规范与监督(聘用、升迁、降职、奖罚、调职、解雇等)	主办
11	根据公司阶段性目标,定期进行工作分析,提交解决方案	主办
12	员工关系管理	主办
13	工作设计与流程建议	主办与协办
14	人力资源资信息收集与建议	主办
15	人力资源管理系统运行之监督与评估	主办
16	人力成本监控	主办

(三) 任职资格

1. 学历与专业要求。所需最低学历：大学本科。专业一：人力资源管理；专业二：其他管理类专业。
2. 所需技能培训，见表2-10。

表2-10 职位所需技能培训要求

培训科目	培训时间	精通程度
人力资源管理类	3个月	精通
国家薪资、福利政策、劳动政策	7天	精通
市场营销、财务管理	7天	掌握

3. 工作经验要求。从事人力资源管理工作4年以上，至少担任两年以上大中型同行业的企业人力资源部经理及以上职务。
4. 专业素质要求，见表2-11。

表2-11 专业素质要求

项目	要求
专业理论、实务操作	理论知识丰富,掌握现代人力资源管理理论,有可操作性的实务经验,能不断学习与进步
沟通与协调能力	掌握良好的沟通技巧,能进行有效沟通,能有效协调部门之间运作和处理员工关系
分析判断能力与解决问题能力	善于分析和判断内外部信息对人力资源政策的影响,善于处理员工关系,维护劳资双方利益

5. 职位关系。

(1) 可直接晋升的职位：人力资源总监。

(2) 可相互轮换的职位：总经理助理。

(3) 可晋升至此的职位：人力资源部经理助理、高级主管、分公司人力资源部经理。职位说明书的主要信息，见表2-12。

表 2-12　某公司某职位说明书

基本信息	职位名称：人力资源部经理	职位编号：SSHY-HR-1
	所属部门：人力资源部	编制日期：2001.4.20

| 工作关系 | 内部工作关系
1. 各职能部门
2. 公司各下属单位
3. 基层各党支部 | 总经理 → 分管人事副总经理 → （本职位） | 外部工作关系
1. 省、市劳动保障局
2. 社会保障中心
3. 省、市职称评审机构
4. 市考试中心
5. 咨询顾问公司 |

职位目的	提升企业的人力资源质量，制订和运行人才吸纳、激励、开发、流动的机制

主要职责	负责程度	职位描述	绩效重点
	负责	平台管理：制订及实施人力资源战略、规划和管理体系方案；搭建人力资源管理平台，组织、汇总、编制企业各项规章制度，调整及实施运行。 (1) 人力资源管理体系平台 ① 人力规划：制订人力资源部的年、季、月工作计划及跟踪检查落实完成情况；拟定、审核人力资源各项管理制度，建立各级人力储备库。 ② 人力资本：汇总、核算人力成本。 ③ 沟通协调：汇报工作，处理与地方政府、主管部门的关系，联络疏导对内、对外的各机构；控制、使用部门内各项承包费用。 (2) 规章制度平台 ① 组织设计：进行组织结构设计和工作设计，组织落实机构设置，监督定岗、定员、定薪等情况。 ③ 规章制度：组织编制基本管理制度及具体操作办法。 ③ 监控管理：设计、运行管理流程和制度的监控管理体系。	方案被采纳；发现和杜绝问题；与企业总体战略规划协调一致；制度完备；制度规范；制度可行；制度有效。 (1) 体系平台科学，实现企业人才吸纳、激励、开发、流动的合理机制。对内、对外的各相关机构关系融洽、顺畅、协作，树立人力资源部的服务形象及管理形象。 (2) 制度平台搭建丰富规范，实现企业管理"制度化、程序化、标准化、信息化。"
	全权	制定政策和制度，建设和运行人力资源各项管理体系，储备人力，计算人力成本，监督、审核、指导各个人力资源主管和主办工作。 (1) 开发管理：组织实施企业人才招聘工作，安排、调配新员工；控制、协调、组织企业内部人员竞争上岗；实施绩效管理，组织职称评定；管理劳动合同和员工档案；调配员工，包括聘用管理、绩效管理、异动管理、档案管理、计算开发成本等。 (2) 培训管理：预算培训经费，组织实施与员工的培训及专业技术管理工作；审批员工继续教育、送外培训；接待外单位的培训、实习人员。包括组织培训、内部培训、培训效果管理、绩效管理、绩效管理、培训成本等。	保障和激励员工，提高员工满意度；岗位价值与人力成本等，员工流动合理。 (1) 管理准确、公平、标准、客观，可操作性强；与企业财务规划协调一致； (2) 通过培训提高员工文化素质和工作技能，通过绩效管理修正员工工作与企业目标之间的偏差，通过知识管理收集实现企业信息共享和知识积累。 (3) 充分调动员工的积极性，实现报酬与绩效平衡对等。

续表

主要职责	全权	(3) 薪酬管理：编制薪酬计划，提出薪酬控制方案，申报工资总额和计划；审批薪酬发放，签发薪酬报表。包括考勤管理、薪酬计划、薪酬核定、薪酬核算、罚款管理、薪酬成本等。 (4) 福利管理：统筹员工保险方案；审批员工请假；监督管理劳动纪律，处理劳动争议，监督管理再就业服务中心和劳务市场。包括社会统筹、企业福利、劳动保护、福利成本、员工奖罚、日常事务等。 (5) 退休管理：统筹员工退休方案，组织和管理离退休员工的文体、娱乐、保健、异地安置、暂住、工伤、疾病、死亡的探视和善后等方面处理工作。包括退休薪酬、退休福利、退休档案、行政后勤等。	(4) 福利措施丰富、人性化，可操作性强。 (5) 管理科学、平衡、全面；行政后勤保障完备、丰富。
	协作	相关工作：配合党团委进行党员教育、党员发展、党支部建设和管理工作，培养、考察入党积极分子。	员工入党的积极性高，工作自觉性不断增强，精神面貌得到改善。

四、实验项目内容、步骤、方法和要求

（一）实验背景

某公司总经理分管管理部，管理部岗位设置见表2-13。

表2-13 管理部岗位设置表

部门名称：管理部	部门职位数：5	部门总人数：5
职位名称	职位数	主要职责分工
部长	1	全面负责集团发展战略研究与管理，集团规章制度管理，企业文化建设管理，合同、法律事务管理以及计算机网络和信息化管理
企划专员	1	集团发展战略研究与管理、集团刊物的编辑等
企管专员	1	组织规章制度的编制、上报、审批，企业文化建设管理
网络信息专员	1	网络软硬件维护、网上信息编辑发布、筹集集团信息化管理系统、办公自动化系统管理
合同法律专员	1	处理集团、各子公司的法律纠纷和各类经济合同管理与法律咨询，参与重大合同谈判及起草以及员工法制教育和其他法律事务

（二）实验内容与要求

1. 请参考职位说明书(范本)格式编制企划专员的职位说明书。
2. 请参考职位说明书(范本)格式编写部长的职位说明书。

（三）方法与步骤

1. 实验前准备。要求学生课前复习有关工作分析方面的基本原理、职位说明书的内容与结构等知识。
2. 分组讨论。按照一般团队要求，3～5人为一个小组开展讨论，充分发表个人观点。
3. 案例分析。在规定时间内阅读、讨论、分析案例。

4．实训讲评。指导教师适时讲评。
5．总结并编撰实验报告。

五、实验条件

计算机以及打印机；实验室讨论条件；实验需要的相关纸质材料，见本实验附录。

六、实验所需时间

4 小时。

七、实验报告和实验成绩评定

1．实验成绩按照优秀、良好、中等、及格、不及格 5 个等级评定。
2．成绩评定准则。
(1) 按照学生职位说明书的操作技能进行评价。
(2) 对学生职位说明书的实验结果进行评价。
(3) 学生实验报告必须反映出实验目的、实验要求、实验方法、过程、实验结论、实验中存在的问题分析、解决对策等内容，并根据学生的实验报告撰写质量进行考核。
(4) 课堂模拟、讨论、总结占总成绩 70%，实验报告占 30%。
(5) 实验报告要求：编写语言流畅，文字简洁，条理清晰。

本实验附录：职位说明书格式系列参考资料

表 2-14 职位基本情况

单位		职位名称		职位编号	
部门		分部		编制日期	
直接上级		直接下级		部门人数	

表 2-15 职位职责说明

职位目的			
职位职责定义			
编号	职责范围 (按重要顺序依次列出每项职责及其目标)	负责程度 全责/部分/支持	衡量标准 数量、质量
1			
2			
3			
……			

注：根据职位的具体情况列出相关职责。

表 2-16 任职要求

学历		年龄		性别		职称	
专业知识							
所需工作经验技能							
一般能力要求	计划能力	组织能力	激励能力	人际能力	协调能力	沟通能力	开拓能力	信息能力	领导能力	指导能力
要求程度(满分5分)										
考核标准										

表 2-17 职业生涯规划

职位关系	直接晋升的职位:
	相关转换的职位:
	升迁至此的职位:
理论支持	

2.3 工作分析综合实验

一、实验目的

通过该项目的实训,培养学生进行组织结构设计和工作分析能力的综合能力。

二、预备知识

职位分析问卷法(Position Analysis Questionnaire,PAQ),是一种结构严谨的工作分析问卷,是目前最普遍和流行的人员导向职务分析系统。它是 1972 年由普渡大学教授麦考密克(E.J. McCormick)、詹纳雷特(P. R. Jeanneret)和米查姆(R.C. Mecham)设计开发的。设计者的初衷在于开发一种通用的、以统计分析为基础的方法来建立某职位的能力模型,同时运用统计推理进行职位间的比较,以确定相对报酬。目前,国外已将其应用范围拓展到职业生涯规划、培训等领域,以建立企业的职位信息库。

1. 职位分析问卷的项目

PAQ 包含 194 个项目,其中 187 项被用来分析完成工作过程中员工活动的特征(工作元素),另外 7 项涉及薪酬问题。所有的项目被划分为信息输入、思考过程、工作产出、人际关系、工作环境、其他特征 6 个类别,PAQ 给出每一个项目的定义和相应的等级代码。

信息输入——包括工人在完成任务过程中使用的信息来源方面的项目;

思考过程——工作中所需的心理过程;

工作产出——识别工作的"产出";

人际关系——工作与其他人的关系；
工作环境——完成工作的自然和社会环境；
其他特征——其他的工作特征。

2. 职位分析问卷的评分标准

PAQ 给出了 6 个评分标准：信息使用度、耗费时间、适用性、对工作的重要程度、发生的可能性以及特殊计分。PAQ 同时考虑了员工与工作两个变量因素，并将各工作所需的基础技能与基础行为以标准化的方式罗列出来，从而为人事调查、薪酬标准制定等提供了依据。大多数工作皆可由 5 个基本尺度加以描绘，因此 PAQ 可将工作分为不同等级。由于 PAQ 可得出每一(或每一类)工作的技能数值与等级，因此它还可以用来进行工作评估及人员甄选。另外 PAQ 法不需修改就可用于不同组织，不同的工作，使得比较各组织间的工作更加容易，也使得工作分析更加准确与合理。

表 2-18 PAQ 问卷工作元素的分类

类 别	内 容	例 子	工作元素数目
信息输入	员工在工作中从何处得到信息，如何得到	如何获得文字和视觉信息	35
思考过程	在工作中如何推理、决策、规划，信息如何处理	解决问题的推理难度	14
工作产出	工作需要哪些体力活动，需要哪些工具与仪器设备	使用键盘式仪器、装配线	49
人际关系	工作中与哪些有关人员有关系	指导他人或与公众、顾客接触	36
工作环境	工作中自然环境与社会环境是什么	是否在高温环境或与内部其他人员冲突的环境下工作	19
其他特征	与工作相关的其他的活动、条件或特征是什么	工作时间安排、报酬方法、职务要求	41

三、范例介绍

某公司是一家房地产开发公司。近年来，随着经济的迅速增长，房产需求强劲，公司有了飞速的发展，规模持续扩大，逐步发展为一家中型房地产开发公司。随着公司的发展和壮大，员工人数大量增加，众多的组织和人力资源管理问题逐渐凸显出来。公司现有的组织机构，是基于创业时的公司规划，随着业务扩张的需要逐渐扩充而形成的，在运行的过程中，组织与业务上的矛盾已经逐渐凸显出来。部门之间、职位之间的职责与权限缺乏明确的界定，扯皮推诿的现象不断发生；有的部门抱怨事情太多，人手不够，任务不能按时、按质、按量完成；有的部门又觉得人员冗杂，人浮于事，效率低下。

公司的人员招聘方面，用人部门给出的招聘标准往往含糊，招聘主管往往无法准确地加以理解，使得招来的人大多差强人意。同时目前的许多岗位不能做到人事匹配，员工的能力不能得以充分发挥，严重挫伤了士气，并影响了工作的效果。公司员工的晋升以前由总经理直接做出。现在公司规模大了，总经理已经几乎没有时间来与基层员工和部门主管打交道，基层员工和部门主管的晋升只能根据部门经理的意见来做出。而在晋升中，上级和下属之间的私人感情成为了决定性的因素，有才干的人往往却并不能获得提升。因此，许多优秀的员工由于看不到自己未来的前途，而另寻高就。在激励机制方面，公司缺乏科学的绩效考核和薪酬制度，考核中的主观性和随意性非常严重，员工的报酬不能体现其价值与能力，人力资源部经常可以听到大家对薪酬的抱怨和不满，这也是人才流失的重要原因。

面对这样严峻的形势，人力资源部开始着手进行人力资源管理的变革，变革首先从进行职位分析、确定职位价值开始。职位分析、职位评价究竟如何开展、如何抓住职位分析、职位评价过程中的关键点，为公司本次组织变革提供有效的信息支持和基础保证，是摆在公司面前的重要课题。

首先，他们开始寻找进行职位分析的工具与技术。在阅读了国内目前流行的基本职位分析书籍之后，他们从其中选取了一份职位分析问卷，来作为收集职位信息的工具。然后，人力资源部将问卷发放到了各个部门经理手中，同时他们还在公司的内部网上也上发了一份关于开展问卷调查的通知，要求各部门配合人力资源部的问卷调查。

据反映，问卷在下发到各部门之后，却一直搁置在各部门经理手中，而没有发下去。很多部门是直到人力部开始催收时才把问卷发放到每个人手中。同时，由于大家都很忙，很多人在拿到问卷之后，都没有时间仔细思考，草草填写完事。还有很多人在外地出差，或者任务缠身，自己无法填写，而由同事代笔。此外，据一些较为重视这次调查的员工反映，大家都不了解这次问卷调查的意图，也不理解问卷中那些陌生的管理术语，何为职责、何为工作目的，许多人对此并不理解。很多人想就疑难问题向人力资源部进行询问，可是也不知道具体该找谁。因此，在回答问卷时只能凭借自己个人的理解来进行填写，无法把握填写的规范和标准。

一个星期之后，人力资源部收回了问卷。但他们发现，问卷填写的效果不太理想，有一部分问卷填写不全，一部分问卷答非所问，还有一部分问卷根本没有收上来。辛苦调查的结果却没有发挥它应有的价值。

与此同时，人力资源部也着手选取一些职位进行访谈。但在试着谈了几个职位之后，发现访谈的效果也不好。因为，在人力资源部，能够对部门经理访谈的人只有人力资源部经理一人，主管和一般员工都无法与其他部门经理进行沟通。同时，由于经理们都很忙，能够把双方凑在一块，实在不容易。因此，两个星期时间过去之后，只访谈了两个部门经理。

人力资源部的几位主管负责对经理级以下的人员进行访谈，但在访谈中，出现的情况却出乎意料。大部分时间都是被访谈的人在发牢骚，指责公司的管理问题，抱怨自己的待遇不公等。而在谈到与职位分析相关的内容时，被访谈人往往又言辞闪烁，顾左右而言他，似乎对人力资源部这次访谈不太信任。访谈结束之后，访谈人都反映对该职位的认识还是停留在模糊的阶段。这样持续了两个星期，访谈了大概1/3的职位。王经理认为时间不能拖延下去了，因此决定开始进入项目的下一个阶段——撰写职位说明书。

可这时，各职位的信息收集却还不完全。怎么办呢？人力资源部在无奈之中，不得不另觅它途。于是，他们通过各种途径从其他公司中收集到了许多职位说明书，试图以此作为参照，结合问卷和访谈收集到一些信息来撰写职位说明书。

在撰写阶段，人力资源部还成立了几个小组，每个小组专门负责起草某一部门的职位说明，并且还要求各组在两个星期内完成任务。在起草职位说明书的过程中，人力资源部的员工都颇感为难，一方面不了解别的部门的工作，问卷和访谈提供的信息又不准确；另一方面，大家又缺乏写职位说明书的经验，因此，写起来都感觉很费劲。规定的时间快到了，很多人为了交稿，不得不急急忙忙，东拼西凑了一些材料，再结合自己的判断，最后成稿。

最后，职位说明书终于出台了。然后，人力资源部将成稿的职位说明书下发到了各部门，同时，还下发了一份文件，要求各部门按照新的职位说明书来界定工作范围，并按照其中规定的任职条件来进行人员的招聘、选拔和任用。但这却引起了其他部门的强烈反对，很多直线部门的管理人员甚至公开指责人力资源部，说人力资源部的职位说明书是一堆垃圾文件，完全不符合实际情况。

于是，人力资源部专门与相关部门召开了一次会议来推动职位说明书的应用。人力资源部经理本来想通过这次会议来说服各部门支持这次项目。但结果却恰恰相反，在会上，人力资源部遭到了各部门的一致批评。同时，人力资源部由于对其他部门不了解，对于其他部门所提的很多问题，也无法进行解释和反驳，因此，会议的最终结论是，让人力资源部重新编写职位说明书。后来，经过多次重写与修改，职位说明书始终无法令人满意。最后，职位分析项目不了了之。人力资源部的员工在经历了这次失败的项目后，对职位分析彻底丧失了信心。他们开始认为，职位分析说起来挺好，实际上却没有什么大用，而且认为职位分析只能针对西方国家那些管理先进的大公司，拿到中国的企业来，根本就行不通。原来雄心勃勃的人力资源部经理也变得灰心丧气,但他却一直对这次失败耿耿于怀,对项目失败的原因也是百思不得其解。那么,该公司的职位分析项目为什么会失败呢?公司为什么决定从职位分析入手来实施变革,这样的决定正确吗?为什么?在职位分析项目的整个组织与实施过程中,该公司存在着哪些问题?该公司所采用的职位分析工具和方法主要存在着哪些问题?

大多数公司做职位分析都是走过场,或者根本就没什么职位分析,直接在哪里找个样本做职位说明书。在本案例中,是采取的问卷方式,而且因为直线经理的不支持,最后草草收场,职位说明书也成了人力资源部门闭门造车的产品。

工作分析是否能够成功的关键:一是公司的重视程度,即领导支持,部门配合,员工参与;二是工作分析的方法,采取什么样的工作分析方法,直接影响数据的有效性;三是因为工作分析最后是形成工作说明书,那么,怎样进行数据分析与采取什么样的方式是个需要考虑的重要因素;最后一点与职位设计的形式有关。现在很多企业都是简单的找个职位说明书,稍作修改了事,也有很多企业的HR对岗位说明书、部门职责等资料一味追逐。针对前面反映出来的问题,公司从职位分析入手我觉得是不正确的,应该首先从组织变革入手,即进行新的适宜性组织结构变革,然后再进行定岗定编,接下来才进行职位分析。

至于公司人力资源部在职位分析项目的整个组织与实施过程中存在的问题:①前期计划不够,包括领导的支持,部门协调,员工的配合,缺乏必要的前期培训沟通等;②工作分析方法过于单一,简单的调查问卷是很难对于工作分析得出恰当的数据的;③人力资源部门因为上述原因,最后不得不走入目前的HR的俗套,在什么地方找一本照抄或闭门造车,这样的职位说明书做出来也不会起到什么作用,更不要说适宜性的问题了。

从职位分析入手变革的决定是正确的,虽然困难很大。导致措施失败的原因有三:①人力资源部在闭门造车,沟通只做到问卷而已,上到企业高层,下到基本员工,都没有怎么参与;②人力资源部把自己当作了主角,因为这个关键性错误,推行力度越大,阻力就越大,结果越难以收场。职位分析,应该以各部门为主角,人力资源部要做的是联系沟通和培训。表是只有一个,但人却有许多个,每个人理解角度深度不同,怎么办?统一思想是前提,统一规则是必须;③企业文化很重要,凡是人力资源不能解决的,企业文化都能解决。案例中,两者没有形成互补关系,反而因为"变革",人力资源制度向企业文化发起了挑战。企业文化不好建立,但是一旦形成,不管好与不好,要想变革那是很难的。首先要了解领导、部门、员工想要干什么,他们心目中的愿景是什么,从这方面入手,会比较好。当然,职位分析肯定能解决上述问题,但是往往"我要把企业变成一个么样的……"才是HR的主流想法,所以阻力很大。

岗位职责不清的原因有很多,应采取的手段也是多方面的,岗位分析仅是其中的一种手段,并不能作为唯一的解决办法。对于该公司而言,在各部门反馈的问题中,究其原因,还是公司的组织机构设置及管理流程上存在很大问题,各部门的大部分职责,无非也是在各流程中所承担的职责。一味地从岗位分析中寻求根本的解决方案,无疑在舍本求末,于事无补。一般而言,各部门的职责都是在各项工作中体现的。各部门的职责不清,很大程度上因流程不顺而致,而流程是否能顺畅,很大程度上又决定于组织机构是否明确。①组织机构的梳理。从这一点而言,最主要的还是明确各部门的岗位设置。先进与否,倒不是首要因素;②各项工作流程是否顺畅。或者说,组织运行所需的必要或是关键流程是否具备,流程中各个控制环节是否合适到位;③高层领导的支持程度;④改革的时间长度,两年的时间里,时间的长度与改革的成功程度成正比。

四、实验项目内容、步骤、方法和要求

本实验部分安排两项实验项目。

(一)跳板原则在职位设计中的应用实验

1. 实验背景

在某公司,小张和小李分别是市场开发部的市场专员和技术中心的产品主管。小张负

责收集用户对公司产品和服务的反馈意见，整理后将市场报告提交给市场部的主管。小李负责公司产品的技术改造，根据市场部提供的报告，提出技术改进方案，将改进方案提交给技术中心的主管。

在一次客户投诉中，客户对产品的安全性能提出了强烈的不满，认为公司产品的安全性能没有达到产品说明书的要求，如果公司在两天之内不给出合理的解释，他将向消费者协会投诉产品的安全性能问题。在此情况下，小张通过非正式渠道告知小李此事及其严重性，希望小李能够立即到客户这里，配合解决这个问题。小李现面临跳板原则的困惑，因为在他的职位说明书中规定，经技术中心主管或公司领导(特殊情况)外派，他应及时到现场解决产品的技术问题。

2. 实验内容与要求

实验内容：管理实践中如何应用跳板原则。

实验要求：

(1) 请帮小李分析，他应该如何决策？

(2) 小张和小李的职位说明书是否需要进一步改进？

(3) 跳板原则的适应范围及应用的注意事项有哪些？

3. 实验方法与步骤

(1) 实验前准备。要求学生课前复习管理原则、职位说明书的内容与结构等知识。

(2) 分组讨论。按照一般团队要求，3～5人为一个小组开展讨论，充分发表个人观点。

(3) 案例分析。在规定时间内阅读、讨论、分析案例。

(4) 实训讲评。指导教师适时讲评。

(5) 总结并编撰实验报告。

(二) 唯一上级管理原则与职位职责设计实验

1. 实验背景

李经理总结自己多年的管理实践，提出在改革公司的管理结构时必须贯彻统一指挥原则，主张建立执行参谋系统。他认为，一个人只能有一个婆婆，即全公司的每个人只有一个人对他的命令是有效的，其他的是无效的。部门主管只能听从一个副经理的指令，其他副经理的指令对他是不起作用的。这样做，中层干部很高兴，认为是解放了。原来公司有10个公司级领导，每个公司领导的命令都要求下边执行，中层干部感到吃不消。一次有个中层干部开会时在桌子上放了一个本子、一支笔就走了，至散会也没回来。事后，我问他搞什么名堂，他说，有三个地方要开会，所以你这里呢，就只能放一个本子了，去应付另外的会了。此事不能抱怨中层领导，只能抱怨公司领导。

后来李经理规定，同一个时间只能开一个会，并且事先要把报告交到经理办公室统一安排。现在公司实行固定会议制度，经理一周两次会，每次2小时，而且规定开会迟到不允许超过5分钟。所以，会议很紧凑，每人发言不许超过15分钟，超过15分钟就停止。

上下级领导要界限分明。副经理是经理下级，经理做出的决定他们必须服从，副经理和部门主管之间也应如此。

李经理说："一个人管理的能力是有限的，所以规定领导人的直接下级只能5～6人，我现在多了点，有9个人(4个副经理，2个顾问，3个主管)。这9个人可以直接布置工作，有事可直接找我，除此以外，任何人不准找我，找我也一律不接待。"

2. 实验内容与要求

(1) 李经理主张在公司内"一个人只能有一个婆婆"在理论上的依据是什么？在实践上是否可行？

(2) 李经理认为除直接下属外，"任何人不准找我，找我也一律不接待。"请说出赞成或反对的理由。

(3) 有人说李经理"年龄不大、资格不老、架子倒不小"，你怎么认为？

(4) 李经理的哪些领导方法可借鉴？哪些需要完善？

3. 实验方法与步骤

(1) 实验前准备。要求学生课前复习管理原则、职位说明书的内容与结构等知识；

(2) 分组讨论。按照一般团队要求，3~5人为一个小组开展讨论，充分发表个人观点。

(3) 案例分析。在规定时间内阅读、讨论、分析案例。

(4) 实训讲评。指导教师适时讲评。

(5) 总结并编撰实验报告。

五、实验条件

计算机以及打印机；实验室讨论条件。

六、实验所需时间

4小时。

考虑到需要撰写大量的文字材料，本实训报告可以在课后两天内完成上交。

七、实验报告和实验成绩评定

1. 实验成绩按照优秀、良好、中等、及格、不及格5个等级评定。

2. 成绩评定准则。

(1) 对学生所做的综合性工作分析实验内容完成情况进行评价。

(2) 对学生所做的工作分析实验方法、程序以及小组合作情况进行评价。

(3) 学生实验报告必须反映出实验目的、实验要求、实验方法、过程、实验结论、实验中存在的问题分析、解决对策等内容，并根据学生的实验报告撰写质量进行考核。

(4) 课堂模拟、讨论、总结占总成绩70%，实验报告占30%。

(5) 实验报告要求：编写语言流畅，文字简洁，条理清晰。

习　　题

1. 填制用人计划表练习

(1) 部门增员计划表练习。金龙公司财务处在2012年需要审计人员一名，其主要职责是对有关账目进行稽核，以保证账目准确无误。请编制该单位的增员计划表。

(2) 人员增补计划表练习。金龙公司人力资源部急需招聘主管一名，其主要职责是编制招聘计划、组织招聘活动、进行招聘面试等，并希望 2012 年 9 月能够到岗。请编制该单位的增补计划表。

2. 编制职务说明书练习

根据所给情景资料，按照编制职务说明书的要求，参照职务说明书的编制格式，自行编制职务说明书。

(1) 编制某公司财务中心统计员职务说明书。

背景资料：

职务名称：统计员，直接上级是财务经理，所属部门为财务中心，工资等级为 C 系列四等，工作性质为服务人员。

基本职责：负责公司的日常销售业务统计，日常财务数据统计分析，各类销售业绩报表的编制，进、销、存计算机系统数据录入及管理。

工作内容：每日登记销售日记账，进货日记账，商品进、销、存日记账；每周编制销售人员业绩统计表，各业务部门业绩统计表；按会计人员转来的工作联系单开具增值税发票；每月登录增值税进、销项税金汇总表；编制业绩统计图表，固定供货商进货统计表；负责公司业绩报告的统计工作；公司总会计师交办的其他各项工作。

任职资格为大学本科会计专业毕业，同等学力的经济管理类专业也可以接受。应当有一年以上的相关工作经验，要求在上岗前要通过统计知识、会计和企业文化等方面的培训考试。

上班时间为上午 9 点到下午 5 点 30 分，但时常需要加班。

练习要求：作为公司的人力规划员，请你按照以上背景资料及个人知识编制该统计员的职务说明书。

(2) 编写"计算机技术服务员职务说明书"。

背景资料：某计算机公司因业务扩大，需要增加"计算机技术服务员"一名。该技术服务员的基本职责是在现场或者在公司为企业或者个人计算机用户提供技术支持。具体任务包括配置计算机硬件系统，现场进行计算机系统演示，维修硬件，安装软件等。

练习要求：请根据以上背景资料编制该计算机技术服务员的职务说明书。

3. 工作日志写实练习

(1) 工作片段写实。

假如你已经参加工作，请选择一天内某一时段的工作活动进行真实记录，要求用工作日志形式记录。对记录的结果进行必要归档。

(2) 学习片段写实。

假如你还没有参加工作，请选择一天内某一时段的学习活动进行真实记录，要求用工作日志形式记录。对记录的结果进行必要归档。

(3) 现场考察练习。

由老师组织学员了解某单位的人力规划情况，具体了解人员总体规划、招聘规划、培训计划、晋升规划、岗位划分、职务说明书等方面的情况。学员根据所考察的人力规划情况，写出考察印象及体会。

第3章 员工招聘管理实验

本章主要学习目标

1. 熟悉人力资源招聘年度计划制订技能。
2. 熟悉招聘广告设计技巧。
3. 掌握个人简历制作等实验内容和方法。
4. 掌握进入网上人才市场,发布招聘信息的方法。
5. 掌握网上应聘的方法。
6. 掌握网上发布面试通知的方法。
7. 掌握招聘的操作流程。
8. 熟悉招聘前的各种准备。
9. 掌握招聘的操作方法。

本章是主要针对招聘及应聘进行的专题实验教学。通过本次实训,使学生比较系统地了解招聘与选拔的程序与具体方法,强化招聘与应聘基本理论、基础知识、基本方法和基本技能的训练,培养其人员招聘工作的能力,并训练其应聘的能力与心理素质,达到理论教学与实务的统一,为今后学习和工作奠定基础。

3.1 人力资源招聘基础实验

本节主要让学生熟悉人力资源管理软件,让学生掌握人力资源管理信息系统中的招聘选拔功能。

一、实验目的

通过学习掌握如何使用招聘选拔的功能进行招聘工作,包括招聘、面试、录入、填写合同等内容。熟悉招聘、面试、录入、合同的程序和方法。掌握对应聘者资料进行甄选录用过程,主要包括接受应聘者资料、资料筛选、用人部门筛选、面试安排、录用处理等。

二、预备知识

招聘工作流程一般由公司的人力资源部制定，从招聘计划、招聘、应聘、面试、录用等几个方面进行详细规定。

1. 招聘计划

(1) 公司各部门需招聘员工，应事先向公司人力资源部门提出招聘申请，填写《招聘人员申请表》，注明需要招聘人员的原因，提出招聘的职位、人数及要求。

(2) 人力资源部门根据各部门人员编制情况和部门招聘申请，与各部门充分沟通后提出初步意见，报总经理审核，批准后执行招聘。

2. 招聘

(1) 招聘原则：公平竞争、择优录用。

(2) 招聘方式：分为外聘和内聘。

外聘：推荐、面向社会登报招聘、参加人才交流会及劳务市场现场招聘、网络招聘等形式。内聘：公司内部员工都可以根据所需岗位要求并结合自身能力参与竞聘，但需要参与公司组织的面试和考核。

3. 应聘

(1) 应聘人员应如实填写《应聘登记表》，并提交学历、简历、身份证、各类职称证书等应聘材料的原件及复印件。

(2) 人力资源部门在收齐应聘者材料后，会同用人部门管理者对应聘者资格进行书面材料初审。

(3) 应聘者书面材料初审合格者通知面试或当场面试。

4. 面试

(1) 招聘小组一般由人力资源部门与用人部门领导等人员组成。

(2) 面试内容及招聘小组职责如下。

① 审核应聘者是否具备专业素质及资格。

② 对应聘者是否具备正式录用资格及综合素质进行评审。

③ 对小组成员的意见进行综合分析后，做出初步决定。

(3) 面试评价。

① 面试小组成员应对面试结果做出评价并表明意见。

② 评价标准应根据公司实际情况和岗位业务需要。

(4) 面试结果审核。

面试(加试)结束后，由人力资源部对面试结果进行汇总，合格者将拟录用者的材料，并报总经理批准。

5. 录用

(1) 录用名单确定后，及时确定并通知；对招聘未入选面试及面试不合格者，由人力资源部将其资料整理入公司人才库。

(2) 对于确定录用人员由总经理进行最终面试并确定。

(3) 对合格人员，人力资源部会同用人部门协商其进入公司日期，并确定其职级后报总经理审批。

(4) 被录用者须办理的进入公司的相关手续如下。

① 按要求提供个人材料，包括身份证、学历证明、经历证明等。

② 提供正式、有效的人事手续，如辞职证明或其他相关资料等。

③ 对不能按要求提供有关材料或弄虚作假者，应取消其录用资格并报主管领导。

三、范例介绍

1. ××企业管理咨询有限公司

公司规模：50～99人　　　　　　公司性质：私营，民营企业

公司行业：教育·培训·科研·院校

××管理咨询有限公司是中国本土最具操作实战能力的管理咨询公司之一。本着"接近金册，走进强大"的公司使命；本着"敬业精业，智上行先，信本合一，超越致远"的公司理念；本着"以专家为团，以实战为根，以效果为标，以双赢为本"的公司宗旨，公司先后为千余家本土及外资企业提供咨询和培训，成功策划过50余家企业，使多家企业在两三年时间内跨入其行业前3名，其中相当一部分已成为其行业第一名。公司业务涉及金融、通信、IT、保险、房地产、家电、珠宝、服装、纯水、酒类、食品、饮料、医药、保健品、餐饮、机械等30多个行业。

××公司拥有一支理论功底雄厚、实战经验丰富的咨询师队伍。专家团成员由著名高校的知名学者、教授和实战经验丰富的优秀企业家及博士、硕士、MBA组成，其中60%拥有管理硕士学位、MBA或教授职称，30%曾任外企主管，20%曾在国外深造，10%历任本土知名企业总裁，专业横跨集团公司治理、资本运营、战略、营销、人力资源、企业文化和信息工程等多个领域。公司先后成立了××企业管理咨询有限公司，在北京成立了北京××管理咨询公司，已发展成为集团化、业务辐射全国的专业化管理咨询公司。

招聘职位：助理咨询师。

职位描述如下。

① 营销、贸易、人力资源、工商管理及相关专业，统招本科以上学历。

② 具有较强的职业素质及道德修养。

③ 有较强的领导、沟通、分析、执行能力。

④ 熟练Office办公软件操作，尤其是PPT制作。

2. ××电器制造有限公司

公司规模：100～499人　　　　　公司性质：私营，民营企业

公司行业：家电业

××公司是多行业、多企业的现代化集团型企业。公司是一家集开发、生产、销售电压力锅、光/热波炉为主的家用电器公司，拥有现代化的生产流水设备、检测设备，产品畅销全球，其中光波炉于2006年在中国市场销量第一。现有几大系列产品是全国唯一价廉物美的产品，将以绝对的优势占领市场，带来经济效益。企业将一如既往本着"以人为本、勤奋敬业、让利双赢、快速高效、科技领先、信誉立市"的宗旨打造全国一流品牌。公司经营情况如下。

主要产品：电压力锅、光/热波炉、豆浆机、电磁炉、电烤箱、电热水壶等。

公司性质：生产商。

主要市场：中国、东南亚、西欧。

招聘职位：财务助理。

职位描述如下。

① 岗位职责：协助完成财务部门内的财务、会计、统计等工作；协助财务经理进行预算控制、成本核算、财务管理；协助规范和完善财务管理制度；协助处理、审核相关凭证，参与会计档案整理；管理公司合同、发票及账单等；协助财务经理与内外部的协调工作。

② 任职资格：财务、会计、金融等相关专业本科以上学历；较好的会计基础知识和一定的英语能力，有工业企业财会工作经验者优先；熟悉现金管理及银行结算、财务软件操作；良好的职业操守及团队合作精神，较强的沟通和协调能力；具有独立工作和学习的能力，工作认真细心。

3. ××化妆有限公司

根据公司的发展战略和目标，本着"科学、务实、简洁"的方针，将公司的组织结构进行了重新设计，盘点公司现有的人力资源状况，现急需的岗位见表3-1。

表3-1　某公司人员需求状况

岗位名称	人数	岗位分析任职要求
总经理助理	1	相关专业本科以上学历，有两年以上化妆公司工作的经验，熟悉化妆公司的各个部门职能及具体流程
人事部经理	1	人力资源专业出身，5年以上中大型公司人事工作经验，最好是外企或大型公司人力资源副经理以上
业务部经理	1	大专以上学历，有带销售团队的经验，具备管理能力，计算机、市场营销、经济学、管理学等相关专业；具备良好的职业形象、职业素质及心态，言谈举止得体大方；有相关行业知识，熟悉培训流程；具备良好的沟通能力；能独立开展工作并承受较大工作压力；积极、自信、敬业，具有开拓精神；有团队精神和人员管理经验，有亲和力，具有一定的文笔写作能力，具有较强的随机应变处理突发事件的经历和能力；有培训工作经验者优先，男女不限
财务部经理	1	会计、财务管理类相关专业大专以上学历，持证上岗；受过财会专业资格认证、财务管理技能等方面的培训；能熟练使用财务软件及其他办公软件；熟悉企业会计工作流程及国家财政法规；有较强的工作独立性、主动性，开拓意识强，有良好的团队合作精神
公关部经理	1	全面了解并掌握企业的设施设备，各种服务项目、产品特点、企业经营方针、销售策略等，掌握新闻、广告、宣传等专业知识，熟悉营销和推广业务，了解行业现状及企业管理知识，掌握公共关系学、心理学、行为科学等基础知识，了解政府有关政策、法律和条款规定，能用外语与外宾进行熟练的对话，并能阅读和翻译一门外文有关专业资料，具有较强的外语口语和写作能力，具有广泛的社交活动能力和较强的组织协调能力，并有长期从事公关工作的经验，具备良好的公关形象

四、实验项目内容、步骤、方法和要求

(一) 实验项目内容

熟悉金蝶K/3人力资源系统招聘选拔系统功能。

金蝶K/3人力资源系统提供从职位空缺调查到录用管理全面完整的招聘选拔模块，以保证招聘选拔流程的一体化。K/3人力资源系统可以根据企业自身实际情况选择招聘流程；用户可以灵活地定义招聘过程中的人力规划、部门用工申请、招聘计划、面试安排等操作流程；对高级人才寻访推荐等专门招聘过程进行阶段管理记录；同时，还可以存储应聘者资料，以此作为企业后备人才库。

第3章 员工招聘管理实验

K/3 人力资源系统包括"用工征集"、"人力规划"、"用工状况"、"用工申请处理"、"招聘管理"、"高级人才招聘"、"甄选录用"、"招聘总结"及"招聘通知设置"这些模块。在功能上可以分为"日常应用"、"招聘管理"及"高级人才管理"3 部分。

(二)实验步骤

1. 用工征集

在招聘之前，需要收集各部门的用工需求，部门负责人在"我的工作台"→"我的消息"相关页面中收到用工征集通知后，提交本部门人力规划。在征集的过程中，招聘主管可对整个征集过程进行跟踪控制，可以将所征集的项目汇总修改，导入已有人力规划中，以此作为进行人员招聘的基础。

(1) 招聘管理员在"招聘选拔"→"用工征集"页面中建立用工征集并发送征集通知，如图 3.1、图 3.2 所示。

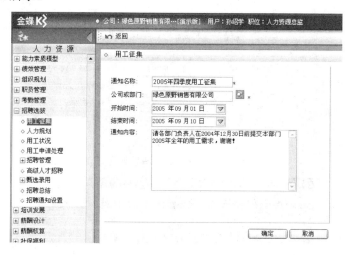

图 3.1　用工征集

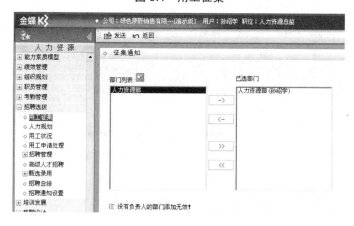

图 3.2　用工征集通知

(2) 部门负责人在"我的工作台"→"我的任务"相关页面中回复用工征集，如图 3.3、图 3.4、图 3.5 所示。

图 3.3　回复用工征集

图 3.4　用工征集消息处理

图 3.5　职位信息录入

(3) 招聘管理员在"招聘选拔"→"用工征集"相关页面中可对整个征集过程进行跟踪控制,并对各部门的需求进行汇总,以及将申请职位导入规划中,如图 3.6、图 3.7、图 3.8 所示。

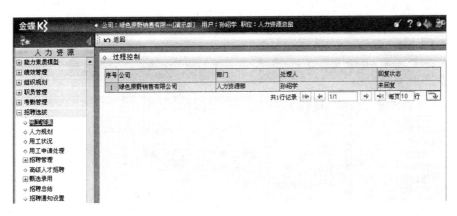

图 3.6 征集过程控制

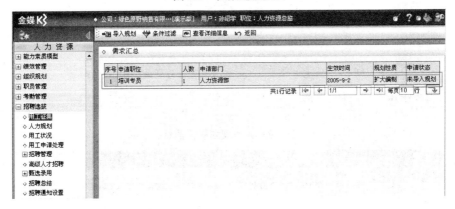

图 3.7 用工征集需求汇总

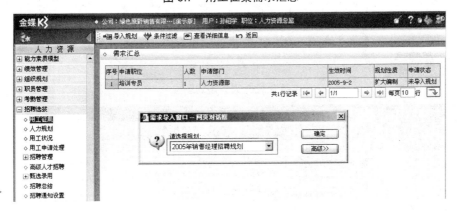

图 3.8 用工需求导入

2. 人力规划

金蝶 K/3 人力资源系统中人力规划是通过消息驱动的工作流审批形式来实现的。拥有人力规划工作流的用户，可以提交人力规划，审批者在"我的工作台"→"我的消息"页面中审批人力规划。"已通过"的人力规划进行"职位更新设置"，改变职位编制，增缩职位，从而达到职位规划的目的，进而实现公司的人力资源战略。

招聘管理员在"招聘选拔"→"人力规划"页面中进行人力规划信息录入，包括名称、时间、部门，添加规划职位，并提交人力规划进行审批，更新职位设置，如图 3.9、图 3.10、图 3.11、图 3.12 所示。

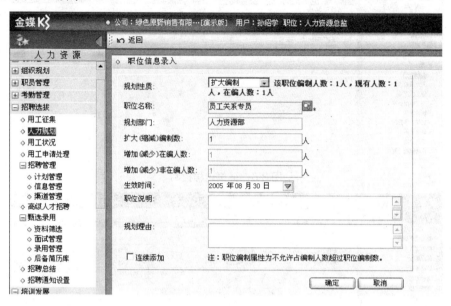

图 3.9　人力规划职位信息

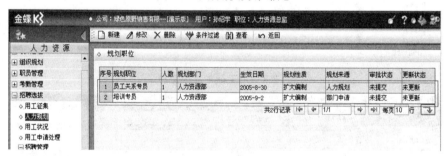

图 3.10　人力规划职位

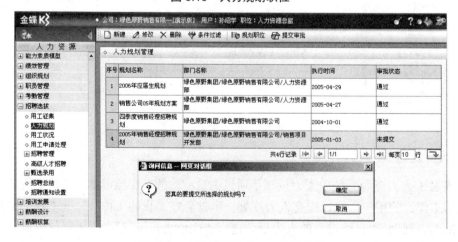

图 3.11　人力规划管理——审批状态

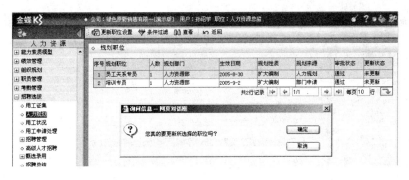

图 3.12　人力规划更新

3. 用工申请

用户可随时了解公司各职位的目前实际用工状况，以此作为招聘活动的依据。查看不同的公司或部门及其下属职位的职位编制、在编人数、非在编人数、需求人数。

(1) 部门负责人在"我的工作台"→"组织人力管理"→"部门用工申请"进行临时用工申请，如图 3.13、图 3.14、图 3.15 所示。

图 3.13　部门用工申请

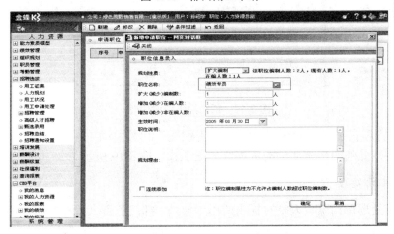

图 3.14　部门新增申请职位

图 3.15　部门用工申请状态

(2) 招聘管理员在"招聘选拔"→"用工申请处理"相关页面中查看部门用工申请信息，可提交进行审批，经过审批后，更新职位设置，如图 3.16、图 3.17 所示。

图 3.16　查看部门用工申请信息

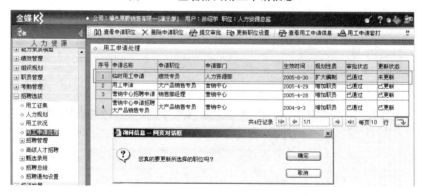

图 3.17　部门用工申请处理

(3) 招聘管理员在"招聘选拔"→"用工状况"相关页面中了解公司各职位的目前实际用工状况，以此作为招聘活动的依据，如图 3.18、图 3.19 所示。

4. 用工申请处理

主要用于处理部门负责人临时提出的用工申请。部门负责人可在"经理人平台"→"组织人事管理"→"部门用工申请"页面中录入本部门的用工申请且在发送后，系统会将其汇总到"用工申请处理"页面。人力资源管理人员可在此对部门负责人所提交的申请进行业务处理。

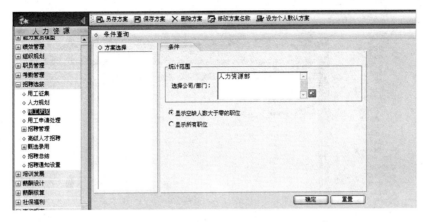

图 3.18　公司用工状况查询

序号	部门	职位	职位编制	在编人数	非在编人数	空缺人数
1	绿色原野集团/绿色原野销售有限公司/人力资源部	薪资主管	2	0	0	2
2	绿色原野集团/绿色原野销售有限公司/人力资源部	绩效专员	3	1	0	2
3	绿色原野集团/绿色原野销售有限公司/人力资源部	员工关系专员	2	1	0	1
4	绿色原野集团/绿色原野销售有限公司/人力资源部	招聘文员	2	1	0	1

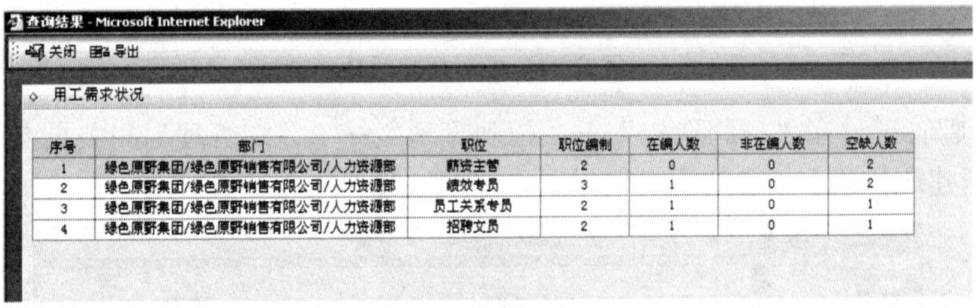

图 3.19　公司用工状况明细

5. 招聘计划管理

企业用户需要根据公司目前用工状况、结合公司战略规划，制订招聘计划，提交审批。发布审批通过的招聘计划后，才能举办具体的活动，开始甄选录用。

(1) 招聘管理员在“招聘选拔”→“招聘管理”→“计划管理”→“新建招聘计划”相关页面中建立招聘计划，如图 3.20 所示。

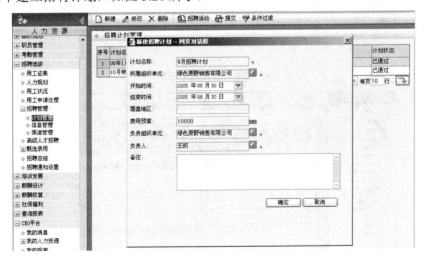

图 3.20　新建招聘计划

(2) 招聘管理员在“招聘选拔”→“招聘管理”→“计划管理”→“修改招聘活动”对话框中修改招聘活动，如图 3.21 所示。

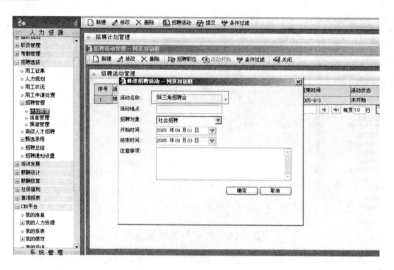

图 3.21　修改招聘活动

(3) 招聘管理员在"招聘选拔"→"招聘管理"→"计划管理"相关页面中设置招聘职位，可新建职位或由用工状况模块导入，如图 3.22、图 3.23 所示。

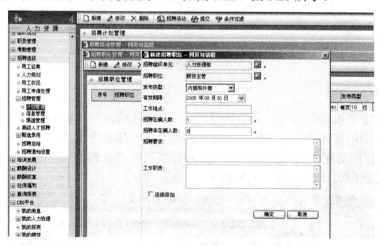

图 3.22　新建招聘职位

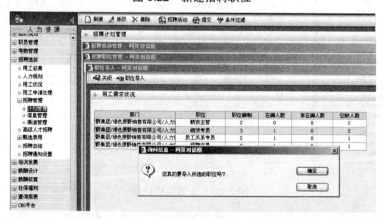

图 3.23　招聘计划管理职位导入

(4) 招聘管理员在"招聘选拔"→"招聘管理"→"计划管理"相关页面中对招聘计划提交进行审批,审批通过后,开始招聘活动,如图3.24、图3.25所示。

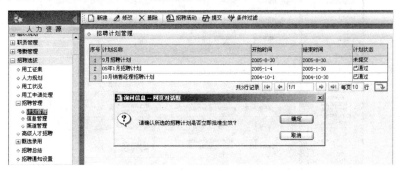

图 3.24　招聘计划提交审批

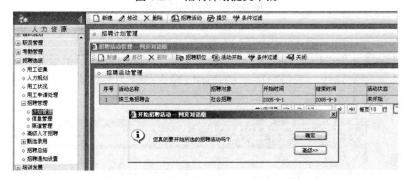

图 3.25　开始选择的招聘活动

6. 招聘信息管理

招聘管理员在"招聘选拔"→"招聘管理"→"信息管理"页面中进行招聘信息发布,如图3.26所示。

图 3.26　招聘信息发布

7. 内部招聘

若招聘方式为内部,则内部所有员工都可以在"我的工作台"→"自助服务"→"内部招聘信息"页面中看到该招聘信息,进行应聘,如图3.27所示。

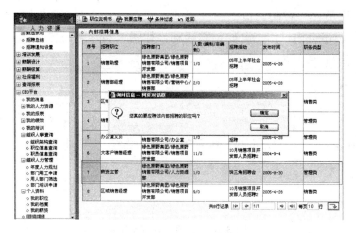

图 3.27　内部招聘信息

8. 资料筛选

(1) 招聘管理员在"招聘选拔"→"资料筛选"页面中录入、批量导入简历,并可指定招聘负责人,提交筛选,将符合要求的初始应聘人员转为部门筛选人员,并发送通知给招聘负责人,如图 3.28 所示。

图 3.28　资料筛选

(2) 招聘负责人通过"我的工作台"→"组织人力管理"→"用人部门筛选"页面可选择"淘汰"、"设为候选人员"或"设为后备人才"选项,如图 3.29 所示。

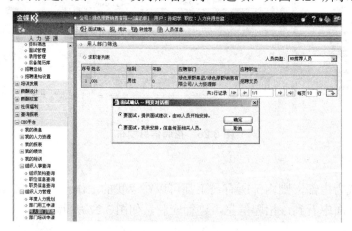

图 3.29　用人部门筛选

9. 招聘总结

招聘管理员在"招聘选拔"→"招聘总结"页面中进行招聘总结：对招聘计划进行总结，填写招聘计划完成情况，以及招聘结果评价，如图 3.30 所示。

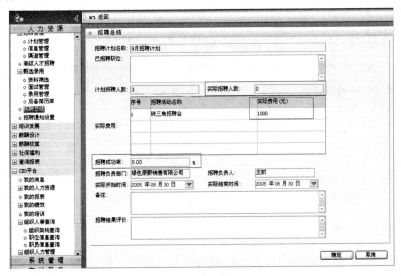

图 3.30　招聘总结

10. 应聘人员综合报表

应聘人员招聘管理报表及应聘人员综合报表分别如图 3.31、图 3.32 所示。

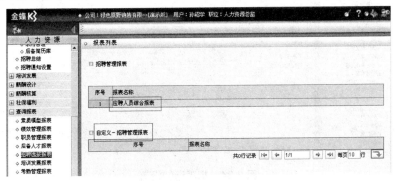

图 3.31　应聘人员招聘管理报表

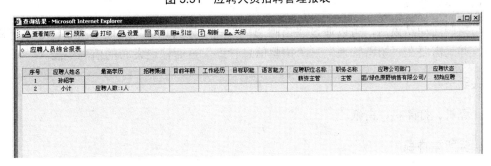

图 3.32　应聘人员综合报表

11. 后备简历库

招聘管理员在"招聘选拔"→"甄选录用"→"后备简历库"页面中进行后备简历管理：可维护企业的后备简历库，并且可将后备应聘人才转入面试管理、录用管理或资料筛选页面，如图 3.33 所示。

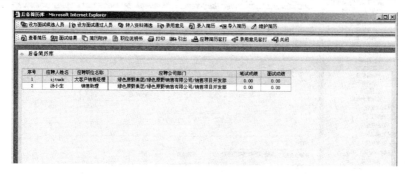

图 3.33　后备简历库

12. 招聘通知设置

招聘管理员在"招聘选拔"→"招聘通知设置"页面中进行招聘通知设置，如图 3.34 所示。设置后，若应聘者应聘资料中已设置 E-mail，则可对应聘者发送面试通知和录用通知。

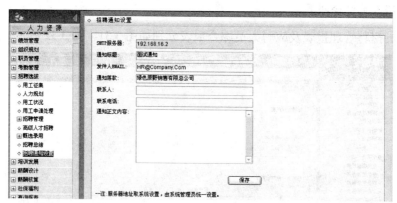

图 3.34　招聘通知设置

13. 招聘结束

当招聘活动结束后，可以通过"招聘选拔"→"招聘总结"页面对招聘计划进行概括总结，并且需要在"招聘管理"→"招聘信息管理"页面把已发布的信息关闭。

五、实验条件

计算机、打印机、白纸。

六、实验所需时间

2 小时。

七、实验报告和实验成绩评定

1．实验成绩按照优秀、良好、中等、及格、不及格 5 个等级评定。
2．成绩评定准则。
(1) 掌握招聘选拔的操作流程。
(2) 熟悉招聘前的各种准备工作。
(3) 掌握"用工征集"、"人力规划""用工状况"、"用工申请处理"的过程与方法。
(4) 记录了完整实验过程，文字简洁、清晰，结论明确。
(5) 课堂模拟、讨论、总结占总成绩的 70%，实验报告占总成绩的 30%。
(6) 实验报告要求：编写语言流畅，文字简洁，条理清晰。

3.2 模拟招聘技能实验

通过已学过的知识，模拟企业员工的招聘过程，强化招聘基本理论、基础知识、基本方法和基本技能的训练，使学生比较系统地了解企业员工的招聘程序，掌握选聘的技术和方法。

实验一 撰写招聘广告实验

一、实验目的

1．需要学会如何从公司相关资料中获取撰写招聘广告的要素，利用招聘广告考查应征者。
2．通过分析和提炼，加上创造性地发挥，学生要完成一份优秀的招聘广告。
3．通过撰写招聘广告，了解招聘广告中应包含的要素和在实际操作中应注意的问题。
4．了解招聘广告中常见的问题，并且知道它将对招聘效果产生的影响。

二、预备知识

招聘广告的内容通常可以反映出招聘企业的实力和管理水平。同时，企业的招聘信息也是应聘者对招聘单位的第一印象。随着招聘活动的进行，应聘者对招聘单位的印象会更加深刻。这些印象足以让应聘者决定是否愿意加入该企业。

对应聘者来说，企业的招聘活动就是企业文化和管理风格的全部体现。它对应聘者的印象比企业的任何宣传活动和宣传资料都更加深刻和生动。这样看来，重视招聘的设计和招聘的管理就显得非常重要了。

1．招聘广告的编写原则

(1) 真实：真实是招聘广告编写的首要原则。招聘的企业必须保证招聘广告的内容客观、真实，并且要对虚假广告承担法律责任。对广告中所涉及的对录用人员的劳动合同、薪酬、福利等政策必须兑现。

(2) 合法：广告中出现的信息要符合国家和地方的法律、法规和政策。

(3) 简洁：广告的编写要简洁明了，重点突出招聘的岗位名称、任职资格、工作职责、工作地点、薪资水平、社会保障福利待遇、联系方式等内容。对公司的介绍要简明扼要，不要喧宾夺主。

2. 招聘广告的内容

招聘广告的内容包括以下 6 个方面。

(1) 广告题目。一般是"×××××公司招聘"、"高薪诚聘"等。

(2) 公司简介。包括公司的全称、性质、主营业务等,要简明扼要。

(3) 审批机关。发布招聘广告一般要经过人事主管机关进行审批,一般是当地的人才交流中心。

(4) 招聘岗位。包括岗位名称、任职资格、工作职责、工作地点等内容。

(5) 人事政策。包括公司的薪酬政策、社会保障政策、福利政策、培训政策等内容。

(6) 联系方式。包括公司地址、联系电话、联系传真、网址、电子邮件地址、联系人等内容。

3. 招聘广告编写注意事项

(1) 招聘广告在编写前,需要对企业的情况进行充分的了解,重点突出企业在同领域、同行业中的竞争优势,并充分表现企业对员工的吸引力。

(2) 招聘广告的编写,需要考虑到招聘广告的发布渠道,对于不同的渠道,需要有针对性地进行调整。例如,在媒体、电视等方面发布的招聘广告,可以通过视频介绍、图片说明等方式,体现招聘广告的鲜明特性。

(3) 招聘广告同时需要注意时效性。也就是说在企业长期招聘的过程中,需要结合企业的发展历程,对招聘广告的内容进行更新,保持招聘广告中的信息准确、真实。

三、范例介绍

以网络招聘为例,某房地产公司在招聘网站上的招聘广告发布(仅涉及招聘职位的描述,未包括公司介绍),如图 3.35 所示。

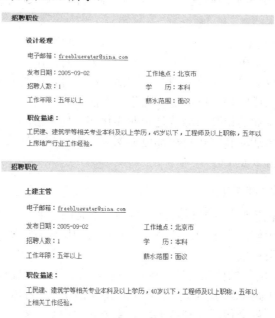

图 3.35　某公司网络招聘广告

哪类人看了这个招聘广告，会产生兴趣且有投递简历的冲动？通过对潜在求职人员进行调查，了解他们对这则招聘广告的感受。结果表明，工作经验丰富的人认为这样的描述过于简单，由于无法了解到这个职位的具体职责范围，因此难以判断该职位是否与自己的兴趣与职业规划相吻合，基本不会感兴趣，除非公司在业界很知名。工作经验较少的人则认为，职位描述不重要，只要能进公司，相信公司会给予适合的培训来适应岗位需要；重要的是任职资格是否够清晰，从而能够判断是否有录取的可能。而企业到底需要前者还是后者？

招聘广告明确标注，需要45岁以下，五年以上相关工作经验者。通过调查，这部分人群对职位的选择是比较慎重的，一般不会随意投递简历，在应聘职位之前，他们非常关注职位的级别、职责内容、专业方向、公司前景、企业文化与知名度等环节，期望从招聘广告中看到比较匹配的信息，从而决定是否投递简历或与企业进行接触。反之，工作经验较少的人群，更多关注任职资格，但从这则招聘广告的任职资格中他们看不到自己的"希望"，因此也没有太强烈的应聘冲动。界于两者之间的人群往往对管理规范的公司心存向往，所以招聘广告的专业性程度往往被视为企业整体的管理规范水平的直接体现。但过于简单的职位描述非但没有及时传递给求职者正面信息，增强对方的渴望与行动力，或许恰恰得到一些反面的效果。

简而言之，这个案例体现出了许多公司在招聘广告设计中常犯的错误：职位发布的信息过于简单，没有职位描述，任职资格过于笼统化，不体现该职位的特色。信息发布的方式与目标人群的接受方式不"匹配"。由此可见，对招聘广告进行内容设计时，企业一定要花些精力进行比较全面系统的工作分析、职位需求分析、目标人群的分析预测，争取达到招聘广告与目标人群的心理需求匹配，这样才能吸引更多更合适的目标人群，并及时建立良好的企业第一印象，增强企业对人才的吸引力。

招聘广告示例：

诚　聘

××网络科技有限公司是国内优秀的 internet 软件开发商，主要从事网络安全软件产品开发及跨平台分布式异构网络环境下的软件开发。经××市高新区人才交流服务中心批准，特诚招精英人士加盟。

职位：测试工程师(人数：4名；工作地点：总部)。

1. 计算机及相关专业本科以上学历。
2. 全面的软件技术知识。
3. 有较丰富的数据库及网络知识与经验。
4. 参加过大型软件系统的开发。
5. 两年以上软件开发/测试/支持/维护经验。

工作职责：

1. 编写测试计划及测试用例。
2. 进行集成测试和全面测试。
3. 为公司提供项目测试报告。

人事政策：

1. 资助攻读在职博士。
2. 由公司提供住房信贷担保。
3. 签订自由期限劳动合同。

4. 员工持股计划
5. 提供优厚的福利保障

有意者请将个人简介、学历证明复印件及其他能证明工作能力的资料送至(或 E-mail)公司人力资源部(E-mail：略)。

总部地址：略；电话略：传真略：邮编略。

四、实验项目内容、步骤、方法和要求

(一) 实验项目内容

能够从招聘需求、企业介绍、职位说明书等资料中抽取撰写招聘广告的要素。撰写招聘广告，了解招聘广告中应注意的问题，如年龄歧视、性别歧视、学历歧视、谢绝来访等。

(二) 实验步骤

1. 选择第 3 章第 3.1 节实验中的案例岗位。
2. 利用互联网等工具，提取岗位信息及人员要求。
3. 制作招聘广告。

五、实验条件

计算机、打印机、白纸。

六、实验所需时间

2 小时。

七、实验报告和实验成绩评定

1. 实验成绩按照优秀、良好、中等、及格、不及格 5 个等级评定。
2. 成绩评定准则。
(1) 掌握招聘广告的编写原则。
(2) 掌握招聘广告的编写内容。
(3) 结合企业实际情况，制作招聘广告。
(4) 记录了完整实验过程，文字简洁、清晰，结论明确。
(5) 课堂模拟、讨论、总结占总成绩的 70%，实验报告占总成绩的 30%。
(6) 实验报告要求：编写语言流畅，文字简洁，条理清晰。

实验二　招聘渠道选择实验

一、实验目的

1. 了解常见的招聘渠道所适用的招聘范围。
2. 根据所掌握的知识选择招聘渠道。

二、预备知识

现在的招聘渠道主要包括以下 5 种。

1. 猎头公司：一般的成本为成功的应聘职位的年薪的 1/3。
2. 报纸广告：对一些重要职位，效果较差。
3. 互联网：对一些技术职位，中级人才效果较好。
4. 员工推荐：这是一种值得鼓励的方式，员工会有自己的同学、朋友、伙伴、客户关系。提倡员工推荐并给推荐成功的行为进行奖励。例如，提供健身卡、游泳卡、上网卡等员工喜欢的奖励。甚至可以制订员工推荐成功后的自助福利计划，让员工在几十种福利中自己选择一种。
5. 其他：还有一些非常规招聘手段有的时候也很管用。例如，某开发区有几家相似的企业，一家企业想招聘，他们就在自己的企业门口打上了显眼的招聘广告。

招聘渠道特征对比与适用性见表 3-2。

表 3-2 招聘渠道特征对比与适用性

招聘渠道	主要特点	适用对象	不太适用
媒体广告	覆盖面宽，权威性强，时效性强，费用合理	中下级人员	
一般职业中介机构	地域性强，费用不高	中下级人员	热门、高级人员
人才网站	开放互动性强，传播面广，速度快，信誉度存在一定问题	中高级人才、初级专业人员	低级人员
猎头公司	专业服务水平高，费用高	热门、尖端人才	中下级人员
上门招聘	合适人选相对集中	初级专业人员	有经验的人员
熟人推荐	了解情况，有保证作用，但是有人际关系干扰	专业人员	非专业人员

三、范例介绍

公司根据发展需要招聘不同的人，让学生根据所招对象选择相应的渠道，选择正确，系统显示招聘成功，选择错误，系统提示"对不起，这里没有您需要的人"。

1. 公司下属一酒店要招聘餐厅服务员 30 人。
2. 公司招聘 1 名副总经理。
3. 公司招聘 2 名高级工程师。

正确答案：
1. 媒体广告、一般职业中介机构、上门招聘。
2. 人才网站、猎头公司。
3. 人才网站、猎头公司、熟人推荐。

四、实验项目内容、步骤、方法和要求

(一) 实验项目内容

1. 了解常用的招聘渠道。
2. 了解不同招聘渠道的适用人群。
3. 不同招聘渠道所需要的费用。

(二) 实验步骤

1. 选择第 3 章第 3.1 节实验中的案例岗位。
2. 分析各个岗位的特点。
3. 确定招聘渠道。

五、实验条件

计算机、打印机、白纸。

六、实验所需时间

1 小时。

七、实验报告和实验成绩评定

1. 实验成绩按照优秀、良好、中等、及格、不及格 5 个等级评定。
2. 成绩评定准则。
(1) 掌握招聘渠道的类型。
(2) 掌握招聘渠道的特点。
(3) 结合企业实际情况,选择招聘渠道。
(4) 记录了完整实验过程,文字简洁、清晰,结论明确。
(5) 课堂模拟、讨论、总结占总成绩的 70%,实验报告占总成绩的 30%。
(6) 实验报告要求:编写语言流畅,文字简洁,条理清晰。

实验三 筛 选 制 作

一、实验目的

(1) 学会如何制作个人简历。
(2) 学会如何正确地分析简历。
(3) 学会如何从简历中筛选出合适的人员。

二、预备知识

一份完整的个人简历一般包括 3 部分:封面、求职信、简历主体。

1. 封面

封面就是放在简历最表面的一个图片,可以是简洁富有含义的图片,更多的毕业生选择将自己学校的校徽放在封面的位置,来突出自己简历的明了性。作为一份简历最先进入别人视线的部分,一个有创意、能够吸引别人眼球的封面是非常重要的。但是切记要整体搭配,否则会起到反作用!

2. 求职信

从字面意思可以很轻易分辨出来:写给公司谋求职位的信笺。这也是个人简历中比较重要的部分,可以从自身角度让公司了解自己的情况,进行一个初步的审核。值得注意是，在写求职信时对公司单位的称呼和措辞，尽量能够吸引别人看下去，让别人通过文字对自己产生兴趣，也间接地考查了一个人的公共关系能力。

3. 简历主体

简历主体是个人情况的具体展现，包括很多方面。一般基本的状况必须体现，还有可以融入一些个人的创意性的东西，或者将个人优势放进去，来提升自己在众多人才中脱颖而出，增加自己的成本含量。其主要内容如下。

(1) 个人资料：必须有姓名、性别、联系方式(固定电话、手机、电子邮箱、固定住址)，而出生年月、籍贯、政治面貌、婚姻状况、身体状况、兴趣爱好等则视个人及应聘的岗位情况而定，可有可无。

(2) 学业有关内容：毕业学校、学院、学位、所学专业、班级、城市和国家，然后是获得的学位及毕业时间、学过的专业课程(可把详细成绩单附后)与一些对工作有利的辅修课程及毕业设计等。

(3) 本人经历：大学以来的简单经历，主要是学习和担任社会工作的经历，有些用人单位比较看重求职者在课余参加过哪些活动，如实习、社会实践、志愿工作者、学生会、团委工作、社团等其他活动。切记不要列入与自己所找的工作毫不相干的经历。

(4) 名誉和成就：包括"优秀学生"、"优秀学生干部"、"优秀团员"及奖学金等方面的荣誉，还可以把自己认为较有成就的经历(如自立读完大学等)写上去，或者是参加国家学术性竞赛、国际比赛获得的荣誉等。

(5) 求职愿望：表明想做什么，能为用人单位做些什么。内容应简明扼要。

(6) 附件：个人获奖证明，如优秀党、团员，优秀学生干部证书的复印件，外语四、六级证书的复印件，计算机等级证书的复印件，发表论文或其他作品的复印件等。

(7) 个人技能：专业技能、IT技能和外语技能。同时也可以罗列出自己的技能证书。

(8) 第三方推荐：通过专业的职业测评系统，出具详细客观的测评报告，作为第三方推荐信，附在简历后面作为求职推荐的形式。一方面说明求职者的职业性格、职业兴趣，另一方面有利于用人单位判断求职者与岗位的匹配情况。

4. 简历要求

(1) 作品用 A4 大小纸张打印，排版规范、整洁。

(2) 简历中所有内容必须真实，不可杜撰。

(3) 简历和求职信总页数不得多于 4 页。

5. 写履历表要注意的问题

(1) 首先要突出过去的成就。过去的成就是一个人能力的最有力证据。把它们详细写出来，会有说服力。

(2) 履历表切忌过长，应尽量浓缩在 3 页之内。最重要的是要有实质性的东西给用人单位看。

(3) 履历表上的资料必须是客观而实在的，千万不要吹牛，因为谎话一定会被识破。要本着诚实的态度，有多少写多少。

(4) 和写求职信一样，资料不要密密麻麻地堆在一起，项目与项目之间应有一定的空位相隔。

(5) 不要写对申请职位无用的东西,切记!

三、范例介绍

表 3-3　个人简历

基本信息					
姓名：×××		性别：		出生日期：	
身高：		体重：		籍贯：	
应聘职位：办公室文员		薪资：面议		现住址：	
联系方式：		电子邮件：			
自我评价					
性格乐观开朗,有较强的沟通能力,对工作认真负责					
工作经历					
2011.8—2012.6　富士康见习					
岗位：文员　　薪资：2500～4000					
工作职责：主要负办公室的文秘、信息、机要和保密工作,做好办公室档案收集、整理工作,以及收发文件、准备会议资料等。					
教育背景					
2008 年 9 月～2012 年 7 月　　×××学校计算机应用,在校期间不断努力学习,曾获三等奖奖学金。毕业论文被评为优秀。					
毕业院校：×××学校		最高学历：		专业：	
承诺：以最小的成本,为公司争取最大的利益。					

四、实验项目内容、步骤、方法和要求

(一) 实验项目内容

1. 个人简历的基本要素。
2. 简历的主要内容。
3. 写履历表要注意的问题。

(二) 实验步骤

1. 选择第 3 章第 3.1 节实验二中的案例岗位。
2. 针对所选岗位制作个人简历。

五、实验条件

计算机、打印机、白纸

六、实验所需时间

1 小时。

七、实验报告和实验成绩评定

1. 实验成绩按照优秀、良好、中等、及格、不及格 5 个等级评定。

2. 成绩评定准则。
(1) 掌握个人简历的基本要素。
(2) 掌握简历的主要内容。
(3) 结合企业实际情况，撰写个人简历。
(4) 记录了完整实验过程，文字简洁、清晰，结论明确。
(5) 课堂模拟、讨论、总结占总成绩的 70%，实验报告占总成绩的 30%。
(6) 实验报告要求：编写语言流畅，文字简洁，条理清晰。

实验四　履历分析法

一、实验目的

通过该实验，了解履历分析法的适用对象、基本内容和实验步骤，通过履历分析法对应聘人员进行测评，或将测评结果用于人才选拔的决策。

二、预备知识

(一) 履历分析法及其特点

履历分析法，又称资历评价技术，是通过对评价者的个人背景、工作与生活经历进行分析，来判断其对未来岗位适应性的一种人才测评方法。履历分析法一般在人才测评初级阶段使用，被广泛地用于人员招聘、选拔等人力资源管理活动中。使用个人履历资料，既可以用于初审个人简历，迅速排除明显不合格的人员，也可以根据与工作要求相关性的高低，事先确定履历中各项内容的权重，把申请人各项得分相加得总分，根据总分确定选择决策。

履历分析法用于人才测评主要基于 3 个基本假设：一是过去的绩效是未来绩效的最好预测；二是人们更愿意讨论过去所经历的客观事实；三是通过系统分析，履历资料能够间接测量人们的动机和特征。基于上述 3 个假设，履历分析法呈现出以下特点。

1. 依据的真实性

履历分析法是以应试者个人过去的经历作为评价依据来分析、预测其未来的职务行为倾向或成就，这种经历通常是可以核实的。

2. 评价的普遍性

履历分析的结果与应试者的多种行为(效标)之间往往有较大的关联性，如工作绩效、出勤率等，因而可以用于对应试者行为的多维预测。

3. 评价的准确性

履历分析方法是通过应试者过去的工作经历、工作表现来预测其未来的表现，其方法论原则体现的是整体主义和历史主义，对应试者的评测比较可靠和准确。

(二) 履历分析法的运用

1. 履历分析项目的筛选和权重确定

履历登记表项目主要包括两部分内容，一部分是测评者能够核实的项目，如家庭住址、家庭情况、工龄、学历、年龄等；另一部分则是不能核实的项目，如述职报告、自我工小结等。履历分析项目的筛选依据是职务分析及岗位描述,并依据所要填充的工作岗位的不同而变化。在确定履历分析项目和权重前必须对被测评对象的拟任岗位进行认真、细致的分析,以系统、全面地确定该工作岗位对人员各方面的能力和素质(如学历、技能、资历、品质等)的基本要求。

履历登记表的项目数量需要根据拟任岗位的特点和评价需要而定,而权重确定依据是项目内容与未来岗位要求及工作绩效的相关程度。在履历登记表的项目中,与拟任岗位有关的项目应赋予较大的权重。

2. 履历分析法评测的公式与应用

以招聘活动中的人才测评为例,可以将应聘者履历登记表的项目具体划分为以下四大类。

第一类:A 为基本情况。这类情况包括姓名、性别、出生年月、民族、学历、学位、专业、婚姻状况。当应聘者的能力情况相同且应聘人数多于招聘计划数时,基本情况中的某些项目会成为次级的优先录用标准,成为履历评价中的加分项目。对此,不同的企业会有不同的加分标准。

第二类:B 为知识与工作能力。这类情况主要通过个人受教育情况和职业经历、接受职业培训情况来进行判断。

第三类:C 为家庭与社会关系。人力资源管理工作也需要对其家庭与社会关系背景有所了解,家庭与社会关系情况可以作为评估个人素质特点的参考背景。

第四类:D 为人品。这类信息主要从过去的工作表现、奖惩情况和离职原因等方面来进行判断。

履历评估所采用的评估公式有以下两种。

(1) 算术平均法:$P_1=(A+B+C+D)/4$。

(2) 加权平均法:$P_2=w_1 \times A+w_2 \times B+w_3 \times C+w_4 \times D$。

在上述公式中,P_1、P_2 为录取概率;A 为个人基本情况得分,B 为个人知识与工作能力得分,C 为个人家庭与社会关系得分,D 为个人人品得分;w_1、w_2、w_3、w_4 是各类项目的权重。P_1、P_2、A、B、C、D 的值域为 $0 \sim 100$;w_1、w_2、w_3、w_4 的值域为 $0 \sim 1$。

根据应聘者填写的履历表,进行分析和打分,计算后当应聘者的 P_1、P_2 落在招聘计划比例中时方可考虑录用。

上述两个公式评测的重点有所不同。

算术平均法要求被试尽量全面均衡地发展,4 类项目所对应的素质对岗位要求同等重要。例如,当一种岗位对人品和能力的要求都很高时,如要害部门用人,履历分析法应该采用这个评价公式。

加权平均法则考虑了岗位对某些方面的素质的特殊要求,通过赋予与岗位要求相关性较高的项目较大的权重,选择更适合岗位和工作任务要求的人才。例如,在 4 类项目中"人品"项目最为重要,则可以赋予 w_4 最高的值,这样 P_2 的计算结果将充分反映"人品"素质的重要性。这是目前绝大多数公司的用人理念,即"能力差不要紧,以后可以给予培养的机会,但人品不好的人万万不可录用"。

三、范例介绍

某通讯公司招聘中的人才测评——履历表分析法

（一）ZX 通讯股份有限公司硬件开发工程师招聘简章

ZX 通讯是全球领先的综合性通信制造业上市公司，是近年全球增长最快的通信及行业用户整体解决方案提供商之一。

1985 年，ZX 通讯成立。1997 年，ZX 通讯 A 股在深圳证券交易所上市。2004 年 12 月，ZX 通讯作为中国内地首家 A 股上市公司成功在香港上市。2007 年，根据香港会计准则，ZX 通讯主营业务收入超过 340 亿元，其中，国际收入达 57.8%。

ZX 通讯是中国重点高新技术企业、技术创新试点企业和国家 863 高技术成果转化基地，承担了近 30 项国家 "863" 重大课题，是通信设备领域承担国家 863 课题最多的企业之一，公司每年投入的科研经费占销售收入的 10%左右，并在美国、印度、瑞典及国内设立了 16 个研究中心。

未来，ZX 通讯将以"人才国际化为根本，市场国际化为重点，资本国际化为依托"，积极迎接挑战，全力以赴为客户创造价值，打造享誉全球的 ZX 通讯品牌，力创世界级卓越企业。

表 3-4 某公司开发工程师职位描述与要求

招聘职位	硬件开发工程师	职位类别	全职	招聘人数	不限
工作地点	四川省成都市	学历要求	本科以上	工资待遇	面议
职位描述及应聘要求					
职位描述	根据产品需求，完成硬件单板开发、测试、转产、维护等工作				
任职要求	① 本科以上学历，研究生 1 年以上工作经验，本科 3 年以上工作经验				
	② 有扎实的电路基础，熟悉模拟电路、数字电路，有独立电路设计经验者优先				
	③ 熟悉 CPLD/FPGA 设计，掌握硬件描述语言 Verilog 或 VHDL				
	④ 熟悉 Cadence/MENTOR 等设计工具，有高速信号设计经验者优先				
	⑤ 熟悉视频、音频信号及电路设计者优先				

（二）求职登记表示例

某公司求职登记表见表 3-5。

表 3-5 某公司求职业登记表

姓名	张三	性别	男	出生日期	1987.09	身份证号码	***************		照片
民族	汉	籍贯	浙江	户口所在地	绍兴	婚否	否		
现住地址	成都××路××号			电话	159********			
通信地址	四川省成都市××路××号					邮编	610000		
最高学历	研究生	外语及等级		英语六级		当前职位	无		
主要教育经历									
教育时间	院校名称					学历学位		专业		
2009.09～现在	××大学电气与信息工程学院					硕士		控制理论与控制工程		
2005.09～2009.07	××大学电气与信息工程学院					学士		自动化		

续表

主要工作经历

工作时间	工作单位	内容
2009.09～现在	××公司	省级××统一控制系统，××控制方式采用基于 Ethernet over SDH/MSTP 的专网
		××语音报警系统，个人独立完成了该项目的软硬件设计及现场调试
		采用基于拨号的虚拟专网(VPDN)的××控制系统改造项目
2011.02～现在	××公司	××时钟同步系统

主要培训经历

培训时间	内容
2008.12～2009.05	学习 CPLD/FPGA 设计，应用硬件描述语言 Verilog

工作业绩及奖励

计算机与软件技术专业资格证书 中级网络工程师；
计算机等级考试二级 C 语言、三级网络技术、四级网络工程师；
英语等级考试四、六级；
××杯创新大赛二等奖。

主要家庭成员

姓名	关系	工作单位	所任岗位及职务
×××	父子	××市××公司	车间主任
×××	母子	××市××小学	教师

紧急联络人

姓名	关系	联系地址及邮编	电话
×××	班主任	成都××路××号	159********

自我评价

积极主动，吃苦耐劳，动手能力强，有完整的项目经验；
勤奋好学，基础扎实，学习能力强，有创新意识，喜欢探索新事物；
责任心强，诚实守信，善于与人沟通，有良好的团队合作能力。

承诺：本人保证我所提供以及填写的资料均属实，如有虚假的，本人愿承担一切责任。

填表人：张三   日期：2011.07.02

（三）履历评价表

某公司履历评价表见表 3-6。

表 3-6　某公司履历评价表

测评项目	A 基本情况	B 知识与工作能力	C 家庭与社会关系	D 人品
权重	0.2	0.3	0.2	0.3
得分	90	85	90	90
综合评分	88.5			
处理结果	☑进入面试		☐筛去	

注：满足综合评分高于 85 分和单项得分高于 75 分，则进入面试环节

四、实验项目内容、步骤、方法、要求

（一）实验内容

模拟招聘过程中的履历测评和筛选过程，或者参与现实企业的招聘活动，按照履历分析法辅助企业进行履历筛选。

（二）实验步骤、方法和要求

以"参与现实企业招聘的履历筛选活动"为例。

1. 对应聘者简历进行编号登记。
2. 熟悉应聘岗位或职位要求。
3. 围绕岗位要求进行设计履历分析项目分类，并设置权重和筛选标准。
4. 设计履历评价表。
5. 按照履历评价表对应聘者进行履历分析、打分、计算综合得分，并给出评价结果。
6. 撰写履历分析实验报告。

五、实验条件

实验室、计算机、企业招聘档案。

六、实验所需时间

2 小时。

七、实验报告和实验成绩评定

1. 实验成绩按照优秀、良好、中等、及格、不及格 5 个等级评定。
2. 成绩评定准则。

(1) 按照学生所进行的履历分析过程，对学生是否掌握履历分析法的要点和方法进行评价。

(2) 对学生设计的履历评价表和评价结果进行评分。

(3) 学生实验报告必须反映出实验目的、实验要求、实验方法和过程、实验结论、实验中存在的问题分析、解决对策等内容，根据实验报告撰写质量进行考核。

(4) 课堂实验过程占总成绩的 70%，实验报告占总成绩的 30%。

(5) 实验报告要求：编写语言流畅，文字简洁，条理清晰。

3.3 招聘计划编制与招聘评估综合实验

人员招聘录用计划作为组织人力资源规划的重要组成部分，为组织人力资源管理提供了一个基本的框架，为人员招聘录用工作提供了客观的依据、科学的规范和实用的方法，能够避免人员招聘录用过程中的盲目性和随意性。其主要功能是通过定期或不定期地招聘录用组织所需要的各类优秀人才，为组织人力资源系统充实新生力量，实现企业内部人力资源的合理配置，为企业扩大生产规模和调整生产结构提供人力资源上的可靠保证，同时弥补人力资源的不足。招聘评估是招聘过程中必不可少的一个环节，招聘评估通过成本与效益核算能够使招聘人员清楚地知道费用的支出情况，区分哪些为应支出部分，哪些是不应支出部分，有利于降低今后的招聘费用，为组织节省开支。

实验一 招聘计划编制

一、实验目的

本节主要让学生熟悉人力资源招聘计划编制与招聘评估。首先是招聘计划编制，实验重点考查招聘目标、信息发布时间和渠道、招聘小组成员名单、选择方案及时间安排、新员工上岗时间、招聘费用预算、招聘工作时间表等内容。

二、预备知识

招聘计划是把对工作空缺的陈述变成一系列目标，并把这些目标和相关的应聘者的数量和类型具体化。年初，各部门预测新增岗位数量和就职日期，汇总到人事部，人事部做人力成本预算，编制年度招聘计划，人事部报请总经理审批。

招聘计划的主要内容包括以下4个方面。

1．招聘人数。需要招聘数量往往多于实际录用的人数。这是由于一些应聘者可能对于该工作没有兴趣，也可能资格不够，或者两个原因兼而有之。

2．招聘基准。招聘基准就是确定录用什么样的人才。其内容包括年龄、性别、学历、工作经验、工作能力、个性品质等。

3．招聘经费预算。除了参与招聘工作的有关人员的工资以外，还需要广告费、考核费、差旅费、电话费、通信费、文具费等。

4．招聘的具体行动计划内容：招聘工作小组的组成，制定招聘章程、考核方案和择优选聘的条件，拟定招聘简章，确定资金来源，规定招聘工作进度等。

三、范例介绍

×××公司人力资源部招聘计划

根据公司当前的发展需求，结合清远劳动力市场的实际情况，经认真审核、分析，现制订2010年5～6月的招聘计划。

（一）招聘人数及岗位

由于公司项目不断增加，需要对在职人员队伍不断进行扩充，通过对当前工作岗位工作的分析，现确定招聘岗位及人数，见表3-7。

表 3-7　招聘岗位及人数

部门名称	岗位	需要人数(男/女)
秩维部	保安	75人(男)
客服部	客服专员	1人(女)
行政人事部	行政人事助理	1人(男)
工程部	工程部人员	若干(男)
总计：男76人、女1人(未算工程部人数)		

(二) 招聘岗位及要求

秩维部人员(保安)：①初中以上文化，年龄20~35周岁。②身体素质好，退伍人员身高168cm以上，非退伍人员身高170cm以上，服务意识好并服从管理，有小区安保经验者优先。③要求应聘者必须提供身份证原件及复印件，退伍证件(退伍人员提供)、毕业证件、相关的技能证件等。④包吃包住，每天工作8小时，加班费按劳动法计算，月薪1600元以上。

行政人事助理：①大专以上文化，2年以上行政人事工作经验，年龄20~26岁，男女不限。②熟悉招聘流程、入离职手续、档案管理、固定资产管理等办公室的各种行政事务。③为人务实、文笔好、有较强的语言表达能力。④待遇从优。

客服部：(略)。

工程部：(略)。

(三) 招聘时间及方式

1. 招聘信息发布时间

(1) 将2010年5~6月定为本公司的"招聘宣传月"。

(2) 每周二、周四组织专人外出发放、张贴招聘简章，做好周边地区的招工宣传工作。

2. 招聘方式

(1) 在周边地区大量张贴广告。

(2) 通过职业介绍所和劳务市场等渠道招聘员工。

(3) 联系各中专保安院校招聘。

(4) 各人才市场招聘会。

(5) 公司内部员工转介等。

(6) 电视、公车招聘广告。

(7) 刊登报纸招聘广告。

(8) 在人流密集区驻点招聘。

(9) 寻求其他地方政府劳动力输出。

(四) 招聘小组

1. 小组成员

组长：行政人事部负责人。

组员：行政人事部助理、秩维部。

2. 小组职责

组长负责制定外出宣传时间表及宣传内容，提出招聘建议和方法。

组员负责准备宣传物品，执行宣传任务等。

(五) 招聘工作时间表

第一阶段(5月20~30日)：人员资料储备，通过招聘会渠道招聘客服专员(放后招)、行政人事助理各一名，秩维员15人(20%任务)，为日后开展连续性的招聘工作做好人员、后勤储备。

第二阶段(6月1~10日)：主要通过街招、贴招聘广告、报刊、驻点招聘等方式及渠道进行招聘，力争完成40%任务。

第三阶段(6月11～20日)：通过公司员工、各地方政府等方式转介绍力争完成20%秩维员招聘任务。

第四阶段(6月11～30日)：通过驻点招聘、招聘会、网络招聘招聘余下20%职员的任务。

若以上的阶段任务均不能完成或在任一阶段招聘指标加大，则通过电视招聘广告或公交车招聘广告进行，加强户外驻点招聘力度。

(六) 招聘费用预算及效果分析

1. 各种招聘费用清单

(1) 印制广告及相关宣传材料：×元/月。

(2) 中介机构招聘费用：100～150元/人。

(3) 员工介绍费用：100～150元/人。

(4) 公交车视频招聘广告、电视招聘广告、报纸招聘专题：×元，×元，×元。

(5) 联系各中专院校，帮助学生就业，原则上不付给报酬(车旅费、交际费)。

(6) 招聘会摊位费：50元/场(劳动力市场)、250元/场(凤城)、300元/场(鹏程)。

(7) 刊登报纸费用：×元一期(×份)，覆盖×县×市区。

(8) 网络招聘费用：凤城网100元/期，鹏程网200元/期。

(9) 寻求其他乡镇(县)地方政府劳动力输出。

2. 招聘效果分析

(1) 张贴招聘广告的实际费用较低，但需要投入的人力、物力较大，招聘效果相对较差。预计能完成总招聘计划的15%左右。

费用：调查后待定。

(2) 员工介绍和联系中介机构的招聘费用相对较高，但是人力、物力的投入较少，招聘效果较好。预计能完成总招聘计划的30%左右。

费用计算方式：100元/人×28人=2800元。

(3) 招聘会摊位费：(劳动力+凤城)×4+鹏程×1=×元，即(50+250)×4+300×1=1500元。

(4) 公交车视频招聘广告、电视招聘广告、报纸招聘广告覆盖范围大，受众人员广，视听影响力巨大，给人一种很真实的印象，也能弥补街招、贴宣传纸张的真实性，既可以宣传公司，也能起到较好的招聘效果，预计能完成总招聘计划的30%。

费用：调查后待定。

(5) 网络招聘虽有一定效果，但效果相对较少，因为一般人因文化及意识上的差异，对招聘网络不熟悉或主动性不强，所以很少人关心招聘网的招聘信息(对招技术工、文员、管理类员工效果较好，对招录秩维人员不适用)。

费用：凤城劳动力市场100元/月，鹏程万里200元/月。

(6) 寻求其他地方政府劳动力输出，效果较好，但需要很强的政企沟通能力和渠道，若成功预计占招聘任务的10%～20%。

(7) 在人流密集区(街道、菜市场、劳动力密集型工厂)驻点招聘，费用少，路途较远，花费时间较长且地点不固定，但效果较好，预计占招聘计划的10%左右。

(8) 综上所述：预计2010年5～6月的招聘总费用为？元+？元+×=？元。

(七) 主要渠道选择

在招聘期间且在公司用人不紧凑的情况下，主要选择渠道如下。

初期：驻点招聘(工厂，密集人群的街道、马路)。派发并粘贴招聘宣传纸(出租房较多的住宅区等)。

中期：6月5日在鹏程万里举行一次现场招聘会，费用300元(另含一个月网络招聘优惠)。

用人紧凑的特殊情况：利用清远日报、电视广告开辟公司招聘专题。

日常进行：熟人介绍(免费)。

用人紧凑时：寻求乡镇、县级政府的劳动力输出的支持。

(八) 招聘准备工作

1. 招聘人员的补充、确定及配备(行政人事专员)。
2. 培训课件、培训资料(员工手册100册)、劳动合同(100份)、服装(100套、50人使用)、劳保鞋75双(鞋不包)。
3. 公司简介描述海报、职位描述海报、公司招聘宣传资料、移动桌子及凳子一套。
4. 制定驻点招聘时间表及地点。

四、实验项目内容、步骤、方法和要求

(一) 实验项目内容

制订年度招聘计划。

制订特定招聘计划。

(二) 实验步骤

1. 确定人员需求信息。人力现状调查表见表3-8，需要补充人力计划表，见表3-9，人力招聘计划表见表3-10。

表3-8 人力现状调查表

日期 年 月 日

工作部门	职位名称	担任该职位人员姓名	担任该职位期间(年数)	是否需要调整其职位(是/否)

表3-9 需要补充人力计划表

日期 年 月 日

工作部门	职位名称	需要补充人数	需要补充理由	需要补充日期

表3-10 人力招聘计划表

日期 年 月 日

工作部门	职位名称	需要增聘人数	需要增聘日期	招聘来源	招聘方式

2. 选择招聘信息的发布时间和渠道。
3. 报名截止日期、新员工上岗时间。
4. 确定招聘小组。
5. 确定选择考核方案。
6. 明确招聘预算。
7. 编写招聘工作时间表。
8. 草拟招聘广告样稿。

五、实验条件

计算机、打印机、白纸。

六、实验所需时间

2 小时。

七、实验报告和实验成绩评定

1. 实验成绩按照优秀、良好、中等、及格、不及格 5 个等级评定。
2. 成绩评定准则。
(1) 掌握人员招聘的编写原则。
(2) 掌握人员招聘的编写内容。
(3) 结合企业实际情况,制作招聘计划。
(4) 记录了完整实验过程,文字简洁、清晰,结论明确。
(5) 课堂模拟、讨论、总结占总成绩的 70%,实验报告占总成绩的 30%。
(6) 实验报告要求:编写语言流畅,文字简洁,条理清晰。

实验二 招聘评估

一、实验目的

招聘评估主要指对招聘的结果、招聘的成本和招聘的方法等方面进行评估。一般在一次招聘工作结束之后,要对整个评估工作做一个总结和评价,目的是进一步提高下次招聘工作的效率。通过在具体环境下针对特定招聘活动进行招聘评估,让学生掌握人力资源招聘评估方法。

二、预备知识

1. 招聘评估

招聘评估是招聘过程中必不可少的一个环节,招聘评估通过成本与效益核算能够使招聘人员清楚地知道费用的支出情况,区分哪些为应支出部分,哪些是不应支出部分,有利于降低今后的招聘费用,为组织节省开支。招聘评估通过对录用员工的绩效、实际能力、工作潜力的评估,检验招聘工作成果与方法的有效性,有利于招聘方法的改进。

2. 招聘评估的作用

招聘评估的作用具体体现在以下 4 个方面。
(1) 有利于组织节省开支。

招聘评估包括招聘结果的成效评估(具体又包括招聘成本与效益评估、录用员工数量与质量评估)和招聘方法的成效评估(具体又包括招聘的信度与效度评估),因而通过招聘评估中的成本与效益核算,就能够使招聘人员清楚费用支出情况,对于其中的非应支出项目,在今后招聘中加以去除,因而有利于节约将来的招聘支出。

(2) 检验招聘工作的有效性。

通过招聘评估中录用员工数量评估，可以分析招聘数量是否满足原定的招聘要求，及时总结经验(当能满足时)和找出原因(当不能满足时)，从而有利于改进今后的招聘工作和为人力资源规划修订提供依据。

(3) 检验招聘工作成果与方法的有效性程度。

通过对录用员工质量进行评估，可以了解员工的工作绩效、行为、实际能力、工作潜力与招聘岗位要求的符合程度，从而为改进招聘方法、实施员工培训和为绩效评估提供必要的、有用的信息。

(4) 有利于提高招聘工作质量。

通过招聘评估中招聘信度和效度的评估，可以了解招聘过程中所使用的方法的正确性与有效性，从而不断积累招聘工作的经验与修正不足，提高招聘工作质量。

3. 招聘评估的内容

(1) 招聘成本效益评估。招聘成本效益评估是指对招聘中的费用进行调查、核实，并对照预算进行评价的过程。它是鉴定招聘效率的一个重要指标。

$$招聘单价=总经费(元)/录用人数(人)$$

做招聘成本评估之前，应该制定招聘预算。每年的招聘预算应该是全年人力资源开发与管理总预算的一部分。招聘预算中主要包括招聘广告预算、招聘测试预算、体格检查预算、其他预算，其中招聘广告预算占据相当大的比例，一般来说按 4：3：2：1 的比例分配预算较为合理。

(2) 录用人员评估。录用人员评估是指根据招聘计划对录用人员的质量和数量进行评价的过程。

录用人员的数量：录用人员的数量可用以下几个数据来表示。

① 录用比公式：

$$录用比=(录用人数/应聘人数)\times 100\%$$

录用比越小，相对来说，录用者的素质越高；反之，录用者的素质则可能较低。

② 招聘完成比公式：

$$招聘完成比=(录用人数/计划招聘人数)\times 100\%$$

如果招聘完成比等于或大于 100%，则说明在数量上全面或超额完成招聘计划。

③ 应聘比公式：

$$应聘比=应聘人数/计划招聘人数$$

应聘比越大，说明发布招聘信息的效果越好，同时说明录用人员可能素质较高。

录用人员的质量：除了运用录用比和应聘比这两个数据来反映录用人员的质量外，也可以根据招聘的要求或工作分析中的要求对录用人员进行等级排列来确定其质量。

(3) 招聘工作评估。

① 平均职位空缺时间。

平均职位空缺时间计算公式：

$$平均职位空缺时间=职位空缺总时间/补充职位数\times 100\%$$

该指标反映平均每个职位空缺多长时间能够有新员工补缺到位，能够反映招聘人员的工作效率。该指标越小，说明招聘效率越高。

② 招聘合格率。该指标反映招聘工作的质量，这里的合格招聘人数是指顺利通过岗位适应性培训、试用期考核最终转正的员工。

③ 新员工对招聘人员工作满意度。良好的建议可提高招聘人员的工作水平。

④ 新员工对企业的满意度。该项评估一定程度上反映了新员工对企业的认可程度。

(4) 撰写招聘小结。

招聘小结的主要内容有以下几个方面。

招聘计划，招聘进程，招聘结果，招聘经费，招聘评定，以下为一个招聘小结范例。

三、范例介绍

(一) 招聘计划

根据 2012 年 1 月 3 日第二次董事会决议，向社会公开招聘负责国际贸易的副总经理一名，生产部经理一名，销售部经理一名。由人力资源开发管理部经理在分管副总经理的直接领导下具体负责。招聘测试工作全权委托复旦管理咨询公司人力资源服务部实施。

(二) 招聘进程

1 月 1 日，《解放日报》和《新民晚报》刊登招聘广告。2 月 15~28 日，初步筛选，去掉一些明显不符合要求的应聘者。3 月 1~31 日，招聘测试。4 月 1~10 日，最终决策。4 月 15 日，新员工上岗。

(三) 招聘结果

1. 副总经理应聘者 38 人，参加招聘测试 25 人，送企业候选人 3 名，录用 0 人。
2. 生产部经理应聘者 19 人，参加招聘测试 14 人，送企业候选人 3 名，录用 1 人。
3. 销售部经理应聘者 35 人，参加招聘测试 29 人，送企业候选人 3 名，录用 1 人。

(四) 招聘经费

1. 招聘预算共 5 万元。
2. 招聘广告费 2 万元。
3. 招聘测试费 1.5 万元。
4. 体格检查费 2000 元。
5. 应聘者纪念品费 1000 元。
6. 招待费 3000 元。
7. 杂费 3500 元。
8. 合计支出 4.35 万元。

(五) 招聘评定

1. 主要成绩

这次由于委托专业机构进行科学测试，录用的两位经理素质十分令人满意，同时测试结果指出了副总经理应聘者中无合适人选，最后没有录用。

另外由于公平竞争，许多落选者都声称受到了一次锻炼，对树立良好的企业形象起到了促进作用。

2. 主要不足之处

由于招聘广告的设计还有些问题，所以没有吸引足够多的高层次应聘者来竞争副总经理岗位，致使副总经理最终没有合适人选录用。

人力资源开发管理部经理　　　签名

四、实验项目内容、步骤、方法和要求

(一) 实验项目内容

1. 进行招聘评估。
2. 撰写招聘小结。

(二) 实验步骤

根据前面的招聘计划，然后结合第 3.2 节的模拟招聘，进行招聘评估，撰写招聘小结。

五、实验条件

计算机、打印机、白纸。

六、实验所需时间

2 小时。

七、实验报告和实验成绩评定

(1) 实验成绩按照优秀、良好、中等、及格、不及格 5 等级评定。
(2) 成绩评定准则。
① 掌握招聘评估的编写原则。
② 掌握招聘评估的编写内容。
③ 结合企业实际情况，完成招聘评估。
④ 记录了完整实验过程，文字简洁、清晰，结论明确。
⑤ 课堂模拟、讨论、总结占总成绩的 70%，实验报告占总成绩的 30%。
⑥ 实验报告要求：编写语言流畅，文字简洁，条理清晰。

习 题

公司因生产和业务的需要，计划招聘中级技术和管理人员 50 人，其中包括班组长 10 人、机械维修技工 20 名、储备干部 10 人。人力资源部在当地的主流报纸上登载了招聘广告，一星期后收到了 45 份求职申请。由于公司正赶上生产旺季，董事会和总经理都要求人力资源部在规定的时间内完成招聘任务。人力资源部急忙组织面试，最后的招聘结果是：招聘了 7 名班组长、18 名技工、20 名储备干部。面试结束的第二天，人力资源到当地的人才市场招到 3 名班组长和 2 名技工。新员工上岗后两周内就有 5 名技工离职、3 名班组长离职和 9 名储备干部离职。

(1) 评估这次招聘活动。
(2) 如果你是该公司人力资源部经理，应该如何组织这次招聘活动？

第 4 章 人员测评实验

> **本章主要学习目标**

1. 理解人员测评的内涵和不同类型的测评方法。
2. 掌握主要的基于书面的基本实验内容。
3. 掌握基于沟通的技能实验方法。
4. 掌握基于情景的综合实验方法。

"你可以搬走我的机器，烧毁我的厂房，但只要留下我的员工，我就可以有再生的机会。" IBM 的总裁华生如是说。那么，企业需要什么样的人力资源呢？这个问题需要人才测评来帮助回答。

人员素质测评(人事测量)是心理测量技术在人力资源管理领域的应用，指的是以心理测量为基础，针对特定的人力资源管理目的，如招聘、安置、考核、晋升、培训等，采用科学的测评方法，对人的素质做出量值判断和价值判断的过程，为人力资源管理和开发提供依据。从测评实施的形式上来看，人才测评可以分为基于书面的基本测评、基于沟通的技能测评和基于情景的综合测评 3 个方面。本章主要围绕上述 3 类人才测评方法，通过实验、实训，使学生能够了解并掌握常用的人才测评工具和手段。

4.1 基于书面的基础实验

基于书面的基本实验，主要包括履历分析法和基于心理量表的认知、人格等心理测验。其中，履历分析法见第 3 章，本节主要介绍基于心理量表的认知、人格等心理测验。

实验一　个体职业影响因素测验

一、实验目的

通过本次实验，了解影响职业选择的一般个体因素有哪些，这些因素分别对个体职业选择产生哪些影响。除了上述理论目的，本次实验还可以让学生对自己的个性特征、职业兴趣和职业价值观有所认识，并将测评结果用于未来的职业生涯规划。

二、预备知识

除了生理特征、性别和年龄因素，个体职业影响因素主要包括其个性特质、职业兴趣、职业价值观等关键要素。

(一) 个人特质

个性特质，又称为性格，是指一个人稳定的态度和习惯化的行为方式。个性特质同个体的工作绩效和工作方式有关，将影响个体在工作中与他人的沟通方式，影响其对事物的理解及行事方式。个性测验是以"心理类型学"为理论基础，分析测试者的思维模式、行为风格等特征，帮助其确定职业方向和挖掘职业发展潜能。个性测验最常用的方法有问卷法(又称自陈量表法)和投射技术。本次实验主要学习个性测试的问卷法，它由许多涉及个人心理特征的问题组成，进一步分出多个维度或分量表，反映不同人格特征。常用人格问卷有艾森克人格问卷(EPQ)、明尼苏达多项人格测验(MMPI)和卡特尔 16 因素人格测验(16PF)。

艾森克人格问卷(Eysenck Personality Questionnaire，EPQ)是英国伦敦大学心理系和精神病研究所艾森克教授编制的。他搜集了大量有关的非认知方面的特征，通过因素分析归纳出 3 个互相成正交的维度，从而提出决定人格的 3 个基本因素：内外向性(E)、神经质(又称情绪性)(N)和精神质(又称倔强、讲求实际)(P)，人们在这 3 个方面的不同倾向和不同表现程度，构成了不同的人格特征。各量表的具体含义如下。

1．内外向性(E)。该量表分数高表示人格外向，可能是好交际、渴望刺激和冒险，情感易于冲动；分数低表示人格内向，可能是好静，富于内省，除了亲密的朋友之外，对一般人缄默冷淡，不喜欢刺激，喜欢有秩序的生活方式，情绪比较稳定。

2．神经质(N)。该量表分数高表示情绪不稳定，具体表现出焦虑、担心、常常郁郁不乐、忧心忡忡，有强烈的情绪反应，以至于出现不够理智的行为；分数低表示情绪稳定，具体表现出情绪反应缓慢、心境平和、自控能力较好。

3．精神质(P)。并非暗指精神病，它在所有人身上都存在，只是程度不同。但如果某人表现出明显程度，则容易发展成行为异常。分数高者可能是孤独、不关心他人，难以适应外部环境，不近人情，感觉迟钝，与别人不友好，喜欢寻衅搅扰，喜欢干奇特的事情，并且不顾危险。

除了上述量表，艾森克人格问卷在第二次修订时又增加了掩饰性(又称测谎)(L)量表，它测定被试的掩饰、假托或自身隐蔽，或者测定其社会性朴实幼稚的水平。该量表与其他量表的功能有联系，但它本身代表一种稳定的人格功能。艾森克人格问卷(EPQ)被广泛应用于医学、司法、教育等领域，适合各种人群测试。

明尼苏达多项人格测验(Minnesota Multiphasic Personality Inventory，MMPI)是由明尼苏达大学教授哈瑟韦(S.R. Hathaway)和麦金力(J.C. Mckinley)于 40 年代制定的，是迄今应用极广、颇富权威的一种纸笔式人格测验。MMPI 可有多种操作形式，如用卡片、问卷、磁带或人机对话式等，一般均采用个别问卷式。题目内容包括身体各方面的情况(如神经系统、心血管系统、消化系统、生殖系统等情况)、精神状态、家庭、婚姻、宗教、法律、社会等的态度。它不仅应用于精神科临床和研究工作，也广泛用于其他医学各科及人类行为的研究、司法审判、犯罪调查、教育和职业选择等领域。

卡特尔16因素人格测验(16PF)是美国伊利诺伊州立大学人格及能力测验研究所雷蒙德·卡特尔(R. B. Cattell)教授编制的用于人格检测的一种问卷，简称16PF。该问卷从乐群、聪慧、自律、独立、敏感、冒险、怀疑等16个相对独立的人格特点对人进行描绘，并可以了解应试者在环境适应、专业成就和心理健康等方面的表现。16PF中各因素的具体意义如下：

因素A 乐群性：高分者外向、热情、乐群；低分者缄默、孤独、内向。

因素B 聪慧性：高分者聪明、富有才识；低分者迟钝、学识浅薄。

因素C 稳定性：高分者情绪稳定而成熟；低分者情绪激动不稳定。

因素E 恃强性：高分者好强固执、支配攻击；低分者谦虚顺从。

因素F 兴奋性：高分者轻松兴奋、逍遥放纵；低分者严肃审慎、沉默寡言。

因素G 有恒性：高分者有恒负责、重良心；低分者权宜敷衍、原则性差。

因素H 敢为性：高分者冒险敢为、少有顾忌、主动性强；低分者害羞、畏缩、退却。

因素I 敏感性：高分者细心、敏感、好感情用事；低分者粗心、理智、注重实际。

因素L 怀疑性：高分者怀疑、刚愎、固执己见；低分者真诚、合作、宽容、信赖随和。

因素M 幻想性：高分者富于想象、狂放不羁；低分者现实、脚踏实地、合乎成规。

因素N 世故性：高分者精明、圆滑、世故、人情练达、善于处世；低分者坦诚、直率、天真。

因素O 忧虑性：高分者忧虑抑郁、沮丧悲观、自责、缺乏自信；低分者安详沉着、有自信心。

因素Q1 实验性：高分者自由开放、批评激进；低分者保守、循规蹈矩、尊重传统。

因素Q2 独立性：高分者自主、当机立断；低分者依赖、随群附众。

因素Q3 自律性：高分者知己知彼、自律严谨；低分者不能自制、不守纪律、自我矛盾、松懈、随心所欲。

因素Q4 紧张性：高分者紧张、有挫折感、常缺乏耐心、心神不定、时常感到疲乏；低分者心平气和、镇静自若、知足常乐。

(二) 职业兴趣

除了人格类型，兴趣与职业密切相关，美国职业心理学家约翰·霍兰德(John Holland)于1971年提出的职业兴趣理论认为，兴趣是人们活动的巨大动力，凡是具有职业兴趣的职业，都可以提高人们的积极性，促使人们积极地、愉快地从事该职业，职业兴趣与人格之间存在很高的相关性。由霍兰德开发的职业兴趣测试将个性类型与职业兴趣有效结合起来，他提出了6种基本的职业类型：实际型R、研究型I、艺术型A、社会型S、企业型E、常规型C。具体特征及相应职业如下。

实际型R：基本的个性倾向是喜欢有规则的具体劳动和需要基本操作技能的工作，缺乏社交能力，不适应社会性质的工作。典型职业包括喜欢使用工具、机器，需要基本操作技能的工作，如技术性职业(计算机硬件人员、摄影师、制图员、机械装配工)和技能性职业(木匠、厨师、技工、修理工、农民、一般劳动)。

研究型 I：具有这种个性倾向的人会被吸引去从事那些包含较多认知活动(如思考、组织、理解等)的职业，而不是那些以感知活动(如感觉、反应、人际沟通及情感等)为主要内容的职业。典型职业包括喜欢智力的、抽象的、分析的、独立的定向任务，要求具备智力或分析才能，并将其用于观察、估测、衡量、形成理论、最终解决问题的工作，如科学研究人员、教师、工程师、计算机编程人员、医生、系统分析员。

艺术型 A：具有这种个性倾向的人具有富于想象、冲动、无秩序、情绪化、理想化、有创意、不重实际等特征，喜欢艺术性质的职业和环境，不善于事务工作。典型职业包括艺术方面(如演员、导演、艺术设计师、雕刻家、建筑师、摄影家、广告制作人)、音乐方面(如歌唱家、作曲家、乐队指挥)和文学方面(如小说家、诗人、剧作家)。

社会型 S：具有合作、友善、助人、负责、圆滑、善社交、善言谈、洞察力强等个性特征。喜欢社会交往，关心社会问题，有教导别人的能力。典型职业为喜欢要求与人打交道的工作，能够不断结交新的朋友，从事提供信息、启迪、帮助、培训、开发或治疗等事务，如教育工作者(教师、教育行政人员)和社会工作者(咨询人员、公关人员)。

企业型 E：具有爱冒险、有野心、独断、自信、精力充沛、善社交等个性特征，喜欢从事那些包含大量以影响他人为目的的语言活动的职业。典型职业为喜欢要求具备经营、管理、劝服、监督和领导才能，以实现机构、政治、社会及经济目标的工作，如项目经理、销售人员、营销管理人员、政府官员、企业领导、法官、律师。

常规型 C：具有顺从、谨慎、保守、实际、稳重、有效率等个性特征。喜欢从事包含大量结构性的且规划较为固定的活动的职业，在这些职业中，个人的需要往往要服从于组织的需要。典型职业为喜欢要求注意细节、精确度、有系统、有条理，具有记录、归档、据特定要求或程序组织数据和文字信息的职业，如秘书、办公室人员、记事员、会计、行政助理、图书馆管理员、出纳员、打字员、投资分析员。

(三) 职业价值观

职业价值观测评是通过对自己过去行为的分析和未来目标的探索，帮自己认清一个你没有深入探索和认真体会的清晰、真实的自我，从而帮助自己在面临职业选择时，做出与自己价值观、内心真实自我相匹配的职业决策。职业锚理论产生于在职业生涯规划领域具有"教父"级地位的美国麻省理工大学斯隆商学院、美国著名的职业指导专家埃德加·H.施恩(Edgar·H. Schein)教授领导的专门研究小组，是对该学院毕业生的职业生涯研究中演绎成的。它强调个人能力、动机和价值观 3 个方面的相互作用与整合。职业价值观问卷是一种职业生涯规划咨询、自我了解的工具，能够协助组织或个人进行更理想的职业生涯发展规划。职业价值观共包括以下 8 种类型。

技术/职能型职业价值观：技术/职能型的人，追求在技术/职能领域的成长和技能的不断提高，以及应用这种技术/职能的机会。他们对自己的认可来自他们的专业水平，他们喜欢面对来自专业领域的挑战。他们一般不喜欢从事一般的管理工作，因为这将意味着他们放弃在技术/职能领域的成就。

管理型职业价值观：管理型的人追求并致力于工作晋升，倾心于全面管理，独自负责一部分工作，可以跨部门整合其他人的努力成果，他们想去承担整个部分的责任，并将公司的成功与否看成自己的工作。具体的技术/功能工作仅仅被看做通向更高、更全面管理层的必经之路。

自主/独立型职业价值观：自主/独立型的人希望随心所欲地安排自己的工作方式、工作习惯和生活方式。追求能施展个人能力的工作环境，最大限度地摆脱组织的限制和制约。他们宁愿放弃提升或工作扩展机会，也不愿意放弃自由与独立。

安全/稳定型职业价值观：安全/稳定型的人追求工作中的安全与稳定感。他们可以预测将来的成功从而感到放松。他们关心财务安全，如退休金和退休计划。稳定感包括诚信、忠诚及完成老板交代的工作。尽管有时他们可以达到一个高的职位，但他们并不关心具体的职位和具体的工作内容。

创业型职业价值观：创业型的人希望使用自己能力去创建属于自己的公司或创建完全属于自己的产品(或服务)，而且愿意去冒风险，并克服面临的障碍。他们想向世界证明公司是他们靠自己的努力创建的。他们可能正在别人的公司工作，但同时他们在学习并评估将来的机会。一旦他们感觉时机到了，他们便会自己走出去创建自己的事业。

服务型职业价值观：服务型的人指那些一直追求他们认可的核心价值。例如，帮助他人，改善人们的安全，通过新的产品消除疾病。他们一直追寻这种机会，这意味着即使变换公司，他们也不会接受不允许他们实现这种价值的工作变换或工作提升。

挑战型职业价值观：挑战型的人喜欢解决看上去无法解决的问题，战胜强硬的对手，克服无法克服的困难障碍等。对他们而言，参加工作或职业的原因是工作允许他们去战胜各种不可能。新奇、变化和困难是他们的终极目标。如果事情非常容易，它马上变得非常令人厌烦。

生活型职业价值观：生活型的人是喜欢允许他们平衡并结合个人的需要、家庭的需要和职业的需要的工作环境。他们希望将生活的各个主要方面整合为一个整体。正因为如此，他们需要一个能够提供足够的弹性让他们实现这一目标的职业环境，甚至可以牺牲他们职业的一些方面，如提升带来的职业转换，他们将成功定义得比职业成功更广泛。他们认为自己在如何生活，在那里居住，如何处理家庭事情，以及在组织中的发展道路是与众不同的。

三、范例介绍

下面是以艾森克人格测验(EPQ)、霍兰德职业兴趣测试和职业价值观问卷进行自我职业选择测评的综合报告。

1. 艾森克人格测试

艾森克人格测验(EPQ)结果如图4.1所示。

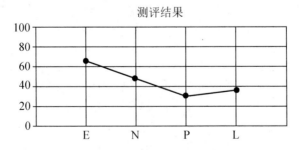

图4.1 艾森克人格测验结果

个性得分及测验结果如下。

(1) E 分量表

我的 E 分数是 66，明显的外向性格。此类型的人通常具有以下特点。

热衷于与人交往，喜欢接触陌生人，朋友众多，并能保持较亲密关系。偏好热闹的场合与活动，不太喜欢独自活动。

开朗活泼，充满活力，乐于在人际中主动展示自己。

重视自己的喜好，不愿意循规蹈矩，好与人竞争，反应较迅速却往往可能显得浮躁不够周密，易受一时冲动影响。

可能渴望刺激和冒险，喜欢多有变动且富有刺激和挑战的环境，注意力会受环境影响而不集中，有时做事显得虎头蛇尾。

(2) N 分量表

我的 N 分数是 31，情绪非常稳定。此类型的人通常具有以下特点。

情绪反应缓慢而轻微，表现较为平静。

情绪稳定，不易被激怒，也很少有过激行为。

即使是十分激动的时候通常也会很快稳定情绪，处事比较客观、平静，不会让外界变化影响正常生活。

心情平和，少有心身疾病。但是可能会表现得有点迟钝、缺乏活力和热情。

(3) P 分量表

我的 P 分数是 47，较少特殊行为表现。此类型的人通常具有以下特点。

对人怀有同情心，愿与人交往并关心他人，做事符合社会要求且充满了善意。

对情绪十分敏感，常对人投入过多感情而忽略自身感受，厌恶恶行和暴力，喜欢生活在安定平和没有威胁和危险的环境中。

能够较好地适应社会环境，容易被社会接纳，但有时会显得过于天真幼稚，对恶缺乏足够的认识。

(4) L 分量表

我的 L 分数是 37，掩饰程度较低。此类型的人通常具有以下特点。

为人真实坦率，很少隐藏自己对事对人的真实想法。即使是自身不足、过失，或者是不愉快的感受，也会明确表达出来。

也可能是对社会防范不足，缺乏足够的警惕心。

气质类型如图 4.2 所示。

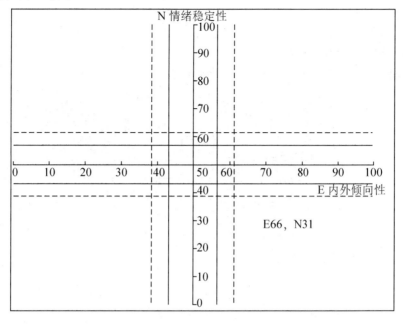

图 4.2　气质类型

我的主要气质类型：非常典型的多血质。通常会有以下特点。
- 活泼好动，思维敏捷。
- 善于交际，能很快适应新鲜环境，不会感到拘束。
- 学习能力强，接受新事物快，工作精力充沛，富有朝气。
- 兴趣广泛，不过很少专注一点，容易随波逐流。
- 情绪丰富多变而不深刻，经常表现为轻松愉快、开朗豁达，但也会显得轻率浮躁，为人不真挚。
- 做事充满热情，不过很容易被一时的困难打消，并投入到另一件事里，缺乏耐心与恒心。

2. 霍兰德职业兴趣测评

霍兰德职业兴趣测评结果如图4.3所示。

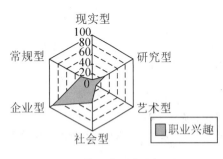

图4.3 霍兰德职业兴趣测评

我的职业兴趣类型：企业型和社会型。

兴趣特点：对经营事务很有兴趣，也非常喜欢与人打交道，有支配欲，喜欢影响和感染他人。可有效地控制别人，在日常生活中与同事友好相处，待人热情，乐于助人，善于与别人建立亲密关系，行为大方慷慨，态度和蔼可亲，处事周密、得体，处理各种复杂人际关系游刃有余，对自己的行动、行为有责任感，受人尊重，受人欢迎，对金钱权力和他人感兴趣。

适宜的工作类型：经营性活动，需要较多人际交往的工作，要求责权利的明确、统一，给予个人努力和成就的机会。

优势与不足：具有很强的影响别人、说服别人的倾向，也具备相应的能力，具有很好的领导才能和口才，是天生的领导者，爱冒险、精力充沛，抱负心强，能够自我激励。但是有时也过于追求成功而过分地表现自己，太注重待人接物、为人处世的技巧，使人感觉自己不够诚恳。为人很热心，喜欢帮助人，有责任心，对人慷慨，人际交往能力强，人们通常认为自己随和、有亲近感，喜欢跟你做朋友，所以朋友很多。同时也常为友情所累，不会拒绝别人的要求，过多地承担任务和责任，从而影响了自己的生活。

发展方向：在需要管理能力或者需要热心、社交能力强的工作中，兴趣持久，工作动机和上进心比较强，容易取得成就。推荐的职业：销售人员、管理者、人力资源管理者等。

3. 职业价值观测评

职业价值观测评结果如图4.4所示。

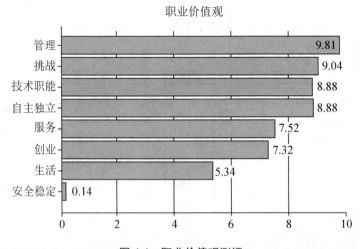

图4.4 职业价值观测评

测评结果显示，在大多数职业价值观维度上，我的得分都比较接近，没有突出的职业价值观类型，因此，我的职业价值观并不清晰，测评结果中排在前3位的职业价值观的基本特点如下。

管理型基本特点如下。
- 在职业上，其核心价值观和动机是承担更大的管理责任、获取更多的领导机会、为组织的成功做出更大的贡献、获取高收入。
- 有强烈的管理、影响他人的愿望。
- 渴望自己的职位不断得到提升、承担越来越大的管理责任，以管理、影响更多人。
- 以级别、头衔、薪水、下属数量和其他无形的因素(如所负责的项目、部门或区域、对公司发展的重要性等)来衡量自己的地位。
- 把自己与组织联系在一起，将组织的成功与失败作为衡量自己成败的标准。
- 同时具备分析能力、人际与团队能力、情绪管理能力，并能有效地加以整合，尽管这些能力不一定要发展到很高的水平，但它们缺一不可。

挑战型基本特点如下。
- 认为自己可以征服任何事情或任何人。
- 将成功定义为"克服不可能的障碍，解决不可能解决的问题，或战胜非常强硬的对手"。
- 随着自己的进步，喜欢寻找越来越强硬的"挑战"，希望在工作中面临越来越艰巨的任务，并享受由战胜或征服而带来的成就感。
- 与技术/职能型之间存在一定差别，即技术/职能型的人只关注某一专业领域内的挑战。
- 还有一些挑战型职业价值观的人，将挑战定义成人际竞争。

技术职能型基本特点如下。
- 最希望在工作中施展自己的专业技能，宁愿舍弃更高的管理岗位或稳定的工作机会，也不愿接受无法实践自己技术才能的工作。
- 希望不断提高自己的专业技术水平，并在自己的专业领域内有所建树，甚至成为该领域的专家。

测评总结

经过本次测评，我认识到自己属于典型的多血质性格，具有明显的外向性格，情绪稳定，在工作中体现为统帅型的性格，直率、果断，逻辑性强，善于系统、全局地分析和解决各种错综复杂的问题，愿意接受挑战。结合我的职业兴趣测试和职业价值观测试，得知我偏好企业型和社会型，偏向管理型的职业路线。

本次测评让我更加清晰地认识自己，了解自己的真实性格和优劣势，这将有利于我在以后的职业生涯中扬长避短，发挥自己的才华。

四、实验项目内容、步骤、方法和要求

实验内容：利用"华瑞"HR人才测评教学实验系统(或其他人才测评专业软件)，测试学生的个性特征、职业兴趣和职业价值观。

实验步骤、方法和要求如下。

1. 学生按标准格式提供学生信息表格：学号、姓名、性别。

2. 教师事先做好准备工作，进入 http://192.168.0.8:8080，单击"教师"按钮，用户"admin"，密码"111111"；单击"账户管理"→"班级管理"→"设置班级"按钮设置相关信息，导入班级信息，退出。

3. 单击"教师"按钮，用户"zhy"，密码"123456"，单击"测试项目"，分配测试项目；分别设置"人格测验"、"职业兴趣测试"、"职业锚测验"测试项目、时间、人数，测试序列号；退出。

4. 学生实验。学生进入 http://192.168.0.8:8080，单击"学生"按钮，用户"学号"，密码"123456"，进入测试页面后开始做实验。

5．系统自动测试测试的结果(测试报告)。

6．实验完成后，对测试结果进行分析，并根据实验情况写出实验报告，内容包括实验目的、实验内容、实验步骤、实验结果、问题讨论与实验心得。

五、实验条件

实验室、计算机、打印机、白纸。

六、实验所需时间

2 小时。

七、实验报告和实验成绩评定

1．实验成绩按照优秀、良好、中等、及格、不及格 5 个等级评定。
2．成绩评定准则。
(1) 按照学生所进行的 3 个测评实验，对学生是否掌握人才测评软件的要点和方法进行评价。
(2) 对学生的实验结果分析和实验报告撰写质量进行评分。
(3) 课堂实验过程占总成绩的 70%，实验报告占总成绩的 30%。
(4) 实验报告要求：编写语言流畅，文字简洁，条理清晰。

实验二　行政职业能力倾向测验

一、实验目的

了解行政职业能力倾向测验的基本内容和测试能力范畴，通过行政职业能力倾向测验对人员的行政职业潜能进行测评，将测评结果用于人才招聘、选拔和职业生涯规划等的人力资源管理活动中。

二、预备知识

行政职业能力倾向测验属于职业能力倾向测验中的一类。职业能力倾向是指一个人所具有的有利于其在某一个职业方面成功的能力素质的总和。它是为有效进行某类特定职业活动所必须具备的特殊能力素质，也是指经过适当学习或训练后或被置于一定条件下时，能够完成某种职业活动的可能性或潜力。职业能力倾向测验，又属于能力倾向测验中的一种，主要是为了判定一个人能力倾向的有无和程度，测量人们独特于某一职业的能力。因此，职业能力倾向测验具有两种功能：一是诊断功能，判断一个人具有什么样的职业能力优势；二是预测功能，测定在所从事的职业工作中，成功和适应的可能性，包括发展的潜能。在人力资源管理中，职业能力倾向测验可以用于人员的选拔、安置和职业规划。首先，通过该测验可以帮助了解什么样的职业适合于某个人，从而对其进行职业指导或作为人才选拔、晋升的依据；其次，在人员录用和配置中该测验可以为人岗匹配提供参考；另外，通过测验还可以为参与测验的人员提供有关他自己能力倾向的客观信息，帮助其正确地理解和认识自身的能力特点及自己更适合的工作领域，有助于促进其本人正确地选择职业，激发其自我开发的积极动机。比较典型的职业能力倾向测验方法有明尼苏达办事员能力测验、斯奈伦视力测验、西肖音乐能力测验、梅尔美术判断测验、飞行能力测验等。

行政职业能力测试作为公务员录用考试的一个重要方面，其目的在于帮助人事部门了解考生从事行政工作的能力与差异，避免选人过程中可能出现的"高分低能"现象，提高选人、用人的准确性。

三、范例介绍

下面以2011年度国家公务员录用考试中的行政职业能力倾向测验为例，说明职业能力倾向测验的结构和题目。行政职业能力测验一般包括5个相对独立的分测验，即常识判断(或综合知识)、言语理解与表达、数量关系、判断推理和资料分析，共有100～150道题目，测试内容有文字、图形、数表3种基本形式。下面对各部分及其题型进行简单介绍。

(一) 常识判断(或综合知识)

该部分主要考查应考人员对政治、法律、管理、经济、科技、公文、党史、国情、人文、生活常识等知识的掌握和运用能力。

例题：

1. 社会建设与人民幸福安康息息相关，党的十七大报告提出，要加快推进以改善民生为重点的社会建设，下列各项不属于社会建设范畴的是_____。

A．在学校建立贫困生资助体系　　B．为低收入家庭提供住房保障
C．扩大各项社会保险的覆盖范围　　D．强化政府服务职能，建设服务型政府

【解析】本题考查政治常识。党的十七大报告提出"以改善民生为重点的社会建设"，并提出了社会建设六大方面的内容。第一是教育，第二是就业，第三是收入分配，第四是覆盖城乡居民的保障体系，第五是医疗公共卫生体制，第六是完善社会管理，维护社会稳定和团结。从中可看出D选项不属于社会建设范畴，所以选择D选项。

2. 下列关于我国人大代表选举的表述，不正确的是_____。

A．1953年通过的《选举法》规定，全国人大代表的选举，各省按每80万人选代表1人，直辖市和人口在50万以上的直辖市按每10万人选代表1人

B．1979年修订的《选举法》规定，自治州、县、自治县人大代表中，农村每一代表所代表的人口数4倍于镇每一代表所代表的人口数，省、自治区人大为5：1，全国人大为8：1

C．1995年修改的《选举法》规定，省、自治区和全国人大代表中，农村每一代表与城市每一代表所代表的人口数为4：1，自治州、县、自治县仍是4：1

D．2010年修改的《选举法》规定，全国人民代表大会代表名额，按照每一代表所代表的城乡人口数2：1的原则，以及保证各地区、各民族、各方面都有适当数量代表的要求进行分配

【解析】本题考查法律史。1953年《选举法》第二十条规定，各省应选全国人大代表的名额，按人口每80万人选代表一人；中央直辖市和人口在50万以上的省辖工业市应选全国人大代表的名额，按人口每10万人选代表一人。1979年《选举法》第十、十二、十四条明确规定：自治州、县、自治县人大农村每一代表所代表的人口数4倍于镇每一代表所代表的人口数，省、自治区人大为5：1，全国人大为8：1。1995年修改的《选举法》缩小了1979年《选举法》中规定的比例，将省、自治区和全国人大代表中农村每一代表与城市每一代表所代表的人口数，从原来的5：1、8：1，统一修订为4：1，自治州、县、自治县仍是4：1。所以选择D选项。

3. 在几千年人类文明发展进程中，亚洲、非洲、美洲、欧洲都留下了许多宝贵的文学、艺术和建筑遗产，下列文化遗产属于同一个洲的是_____。

A. 《最后的晚餐》、雕塑"思想者"、雕塑"大卫"
B. 胡夫金字塔、狮身人面像、帕特农神庙
C. 《百年孤独》、《老人与海》、《海底两万里》
D. 《飞鸟集》、《高老头》、《源氏物语》

【解析】本题考查文化常识。《最后的晚餐》是意大利著名画家达·芬奇的作品,"思想者"是法国雕塑家罗丹的作品,"大卫"雕像是意大利艺术家米开朗基罗的作品,三者都属于欧洲,A 选项正确。胡夫金字塔和狮身人面像同属横跨亚非两洲的埃及,帕特农神庙位于希腊,属于欧洲,B 选项错误。《百年孤独》是拉丁美洲作家加西亚·马尔克斯的作品,《老人与海》是美国作家海明威的作品,《海底两万里》是法国作家凡尔纳的作品,C 选项错误。《飞鸟集》是印度诗人泰戈尔的作品,《高老头》是法国作家巴尔扎克的作品,《源氏物语》是日本女作家紫式部的作品,D 选项错误。所以选择 A 选项。

(二) 言语理解与表达

言语理解与表达测验主要考查报考者对文字材料的理解、分析、运用能力和书面表达能力。该部分包括理解与表达两方面内容。

1. 理解方面的例题

(1) 一般来说,一个社会的监督体系是由多方面力量组成的,媒体监督不应成为其中的主要力量,更不应"一枝独秀",因为这个体系还应该包括公众监督、制度监督等多个方面,任何一方面的缺失,都会使整个体系出现明显漏洞。单纯依靠一种监督力量,对于任何一个社会来说都是"不安全"的,因为不同的监督力量,在整个体系中扮演的角色是不同的。媒体监督相对于制度监督等方式而言,是一种非强制性的监督,不仅受制于舆论环境,而且监督效果在很大程度上取决于监督对象的态度,因此,将整个社会监督的"希望"全部寄托在媒体身上,既不科学,也不现实。

这段文字针对的主要问题是_____。

A. 目前媒体监督被赋予过多的期望
B. 社会监督未引起监督对象的足够重视
C. 媒体监督的效果尚不理想
D. 强制性监督的作用未得到充分发挥

【解析】本题属于主旨概括题。概括文段最后一句总结性的话:"因此,将整个社会监督的'希望'全部寄托在媒体身上,既不科学,也不现实",可得出文字针对的主要问题是"目前媒体监督被赋予过多的期望"。所以选择 A 选项。

(2) 中小企业由于规模有限、力量较小。不论是技术创新还是市场扩展,很多事情依靠每个企业单打独斗既不可能,也不经济。因此,发展中小企业的协会和服务组织,对中小企业的发展十分重要。这类组织既可以是综合性的,也可以是专业性的。事实证明,中小企业的发展与这类服务组织的发展之间存在着很大的相关性。积极颁行和支持这类组织的发展和运作是中小企业的分内之事,虽然会花费一定的精力,付出一定的代价,但这种付出和代价是值得的。

这段文字意在说明_____。

A. 发展中小企业协会和服务组织将成为大势所趋
B. 中小企业应意识到参与协会和服务组织的意义
C. 现实状况下中小企业协会和服务组织大有可为
D. 中小企业参与协会和服务组织才能提高竞争力

【解析】意图推断题。文段最后一句话亮明观点,即积极参加和支持服务组织的发展和运作是中小企业分内之事,代价是值得的。作者的言外之意是让中小企业意识到参与协会和服务组织的意义。因此,正确选项为 B 项。

2. 表达方面的例题

(1) 荀子认为,人的知识、智慧、品德等,都是由后天学习、积累而来的,他专门写了《劝学》篇,

论述学习的重要性，肯定人是教育和环境的产物，倡导_____、日积月累、不断求知的学习精神。

填入画横线部分最恰当的一项是

A. 孜孜不倦　　　　　　B. 坚忍不拔

C. 按部就班　　　　　　D. 一丝不苟

【解析】这是一道成语辨析题。通过语境提示词"不断求知"，我们得知作者强调的是不停地勤奋学习。所以选择 A 选项。

(2) 信用卡从根本上改变了我们的花钱方式，当我们用现金买东西时，购买行为就涉及实际的损失——我们的钱包变空了，然而，信用卡却把交易行为_____化了，这样我们实际上就不容易感觉到花钱的消极面了，脑成像实验表明，刷卡真的会降低脑岛的活动水平，而脑岛是与消极情绪有关的脑区。信用卡的实质就是_____我们，让我们感觉不到付账的痛苦。

依次填入画横线部分最恰当的一项是。

A. 合理　　麻痹　　　　B. 抽象　　麻醉

C. 简单　　迷惑　　　　D. 概念　　蒙蔽

【解析】这是一道实词辨析题。通过语境"这样我们实际上就感觉不到花钱的消极面了"，表明信用卡把交易行为从"具体"变为"抽象"了。所以选择 B 选项。

(三) 数量关系

数量关系测验主要考查应考人员对基本数量关系的理解能力、数学运算能力，对数字排列顺序或排列规律的掌握，对数学运算方法、策略的运用能力等。

例题：

1. 小王步行的速度比跑步慢50%，跑步的速度比骑车慢50%。如果他骑车从 A 城去 B 城，再步行返回 A 城共需要 2 小时。小王跑步从 A 城到 B 城需要多少分钟？_____

A. 45　　　　　　　　　B. 48

C. 56　　　　　　　　　D. 60

【解析】本题属于比例行程问题。设步行速度为 1，则跑步速度为 2，骑车速度为 4，AB 距离为 L，则有 L/4+L/1=2，则 L/2=48，所以选择 B 选项。

2. 某商店花 10000 元进了一批商品，按期望获得相当于进价 25%的利润来定价，结果只销售了商品总量的 30%，为尽快完成资金周转，商店决定打折销售，这样卖完全部商品后，亏本 1000 元，问商店是按定价打几折销售的？_____

A. 九折　　　　　　　　B. 七五折

C. 六折　　　　　　　　D. 四八折

【解析】本题属于经济利润问题。设一共有 10 件商品，折扣为 M，则每件商品进价为 1000 元，利润为 250 元，可列方程 1250×3+1250M×7=9000，解得 M=0.6，所以选择 D 选项。

(四) 判断推理

判断推理测验主要考查应考人员对客观事物及其关系的分析推理能力，其中包括对词语、图形、概念、短文等材料的理解、比较、判断、演绎、归纳、综合等。

例题：

1. 图形推理：每道题给出一套或两套图形，要求应考人员认真观察找出图形排列的规律，选出符合规律的一项。

从所给的 4 个选项中，选择最合适的一个填入问号处，使之呈现一定的规律性。

图 4.5 图形推理

A. ⊙ B. ⊙ C. ⊙ D. ⊙

【解析】本题属于位置类，题干中每行图形都在逆时针旋转，且每行中第一和第二个图形眼睛旋转后再发生翻转，嘴只是发生旋转，第二和第三个图形眼睛只发生旋转，嘴旋转后再发生翻转。所以选择 C 选项。

2. 定义判断：每道题先给出一个概念的定义，然后分别列出 4 种情况，要求应考人员严格依据定义选出一个最符合或最不符合该定义的答案。

"社会人"假设是组织行为学家提出的一种与管理有关的人性假设。"社会人"假设认为，人们在工作中得到的物质利益对于调动其生产积极性是次要的，人们最重视在工作中与周围的人友好相处，良好的人际关系对于调动人的工作积极性起决定作用。

根据上述定义，下列哪项是基于"社会人"假设的管理方式？_____

A. 员工的奖金与绩效挂钩，并且实行秘薪制
B. 鼓励、支持员工利用业余时间参加职业培训
C. 对不同年龄层的员工实行不同的管理措施
D. 上级和下级不同程度地参与企业决策的研究和讨论

【解析】关键词是"人际"，而 ABC 都没有提到工作中的人际关系。因此选 D。

3. 类比推理：每道题先给出一组相关的词，要求在备选答案中找出一组与之在逻辑关系上最为贴近、相似或匹配的词。

导游：旅行社：行程_____

A. 职员：公司：总结   B. 演员：剧院：表演
C. 教师：学校：大纲   D. 司机：车队：驾照

【解析】导游和旅行社是从属关系，4 个选项前两个词都是从属。行程和导游的联系是导游按既定路程导游。教师和大纲的关系是，教师按既定大纲讲课。因此选 C。

4. 逻辑判断：每道题给出一段陈述，要求根据这段陈述，选择一个答案。注意：正确的答案应与所给的陈述相符合，不需要任何附加说明即可以从陈述中直接推出。

据某知名房产中介机构统计，2010 年 9 月第二周全国十大城市的商品房成交量总体呈上涨趋势，并且与 8 月第二周相比上涨幅度更明显。如果没有其他因素抑制，按照这种趋势发展，9 月或将创新政以来成交量最高水平，虽然现在还不能明确楼市完全回暖，但未来楼价调控的压力还是很大的。

下列最有可能是上述论证前提假设的是_____。

A. 炒房者将大量资金投入楼市   B. 国家对楼价的调控手段不足
C. 消费者对房子的购买热情没有减退   D. 楼市成交量的增长会带动楼价的上涨

【解析】本题属于假设加强型。论点是未来楼价调控的压力大。论据是目前成交量增加。论据与论点谈论的都是楼市，但量增不能必然导致价增，所以需要在量与价之间搭个桥梁，D 选项恰好完成了量与价

之间的桥梁搭设。所以正确答案为 D 选项。

(五) 资料分析

资料分析测验主要考查应考人员对各种形式的统计资料(包括文字、图形和表格等)进行正确理解、计算、分析、比较、判断、处理的能力。

例题：根据以下资料，回答 1～5 题。

2008 年世界稻谷总产量 68501.3 万吨，比 2000 年增长 14.3%；小麦总产量 68994.6 万吨，比 2000 年增长 17.8%；玉米总产量 82271.0 万吨，比 2000 年增长 39.1%；大豆总产量 23095.3 万吨，比 2000 年增长 43.2%。2008 年部分国家各种谷物产量如图 4.6 所示。

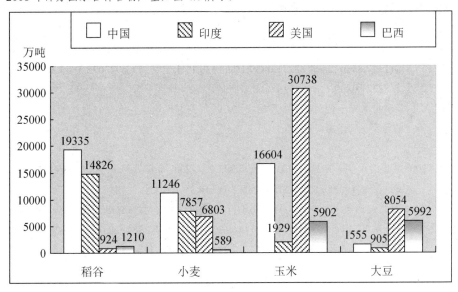

图 4.6　2008 年部分国家各种谷物产量

2008 年与 2000 年相比各种谷物产量增长率见表 4-1。

表 4-1　2008 年与 2000 年相比各种谷物产量增长率(%)

国家	稻谷	小麦	玉米	大豆
中国	1.9	12.9	56.4	0.9
印度	16.3	2.9	60.2	71.4
美国	6.7	12.0	22.0	7.3
巴西	9.1	254.2	85.1	83.0

1. 下列 4 种谷物中，2008 年与 2000 年相比全世界增产量最多的是_____。
   A. 稻谷　　　　　　　　B. 小麦
   C. 玉米　　　　　　　　D. 大豆

2. 将每个国家的 4 种谷物按 2008 年的产量分别排序，哪个国家产量排名第一的谷物与 2000 年相比产量增长率最高？_____
   A. 中国　　　　　　　　B. 美国
   C. 印度　　　　　　　　D. 巴西

3. 2000 年，中国稻谷产量占世界稻谷产量的比重约为_____。
   A. 20%　　　　　　　　B. 24%
   C. 28%　　　　　　　　D. 32%

4. 2000年，表中所列4国玉米的最高产量约是最低产量的多少倍？_____

A. 11　　　　　　　　　　B. 16

C. 21　　　　　　　　　　D. 26

5. 能够从上述资料中推出的是_____。

A. 2008年，美国是世界最大的大豆产地

B. 2008年，巴西玉米产量占世界总产量的比重比2000年略有下降

C. 与2000年相比，2008年中国小麦产量增产900多亿吨

D. 2008年，印度稻谷产量是其小麦产量的2倍以上

【解析】

1. 选C。最大的量，增长最多，那么增长量就是最大的，具体计算：稻谷68501.3×14.3%/(1+14.3%)；小麦68994.6×17.8%/(1+17.8%)；玉米82271.0×39.1%/(1+39.1%)；大豆产量23095.3×43.2%/(1+43.2%)，通过估算，很容易看出82271.0×39.1%/(1+39.1%)是最大的。

2. 选D。中国产量排名第一的为稻谷，增长率为1.9%；美国产量排名第一的为玉米，增长率为22.0%；印度产量排名第一的为稻谷，增长率为16.3%；巴西产量排名第一的为大豆，增长率为83.0%，最大的为83.0%。

3. 选D。2008年中国稻谷为19335万吨，增长率为1.9%，2008年世界稻谷总产量68501.3万吨，比2000年增长14.3%，所以比重为[19335/(1+1.9%)]/[68501.3/(1+14.3%)]≈32%。

4. 选C。2000年四国产量分别为16604/(1+56.4%)、1929/(1+60.2%)、30738/(1+22.0%)、5902/(1+85.1%)；明显最大、最小的分别为30738/(1+22.0%)、1929/(1+60.2%)，因此[30738/(1+22.0%)]÷[1929/(1+60.2%)]≈21。

5. 选A。根据材料，美国大豆为8054万吨，其他3个国家大约为8450万吨，世界总量为23095.3万吨，则不可能有其他国家超过美国，所以直接选A。

四、实验项目内容、步骤、方法和要求

实验内容：模仿公务员行政职业能力测试过程，搜集并选择一份行政职业能力试题，进行填答。然后，根据答案对填答情况进行自我分析，对行政职业所需要的常识判断(或综合知识)、言语理解与表达、数量关系、判断推理和资料分析等5项能力进行评价。

实验步骤、方法和要求如下。

以"某年全国或某省公务员行政职业能力测试真题"为例。

1. 严格按照要求答题。

2. 对照答案。

3. 根据成绩，自我分析5个方面的能力表现。

4. 撰写行政职业能力分析实验报告。

五、实验条件

实验室、计算机、答题纸。

六、实验所需时间

2小时。

七、实验报告和实验成绩评定

1．实验成绩按照优秀、良好、中等、及格、不及格5个等级评定。

2．成绩评定准则。

(1) 按照学生所进行的行政职业能力测试和分析过程，对学生是否掌握职业能力倾向测验进行评价。

(2) 学生实验报告必须反映出实验目的、实验要求、实验方法和过程、实验结论、实验中存在的问题分析、解决对策等内容，根据实验报告撰写质量进行考核。

3．课堂实验过程占总成绩的70%，实验报告占总成绩的30%。

4．实验报告要求：编写语言流畅，文字简洁，条理清晰。

4.2 基于沟通的模拟面试技能实验

基于沟通的技能实验主要是面试。面试不同于书面测评，可以在一定程度上克服书面测评的缺点。例如，被测者的口头表达能力及他们对答案的猜测、对应试技巧的掌握等。

一、实验目的

本实验主要通过与应试者面对面的交流和沟通，通过模拟面试实验，让学生知道面试前要做哪些准备工作，体验面试的过程，通过与应试者面对面的交流和沟通了解面试的技巧及其运用。

二、预备知识

(一) 面试的定义

面试是在考官与应试者直接交谈或设置应试者于某种特定情境中进行观察，了解应试者素质状况、能力与个性特征及求职动机等情况，从而完成对应试者的评价的一种十分有用的测评技术。

面试是人事管理领域应用最普遍的一种测量形式。但严格地讲，面试并不能算是一种测量，因为面试的结果往往不能定量化，对结果的评价也不够客观。但是，因为面试可以给测试者和被测试者提供双向交流的机会，尤其能使人了解到从纸笔测验的卷面上看不到的内容，往往在招聘中被采用。

(二) 面试的分类

1．结构化面试与非结构化面试

结构化面试往往有事先确定的提问提纲，里面列出需要了解的各方面的问题，而且这些问题通常还可能有一定的内在的逻辑结构。面试时，考官按照固定的程序向应试者逐个提问这些问题。这样，所有应试者都回答同样结构的问题。结构化面试往往有标准化的评分表和详细的评分标准，考官按照评分标准对应试者的表现进行客观评分。

结构化面试克服了面谈的无法量化、主观和随意性的缺点，是一种很值得推广的面谈技术。与非结构化面试相比，结构化面试对面试的考查要素、面试题目、评分标准、具体操作步骤等进一步规范化、结构化和精细化，并且统一培训面试考官，提高评价的公平性，从而使面试结果更为客观、可靠，使同一个职位的不同应试者评估结果之间具有可比性。

非结构化面试则没有固定的面谈程序，面谈者提问的内容和顺序都取决于面谈者的兴趣和现场应试者的回答。这种面试方法给谈话双方以充分的自由，面试考官可以针对应试者的特点进行有区别的提问，不同应试者所回答的问题可能不同。

在实际应用中，还存在一种介于结构化和非结构化面试两种形式之间的折中形式，即在结构化面试中加入一些灵活的追问和附加问题。这样既可以保证对应试者进行客观评估，又使考官能够根据应试者不同的情况，随时了解面试提纲之外的有用信息。这种方法称为"半结构化面试"。

2．情景面试和工作相关性面试

情景面试是通过设置一定的具体情境，根据被测评者在该情境中的一些行为表现来对其各个方面的素质加以考查。情景面试的操作方式灵活多样，模拟性和逼真性强，有助于被测评者能力的充分发挥，也有利于测评者的准确评价。

工作相关性面试的测评对象主要是在某一具体工作任务方面具有工作经验的被测评者，通过询问一些与具体工作任务密切相关的问题，以了解被测评者处理这些问题时的看法、态度和行为表现等。

工作相关性面试与情景面试的区别主要在于，工作相关性面试侧重对被测评者现有知识、过去业绩表现的考查，而情景面试侧重于针对未来工作的要求，围绕特定虚拟的情景进行考查。

3．压力面试和自由式面试

压力面试是由测试者有意识地对被测试者施加压力，就某一问题或某一事件作一连串的发问，详细具体且追根问底，直至无以对答。此方式主要观察被测试者在特殊压力下的反应、思维敏捷程度及应变能力。

与压力面试相对，在自由式面试过程中测试者与被测试者海阔天空、漫无边际地进行交谈，气氛轻松活跃，无拘无束，双方自由发表言论，各抒己见。此方式的目的是在闲聊中观察应试者谈吐、举止、知识、能力、气质和风度，对其做全方位的综合素质考查。

(三) 面试的基本流程

面试的基本流程包括以下 4 个阶段。

1．面试的准备阶段：制定面试指南、准备面试问题、评估方式确定和培训面试考官等环节。

2．面试的实施阶段：关系建立环节，该环节提出的问题一般是封闭性的；导入环节，该环节提出的问题一般是开放性的；核心环节，这个环节提出的问题一般是行为性的；确认环节，这个环节提出的问题一般是开放性的；结束环节，该环节一般提出的问题是开放性、行为性的。

3．面试的总结阶段：综合面试结果、面试结果的反馈和面试结果的存档等环节。

4．面试的评价阶段。

(四) 面试技巧

面试时面试官首先要向应试者介绍本单位及拟聘职位的情况与要求，尽量建立一种轻松随和的气氛，以利于应试者正常发挥水平。其次，面试官要掌握好面试的内容、方向和进度，对必要的问题要深入探究。具体从以下 4 个方面注意面试技巧。

第一，聊。面试官聊与招聘职位相关的内容，聊3分钟。
第二，讲。给应聘者讲的时间，也是3分钟。
第三，问。面试官发问，要问关键内容和相互矛盾的地方，刚柔并济。
第四，答。面对应试者的反问，作为面试官应该实事求是地回答，但回答要有艺术性。

面试官和应试者相互之间的问答，总体时间掌握在4分钟之内。时间长了，就成了谈话和讨论。综上，面试一位应试者的总计时间控制在10分钟左右。时间太少，面试不出效果来；时间太长，不仅加大了面试成本，而且面试效果也会降低。当然，对明显不相宜的应聘者，可以在短短5分钟之内结束面试，但要客气礼貌地结束。

三、范例介绍

模拟面试过程中的测评要素、评分要点和提问问题示例见表4-2。

表4-2 模拟面试测评要素

测评要素	评分要点详解	提问问题示例
仪表风度	应试者的体形、外貌、气色、衣着举止、精神状态等。如国家公务员、教师、公关人员、企业经理人员等职位，对仪表风度的要求较高。研究表明，仪表端庄、衣着整洁、举止文明的人，一般做事有规律、注意自我约束、责任心强	目测和耳闻： 1. 衣着整齐度 2. 精神面貌 3. 行、坐、立动作 4. 口头禅、礼貌用语等
工作实践经验	一般根据查阅应试者的个人简历或求职登记表，进行相关的提问。查询应试者有关背景及过去工作的情况，以补充、证实其所具有的实践经验，通过工作经历与实践经验的了解，还可以考查应试者的责任感、主动性、思维力、口头表达能力及遇事的理智状况等	1. 你在大学期间有过实习经历吗？如果有，能谈谈工作中的体会和发现吗？ 2. 你目前或最后一个工作的职务是什么？能为我们描述一下你每天/一定时段内的主要工作任务及流程吗？或者能否谈谈你平时工作一天的典型流程？ 3. 在目前公司工作期间你一直从事同一种工作吗？如果不是，请说明曾从事过哪些不同的工作、时间多久及各自的主要任务。 4. 在你主管的部门中，遇到过什么困难？你是如何处理的？ 5. 你在×公司工作×年了，能告诉我们，你最初的薪水是多少？现在的薪水是多少吗？ 6. 你认为当前应聘的工作的难点或挑战在于什么地方？
专业知识	了解应试者掌握专业知识的深度和广度，其专业知识更新是否符合所要录用职位的要求，作为对专业知识笔试补充。面试对专业知识的考查更具灵活性和深度。所提问题也更接近空缺岗位对专业知识的需求	1. 你在大学学的是什么专业或接受过哪种培训？ 2. 你在大学时对哪些课程最感兴趣？哪些课程学得最好？ 3. 询问一些专业领域的案例和专业领域的问题。 4. 你有什么级别的专业资格证书或能力证明？ 5. 近年来你阅读、写作、发表了什么专业文章或书籍？ 6. 你认为所受的哪些教育或培训将帮助胜任所申请的工作？

续表

测评要素	评分要点详解	提问问题示例
口头表达能力	面试中应试者是否能够将自己的思想、观点、意见或建议顺畅地用语言表达出来。考查的具体内容包括表达的逻辑性、准确性、感染力、音质、音色、音量、音调等	1. 说说你对成功的看法及未来3~5年的职位规划。 2. 你应聘的是营销主管工作,请你谈谈你是如何召开营销会议的?举例说明。 3. 你觉得以往工作经历带给你的最大收获是什么? 4. 以往的营销工作经历中,最失败的是哪一次?后来你是如何避免同样错误的? 5. 有人说挣未来比挣钱更为重要,您怎样理解?
综合分析能力	面试中,应试者是否能对主考官所提出的问题,通过分析抓住本质,并且说理透彻、分析全面、条理清晰	1. 提出一些小案例,要求其分析、判断,如你认为怎样适应从学校到社会的转变。 2. 案例:失去监督的权力必然产生腐败。对这句话你如何理解?
反应与应变能力	主要测试应试者对主考官所提出问题的理解是否准确,回答是否迅速、准确等。对于突发问题的反应是否机智敏捷、回答恰当。对于意外事情的处理是否得当、妥当等	1. 我们凭什么录用你?你好像不太适合本公司的工作。 2. 假如你同时被A公司和B公司录用了,你将如何处理? 3. 案例:你朋友生病了,你到医院去看他,碰巧你的单位领导和你朋友住一个病房,你领导认为你是来看他的,因此接下礼物并连连致谢,这时你如何向你的领导说明你是来看你的朋友的而又不伤领导的面子?
人际交往能力	在面试中,通过询问应试者经常参与哪些社团活动,喜欢同哪种类型的人打交道,在各种社交场合所扮演的角色,可以了解应试者的人际交往倾向和与人相处的技巧	1. 请介绍一下你的家庭。 2. 你交朋友最看重的是什么? 3. 请谈谈你的领导和同事都是怎么看待你的? 4. 能否描述一下你见过的最好的一位上级?如果没有,你希望今后工作中遇见什么样的上级?
自我控制能力与情绪稳定性	自我控制能力对于国家公务员及许多其他类型的工作人员(如企业的管理人员)显得尤为重要。一方面,在遇到上级批评指责、工作有压力或是个人利益受到冲击时,能够克制、容忍、理智地对待,不致因情绪波动而影响工作;另一方面,工作要有耐心和韧劲	1. 领导和同事批评你时,你如何对待? 2. 假如这次招聘你未被录用,你今后会做哪些努力? 3. 你应聘的职位非常艰苦,并且常常会打破你的生活节奏,你将如何对待?
工作态度	一是了解应试者对过去学习、工作的态度;二是了解其对现报考职位的态度。在过去学习或工作中态度不认真,做什么、做好做坏者无所谓的人,在新的工作岗位也很难说能勤勤恳恳、认真负责	1. 你认为单位管得严一些好,还是松一些好? 2. 你在工作中刚看到别人违反工作规定和制度,你会怎么办? 3. 你愿意服从公司工作上的一切安排或统一调配吗?如果不愿意,请告知有哪些情形你不能接受? 4. 你在目前的公司待多久了?做得开心吗?为什么想更换工作?跟您的直接上司沟通过吗?
上进心、进取心	上进心、进取心强烈的人,一般都确立有事业上的奋斗目标,并为之而积极努力。表现在努力把现有工作做好,且不安于现状,工作中常有创新。上进心不强的人,一般都是安于现状,无所事事,不求有功,但求无过,对什么事都不热心	1. 你在工作中追求什么?你个人有什么理想和抱负?准备怎样实现自己的理想和抱负? 2. 你认为现在的工作有什么需要改进的地方? 3. 你怎样看待你同事中应付工作、混日子的现象? 4. 你对现状满意吗?为什么? 5. 如果你有机会向目前的老板提出建议,你会提出哪些内容?你做过类似的事情吗?为什么有(或没有)?

续表

测评要素	评分要点详解	提问问题示例
求职动机	了解应试者为何希望来本单位工作,对哪类工作最感兴趣,在工作中追求什么,判断本单位所能提供的职位或工作条件等能否满足其工作要求和期望	1. 我们所有职位都要求相当的工作经验,你是基于什么考虑给我们投递简历的?当时的真实想法是什么?你想过自己能获得这个面试机会吗? 2. 我们发现,毕业至今你已经换过×次工作,最短只有×个月,这容易让人认为你没有明确的职业定位,你怎么看呢?你对自己的职业生涯是怎样规划的?
业余兴趣与爱好	应试者休闲时爱从事哪些运动,喜欢阅读哪些书籍,喜欢什么样的电视节目,有什么样的嗜好等,可以了解一个人的兴趣与爱好,这对录用后的工作安排常有好处	1. 你喜欢什么运动?经常参加锻炼吗? 2. 你每月抽烟、喝酒、打牌的消费是多少? 3. 现在我想了解一下你工作之余会参加哪些活动,如社团或协会交流?

四、实验项目内容、步骤、方法和要求

(一) 实验背景

以第 3 章 "员工招聘管理实验" 中模拟招聘中所列的金册企业管理咨询有限公司、中山巧康电器制造有限公司、Newegg 信息技术有限公司、××化妆有限公司为背景,在完成模拟招聘环节的履历筛选实验后,开始模拟面试实验。

(二) 实验内容、方法、步骤和要求

实验内容:模拟招聘过程中的面试过程,按照面试的一般程序及面试评价表,设计面试题目,对应试者作出面试测评。

实验步骤、方法和要求如下。

1. 面试前准备:分好小组、应试者、主考官、考官、监督员和计分员等角色;培训考官熟悉岗位要求、应聘简历、面试题目、评价标准;选择面试场地和面试时间。
2. 按照面试实施流程开展模拟面试,并注意掌握面试技巧。
3. 根据应试者表现对其在评价表中进行打分、计算综合得分,并给出评价结果。
4. 撰写实验报告。

附:面试评价表、面试成绩汇总表和面试成绩公示表,见表 4-3、表 4-4、表 4-5。

表 4-3 面试评价表

序号		姓名				面试职位					年 月 日	
测评要素	仪表风度	工作实践经验	专业知识	口头表达能力	综合分析能力	反应与应变能力	人际交往能力	自我控制能力与情绪稳定性	工作态度	上进心、进取心	求职动机	业余兴趣与爱好	12个指标合计值
评分等级	5(优秀)	5(优秀)	5(优秀)	5(优秀)	5(优秀)	5(优秀)	5(优秀)	5(优秀)	5(优秀)	5(优秀)	5(优秀)	5(优秀)	60
	4(良好)	4(良好)	4(良好)	4(良好)	4(良好)	4(良好)	4(良好)	4(良好)	4(良好)	4(良好)	4(良好)	4(良好)	48

续表

评分等级	3(较好)	3(较好)	3(较好)	3(较好)	3(较好)	3(较好)	3(较好)	3(较好)	3(较好)	3(较好)	3(较好)	36
	2(较差)	2(较差)	2(较差)	2(较差)	2(较差)	2(较差)	2(较差)	2(较差)	2(较差)	2(较差)	2(较差)	24
	1(很差)	1(较差)	1(较差)	1(较差)	1(较差)	1(较差)	1(较差)	1(较差)	1(较差)	1(较差)	1(较差)	12
权重	5%	7%	8%	7%	10%	9%	10%	9%	10%	10%	10%	5%	100%
得分													
考官评语	考官签字：												

注：可根据具体应聘岗位要求调整各项测评要素所占权重。

表 4-4 面试成绩汇总表

考官姓名	应试者姓名				面试职位							
	仪表风度	工作实践经验	专业知识	口头表达能力	综合分析能力	反应与应变能力	人际交往能力	自我控制能力与情绪稳定性	工作态度	上进心、进取心	求职动机	业余兴趣与爱好
平均得分(最后得分)												
主考官评语												

计分员签字：　　　监督员签字：　　　主考官签字：　　　　　　　　年　　月　　日

说明：1. 去掉最高分和最低分后，其他分数相加并计算平均分，小数点后保留两位；
   2. 分数不能涂改；
   3. 评语栏由主考官综合其他考官意见后汇总填写。

表 4-5 面试成绩公示表

考生姓名	面试最后得分	备注(录用或未被录用)

计分员签字：　　　监督员签字：　　　主考官签字：　　　　　　　　年　　月　　日

五、实验条件

室内面试场所、面试提纲和问题、应聘简历、面试评价表、成绩汇总表和成绩公示表。

六、实验所需时间

1 小时。

七、实验报告和实验成绩评定

1．实验成绩按照优秀、良好、中等、及格、不及格 5 个等级评定。
2．成绩评定准则。
(1) 根据学生制作的面试提纲和问题、应试者表现及考官对被试者的综合评分过程，对学生是否掌握面试技能进行评价。
(2) 学生实验报告必须反映出实验目的、实验要求、实验方法和过程、实验结论、实验中存在的问题分析、解决对策等内容，根据实验报告撰写质量进行考核。
(3) 课堂实验过程占总成绩的 70%，实验报告占总成绩的 30%。
(4) 实验报告要求：编写语言流畅，文字简洁，条理清晰。

4.3 基于场景的综合实验

基于场景的综合实验是人才测评中最具综合性的实验，不仅结合了书面测评的优缺点，同时也兼顾了基于沟通的面试测评，其主要形式为公文筐测验、无领导小组讨论和评价中心。

本综合实验主要通过设置不同的场景，来测评人员不同方面的素质和潜力。要求实验人员了解综合实验的设置，掌握公文筐测验和无领导小组讨论两种测评方法。

实验一　公文筐测验

一、实验目的

通过公文筐实验，使实验人员理解公文筐的含义，掌握公文筐的特点和功能，学会设计公文筐实验。

二、预备知识

(一) 公文筐测验的概念

公文筐测验(In-Basket Test)又称文件筐测验，是让被试者在所安排的假定的情境中扮演某种管理者的角色，对事先设计的一系列文件进行处理，进而针对被试者处理公文的方式、方法、结果等进行评价。

公文筐测验是一种情景模拟测验，是对实际工作中管理人员掌握和分析资料、处理各种信息，以及做出决策的工作活动的一种抽象和集中。测验在假定情境下实施。该情景模拟一个公司所发生的实际业务、管理环境，提供给受测人员的信息包括涉及财务、人事备忘录、市场信息、政府的法令公文、客户关系等十几份甚至更多的材料。这些材料通常是放在公文筐中的，公文筐测验因此而得名。

(二) 公文筐测验的优点

1. 具有灵活性，可以因不同的工作特性和所要评估的能力而设计题目。
2. 作为一种情景模拟测验，它可以对个体的行为做直接的观察。
3. 由于把人置于模拟的工作情境中去完成一系列工作，为每一个被试者都提供了条件和机会相等的情境。
4. 它能预测一种潜能。这种潜能可使人在管理上获得成功。
5. 由于公文筐测验能从多个维度上评定一个人的管理能力，它不仅能挑选出有潜力的管理人才，还能训练他们的管理与合作能力，使选拔过程成为培训过程的开始。
6. 在实践中，公文筐测验除用做评价、选拔管理人员外，还可用于培训，提高管理人员的管理技巧、解决人际冲突和组织内各部门间的摩擦的技巧，以及为人力资源计划和组织设计提供信息。

(三) 公文筐测验的取材

1. 在测验材料的设计上，主要围绕管理者的能力取材。管理者(这里特指组织领导者)的管理能力主要来自3个方面：自身素质基础、社会实践体验、所掌握的有关知识。管理能力的水平和发展取决于以上3个方面的交互作用和整合的结果，故管理能力是复合性能力。如果以偏重知识性的或经验性的或智力性的具体能力为主要测评内容，则难以保证较好的评价效果。

2. 管理者的有关知识，特别是有关的管理技术知识和业务性知识，虽然对现实管理能力有较大影响，但不作为公文筐测验的主要测评内容。其主要理由如下。

(1) 管理者的知识水平可以通过其他简便有效的办法评价。
(2) 知识水平在一定程度上易于通过培训、锻炼等形式提高。
(3) 知识欠缺的弊端一般可以通过其有效的管理活动弥补。

管理活动与人的认知思维活动一样复杂。因此，在目前科学发展水平的条件下，有现实意义的是对管理者应具备的基本能力水平进行结构化的测评，它可以为管理人才的评价提供比较有效的客观依据，并加深我们对管理能力本身的认识。

(四) 公文筐的功能与测试维度

公文筐主要是针对高层管理者的胜任要求，考查计划、授权、预测、决策、沟通等方面的管理能力，特别是考查综合各类业务信息、审时度势、全面把握、处变不惊、运筹自如的素质。

公文筐测验所要测评的能力定位于管理者从事管理活动时正确处理普遍性的管理问题，有效地履行主要管理职能所具备的能力。一般来说，要考查以下5个维度。

1. 工作条理性

设计一定的任务情境和角色情境，要求被试者判断所给材料的优先级。得分高的被试者能有条不紊地处理各种公文和信息材料，能根据信息的性质和轻重缓急对信息进行准确地分类，能注意到不同信息间的关系，有效地利用人、财、物、信息资源，并有计划地安排工作。

2. 计划能力

得分高的被试者能非常有效地提出处理工作的切实可行的方案,主要表现在能系统地事先安排和分配工作,识别问题及注意不同信息间的关系,根据信息的不同性质和紧迫性对工作的细节、策略、方法做出合理的规划。

评价计划时,在某种程度上要关注被试者对其行为未来后果的考虑。例如,考查他们解决问题时是否考虑时间、成本、顾客关系或资源。计划也包括为避免预期的问题所采用的步骤,以及出现这些问题时,他们对问题的操作步骤与方法。

3. 预测能力

得分高的被试者能全面系统地考虑环境中各种不同相关因素,对各种因素做出恰当的分析,并做出合乎逻辑的预测,同时对预测能提出行之有效的实施方案。

该维度包括考察3部分内容:预测的质量、所依据的因素、可行性分析。

评价预测时,要考查被试者为了做出预测而利用公文筐内材料的程度,即是否综合各种因素做出分析。

4. 决策能力

该维度得分高的被试者对复杂的问题能进行审慎的剖析,能灵活地搜索各种解决问题的途径,并作出合理的评估,对各种方案的结果有着清醒的判断,从而提出高质量的决策意见。

该维度考察3部分内容:决策的质量、实施的方案、影响因素。

5. 沟通能力

要求被试者设计公文,撰写文件或报告,用书面形式有效地表达自己的思想和意见。根据评估内容,考察被试者的思路清晰度、意见连贯性、措辞恰当性及文体相应性。

得分高的文章要求语言非常流畅,文体风格与情境相适应,能根据不同信息的重要性来分别处理,结构性很强,考虑问题很全面,能提出有针对性的论点,表现出熟悉业务的各个领域。

(五) 公文筐的特点

1. 情景性强。完全模拟现实中真实发生的经营、管理情境,对实际操作有高度似真性,因而预测效度高。

2. 综合性强。测验材料涉及经营、市场、人事、客户及公共关系、政策法规、财务等企业组织的各方面事务,考查计划、授权、预测、决策、沟通等多方面的能力,从而能够对高层管理者进行全面评价。

三、范例介绍

这是一个公文筐测验,在这个测验中,你将作为一个特定的管理者,在两个小时的时间里处理一系列文件、电话记录、办公室备忘录等。

这里为你准备了你今天需要处理的全部资料,放在办公桌的塑料文件袋里。在测试中你需要使用以下工具:一本答题纸、有关背景材料、文件袋中的测验材料、铅笔和计算器。

请不要在文件袋中的测验材料上写任何东西,所有的问题处理都写在答题纸上,我们只对答题纸上的作答进行计分,在其他任何地方的答题将不予考核。在测试期间,为了不影响你的成绩,请关闭通信工具。

今天是20**年12月7日,你将有机会在以下两个小时中担任TQC公司的执行副总裁。由于公司总裁12月4日去国外考察,预期一个月左右,因此,你在这段时间里要全权处理公司的一切事务。

TQC 公司自 1999 年创办以来，白手起家，从一个民办小公司发展成为今天拥有 5 家分公司、3 家海外投资公司、员工 5000 多人的现代化高科技大型企业。其产品行销全国，并已打入国际市场。

公司的机构设置：总裁有 4 个，1 正 3 副，下设 9 个部门，它们分别是研发部、计划部、生产部、营销部、客户部、采购部、企划部、财务部、人力资源部。每位副总裁各管 3 个部门，如图 4.7 所示。

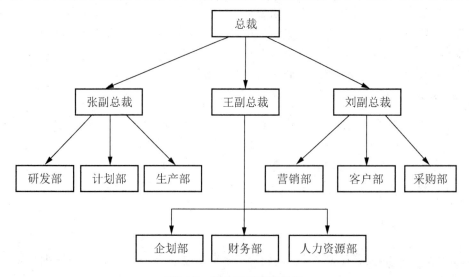

图 4.7 某公司组织机构图

你所担任的王副总裁这个角色，毕业于清华大学计算机系，并获得北大光华管理学院工商管理硕士学位，自公司初创时就立下了汗马功劳，先后担任过研发部经理、企划部经理，担任公司副总裁也已有 5 年。

现在是早上 9 点。在处理完一般的工作安排之后，来到你的办公室。秘书已经将今天需要处理的文件整理成册，并放在你的办公桌上。你必须在 2 个小时内处理完所有文件中的问题，因为 11 点在会议室还有一个重要会议由你主持。很抱歉，由于电话线路维修，你在处理文件的过程中，没办法与外界通话，所以，需要你以文件、备忘录或便条的形式将所有文件的处理意见、方法写出来，并把每个文件的处理理由写出来(请将处理意见写在专用的答题纸上)。记住：你被大家称为"王副总"。

现在可以开始了，祝你顺利。

[文件一]

王副总：

这是刚才营销部副经理范近提交的辞职报告，他表示本周完成移交工作之后就离开公司。您看如何处理？

秘书 文**

20**年 12 月 6 日

辞 职 报 告

我来公司 4 年，在公司有关领导的信任和支持下，于去年 5 月开始担任营销部的副经理，工作自谓尽心尽职，公司的营销业绩也有了显著的进步，公司也因此于去年底重奖了我。部门经理可能觉得我能干，就让我分管工作最难开展的区域，这倒没什么，可近半年来，我经常感到部门内很多人不配合我的工作，甚至在背后给我拆台，这样下去不论对公司还是对我自己来说都是很不利的，我也感到很郁闷，所以想换个工作环境。

我已做好了移交工作的准备，如果由于我的辞职给公司及您本人带来不便，那么请您接受我诚挚的歉意。

营销部 范*

20**年 12 月 6 日

[文件二]

关于开发新产品的报告

王副总：

　　开发部研制并开发了一种新产品——汽车高级自动保护系统，这是第一次向您汇报。我们定于12月11日上午9:00—10:00在本部二楼召开一个产品检验会，希望您务必参加。届时，美国国际专利局的官员和日本丰田汽车新产品试验部的主任都将到场。

　　请及时回复，便于我们做出安排。

研发部　王**
20**年12月6日

[文件三]

新闻采访

王副总：

　　今年，我公司在行业整体效益大幅滑坡的背景下，销售额居然有较大的增长，这引起了许多媒体的关注。为此，《工商时报》记者王**希望在20**年12月11日上午采访您。这一报道对我公司的宣传很重要，我们希望该报能用较大的篇幅报道我公司新产品的有关情况，但记者认为这要根据对您的采访结果来决定。

　　您是否安排采访，请指示。

营销部　温**
20**年12月5日

[文件四]

客户需求

王副总：

　　我们客户部上周收到一封信，内容摘要如下："作为贵公司的用户，我们急需100台TJX-2000微型电路系统，须在明年1月10日以前交货。鉴于贵公司的信誉及和我们的长期关系，恳请给以最大的帮助，万分感谢。望复！"从信中可以看出用户的需要。这种微机的生产周期是30天。要满足需求，我们需要动员部门全力协作，具体涉及的部门有生产部、采购部、财务部和营销部。此事如何处理，请指示安排。

客户部　金**
20**年12月6日

[文件五]

王副总：

　　现呈报给您周**的辞职报告。他是公司研发部的业务骨干和重点培养对象。

　　人员流动性大始终是困扰我公司发展和经济效益的重大问题。根据最近的3年统计，有15%的员工工作不满1年就辞职了，25%的员工来公司工作2年内辞职，近40%的员工在公司工作3年就"跳槽"到其他同类单位。

　　从最近人员流动的情况来看，公司人员离职主要有以下几个方面的原因。

　　一是我们公司的总体人员素质比较高，许多人都具有计算机应用、微电子工程、工商管理等热门专业的硕士学位，他们在国内的就业机会很多，这在客观上为他们的流动提供了可能性。

　　二是我们公司尽管很重视员工培训，但员工提职的机会很少。由于公司中、高层管理人员一直很"饱和"，近两年来全公司只有14名优秀的员工被提拔到中层管理岗位，一些员工就因为看不到自己的发展希望而离开公司。

三是我们公司的薪酬不仅比外资公司低不少,而且与同类的民营企业相比也偏低。

此事您看如何处理,请指示。

人力资源部　张**

20**年12月5日

附：周**给研发部王经理的辞职报告

辞 职 报 告

王经理:

您好!

首先衷心地感谢您对我的重视和培养,在公司工作的近2年时间里,我觉得自己在业务技术和管理方面都有了很大的提高。随着公司业务的不断发展,我感到自己的担子越来越重,但同时也觉得自己付出的劳动与得到的回报不太相称。为此,经过慎重考虑,我决定离开本公司,去寻求一个更适合我的发展环境。

此事实在是出于无奈,请予以批准,谢谢。

研发部　周**

20**年12月4日

[文件六]

新产品成本分析

王副总:

某企业试制成功了一种微型恒温器,这种产品市场远景很好,且竞争对手已成功地以每只800元的价格在市场上进行了销售。目前的问题是,我们的实际成本超过了标准成本很多,无法与竞争对手抗衡。请根据下面的成本报告进行分析,找出成本控制中的主要问题及对策。

表4-6　新产品成本结构

项　目	实际成本	标准成本
1. 直接劳动力费用	59	52
2. 直接材料费	340	194
3. 生产管理费(按直接劳动力费用的标准成本的438%计算)	228	228
4. 生产总成本	627	474
5. 损耗费(总成本的10%)	62.7	47.4
6. 销售与管理成本费(直接劳动力费用和生产管理费的40%)	114.8	112
7. 总成本	804.5	633.4

[文件七]

合 作 商 谈

最近,我们收到日本PHR公司的一封邮件,希望与我公司合作。PHR公司是日本本田汽车公司参股的一家专业开发汽车配件的公司,公司年销售额达40亿美元,在全球近10多个国家的30个城市设有销售部。该公司通过我公司的网站了解到我们的情况后,对我们很感兴趣。他们认为我公司很有发展潜力,希望能与我们合作,共同开发中国的市场。为此,他们希望能与我们商谈一次,请我们忙给予答复。下个月初,该公司副总一行5人要来中国考察,如果可能的话,他们希望顺便拜访我公司。此事如何回复,请指示。

企划部　张**

20**年12月4日

待被测评者处理完这些事务，则由测试者进行评分。评分表见表4-7。

表4-7 测试评分标准

序号		姓名	性别		年龄		
文化程度			报考职位				
测评要素		观察要素			满分	得分	备注
问题解决	洞察问题	觉察问题的起因，把握相关问题的联系，归纳综合，形成正确判断，预见问题的可能后果			10		
	解决问题	提出解决问题的有效措施并付诸实施，即使在情况不明朗时也能及时决策			10		
日常管理	计划统筹	确定正确、现实、富于前瞻性的目标安排和实现目标的有效举措和行动步骤，预定正确可靠的行动时间表			10		
	任用授权	给下属分派与其职责、专长相适应的任务，给下属提供完成任务所必需的人、财、物支持，调动使用下属的力量，发挥下属的特长和潜能			10		
	指导控制	给下属指明行动和努力的方向，适时地发起、促进或终止有关工作，维护组织机构的正常运转，监督、控制活动经费的开支及其他资源的消耗			10		
	组织协调	协调各项工作和下属的行动，使之成为有机的整体，按一定的原则要求，调和不同利益方的矛盾冲突			10		
	团结下属	理解下属的苦衷，在力所能及的范围内解决下属的困难，尊重下属，倾听下属的意见，维护下属的积极性，帮助下属适应新的工作要求，重视并在条件可能的发问下促进下属的个人发展			10		
个人效能	个人效能	注重实干、效率和行动，合理有效地使用、分配、控制自己的时间			10		
考官评语							

四、实验项目内容、步骤、方法和要求

实验内容：根据范例介绍中的材料，模拟王副总裁处理事务的过程，注意分清事务的轻重缓急，做好统筹安排；根据处理的过程，分别就几个关键的指标要素对被试者进行评分，然后给出综合的评价意见。

实验步骤、方法和要求如下：

1．分好小组，准备好公文筐材料。
2．向被试者说明公文筐测试中的注意事项。
3．实验开始，记录实验过程。
4．按照评价表对被试者进行打分、计算综合得分，并作出评价结果。
5．撰写实验报告。

注意事项如下。

1．公文筐测验的适用对象为中、高级管理人员，它可以帮助企业选拔优秀的管理人才或考核现有管理人员。
2．严格计时，分测验也有时间限制。

3. 不但看结果，还要看处理方式。

4. 参试人数尽量不要太多。

5. 公文筐测验从以下两个角度对管理人员进行测查：一为技能角度，主要考察管理者的计划、预测、决策和沟通能力；二为业务角度，公文筐的材料涉及财务、人事、行政、市场等多方面业务，它要求管理者具有对多方面的整体运作能力，包括对人、财、物流程的控制等。

6. 公文筐测验对评分者的要求较高，它要求评分者了解测验的内核，通晓每份材料之间的内部联系，对每个可能的答案了如指掌，评分前要对评分者进行系统的培训，以保证测评结果的客观和公正。

五、实验条件

室内场所、公文筐资料、答题纸和笔、计算器及评价表。

六、实验所需时间

3小时。

七、实验报告和实验成绩评定

1. 实验成绩按照优秀、良好、中等、及格、不及格5个等级评定。
2. 成绩评定准则。

(1) 根据学生对公文筐的处理，判定学生在计划、预测、决策及沟通方面的能力，并依据公文筐评分表给出评价。

(2) 学生实验报告必须反映出实验目的、实验要求、实验方法、过程、实验结论、实验中存在的问题分析、解决对策等内容，根据报告撰写质量进行考核。

(3) 课堂模拟、讨论、总结占总成绩的70%，实验报告占总成绩的30%。

(4) 实验报告要求：编写语言流畅，文字简洁，条理清晰。

实验二　无领导小组讨论

一、实验目的

本实验主要通过模拟一个无领导的小组讨论，使学生掌握无领导小组讨论的含义、特点，掌握讨论题的编制，并学会评价小组中每一个成员的表现。

二、预备知识

(一) 无领导小组讨论的概念

1. 无领导小组讨论是指由一组应试者组成一个临时工作小组，讨论给定的问题并作出决策。由于这个小组是临时拼凑的，并不指定谁是负责人，目的就在于考查应试者的表现，尤其是看谁会从中脱颖而出，成为自发的领导者。

2. 在无领导小组讨论中，不指定谁是领导，也并不指定每个应试者应该坐在哪个位置的，而是让所有应聘者自行安排、自行组织。

(二) 无领导小组讨论的优缺点

1. 无领导小组讨论的优点

(1) 能检测出笔试和单一面试所不能检测出的能力或者素质。
(2) 能观察到应试者之间的相互作用。
(3) 能依据应试者的行为特征来对其进行更加全面、合理的评价。
(4) 能够涉及应试者的多种能力要素和个性特质。
(5) 能使应试者在相对无意之中暴露自己各个方面的特点。
(6) 能使应试者有平等的发挥机会从而很快地表现出个体上的差异。
(7) 能节省时间，并且能对竞争同一岗位的应试者的表现进行同时比较(横向对比)。
(8) 应用范围广，能应用于非技术领域、技术领域、管理领域和其他专业领域等。

2. 无领导小组讨论的缺点

(1) 对测试题目的要求较高。
(2) 对考官的评分技术要求较高，考官应该接受专门的培训。
(3) 对应试者的评价易受考官各个方面的影响(如偏见和误解)，从而导致考官对应试者评价结果的不一致。
(4) 应试者有存在做戏、表演或者假装的可能性。
(5) 指定角色的随意性，可能导致应试者之间地位的不平等。
(6) 应试者的经验可以影响其能力的真正表现。

(三) 无领导小组讨论的取材

1. 讨论题的编制步骤

编制无领导小组讨论的试题通常有以下 6 个步骤。

(1) 工作调查：进行有关的工作分析，了解拟任岗位所需人员应该具备的特点、技能。根据岗位的这些特点和技能来进行有关试题的收集和编制。

(2) 案例收集：收集拟任岗位的相关案例，所收集的相关案例应该能充分地代表拟任岗位的特点，并且能够让应试者处理时有一定的难度。

(3) 案例筛选：对收集到的所有原始案例进行甄别、筛选，选出难度适中、内容合适、典型性和现实性均较好的案例。

(4) 编制讨论题：对所筛选出的案例进行加工和整理，使其符合无领导小组讨论的要求，主要包括剔除那些不宜公开讨论的部分；设定一些与岗位工作相关而又符合讨论特点的情况或者问题，使其真正成为具备科学性、实用性、可评性、易评性等特点，成为既凝练又典型的讨论题。

(5) 讨论题的检验：讨论题编制完成以后，可以对相关的一组人(不是应试者)进行试测，来检查该讨论题的优劣，检查讨论题能否达到预期的目的。

(6) 讨论题的修正：检验完后，对于那些效果好的讨论题便可以直接使用，而对于那些不好的讨论题则要进行修正，直至其达到预期的效果。

2. 讨论题的要求

一般而言，对讨论的题目有以下 5 个方面的要求。

(1) 讨论题的数量：对于每一组应试者而言，至少应有两个讨论题，以留作备用。在组与组之间，题目尽量不要相同，以免由于讨论题泄密造成评价效果上的不良影响。

(2) 讨论题内容：所用的讨论题，在内容上应与拟任岗位相适应。

(3) 讨论题难度：讨论题一定要一题多义，一题多解，有适当的难度，能够让讨论者争辩起来。

(4) 讨论题立意：所用的讨论题在立意方面，一定要高；讨论题的内容一定要具体，一定要避免那些玄妙、抽象、言之无物的争辩。

(5) 角色平等：对于那些适用于角色分工的讨论题，讨论题本身对角色的分工在地位上一定要平等，而不能造成应试者之间有等级或者优劣的感觉。

3. 讨论题的形式

无领导小组讨论的讨论题一般都是智能性的题目，从形式上来分，可以分为以下5种。

(1) 开放式问题：所谓开放式问题，是其答案的范围可以很广、很宽。

(2) 两难问题：所谓两难问题，是让应试者在两种互为利弊的答案中选择其中的一种。

(3) 多项选择问题：此类问题是让应试者在多种备选答案中选择其中有效的几种或对备选答案的重要性进行排序。

(4) 操作性问题：所谓操作性问题，是给应试者一些材料、工具或者道具，让他们利用所给的这些材料，设计出一个或一些由考官指定的物体来，主要考查应试者的主动性、合作能力及在实际操作任务中所充当的角色。

(5) 资源争夺问题：此类问题适用于指定角色的无领导小组讨论。是让处于同等地位的应试者就有限的资源进行分配，从而考查应试者的语言表达能力、分析问题能力、概括或总结能力，发言的积极性和反应的灵敏性等。

(四) 无领导小组讨论的功能

通过模拟团队环境，检测应试者的组织协调、口头表达、洞察力、说服力、感染力、处理人际关系的技巧、非言语沟通(如面部表情、身体姿势、语调、语速和手势等)等各个方面的能力，以及自信程度、进取心、责任心、灵活性、情绪控制等个性特点和行为风格，以评价应试者之间的优劣。

三、范例介绍

请仔细阅读下面的材料。

德国巴特瓦尔德塞的国际综合经营管理学院的汉斯·W. 戈延格教授说："21 世纪企业家的兴衰取决于它的领导力量。他们面临的任务是非常艰巨的。"强调企业领导人对这些要求做好准备，积极地适应新局势。戈延格教授认为，欧洲、日本和美国一些大型企业已起到了先锋作用。他认为，21 世纪经理人员应具备下面 10 个条件。

1. 视野开阔，具有全球性眼光。
2. 要向前看，具有前瞻性视野。
3. 将远见卓识与具体目标结合起来。
4. 适应新的形势，具有不断变革的能力。
5. 具有较强的协调和沟通的能力和知识。
6. 具有管理各种不同人物和各种不同资源的能力。

7. 具有不断改进质量、成本、生产程序和新品种的能力。
8. 具有创造性管理的才能。
9. 善于掌握情况，通晓决策过程。
10. 具有准确的判断力，富于创新精神并能带动社会变革。

本次讨论大家要解决的任务是，结合企业管理实际及你们对经理人素质要求的理解，请从上述10项条件中选出2项你们认为最重要的条件和2项最不重要的条件，并给予详细的理由说明。

讨论要求：每个人都必须参与讨论发言，但每次发言不要超过3分钟；总的讨论时间为50分钟；欢迎个人表述不同见解，但最后必须就主题达成一致意见，即得出一个小组成员共同认可的结论，并能给出充分的理由解释；讨论结束之前必须选派一名代表来汇报你们的结论；到了规定时间，如果还不能得出统一意见的话，则在你们每一个人的成绩上都要减去一定的分数。

讨论结束后，由扮演测评者角色的学生根据评分表给出评价结果，一般无领导小组讨论的评分表见表4-8。

表4-8 无领导小组评分表

	评价			
	综合分析能力	组织协调能力	言语表达	合作意识
评分参考标准	好(8~10分)：分析问题思路清晰，条理性强，善于抓住问题的要害，并提出符合实际的解决办法 中(4~7分)：基本抓住问题的实质，并提出有一定可行性的措施。但缺乏思维深度和广度 差(1~3分)：思路狭窄，没有把握问题的实质，考虑问题片面，缺乏逻辑性和条理性	好(8~10分)：在讨论中善于寻求大家观点的共同点和分歧之处，为达成小组目标主动平息小组的纷争，推动小组形成统一意见 中(4~7分)：对他人的不同意见能据理力争，但在推动小组形成统一意见方面的意识不强 差(1~3分)：在讨论中固执己见，听到不同意见时情绪激动，无理指责他人，不能从完成小组目标的角度去平息纷争	好(8~10分)：能清晰地表达自己的观点和思想，语言流畅，并善于用他人的观点来完善自己 中(4~7分)：基本能表达自己的观点，能理解他人的观点，但缺乏感染力和说服力 差(1~3分)：表达凌乱，语无伦次，不能理解别人的观点，找不出别人观点的漏洞	好(8~10分)：善于察言观色，与他人沟通的态度和方式很得体，能主动与他人达到一致的观点 中(4~7分)：能理解他人的意图，与他人意见不一致时能做一定的让步，但原则性与灵活性不够 差(1~3分)：不能很好地理解他人的意图，与他人沟通的态度和方式欠妥，与他人意见不一致时不懂得让步
1号应试者得分				
2号应试者得分				
3号应试者得分				

表现最好的应试者：
表现最差的应试者：
其他意见：

考官签字：

四、实验项目内容、步骤、方法和要求

实验内容如下。

根据范例介绍中的材料,由学生自由分组,一部分学生扮演测评者,另一部分学生扮演被测评者。严格控制时间,讨论结束后,根据无领导小组讨论的评分表进行打分。

无领导小组讨论常用于选拔管理人员,它的适用对象为具有领导潜质的人或某些特殊类型的人群(如营销人员),可以从中择优选拔企业所需的优秀人才。

实验步骤、方法和要求如下。

实验之前,分好小组,分发材料;实验开始,计时开始,由小组成员分别发言,统一小组的意见;实验结束后,由测评者给每位被试打分。

评分者在观察被试的行为和言语表现时,不要因为被试者的某些人格特点而对被试者造成不应有的偏见,这样会使结果失之偏颇。

评分过程中,要求多名评分者对同一被试者的不同能力要素分别打分,取其平均值作为被试者的最后得分,这样的结果才科学、公正。

五、实验条件

室内场所;相关材料,包括讨论主题和评分表。

六、实验所需时间

实验所需时间一般是2个小时。整个讨论可分为3个阶段。

七、实验报告和实验成绩评定

1. 实验成绩按照优秀、良好、中等、及格、不及格5个等级评定。
2. 成绩评定准则。

(1) 根据学生在无领导小组讨论过程中的表现,以及最后对被试者的综合评分,对学生是否掌握无领导小组讨论的技能进行评价。

(2) 学生实验报告必须反映出实验目的、实验要求、实验方法、过程、实验结论、实验中存在的问题分析、解决对策等内容,根据报告撰写质量进行考核。

(3) 课堂模拟、讨论、总结占总成绩的70%,实验报告占总成绩的30%。

(4) 实验报告要求:编写语言流畅,文字简洁,条理清晰。

习 题

1. 个体素质主要由哪些方面构成,试举例说明。
2. 人才测评的功能有哪些?
3. 人才测评主要应用在人力资源管理中的哪些环节?不同的人力资源管理环节分别侧重于什么测评手段或方法?

第 5 章 员工培训管理实验

本章主要学习目标

1. 熟悉企业培训需求调查内容、方法及相关软件应用。
2. 掌握企业培训方法、培训经费、培训计划编制等实验内容和方法。
3. 掌握企业培训效果内容和技能实验内容。
4. 熟悉职业生涯规划设计原理,提高职业生涯规划设计与操作实践技能。

5.1 培训管理基础——培训需求调查基础实验

培训是任何用来发展雇员的知识、技巧、行为或态度,以有助于达到组织目标的系统化过程。因此在培训中应该根据实际工作的需要,为提高劳动者素质和能力而对其实施培养和训练。

一、实验目的

通过实验,掌握培训需求分析信息收集的内容和方法,培训需求分析的含义、作用与内容,以及培训需求分析的程序和方法;撰写员工培训需求分析报告。

二、预备知识

培训需求分析就是采用科学的方法弄清谁最需要培训、为什么要培训、培训什么等问题,并进行深入探索研究的过程。

1. 培训需求分析的意义

作为重要的培训管理工具,可以为决策者提供所认可的员工知识/技能差距,从而确立培训目标;便于提出解决员工和组织在相关问题的培训策略;可以为组织提供预测分析,便于企业的培训成本预算和控制;促进员工融合于培训计划,因为他们实际参与了培训需求分析的过程,亲自感受到培训的必要性和紧迫性。此外培训需求为具体制定和实施培训计划提供了基础。

2. 影响培训需求的因素

(1) 企业目标。通过预测企业发展目标和企业人才结构的发展趋势(如高、中、低各级人才的比例),调查了解员工的工作态度和对企业的满意度。因此,人力资源部必须弄清楚企业目标。

(2) 组织行为。

① 组织层次:着重确定组织范围内的培训需求,包括对组织目标、资源和环境的分析,以及对人力资源的重要或关键方面进行分析。从企业组织内外的对比分析中,从生产经营过程的现状和问题的对比分析中,确定企业组织的人才需求结构,进而确定培训的目标与计划大纲。

② 工作层次:即按照企业职务工作标准和相当职务所需的能力标准(职能标准),对各部门、各职务工作(岗位)状况,主要是对担当工作的职工及职工的工作能力、工作态度和工作成绩等进行比较分析,以确定企业组织成员在各自的工作岗位上是否胜任所承担的工作,进而确定企业培训的需求结构。

③ 个人方面:强调对特定职务的胜任特征是培训需求评价的新趋势之一。通过需求评价,发现能预测或决定有卓越表现的深层胜任特征,如动机、自信心等能决定行为及绩效的关键特征。在技能需求评价中,应特别关注对心智技能的分析和培训。此外,胜任特征分析也对培训需求的评价方法提出了新的要求。仅仅采用问卷法是不够的,需要探索其他更为有效的方法来完善。

E.瓦伦其认为,个体行为也是组织行为的基本组成单位。个体的需要、动机、个性、感知、学习、态度和技能等因素都会对人的行为产生影响。此外,工作满意度与员工的工作士气、工作绩效等有密切的关系,一些实际的工作条件因素,如报酬、监督方式、工作本身的特点、工作伙伴、安全、晋升等,也对工作满意度有相当的影响。这些因素是培训需求评价中应考虑的重要因素。美国明尼苏达大学的多年研究证明,高/低绩效的员工在个人心理因素方面有显著差别的特征是成就定向、自信心、主动性、组织责任感和学习新知识的兴趣。

Amold 等人在考察知识需求时,主张从 3 方面进行需求评价:对组织系统和人员信息网络知识的分析,对产品服务、竞争者的知识分析,对专业性知识的分析。在技能分析方面,根据员工心智技能模拟培训法的研究结果,主张将心智技能作为培训的重点,并在实际的技能培训中采用了专家口语报告方法和汇编删格法来建立专家解决问题的认知模型,明显提高了培训效果。

在培训需求评价中,尤为值得关注的趋势是对胜任特征(Competency)的需求评价。这种分析不仅局限于组织、任务或人员分析的某一个层面,而是强调需求分析和培训结果能提高培训对未来职务的胜任能力。所谓胜任特征是指能将某一工作(或某一组织、某一文化)中有卓越成就者与表现平平者区分开来的个人特征。各种胜任特征可以描述为在水中飘浮的一座冰山。水上的部分代表表层的特征,如技能、知识、社会角色、自我形象等,这些特征易于感知,但不能预测或决定能否有卓越表现。而处在水下部分的深层胜任特征,如动机等，决定着人们的行为及表现。Mcclelland 特别强调对胜任特征的测量，即对成功人士与担任相似工作的一般人员相比所具有的突出品质的测量。美国明尼苏达大学的研究人员通过多年的研究和实践，提出了 20 多种胜任特征，如获取信息的技能、分析思考的技能、概念思考的技能、策略思考的技能、人际理解和判断的技能、帮助/服务定向的技能、对他人的影响技能、对组织的知觉技能、建立和管理人际关系的技能、发展下属的技能、指挥技能、小组工作和协作技能、小组领导技能等。这些胜任特征的提出，对于改进培训需求评价的内容结构设计具有重要的价值。

在组织气氛的需求评价中，人的称职行为不仅取决于价值观和能力，也取决于员工所处的组织气氛环境。员工对组织的看法和感觉的一致性程度对组织目标的实现具有重要作用。组织气氛代表了组织内部环境的一种较持久的特征，这些特征包括成员的经验、可能影响成员行为的因素和可资利用的组织特性或属性。George 认为，组织气氛包括 9 个因素：结构，责任，奖酬，风险，情谊，支持，绩效标准，冲突，归属程度。Mcclelland 指出，组织的成就定向是揭示不同组织气氛的根本要素。其所在的明尼苏达大学的研究人员在多年对比研究的基础上，提出了高/低绩效的组织在组织气氛上最具差异的 7 种特征：规范的灵活性，灵活的环境背景，赋予的责任，绩效标准，奖罚方式，组织目标和规划的清晰度，团队精神。此外，Krech&Crutchfield 在其研究中发现，士气高昂的团体具有的主要特征是团队凝聚力的起因、小团队倾向、团队适应变化能力、成员的认同感、对团体目标的态度、团体的价值维护。

近年来，Rossett 从操作性的角度发展了培训需求评价方法。他提出了基于意图的训练需求评价的概念，并阐述了这一概念在不同训练目的中的具体含义和作用，探讨了培训需求评价的工具、技术与意图的关系。他认为，在需求评价中应从不同角度收集具体信息。所谓信息的角度就是需求评价的意图，这些信息包括理想状况的信息，实际状况的信息，受训者及相关人士对工作的感受，产生绩效问题的可能原因，解决问题的可能途径。理想状况的信息包括理想的绩效状况和职位对知识、技能和态度的要求。实际状况的信息指员工对所要求的知识、技能和态度的实际拥有程度。理想状况和实际状况的差异称为差距或需求。培训就是要消除或减少这种绩效差距。对工作的感受的信息指受训者、管理者或相关人士对目前存在的绩效问题、工作所需要的知识技能的看法和感受，包括对一些要素的重要性或意义的看法。分析这类信息的目的是为了判断员工的工作动机状况，确定员工的态度是否是绩效问题产生的原因。Rossett 认为，可以借助于 John Keller 提出的动机公式：价值×期望=动机，来测定员工的动机状况。他认为，对产生绩效问题的原因分析是培训需求评价的关键环节。他把产生绩效问题的原因划为 4 类，即环境阻碍、激励、知识技能和动机。环境问题包括组织人事上的阻碍、政策问题和技术工具原因；激励问题指管理层给予的激励形式是否有效；知识技能问题指员工在完成工作需要的知识和技能的掌握上是否有不足；动机问题指员工对工作所持的态度，即工作动机。此外，一般来说，受训者对问题解决的信息掌握得很有限，所以关于解决问题的可能途径方面的信息更多地依赖于培训专家和管理者的报告。他们提供的这类信息，将有助于提高调查结果的准确性和有效性。

3. 培训需求分析的实施程序

做好培训前期的准备工作，建立员工背景档案、同各部门人员保持密切联系、向主管领导反映情况、准备培训需求调查。

制定培训需求调查计划：培训需求调查工作的行动计划；确定培训需求调查工作的目标。

实施培训需求调查工作：提出培训需求动议或愿望，调查、申报、汇总需求动议；分析培训需求；汇总培训需求意见，确认培训需求。

分析与输出培训需求结果：对培训需求调查信息进行归类、整理；对培训需求进行分析、总结；撰写培训需求分析报告。

4. 员工培训需求分析报告的撰写

员工培训需求分析报告的目的是，对各部门申报、汇总上来的培训动议、培训需求的结果做出解释并提供评估结论，以最终确定是否需要培训及培训什么。需求分析结果是确定培训目标、设计培训课程计划的依据和前提。需求分析报告可为培训部门提供关于培训的有关情况、评估结论及其建议。

培训需求分析报告包括以下主要内容。①报告提要；②需求分析实施的背景；③开展需求分析的目的和性质；④概述需求分析实施的方法和过程；⑤阐明分析结果；⑥解释、评论分析结果和提供参考意见；⑦附录。

5. 培训需求信息的收集方法

(1) 面谈法。该方法是组织的培训人员通过和培训对象当面交谈，获取培训对象所需工作技能、知识、态度等方面信息的方法。可以采取个人和集体会谈两种方式。面谈问题主要包括：员工对组织状况的了解程度；对组织存在的问题；有哪些看法；对目前工作有什么要求；自己有哪些工作上的不足；这些不足的原因是什么；员工对自己以后发展的打算；需要组织提供什么帮助，等等。

面谈信息整理和记录很重要，事先谈话环境要布置合理。该方法效果较好，但是因为双方交流需要很长时间，并有可能影响员工正常工作，一般员工还会掩盖自己工作的不足，所以调查结论的可信度需要注意。

(2) 工作任务分析法。该方法是以工作说明书、任职资格等作为员工达到要求所必须掌握的知识、技能和态度依据，将其和员工平时工作表现进行比较，确定员工完成工作任务的差距所在，该方法正规，结论可信度高，花费时间长。

(3) 调查问卷法。

由培训组织部门将问题设计为问卷发放给培训对象，然后回收分析。该方法简单省时，成本较低，对象广泛，不足是真实性差，设计和分析难度大。

(4) 重点团队分析法。

重点团队分析法是指培训者在培训对象中选出一批熟悉问题的员工作为代表参加讨论，以调查培训需求信息。重点小组成员不宜太多，通常由8~12人组成一个小组，其中有1~2名协调员，一人组织讨论，另一人负责记录。

这种需求调查方法是面谈法的改进，优点在于不必和每个员工逐个面谈，花费的时间和费用比面谈法要少得多。各类培训对象代表会聚一堂，各抒己见，可以发挥出头脑风暴法的作用，各种观点意见在小组中经过充分讨论以后，得到的培训需求信息更有价值。

(5) 观察法。

观察法是指培训者亲自到员工身边了解员工的具体情况，通过与员工在一起工作，观察员工的工作技能、工作态度，了解其在工作中遇到的困难，搜集培训需求信息的方法。

观察法是一种最原始、最基本的需求调查工具之一，它比较适合生产作业和服务性工作人员，而对于技术人员和销售人员则不太适用。这种方法的优点在于培训者与培训对象亲自接触，对他们的工作有直接的了解。但观察员工需要很长的时间，观察的效果也受培训者对工作熟悉程度的影响。另外，观察者的主观偏见也会对调查结论产生影响。

为了提高观察效果，通常要设计一份观察记录表，用来核查各个要了解的细节。这样，才能保证观察不会流于形式，而且当观察结束时，就会掌握大量资料作为培训需求分析的依据。

6. 金蝶人力资源管理 K/3HR 系统功能

金蝶人力资源管理 K/3HR 系统提供了以课程为核心的企业培训体系和可配置的培训流程，支持全面的员工培训发展管理。企业可以充分应用能力素质模型，建立与战略发展匹配的培训体系，将培训内容与职位能力素质关联，使培训工作系统化。在各种培训活动进行过程中，有关人员可以随时对信息进行收集和发布。对于相关的培训资源，如培训渠道、培训讲师、培训资料等，可以与培训课程建立关联并提供给企业各类使用者进行有效管理和即时查询，如图 5.1、图 5.2 所示。

图 5.1 金蝶 K/3HR 系统培训课程类别

图 5.2 金蝶 K/3HR 系统培训课程管理

培训结束后，培训结果除自动记录到每位员工信息页面以外，还可作为绩效评估、薪酬发放或再次培训时的参考依据。

具体培训活动完成后，可以选择使用系统中的在线考试设计针对课程内容的考试问卷，掌握培训课程完成后学员的学习情况，系统可根据规则对考试结果进行统计，并且可实现对考试结果进行等级评定；选择问卷调查对课程、讲师、培训组织情况都可以发起调查，如图 5.3 所示。

图 5.3　金蝶 K/3HR 系统培训课程考试管理

三、范例介绍

某公司开展员工需求培训，需要进行需求调查，因此设计了培训需求调查表进行调查，见表 5-1。

表 5-1　培训需求调查表

所在部门　　　　　　　　　　日期：××××年　月　日

工作与标准	建议培训事项	重要性
一、领导与管理 1. 通过管理与发展部署，提升整个部门的工作绩效 2. 掌握激励、授权、目标管理与绩效评估等有效管理手段，激发部属潜能，完成部门及公司工作	—部属培训与生涯规划、新人教导技巧 —如何培养接班人 —招募面试员工技巧 —授权技巧 —目标管理与绩效评估 —员工激励 —员工抱怨处理	
二、财务与决策 1. 解读财务报表，了解企业经营情况 2. 根据业务发展制定并控制预算	—财务管理(非财务主管)培训 —预算制定与成本分析 —战略投资分析	
三、市场营销与销售 1. 理解集团战略，据此制定本公司、部门目标和具体项目计划 2. 了解客户及市场需求，寻找产品与服务的增长机会，提供客户满意的产品与服务	—战备管理 —销售管理(人员、渠道、产品、销售财务) —客户服务 —市场营销	

续表

工作与标准	建议培训事项	重要性
四、问题处理 1. 积极面对工作压力 2. 发现并及时解决工作中的问题	—问题分析与冲突解决 —压力与挫折管理	
五、职业素养 1. 适应不同人际风格，发挥团队成员特长 2. 清除不良人际干扰，提升工作效率 3. 良好个人形象，健康积极的工作心态	—办公室礼仪 —沟通技巧 —演讲技巧 —团队训练、拓展训练 —电话及商务礼仪	
六、其他 能通过培训把工作经验累积及新知有效传授给部属及其他员工 流利的商务英语 能利用 Internet 开展工作	—新员工培训 —市场调查 —商务谈判 —内部讲师培训 —商务英语	
七、除了上述培训课题，你还需要哪些培训？		
八、你能为公司里其他同事提供哪些培训？(请具体说明) 你是否愿望成为一个公司内部讲师		

填表说明：在空格内填写 A、B、C、D。A：非常重要　　B：重要　　C：一般　　D：没必要

此外该公司提出营销人员培训主题选择与收益方面的要求，希望其销售部门的员工在参考课程收益条件后按照自己的需求选择不同类别的课程。

四、实验项目内容、步骤、方法和要求

实验内容：培训组织者向部门负责人发送培训需求征集通知；部门负责人答复、提交部门培训需求；培训组织者对培训需求征集反馈进行汇总、调整。具体结合实验数据，运用金蝶 K/3 软件进行实际操作，见表 5-2。

表 5-2　实验数据集

本次处理数据项	本次处理数据内容
培训课程类别	计算机操作(独立类型)
培训课程	计算机操作： 　　企业信息化与核心竞争力(课程性质：外部培训；培训类别：在职培训，参与培训对象：人力资源部文员)
培训渠道	某财经大学(渠道类型：外部渠道)
培训讲师类别	外聘讲师
培训讲师	外聘讲师：张三(编码 W01，讲师，某财经大学) 　　　　　李四(编码 W02，高级讲师，某财经大学)
需求征集通知	内容：拟开展企业信息化培训，以部门为单位反馈培训需求、参加培训人数、希望培训时间。发送部门：主城区分公司，指定人：A
培训需求	部门培训需求： 申请名称：计算机培训 培训课程名称：计算机操作培训 课程所属类别：计算机操作 课程内容说明：计算机基本操作 课程目的：提升计算机操作水平 培训对象：人员 B 和 E

续表

本次处理数据项	本次处理数据内容
培训规划	名称：月培训规划 规划总费用：50000 元
培训活动	活动编码：HD01 活动名称：计算机操作培训 负责人：B 预算费用：5000 元 培训方式：授课加上机实验 考核方式：笔试加实际操作 培训内容：Office 操作 培训对象：A/E 培训调查：发送对象 A A 反馈结果：问题 1(15 分，良好)；问题 2(10 分，一般)
规划培训课程	计算机基础操作(培训 3 次，每次 5000 元，培训对象：A、B 和 E 企业信息化与核心竞争力(培训 1 次，每次 20000 元，培训对象：城区分公司总经理、城北分公司总经理、城南分公司总经理)
培训信息	信息主题：计算机操作培训第一期 信息内容：Office 操作
问卷	名称：满意度调查 题目：1.授课内容是否详实？ 20 分 　　　2.授课方式是否新颖？ 20 分
试卷	名称：计算机操作考试 试卷部门：城区分公司财务部 题目：1.Word 文档分页设置不同的页眉如何实现？　30 分 　　　2.Excel 分页打印每页保留表头如何实现？　30 分

实验步骤：

培训需求征集通知，单击"培训发展"→"需求征集"→"培训需求征集"页面中的"确定"按钮，在系统出现的"培训征集通知"页面中单击"新建"按钮，录入通知标题、内容、征集截止时间、培训时间等信息，单击"确定"按钮返回。

发送通知，选择培训需求征集通知，单击"发送通知"按钮，在弹出对话框后，选择通知发送部门或指定人，单击"确定"按钮完毕。

培训需求征集回复：部门负责人单击"经理人平台"→"我的消息"子菜单，选定所收到的需求征集通知，单击"任务处理"按钮，出现对话框后，单击"新建"，在对话框中填写培训申请后，单击"确定"按钮完毕。

培训需求征集汇总：在培训需求征集结束后，培训负责人登录系统，单击"培训发展"→"需求征集"→"培训需求征集"子菜单，在页面中单击"确定"按钮，系统将显示所有培训征集通知列表；然后单击"需求汇总"按钮，选中其中认可的需求，单击"审核"按钮对每个申请进行审核。如果需求征集中有各个部门提交的建议课程，应该在"需求汇总"对话框中通过"建立课程"功能把建议弥补上。

注意： 个人或部门可以直接提出培训申请。具体步骤：单击"培训发展"→"需求征集"→"培训需求查询"子菜单，单击"新建申请"页面中的"新建部门申请"按钮，在打开的对话框中填写申请相关内容。

实验方法和要求： 各个小组对照竞争对手情况和本小组实际进行多轮次调查，并把每次需求调查和分析登录在系统中。各个成员按照不同身份练习系统操作。最后提交本虚拟公司的培训需求分析报告。

五、实验条件

计算机以及打印机；实验室讨论条件；金碟人力资源管理系统。

员工培训需求调查纸张资料，见表 5-3、表 5-4。

说明：下面是本公司提供的供您选择的培训课程内容，根据自己目前对培训课程的不同需要程度做出选择。

表 5-3　员工培训需求课程调查表

备选课程	培训需要程度				
领导力	十分需要	高	中	低	不需要
创新管理					
绩效管理					
时间管理					
素质模型					
成本核算					
沟通协调					
团队领导					
工作分析					
商务礼仪					
市场开发					
公共关系					

表 5-4　员工培训申请表

姓名		工号		部门		职位	
培训基本信息		课程名称					
		主办单位					
		地址					
		培训方式					
		起始时间					
培训费用		学费					
		交通费					
		住宿费					
		膳食费					
		其他					
		合计					

六、实验所需时间

4 小时。

七、实验报告和实验成绩评定

1. 实验成绩按照优秀、良好、中等、及格、不及格 5 个等级评定。
2. 成绩评定准则。

(1) 按照学生制作的员工培训需求过程分析和报告质量，对学生是否掌握培训需求调查分析技能进行评价。

(2) 对学生运用计算机软件进行培训需求调查的实验结果进行评价。

(3) 学生实验报告必须反映出实验目的、实验要求、实验方法、过程、实验结论、实验中存在的问题分析、解决对策等内容，根据报告撰写质量进行考核。

(4) 课堂模拟、讨论、总结占总成绩70%，实验报告占30%。

(5) 实验报告要求：编写语言流畅，文字简洁，条理清晰。

5.2　培训管理技能实验

实验一　人力资源课堂教学培训方法实验

一、实验目的

通过该实验，促进学生掌握课堂教学方法基本知识和技能，提高学生对课堂教学方法培训过程的认识。

二、预备知识

课堂教学方法就是培训师在课堂上通过口头语言、手势等身体语言的表达，现场性、系统性向受训者传授知识，促进受训者理解、记忆重要观点和特定知识。该培训方法要求讲授内容具有科学性、系统性、语言清晰生动性，运用教学设备器材辅助工具，与受训者相互配合，以取得良好的课堂教学实训效果。

1. 课堂教学方法的过程

(1) 准备阶段

该阶段包括制定培训方案、课程准备、师资选择、场所和教学设备准备事项。关键是前3项。

培训方案涉及培训目的、对象选择、培训资金和制度规定。具体为：课程准备涉及开设课程名称、主要培训内容、选择教材和详细授课计划布置；培训对象选择要依据培训需求，明确层次和群体，做好人员工作和学习时间的衔接；培训资金涉及培训任务和训练计划要求，外聘培训讲师的人工费用和接待费用，培训设备和设施条件费用、消耗材料费用等；制度规定则要求参与者明确遵守的劳动纪律、考核规则和培训流程等事项。

课程准备主要涉及教材是自编还是外购、课程安排时间和工作时间衔接、课程进度和内容要求、课程考核和证书颁发等。

关于师资选择，可以从以下渠道选择教师：外聘高校专业教师，企业业务骨干，企业内部培训机构教师。高校教师擅长理论方面培训，知识系统性和前瞻性强，应用性比较弱，企业具体岗位知识技能要求不完全一致；企业内部骨干擅长具体业务技能的培训，可以发挥师傅带徒弟的效果，但是知识不全面，缺乏系统的岗位能力和信息；企业内部培训机构教师可以兼顾前两者的优势，但是存在经费投入大，专业教学能力和设施欠缺的不足。

如果按照知识经验、培训技能、个人魅力来区分，培训师在实践中存在以下8种具体类型：卓越型培训师(理论+经验+技能+魅力)，专业型培训师(理论+经验+技能)，技巧型培训师(技能+魅力)，演讲型培训师(经验+魅力)，肤浅型培训师(有技能)，讲师型培训师(有知识经验)，敏感型培训师(有魅力)，弱型培训师(三方面都不具备一定水平)。

准备阶段还要注意场所、教学培训设施与培训资料的事先安排。培训场所可以选择相对安静、相对封闭的办公室或者场所，便于学员安心听讲、讨论和交流；设施要尽量满足适用、便利和经济合理标准；教材要满足学员的基本需求，符合学员实际能力，与培训目标一致，具有阶梯进步性。

准备阶段还应该做好各种考核等级表、培训考勤记录等资料，为培训结束时的考核成绩做准备。

(2) 执行阶段

课前活动：学员进入教室后安静坐下，相关人员介绍学员和教师，宣布本次培训意义和计划。宣布培训活动开始。

课程开展活动：培训讲师介绍课程基本情况和结构安排，讲解课程内容，和学员交流。

课后活动：培训负责人向培训教师致谢，进行课程考试或考察，等级学员成绩，整理培训资料。

(3) 总结与提升阶段

汇总总结本次培训活动的总体投入和产出，包括企业物质、人力和财力投入、员工直接投入和间接投入，员工收获和企业收益。

发现存在的问题，做好改进计划，为下次培训活动提供建议。

2. 课堂教学方法的特点

课堂教学方法适合知识类培训，主要方法又可以分为讲授法和研讨法。

讲授法是教师按照准备好的讲稿系统向学员传授知识的方法，方式有灌输方式、启发方式、画龙点睛方式等，教师水平高低直接影响到培训成功还是失败。讲授方法传授内容多、知识比较系统全面，适合大面积培训人才，有利于教师发挥自我能力，学员在安静环境中学习和交流，培训费用比较低。不足是学员难以掌握所有知识，单向传授方式不利于学员互动，学员个性需求难以满足；理论和实践容易脱节；教学效果比较枯燥。

专题研讨方法是在教师引导下，学员围绕某个主题交流互相启发的培训方法，该方法可以以教师或学员为中心进行研讨，也可以以任务或者过程为取向研讨，这样的培训方法具有多向式信息交流、学员积极参加、对所学知识理解深刻、形式灵活等优点，但是也往往要求研讨题目、内容准备充分，指导教师能力要求高等挑战。在实施研讨方法中，题目选择要具有代表性、启发性，难度适当，事先做好沟通准备，学员对研讨方式熟悉。

三、范例介绍

某高校为了不断提高课堂教学质量，请大家观看从教多年的张老师的课堂教学方法。该老师采用启发式、案例式教学方法，在教学过程中结合知识点巧妙设计不同的情景思考任务，让学生通过小组协作的方式讨论，使学生充分参与到教学内容中，充分调动了学生学习积极性；将理论与寓言故事结合在一起进行讲解，进一步启发和培养学生创新思维能力。整堂示范课教学互动效果甚佳，教学内容极具开放性，课堂教学各环节处理到位。示范课结束之后，广大教师就本次教学示范课展开热烈讨论，大家在充分肯定学院举行教学示范课所具有积极意义的同时，纷纷表示张老师的示范课精彩生动，深受启发，为自身进一步改进课堂教学方式方法、提高课堂教学效果提供许多参考与借鉴。张老师也分享了自己从事多年一线教学以来的诸多有益探索。

四、实验项目内容、步骤、方法和要求

培训内容：要求学员运用课堂讲授方法进行授课训练。

培训步骤、方法与要求如下。

1. 学员以组为单位，准备讲授关于企业培训计划的公开课。培训教师要指导学员做讲授前的准备工作，如指定某一教材为全体学员共同使用，学员可以参考其他资料，学员可以制定课件或书面资料大纲展示。

2. 以小组为单位，进行现场的课堂教学。

3. 对照课堂教学基本要求和标准进行评价，对授课内容进行修改完善。

4. 全班交流演讲，教师进行讲评，重点是课堂教学的目标选择、讲授技巧选择、讲课重点和基本技能，如语言清晰、条理清楚、书写规范、思维逻辑清晰、肢体语言运用等。

五、实验条件

提供相关教学培训案例；学员所需要的讲课教具、投影、教室条件。

六、实验所需时间

2 小时。

七、实验报告和实验成绩评定

1. 实验成绩按照优秀、良好、中等、及格、不及格 5 个等级评定。

2. 成绩评定准则。

(1) 按照学生的课堂教学准备、教学方法和教学效果及教学质量，对学生是否掌握课堂教学方法的技能进行评价。

(2) 对学生运用课堂教学方法进行培训的实验结果进行评价。

(3) 学生实验报告必须反映出实验目的、实验要求、实验方法、过程、实验结论、实验中存在的问题分析、解决对策等内容，并根据学生的实验报告撰写质量进行考核。

(4) 课堂模拟、讨论、总结占总成绩 70%，实验报告占 30%。

(5) 实验报告要求：编写语言流畅，文字简洁，条理清晰。

实验二　人力资源培训角色扮演实验

一、实验目的

通过本次实验，了解角色扮演方法的实施步骤，掌握角色扮演方法的培训技巧。

二、预备知识

(一) 角色扮演法的含义

该方法是在一个相对真实的模拟工作情境中，要求学员按照虚拟的工作职位条件所应

该具备的权责来担当角色,处理工作事务,提高完成工作职责能力。该方法强调从工作过程和行为来展示对学员的要求,每个人要针对具体问题而采取实际行动,最终提高个人解决问题的能力,积累经验。

角色扮演方法是开发行为能力的手段,让学员尽快了解职责和任务,掌握岗位相关的具体情况,受到比较真实的训练。学员在训练中,得到指导教师的反馈和其他学员的意见,往往有利于排除内心的障碍,意识到角色的意义。该方法主要适合询问、电话沟通、销售应对、业务洽谈、管理环节和实践训练等基本技能学习和提高。

角色扮演方法的操作步骤:首先是建立示范模型;其次是进行角色扮演和体验;接着进行社会行为强化;最后是培训成果转化和在组织中的运用。

该方法主要优点是:学员参与性强,与教师之间互动性交流密切,学员积极性高;特定的模拟情境和训练主题有利于强化学员对职位的熟悉,增强培训效果;学员之间的情感交流充实,业务熟悉快,社会交往能力能够快速提高。缺点是:场景和情形往往是人为模拟的,于是与实际岗位职责脱节,学员不能够真正进入角色,体验真实的工作环境;每个学员参与意识难以统一标准化,每个人收获难以有效测量;虚拟环境往往是静态的,真实工作环境是动态的,造成学员学习效果难以转化为工作能力。

(二) 角色扮演方法的操作

1. 准备阶段

确定训练目标和主题;安排训练参与角色,学员扮演分组和任务分工;各种工作情境所需要的设施、器具和场所安排。

2. 实施阶段

角色扮演开始前,教师宣布角色扮演规则、训练任务要求、工具分配和工作环境检查;扮演气氛塑造;正式角色扮演活动开始,各个学员按照任务进行模拟训练演示;角色扮演结束,整理场所。

3. 完善和总结阶段

教师和合作学员反馈扮演中的得失,提出修改意见。
学员提出自己的训练心得和收获,为其他学员提供参考。

(三) 角色扮演方法运用中的注意事项

主角色:明确自己是学习的学员,准确认识自己的角色;放松心理;不中途逃脱;融入环境体验角色任务;虚心接受观察者和教师的指导意见。

配角:明确角色任务和地位;不夸张表现,配合主角;融合真实情境,不以平时态度对待主角。

观察者:明确自己是和表现者共同在学习;注意力集中在主角的表演行为上,深刻体会;冷静评价、具体客观,要有利于培训任务的进行;对角色扮演的完善建议不和具体的主角联系。

三、范例介绍

10 分钟角色扮演实例

指导语：某学员 A 和其他学员 B、C 共同合作，3 人行为互相影响。先阅读各个角色描述，认真思考各自的任务。

角色：图书直销员、人事科主管、企业办公室主任。

图书直销员：为了尽可能多销售图书，向办公室主任介绍图书，但是主任不购买。

人事科主管：正在编写考核文件，需要购买一本参考书，但是怕购买了假书。他非常忌讳别人说自己缺乏主见。

办公室主任：对图书直销人员的行为不喜欢，感觉他只想多销售图书而不真正关心读者的需要，因此打算阻挠单位的同事购买直销人员推荐的图书，但是又顾及到人事科主管的感觉。

3 个当事人的角色表演要点如下。

图书直销人员：避免办公室主任的情形再度发生在人事科主管，不能够强求；对人事主管尽量诚恳、有礼貌；阻止办公室主任的不良干扰。

人事科主管：尽量检查图书是否合用；尽力在办公室主任干扰自己行为前决策；尽管办公室主任阻止自己购买图书，但是表明观点，认为对主任不合适的书，对自己是有价值的。

办公室主任：假装不是来阻止图书直销人员的销售的；委婉表明自己的意见；尽量不惹怒直销人员和人事科主管。

四、实验项目内容、步骤、方法和要求

实验内容：某公司是通信设备提供商，最初市场竞争不激烈，业务人员容易开展销售业务。随着供应商竞争激烈，客户要求该公司提供一些免费旅游机会以及报销一些费用。该公司针对客户的过分要求，决定派销售主管与客户进行沟通。

实验任务：按照角色扮演方法体会工作情形中各任务角色的心理以及解决问题的方案。

实验步骤和方法如下。

向学员说明实验要求、步骤、演练内容和角色，本实验角色为某公司销售经理和客户负责人。

学生分组。每个小组 5~7 人，各个小组选出 2 个角色扮演者，其他学员为观察者。

给每个参加者发放材料，扮演者用 2~3 分钟熟悉任务，适应自己的角色，观测者则要熟悉所填写的观测表格。

扮演者开始相关任务，相关学员做好记录(文字、图像或者照片)。

扮演活动结束后，每个扮演者发表自己观点，总结成败。

观测者对表演者进行评价。

指导教师进行资料总结和活动评价。

实验要求：掌握角色扮演理论，做好实验所需的知识准备；模拟实验角色，体验任务责任和人物内心矛盾，寻找解决问题的方法；作为观测者的学员要认真观测，做好记录；指导教师做好组织工作，及时给予必要的合理指导，使得学生掌握知识，提高能力。

五、实验条件

实验教室；表演的角色分配和任务描述书；观测表格；照相器材。

六、实验所需时间

2 学时。

七、实验报告和实验成绩评定

1. 实验成绩按照优秀、良好、中等、及格、不及格 5 个等级评定。
2. 成绩评定准则。

(1) 实验结束后,每个小组提交 1000 字实验报告。

(2) 要求内容完整,整个过程描述全面。

(3) 按照学生的角色扮演准备、扮演方法和效果,对学生是否掌握角色扮演方法、技能进行评价。

(4) 学生实验报告必须反映出实验目的、实验要求、实验方法、过程、实验结论、实验中存在的问题分析、解决对策等内容,并根据学生的实验报告撰写质量进行考核。

(5) 课堂模拟、讨论、总结占总成绩 70%,实验报告占 30%。

(6) 实验报告要求:编写语言流畅,文字简洁,条理清晰。

实验三 公司培训计划编制实验

一、实验目的

掌握企业培训计划编制原理,熟悉培训计划编制流程和方法,能够制定企业培训计划。

二、预备知识

(一) 培训计划主要内容

1. 培训项目的确定,主要是确定各种培训需求的优先顺序和培训目标群体的培训目标。
2. 培训内容的开发坚持"满足需求,突出重点,立足当前,讲求实用,考虑长远,提升素质"的基本原则。
3. 实施过程的设计充分考虑实施过程的各个环节和阶段,合理选择教学方式。
4. 评估手段的选择重点在于考核培训的成败和受训者的学习效果。
5. 培训需要的资源,包括人、财、物、时间、空间和信息等的筹备与使用。
6. 培训预算关注培训的成本效益分析,成本预算是得到高层批准必需的环节。

(二) 培训策略

所谓培训策略就是根据培训面临的问题环境,来选择、制定相应的措施。

1. 目的。培训策略根据工作对培训提出的要求,规定培训的类型。培训策略还必须适应构成培训问题环境的其他因素,如学习某一特殊工作技能的阻碍因素、受训者的学习能力、培训设备等。

2. 结果。培训策略规定了受训者将要参加的培训的性质、类型和特征。它明确了受训者将要参加哪些活动,培训内容是什么,培训以哪种方式进行,以及在培训中应使用哪些媒介工具等。

3. 方法。策略能在条件和对应措施间进行最适宜的搭配。

三、范例介绍

某集团2012年年度员工培训计划方案

本方案主要由概要、计划依据、培训原则、培训目标、培训计划的编写与审核流程、重点培训项目、年培训课程编排计划、培训管理等项目组成。

为了更好地为公司当前及未来新一轮的持续发展培养、提供合适的优秀人才队伍,公司人力资源部在2009年将立足公司发展,从优化培训对象与培训类型入手,创新培训形式,拓展培训内容的深度和内涵;同时,将进一步加大培训的管理力度,将培训与激励、绩效考核挂钩,搭建起公司学习型团队的构架。根据对公司员工培训现状及需求分析,拟对公司2009年度的员工培训进行初步规划。

1. 概要

本计划主要内容为公司2009年培训工作的具体内容和时间安排等。编制本规划的目的在于加强对公司培训工作的管理力度,提高培训工作的计划性、有效性和针对性,使得培训工作能够有效地促进公司经营战略目标的实现。

2. 制定依据

2009年度公司发展战略、岗位说明、员工培训需求调查、主管、员工访谈以及建立专业高效团队的精神。

3. 培训原则

理论联系实际:培训需与员工需求、岗位要求紧密联系。

系统性循环:提高员工某方面能力的培训要具有系统性,对于特别重要的能力会采用循环培训的方式。

多样性:层次多样性(高层、中层、员工、新人);类型多样(岗前、技术、管理类);内容多样;形式多样(课堂、座谈、自学、学习小组、拓展)。

4. 培训目标

确保公司员工能符合公司企业文化及纪律要求,具备公司要求的能力——知识、态度及技能。

在提高员工工作效率的要求下,学习新技能,提升解决问题的能力。

加快新任主管心理及思维的转变,增进主管的管理创新能力。

员工年平均培训时长为40小时。

5. 培训计划的编写与审核流程

(1) 公司人力资源部每年于1月上旬,向各部门发放《培训需求表》,并负责及时收集、汇总各部门的培训需求。

(2) 各部门根据本部门员工的不同情况及公司中长期发展需求等综合信息考虑,填报《培训需求表》回传人力资源部。

(3) 培训预算。

费用来源:培训过程中使用道具的购买;拓展活动(年度预计两次,一次新员工的,一次全体员工的)费用的支付。

费用总计:2万元。

(4) 培训计划的编写与审核。

每年1月中旬由人力资源部召开培训工作会议,各部门主管参加,总结上一年培训工作,对半年及全面培训效果的有效性进行评价,同时指出经验教训,以利于改进,审议下一年度培训计划。

人力资源部于1月下旬根据培训信息征集情况和培训审议结果,结合年度经营计划,将综合审议的年度计划表,与各个部门主管再次确认。

将确认好的年度培训计划报请总经理批准后,逐步实施。

6. 重点培训项目

(1) 全面预算管理。在金融危机的条件下,一定要格外强调各个部门的计划能力、成本意识,树立节约的思想观念,和公司共同渡过难关。

(2) 有效提升团队的执行力,增强团队的凝聚力。有效提升公司内部层面的人员的执行能力,加快公司的运作效率,增强团队的凝聚力,保持公司经久不衰的斗志。

(3) 逐步提升中高层管理者的管理能力。为公司培养优秀的中高层管理者队伍,提升公司的人才竞争力。

7. 2012年培训课程编排计划

(1) 一级培训(中层以上人员),中级管理人员培训课程计划,见表5-5。

表5-5 中级管理人员培训课程计划

培训对象	培训项目	培训时间	培训方式	培训次数
各部门主管及经理	高效能人士的7个习惯	每两个月讲一个习惯	内训	7次
	非人力资源的人力资源管理(招聘,绩效,员工关系等)	2月份,9月份	内训	2次
	执行力	4月份起	内训	3次
	领导力	3月份起	内训	3次
	全面预算管理	2月份	内训+研讨	2次
	角色认知(对新任主管)	2月份	内训+研讨	2次

(2) 二级培训(主要针对销售人员),销售人员培训课程计划,见表5-6。

表5-6 销售人员培训课程计划

培训对象	培训项目	培训时间	培训方式	培训次数
项目部及公开课部销售人员,(部分内容也适合行政部人员)	产品知识	每月培训一个产品	内训+对擂	12次
	顾问式销售技巧			
	沟通系列			
	情商			
	电脑操作			
	客户服务技巧			
	个人效能管理(时间,目标管理等)			
	商务礼仪	10月份		

(3) 三级培训(新人岗前培训)新人岗前培训课程计划,见表5-7。

表5-7 新人岗前培训课程计划

培训对象	培训项目	培训时间	培训方式	培训次数
各部门新人	公司发展史,组织架构,企业文化			
	公司人事,考勤,薪酬制度			
	岗位专业基础知识讲解			

8. 培训管理

为了保证集团公司2009年度员工培训工作的有效开展,将"培、训、练"有机地结合起来,人力资源部还将积极搭建与营造完善的培训软硬环境,将从培训的前期、中期、后期开展全方位的、全程性的引导与跟踪服务等管理工作。

(1) 培训前期的管理工作,培训资讯透明化。为加大培训资讯的宣传力度,提高培训信息的透明度,人力资源部将每月初和各部门主管对于一个月的培训计划进行沟通确认,在培训前一周给相关人员发通知,确保人员尽可能到齐。加大对培训需求的分析,即,在进行比较系统的、重要的培训前,将由人力资源部对参训对象进行培训前期的需求分析,根据反馈的问题,组织培训师设计培训课题,提高培训的针对性。

(2) 培训实施阶段的管理工作。

以人力资源部为主导、其他各职能部门为辅,统筹做好培训的准备工作(包括培训场地、培训设施、培训教材、培训讲师);合理安排好各项培训进程,有效组织实施培训;根据实施结果,通过培训现场的评估,调整或修正培训计划。

(3) 培训后期的管理工作。培训效果评估是为了检验培训方案实施的有效性,分析开展培训活动所取得的成绩,找出培训过程中的差距,并发现新的培训需求,改进和完善新的培训计划。

培训结束前5分钟填写本次培训的总结表;一周后让主管跟进学员的实施情况;一个月后填写相应表格,由主管签字填写实际运用情况。

人力资源部把每次员工的情况整理备案,以便后期的逐步跟踪。

四、实验项目内容、步骤、方法和要求

(一) 实验背景

某公司新员工基本情况:2012年该公司拟进新员工200人,基本为一线工程施工人员,均为男性,来自全国各地,学历为高中毕业,平均年龄为19岁。

该公司已经制定了岗前培训制度,具体见以下附件。

《某工程总承包公司岗前培训制度》

第一部分 总则

第一条 岗前培训的目标是要使新进人员了解本公司的概况和规章制度,便于新进人员能尽快胜任未来的工作并遵守规定。

第二条 凡新进入人员必须参加本公司举办的新进人员岗前培训,其具体实施由公司人事部组织,依据制度执行。

第三条 岗前培训的内容包括以下几个方面。

1. 公司创业发展史。
2. 公司业务。
3. 公司组织机构。
4. 公司管理制度。
5. 所担任的业务工作情况,业务知识。

第四条 凡新进人员进行3~15天岗前培训。

第五条 新进人员的培训,人事部事先安排课程表、授课教师及工作技能考核试卷。

第二部分 培训程序和组织

第六条 对于新进人员的岗前培训,按工作环境与程序可分为以下3个阶段。

1. 公司总部的培训。
2. 专业部门的培训。
3. 项目师徒培训。

第七条 公司总部的培训须重点培训以下各项。

1. 公司概况。了解企业各部门的业务范围和工作项目。

2．介绍公司主要管理制度。
3．参观公司的各部门及其本人未来的工作岗位环境。
4．介绍某岗位特征及如何与其他部门配合。
5．介绍相关行业规范、标准以及安全知识。
6．介绍企业文化及对员工道德情操和礼仪的要求。

第八条 各专业部门的培训，必须是专业主管亲自授课，部门负责人要对培训内容负责。

第九条 各专业部门的培训的重点在于岗位"应知""应会"培训，其要求如下。

1．岗位日常工作及可能的临时性业务。
2．从事未来岗位的基本知识、技能及从事工作的基本方法。
3．时间运筹和时间管理。
4．工作任务完成综合评价。

第十条 项目师徒培训即在一位专业人员的指导下，尝试从事即将开展的工作，指导者应协助受培训者完成岗位工作，并随时指出注意事项和应改进的地方。

第十一条 对于从事指导培训的人员，公司视情况发给相应的奖金，要求必须精益求精，圆满完成指导培训的工作。

第十二条 为有效达到教育培训的目标，应根据实际情况酌情安排，灵活制定上述教育培训计划，并严格予以实施。

<h3 style="text-align:center">第三部分 培训的内容</h3>

第十三条 教育培训的内容，公司、部门可以根据岗位特点和要求进行安排，但必须具备下列3项。

1．岗位基础知识和专业技能的培训。
2．程序、规范、标准、制度的培训。
3．职业道德、安全意识、工作态度的教育培训。

第十四条 必须确保通过新进人员的岗前培训使其具有相应岗位的基本知识，熟悉公司的组织结构、目标、制度、相关政策及其工作特征等内容，并对公司的性质及发展有一个初步的了解。

第十五条 凡新进人员都应对他们进行系统的岗前培训，培养他们工作中的时间管理和计划的能力，从而使其在今后的工作中能够通过适当的组织和协调工作，按一定的程序达到工作目标。

第十六条 岗前培训要讲求效率，按一定的计划和步骤促进培训效果和公司的发展。

第十七条 岗前培训计划完成后，应将培训考核结果及时上报人事部，组织培训人员座谈，了解新员工的进取意识和建议。

<h3 style="text-align:center">第四部分 附则</h3>

第十八条 本制度自公布之日起实施。

(二) 实验内容

要求依据该公司上述岗前培训制度，全体学生分组，按照员工培训计划的基本原理和公司培训制度，制定该公司2012年新进员工的岗前培训计划。

(三) 实验步骤、方法和要求

1．各个小组阅读培训计划制定流程。

2．熟悉该公司培训制度。

3．各个小组讨论该公司新员工培训背景和培训计划任务，做到心中有数。

4．各个小组进行相关案例调研，深入本地类似企业走访，掌握现实资料和本实验案例资料。

5．各个小组进行内部任务分工，提交初步计划方案，在实验室进行分析讨论。

6．修改完成并提交各个小组的培训计划。

五、实验条件

实验室环境；企业走访；调查提纲资料与文件；计算机及打印机。

六、实验所需时间

6 小时。

七、实验报告和实验成绩评定

1．实验成绩按照优秀、良好、中等、及格、不及格 5 个等级评定。

2．成绩评定准则。

(1) 按照学生所进行的员工培训计划分析过程，对学生是否掌握培训计划的技能进行评价。

(2) 对学生制订培训计划的实验结果进行评价。

(3) 学生实验报告必须反映出实验目的、实验要求、实验方法、过程、实验结论、实验中存在的问题分析、解决对策等内容，根据实验报告撰写质量进行考核。

(4) 课堂模拟、讨论、总结占总成绩 70%，实验报告占 30%。

(5) 实验报告要求：编写语言流畅，文字简洁，条理清晰。

实验四　培训经费预算实验

一、实验目的

通过编制培训经费预算，学员能够熟悉培训规划编制重点，了解培训项目所需要的各种资金，能够对企业培训过程中的投入安排和结构有一定程度的掌握，从而有利于学员制定培训考核制度和培训效果测量的意义，为提高培训效果寻找到更合理的投入规模。

二、预备知识

1．培训经费预算、构成

培训经费预算是指企业在员工培训过程中所发生的一切费用安排，包括培训之前的准备工作、培训的实施过程、培训结束之后的效果评估等各种与之相关活动的各种费用的总和，通常由以下两个部分构成。

(1) 直接培训成本：在培训组织实施过程中培训者和受训者的一切费用总和，如培训教师的费用、学员的往来交通、食宿费用、教室设备租赁费用、教材印发购置费用、培训实施过程中的其他各项花费等。

(2) 间接培训成本是指在培训组织实施过程之外企业所要支付的一切费用总和，如培训项目的设计费用、培训项目的管理费用、培训对象的训练期间工资福利、培训项目的评估费用等。

培训规划要按照直接和间接培训经费进行核算，便于上报、审批、纳入企业人力资源管理费用的总体计划，从资金上保障员工培训规划各项目标实现。

2. 企业培训费用预算提取方式

企业培训费用预算通常有多种提取与管理方式，具体可以包括两大类：比例计算提法与定基计提法。

比例计提法是指根据某一固定比例计提企业培训预算的方法。它的优点是将培训直接与企业的经营业绩挂钩，在一定程度上可以对培训效果进行量化评估，依据比例计提也意味着企业将培训制度化。比例计提法的弊端在于企业对培训的投入取决于经营状况，而企业培训的效果是隐性的、长期的，短期内缺少企业培训投入可能会导致员工技能的匮乏，从而影响企业的长期经营。计提形式包括按工资总额的一定比例，按利润总额的一定比例，按销售额的一定比例。

定基计提法是依据一定的基数以及与基数相对应的单位预算标准来提取企业培训预算的方法。它摒弃了比例预算法受制于企业经营状况的弊端，却也存在着预算极可能偏高、企业无法承付的风险，计提形式有：①按岗位以及对应的人均预算提取；②按年度培训(课时)计划；③按项目提取。

3. 企业培训费用预算使用

(1) 企业培训的总预算及其使用。

① 企业培训的总预算：国际大公司的培训总预算一般占上一年总销售额的1%～3%，最高的达7%，平均1.5%，而我国的许多企业都低于0.5%，甚至不少企业在0.1%以下。

② 企业培训总预算的使用：30%内部有关人员的工资、福利及其他费用，30%企业内部培训，30%派遣员工参加外部培训，10%作为机动。如果不包括企业内部人员的费用在内，总预算安排为：50%企业内部培训，40%派遣员工参加外部培训，10%作为机动。

(2) 派遣员工参加外部培训。

① 培训公司的成本分割：培训公司的成本大致分割如下：20%培训师费用、20%开发教材或支付版税、20%市场营销费用、20%交税和管理费用、10%操作费用、10%利润。

② 参加外部培训的费用：国内培训公司目前的费用在每人每天200元至2000元之间，国际培训公司目前的费用在每人每天100美元至1000美元之间，而且以每年10%的速度递增。

(3) 企业内部培训。企业内部培训简称内训，其费用由于形式不同而差异很大。

① 企业自己培训：即由企业内部培训师培训，这类培训费用最低，如不涉及教材的版税，只要支付员工的工资等费用，再加上一些设备、材料的损耗费。由于企业内部培养、储存卓越培训师的费用过大，再加上不少课程无法自己培训，因此，不少企业尤其是中小企业并无能力胜任自己培训。

② 聘请培训师内训：目前国内培训师市场价大约在每天500元至5000元之间，国际培训师每天在500美元至20000美元之间。聘请国内培训师费用相对较低，但服务往往跟不上。

③ 聘请培训公司内训：这种形式最好，但费用也最高，但与派遣相同人数的员工参加外部培训费用相比，又便宜不少。目前培训公司内训的费用大约在每天 5000 元至 50000 元之间，一些国际培训公司还高一些。由于操作规范、服务精良、培训师一流，不少企业愿意聘请培训公司内训。

4. 我国企业培训费用预算规定

我国有关法规规定，教育经费是指企业按工资总额的一定比例提取用于职工教育事业的一项费用，是企业为职工学习先进技术和提高文化水平而支付的费用。按工资总额的一定比例提取用于职工教育事业的一项费用。单位职工不但有取得劳动报酬的权利、享有集体福利的权利，还有接受岗位培训、后续教育的权利，为此需要一定的教育经费。根据《中华人民共和国企业所得税法实施条例》的规定，企业发生的职工教育经费支出，不超过工资薪金总额 2.5% 的部分，准予扣除；超过部分，准予在以后纳税年度结转扣除。提取的职工教育经费也是单位的一项流动负债。职工教育经费的提取和使用在"应付职工薪酬"账户进行核算。根据财政部、全国总工会等 11 个部门联合印发的《关于企业职工教育经费提取与使用管理的意见》(财建[2006]317 号)，职工教育培训经费必须专款专用，面向全体职工开展教育培训，特别是要加强各类高技能人才的培养，具体列支范围包括举办职工教育的企业、基本建设单位和行政、事业单位，按下列范围开支职工教育经费。

(1) 公务费：包括教职员工的办公费、差旅费、教学器具的维修费等。

(2) 业务费：包括教师教学实验和购置讲义、资料等费用。

(3) 兼课酬金：是指聘请兼职教师的兼课酬金。

(4) 实习研究费：学员在本单位生产实习和经批准到外单位实习研究，以及毕业设计所发生的费用，如有生产实习产品收入的，应以收抵支。

(5) 设备购置费：主要是指购置一般器具、仪器、图书等费用。

(6) 委托外单位代培经费：是指本单位职工选送到高等院校、中等专业学校或上级主管部门和兄弟单位代为培训，按国家规定应支付的进修培训费。

(7) 其他经费开支：是指其他零星开支。

三、范例介绍

美国企业经理培训费用

研究表明，美国企业对经理人员的培训支持，主要通过提供课程、在岗培训、报销学费、资助参加管理研讨等形式进行。调查表明，美国的管理和专业人员参加继续学习和培训的费用来源主要为个人、企业、州/地方政府 3 个方面：AT&T 是美国电信业的巨型公司，这家公司从 1983 年开始，为公司内部具有潜力的中层经理开设"领导能力开发"(Leadership Development Program，LDP)的培训项目。LDP 项目每期 5～6 周时间。为强化培训，每班培训人数为 45 名。设计和实施这一培训项目的基本考虑是，组织的扁平化和信息网络化将使中层经理成为今后提高和保持竞争力的关键因素。1992 年，AT&T 公司对 LDP 项目又进行了修改，旨在适应变化了的形势。

美国花旗集团下属的某公司给予公司所有的经理人员以 1 万美元的报销额度，用于业余时间继续攻读学位；同时每年给予 3 千美元的报销额度，用于参加有关专业的研讨会等活动。如果是公司需要经理人员参加教育培训活动，则费用不在上述额度范围支用。

美国制造研究所提供的报告资料清楚地表明，美国企业的内部正式培训是向管理人员倾斜的。1991

年，在他们的调查对象中，管理人员占调查对象总数的12.8%，但管理人员参加企业提供正式培训的人次数占到总培训人次数的19%。

此外，美国企业用于正式培训的支出，从1983年的396.66亿美元，提高到1991年的633.3亿美元，增加幅度为59.26%。其中，用于管理人员的正式培训支出从1983年的64.09亿美元提高到1991年的120.61亿美元，增加幅度为88.24%。这项统计中的全美企业管理人员占企业全体劳动力的12.8%。美国的大公司一般都设有自己的培训机构，有的称之为培训中心(Training Center)；有的，称之为人力资源发展中心(HRD center)；有的，则称之为公司大学。公司大学在美国的巨型公司中是一种比较常见的机构。大多数知名的跨国公司都有自己的公司大学。公司大学的主要任务是培训公司内部的经理人员等骨干雇员。很多公司大学有自己独立的教学培训设施和住宿条件。受送培训的经理可以在公司大学驻留3~6天，甚至更长时间，在摆脱繁忙事务的条件下，专心致志地接受和参与培训。

四、实验项目内容、步骤、方法和要求

(一) 实验背景资料

甲国有企业属于从业人员技术要求高、培训任务重、经济效益较好的企业，实行工效挂钩的工资税前扣除政策，2006年经批准可计提的工资基数为1000万元，企业在成本费用中提足了1000万元工资，但工资实发数为900万元，建立工资储备基金100万元。企业在成本费用中列支了职工教育经费25万元。职工教育经费会计科目反映使用了20万元，其中包含企业职工个人报销为取得学位而参加的在职教育费用2万元，企业高层管理人员境外培训和考察所发生的费用6万元。另外，企业在管理费用中列支了购置100万元的教学设备与设施所计提的折旧费用10万元。

以下是国家财政部的相关政策规定。

1. 教育经费的计提比例和基数。根据财政部等部门(财建[2006]317号)的有关规定，从业人员技术要求高、培训任务重、经济效益较好的企业，可按照职工工资总额2.5%提取，列入成本开支，足额提取职工教育经费。按照国家统计局《关于工资总额组成的规定》(国家统计局1990年第1号令)，工资总额由计时工资、计件工资、奖金、津贴和补贴、加班加点工资、特殊情况下支付的工资6个部分组成。企业应按规定提取职工教育经费，并按照计税工资总额和税法规定提取比例的标准在企业所得税税前扣除。当年结余可结转到下一年度继续使用。企业的职工教育经费提取、列支与使用必须严格遵守国家有关财务会计和税收制度的规定。

2. 列支范围。《意见》对企业职工教育经费列支范围做出了详细规定，明确了购置的教学设备与设施，职工岗位自学成才奖励费用可在职工教育经费中列支；企业职工参加社会上的学历教育以及个人为取得学位而参加的在职教育，所需费用应由个人承担，不能挤占企业的职工教育培训经费；企业高层管理人员计划境外培训和考察，其一次性单项支出较高的费用应从其他管理费用中支出，避免挤占企业的职工教育培训经费开支。企业购置教学设备与设施在职工教育培训经费开支等具体规定。

3. 税收方面规定。根据《财政部国家税务总局关于企业技术创新有关企业所得税优惠政策的通知》(财税[2006]88号)的规定，从2006年1月1日起，对企业当年提取并实际使用的职工教育经费，在不超过计税工资总额2.5%以内的部分，可在企业所得税前扣除。据此，企业职工教育经费的税前扣除计提基数为计税工资总额，计提比例为2.5%，同时要求只有在规定比例范围之内并且实际使用了的才可在税前扣除；企业当年虽然按规定提取，如未实际使用完的部分不能在税前扣除。

（二）实验内容

结合上面的甲企业资料和政策规定，分析该企业的职工教育经费预算和使用策略。

（三）实验步骤、方法

按照培训经费预算管理知识和国家规定，学生分小组讨论上述甲公司教育经费方案；提交各小组经费预算和使用计划报告。

五、实验条件

计算机和打印机；学生讨论条件具备。

六、实验所需时间

1小时。

七、实验报告和实验成绩评定

1. 实验成绩按照优秀、良好、中等、及格、不及格5个等级评定。
2. 成绩评定准则

(1) 按照学生所进行的员工培训经费预算分析过程，对学生是否掌握培训经费预算的技能进行评价。

(2) 对学生制定培训经费的实验结果进行评价。

(3) 学生实验报告必须反映出实验目的、实验要求、实验方法、过程、实验结论、实验中存在的问题分析、解决对策等内容，根据实验报告撰写质量进行考核。

(4) 课堂模拟、讨论、总结占总成绩70%，实验报告占30%。

(5) 实验报告要求：编写语言流畅，文字简洁，条理清晰。

5.3 培训管理综合实验

实验一 员工培训效果调查与评价实验

一、实验目的

掌握员工培训效果评价的制度化建设，能够制定比较规范的员工培训效果评价体系和评价方法。

二、预备知识

1. 员工培训效果含义

反映员工培训达到培训目标程度，也是改善下期培训的重要参考。

2. 员工培训效果指标

从理论上看，员工培训效果评价制度设计是为了更好地规范培训行为，提高培训投入产出效果。

从流程看，培训效果评价如下。

从具体培训投入和结果来观察培训效果信息，可以有以下指标和事项：培训是否及时；培训目的设定合理与否；培训内容设置合理性；教材选用与编辑方面的信息是选用和编写的教材是否符合培训的需求，能否达到培训目的；教师选定合理性；培训时间合理性；培训场地选定合理性；受训群体选择合理性，即受训人员的接受能力能否接受培训内容；培训形式选择合理性；培训组织与管理专业性。

(1) 认知成果：衡量受训者对培训项目中强调的原理、事实、技术、程序或过程的熟悉程度。认知成果用于衡量受训者从培训中学到了什么，一般应用笔试来评估认知结果。

(2) 技能成果：用来评估技术或运动技能，以及行为方式的水平，包括技能的获得与学习(技能学习)及技能在工作中的应用(技能转换)两个方面。可通过观察雇员在工作抽样(如模拟器)中的绩效来评估受训者掌握技能的水平。技能转换通常是用观察法来判断的。

(3) 情感成果：包括态度和动机在内的成果。评估情感成果的重要途径是了解受训者对培训项目的反应。反应是受训者对培训项目的感性认识，包括对设施、培训教师和培训内容的感觉。

(4) 绩效成果：用来反映公司为培训计划所支付的费用。绩效成果包括雇员流动率或事故发生率的下降导致的成本降低、产量的提高及产品质量或顾客服务水平的改善。

(5) 投资回报率：指培训的货币收益和培训成本的比较。培训成本包括直接和间接成本，收益指公司从培训计划中获得的价值。

3. 员工培训效果评价方法和程序

从培训前后以及培训过程3个阶段看，可以采用下列培训效果跟踪与监控的程序和方法。

(1) 培训前对培训效果的跟踪与反馈：对受训者进行训前的状况摸底，了解受训者在与自己的实际工作高度相关的方面的知识、技能和水平。

(2) 培训中对培训效果的跟踪与反馈：受训者与培训内容的相关性；受训者对培训项目的认知程度；培训内容；培训的进度和中间效果；培训环境；培训机构和培训人员。

(3) 培训结束后的效果评估：可以以考卷形式或实际操作形式来测试评估受训人员究竟学习或掌握了哪些东西(认知成果)；受训者把在培训中学到的知识技能是否有效地运用到工作中去(个人绩效)；如果培训达到了改进受训者工作行为的目的，那么这种改进能否提高企业的经营业绩(企业绩效)。

培训效率评估最有效的方法就是提供一份详细的培训项目评估报告。

4. 员工培训效果制度设计

培训效果评价制度作为培训管理重要组成，应该反映出公司对培训效果的界定，培训类型的效果要求，各种类型培训效果的基本评价程序、评价方法、考核结论、评价资料汇集等制度规定与标准，形成人力资源管理制度文件。

三、范例介绍

某集团员工培训效果评估实施办法

1. 原则

为科学评估员工培训效果，不断增强集团培训工作的有效性和针对性，为集团创建学习型企业奠定良好的基础。

坚持多维度、多层次、多方法原则；客观公正原则；科学规范原则。

2. 培训类型与效果评估层次

(1) 培训班分类及培训效果评估层次划分。培训班按照培训内容及培训目标可分为观念类培训、知识类培训、技术业务技能类培训和管理技能类培训4类。

① 观念类培训：培训内容主要为企业文化、企业价值观、企业使命、企业发展战略等内容，属于"情感领域"的培训。

② 知识类培训：培训内容主要为企业规章制度、产品知识、业务技术知识等完成岗位工作所必需的相关知识，属于"认知领域的培训"。旨在使学员了解和掌握与工作岗位相关的知识。

③ 技术业务技能类培训：培训内容主要包括公文写作、计算机操作等通用技术业务技能以及网络运行维护、营销技巧等专业技能，属于"动作技能领域的培训"。旨在使学员熟悉和掌握与技术业务岗位胜任能力密切相关的技能、流程、工具和方法。

④ 管理技能类培训：培训内容主要为预算管理、绩效管理以及员工激励等管理技能，也属于"动作技能领域的培训"。旨在提高学员的管理能力，熟练掌握管理工具和办法。

(2) 培训效果评估根据培训内容、培训目标以及效果评估目的可采用反应层评估、学习层评估、行为层评估或结果层评估等不同的评估层次。

① 反应层评估：主要了解学员对培训项目的满意度，包括学员对培训班策划、课程设计、培训师授课水平、培训组织者管理水平以及培训设备设施是否满足培训要求等方面的评价。

② 学习层评估：衡量学员通过培训对所学知识、技能的把握和熟练程度。

③ 行为层评估：评估培训对学员在实际工作中的行为所产生的影响，掌握学员从培训项目中所学到的技能和知识转化为实际工作行为改进的程度。

④ 结果层评估：判断培训对个人和组织绩效改善的贡献率。此类评估在引入绩效改进的过程监控和对照组试验时，可取得比较准确的评估结果。重点指标有工作效率、盈利水平以及服务满意度的变动等。

3. 评估流程

制订培训计划时，培训组织者应在培训效果评估管理人员指导下，根据培训的内容、目标以及培训时间等因素确定培训班类型，并据此确定评估层次与评估方法。

培训实施后，培训组织者根据确定的培训层次和评估方法，按照规定时间调查和收集培训效果评估数据。培训师、学员以及学员的直线经理和下级应积极配合培训效果评估工作。

培训组织者应及时对收集到的评估信息与数据进行整理分析，并应在培训效果调查和收集工作结束后两周内撰写培训效果评估报告。

培训组织者在完成撰写评估报告一周内将评估报告提交培训效果评估管理人员，并反馈至相关人员。培训效果评估管理人员应根据评估结果监督相关人员的改进情况。

培训评估完成后，培训组织者将培训效果评估的有关资料移交培训档案管理人员。

4. 评估层次与评估方法的确定

培训组织者在培训效果评估管理人员指导下，根据培训班类型，确定相应的评估层次。

(1) 观念类培训进行反应层和学习层评估。

(2) 知识类培训进行反应层、学习层和结果层评估。

(3) 技术业务技能类培训进行反应层、学习层、行为层和结果层评估。

(4) 管理技能类培训进行反应层、行为层和结果层评估。

培训组织者依据评估层次确定相应的评估方法。反应层评估应采用满意度问卷调查的方式进行评估；学习层评估应采用自我报告、笔试或现场测试等方式进行评估；行为层评估应采用直线经理评价、下级评价或自我报告等方式进行评估；结果层评估可采用衡量绩效变化的方式进行评估。

培训组织者确定评估层次与方法需同时满足以下条件：所有培训均应进行反应层评估，即对学员和培训师进行满意度问卷调查。观念类和知识类培训包括培训时间为5个工作日以上的脱产培训和参训人员达到50人以上的不脱产培训，必须进行学习层评估。所有技术业务技能类培训均应进行学习层评估。

培训班如满足以下任一条件则为重点培训，均需进行行为层评估。①培训成本投入较大：培训班人均培训费用 2 万元以上。②培训学员层次较高：集团公司三级经理、省级公司部门经理、地市分公司总经理以上人员。③对集团发展具有较大影响：培训内容主要为企业文化、企业理念以及集团发展战略等。

其他培训由培训组织者根据培训的重要性和培训效果评估基本原则，确定评估层次与评估方法。

5. 评估实施

1) 反应层评估

培训班结束时，培训组织者应分别对学员和培训师进行满意度问卷调查。

培训组织者根据《学员满意度调查要求(培训效果反应层评估)》组织学员填写《学员满意度调查问卷(培训效果反应层评估)》，并在满意度调查结束后两周内完成撰写《学员满意度调查评估报告(培训效果反应层评估)》。

培训组织者根据《培训师满意度调查要求(培训效果反应层评估)》组织培训师填写《培训师满意度调查问卷(培训效果反应层评估)》，并在满意度调查结束后两周内完成《培训师满意度调查评估报告(培训效果反应层评估)》的撰写。

2) 学习层评估

观念类培训学习层评估采用学员自我报告的方式。培训组织者应在培训结束后，根据《学员自我报告要求(观念类与知识类培训：学习层评估)》组织学员填写《学员自我报告调查问卷(观念类培训：学习层评估)》，并在将学员报告提交后两周内完成《学员自我报告调查评估报告(观念类与知识类培训：学习层评估)》的撰写。

知识类培训学习层评估应采用学员自我报告或笔试的方法。如采用自我报告评估方法，培训组织者应在培训结束后，根据《学员自我报告要求(观念类与知识类培训：学习层评估)》组织学员填写《学员自我报告调查问卷(知识类培训：学习层评估)》，并在学员报告提交后两周内完成《学员自我报告调查评估报告(观念类与知识类培训：学习层评估)》的撰写。如采用笔试评估方法，培训组织者根据《笔试要求(知识类、技术业务技能类培训：学习层评估)》组织笔试和进行结果分析，并在笔试结束后两周内完成撰写《笔试评估报告(知识类、技术业务技能类培训：学习层评估)》。

技术业务技能类学习层评估应采用笔试或现场测试。如采用笔试评估方法，培训组织者应根据《笔试要求(知识类、技术业务技能类培训：学习层评估)》组织笔试和进行结果分析，并在笔试结束后两周内完成撰写《笔试评估报告(知识类、技术业务技能类培训：学习层评估)》。如采用现场(模拟)测试方法，培训组织者应根据《现场(模拟)测试要求(技术业务技能类培训：学习层评估)》组织现场(模拟)测试，并进行结果分析。现场测试应在培训结束后一周内进行，培训组织者应在现场(模拟)测试后两周内完成《现场(模拟)测试评估报告(技术业务技能类培训：学习层评估)》的撰写。

3) 行为层评估

技术业务技能类培训行为层评估应采用学员自我报告和直线经理评价的方式。培训组织者应结合实际情况，在培训结束后 1~3 个月内实施。培训组织者根据《学员自我报告要求(技术业务技能类培训：行为层评估)》，组织学员填写《学员自我报告调查问卷(技术业务技能类培训：行为层评估)》。培训组织者根据《学员直线经理评价要求(技术业务技能类：培训行为层评估)》，组织学员直线经理填写《学员直线经理评价调查问卷(技术业务技能类：培训行为层评估)》。培训组织者在自我报告提交和直线经理评价调查结束后两周内分别完成《学员自我报告调查评估报告(技术业务技能类：培训行为层评估)》和《学员直线经理评价调查评估报告(技术业务技能类：培训行为层评估)》的撰写。

管理技能类培训行为层评估应采用学员直线经理评价和学员下级评价的方式。培训组织者需结合实际情况，在培训结束后 3~6 个月内实施。培训组织者根据《学员直线经理评价与学员下级评价要求(管理技能类培训：行为层评估)》，组织学员直线经理和学员下级分别填写《学员直线经理评价调查问卷(管理技能类培训：行为层评估)》和《学员下级评价调查问卷(管理技能类培训：行为层评估)》，并在调查结束后两周内完成《学员直线经理评价与学员下级评价调查评估报告(管理技能类培训：行为层评估)》的撰写。

在重点培训中，观念类培训行为层评估参照管理技能类培训行为层评估方法，知识类培训行为层评估参照技术业务技能类培训行为层评估方法。

4) 结果层评估

结果层评估可采用成本收益分析、个人业绩档案分析等方式进行。各单位可根据实际情况积极探索结果层评估的方法和工具。

6. 评估结果的反馈与应用

实施培训效果评估后,培训组织者在完成撰写评估报告一周内将报告提交给培训效果评估管理人员,并反馈至相关人员:反应层评估结果反馈给培训师;学习层评估结果反馈给培训师和学员本人;行为层评估结果反馈给公司决策者、学员的直线经理和学员本人;结果层评估结果反馈给公司决策者及学员的直线经理。

接收到评估结果反馈的相关人员(公司决策者除外)针对评估报告,在3周内提出相应改进措施并进行落实。培训组织者需针对各层次评估结果,提出相应的改进措施。培训效果评估管理人员监督改进措施的实施。

针对培训效果的反应层评估结果,培训组织者根据评估报告中关于培训组织管理的评估结果,对培训场地设施条件、时间安排、培训内容策划和形式选择等项目进行分类总结,明确培训组织管理中主要的成功经验以及不足之处,以待改进。

培训师应根据评估报告中关于教学质量的评估结果,对培训技巧、培训形式、教材选择、进度安排等项目进行分类总结,明确培训在教学方面的主要成功经验以及不足之处,以待改进。

针对培训效果的学习层评估结果,培训组织者应根据评估报告了解学员对培训内容的总体掌握情况,衡量培训师的授课效果,为选拔和培养培训师提供依据。培训师应根据评估报告了解学员对培训内容的总体掌握,以提高授课水平、改进授课质量。学员应根据评估报告了解自己通过培训,在知识和技术业务技能方面的掌握情况,总结经验与不足,并比较与全体学员学习效果的差距,明确改进方向。

针对培训效果的行为层评估结果,培训组织者应通过分析评估报告,及时了解学员行为改进程度与培训班类型、培训班策划的关系,为不断调整和完善培训班策划及管理水平提供依据。

公司决策者应根据评估报告综合了解学员通过培训班的行为改进情况,特别是为判断公司重点培训的实际效果提供帮助。

学员直线经理应根据评估报告了解学员通过培训的行为改进情况,适时进行沟通,帮助学员制定行为改进措施,为合理挑选员工参加培训提供依据。

学员应通过评估报告了解自己培训后的行为改进表现,总结经验与不足,并通过比较与全体学员的行为改进效果差距,明确改进方向。

针对培训效果的结果层评估结果,培训组织者应通过评估报告,总体了解和掌握培训投入产出情况,为加强培训规划、控制培训成本、提高培训收益提供依据。公司决策者应根据评估报告综合了解和掌握培训对企业发展的贡献情况,明确培训价值,为重大培训决策提供依据。学员的直线经理应通过评估报告了解学员通过培训的绩效改进情况,努力创造良好的培训成果转化环境。

7. 评估结果的档案管理

培训效果评估档案是培训档案的组成部分,与培训档案统一管理。

培训效果评估结束后一个月内,培训组织者应将培训效果评估相关资料以培训项目为单位归档或移交给培训档案管理人员。

培训效果评估档案应包括在评估过程中形成的具有保存价值的材料,包括调查问卷、试卷、自我报告、直线经理评价、下级评价、绩效记录以及评估报告等材料。

附件1：学员满意度调查问卷

(培训效果反应层评估)

在ABCDE中选择最合适的答案，填写在括号内。

1. 你认为此次培训的目的明确吗？（　　）
   - A. 非常模糊
   - B. 比较模糊
   - C. 一般
   - D. 比较明确
   - E. 非常明确

2. 你认为培训师的授课水平如何？（　　）
   - A. 很差
   - B. 比较差
   - C. 一般
   - D. 比较好
   - E. 很好

3. 你认为培训师讲课时认真负责吗？（　　）
   - A. 不负责
   - B. 不太负责
   - C. 一般
   - D. 比较负责
   - E. 非常负责

4. 你认为培训师能否将所讲授的内容与本公司的实际情况结合？（　　）
   - A. 不能
   - B. 比较差
   - C. 一般
   - D. 结合得较好
   - E. 结合得非常好

5. 你认为培训内容与培训目的是否一致？（　　）
   - A. 不一致
   - B. 有些不一致
   - C. 基本一致
   - D. 比较一致
   - E. 非常一致

6. 你认为培训内容对你的工作有帮助吗？（　　）
   - A. 没有帮助
   - B. 帮助不大
   - C. 一般
   - D. 比较有帮助
   - E. 很有帮助

7. 你认为培训教材/资料是否容易理解掌握？（　　）
   - A. 非常难
   - B. 比较难
   - C. 一般
   - D. 比较容易
   - E. 很容易

8. 你认为培训形式是否适合于你学习此次培训的内容？（　　）
   - A. 不适合
   - B. 有点不适合
   - C. 一般
   - D. 比较合适
   - E. 很合适

9. 你认为通过此次培训，你的理念/知识/管理技能/技术业务技能方面是否有收获？（　　）
   - A. 收获很小
   - B. 收获较小
   - C. 一般
   - D. 有些收获
   - E. 收获很大

10. 你是否愿意将此次培训所学到的理念/知识/技能运用到实际工作当中去？（　　）
    - A. 不愿意
    - B. 有些不愿意
    - C. 一般
    - D. 比较愿意
    - E. 非常愿意

11. 你认为通过此次培训你有哪些收获？

12. 你对此类培训还有哪些改进建议？

附件2：反应层学员满意度调查评估报告

培训项目名称：_____　培训时间：_____年_____月_____日

培训内容：_____

培训师：_____　参加培训人数：_____　回收有效问卷数：_____

培训类型(观念、知识、技术业务技能、管理技能):

评分标准:

选项赋值: A=1分; B=2分; C=3分; D=4分; E=5分。

满意度标准: 很不满意: 1~1.8分;不满意: 1.8~2.6分(含1.8分); 中立: 2.6~3.4分(含2.6分); 满意: 3.4~4.2分(含3.4分); 很满意: 4.2~5分(含4.2分)。

一、部门的满意度结果(以平均分来计算)

培训的规范性(1题)＿＿＿＿＿分,属于＿＿＿＿＿

培训师(2~4题)＿＿＿＿＿分,属于＿＿＿＿＿

培训内容(5~6题)＿＿＿＿＿分,属于＿＿＿＿＿

培训教材(7题)＿＿＿＿＿分,属于＿＿＿＿＿

培训形式(8题)＿＿＿＿＿分,属于＿＿＿＿＿

学员的收获(9~10题)＿＿＿＿＿分,属于＿＿＿＿＿

评分标准:

二、满意度总体平均分为: ＿＿＿＿＿,等级为: ＿＿＿＿＿。

三、对开放式问题(11~12题)的总结。

四、本次培训中的经验与不足。

经验:

＿＿＿＿＿＿＿＿＿＿＿＿＿＿＿＿＿＿＿＿＿＿＿＿＿＿＿＿＿＿＿＿＿＿

不足:

＿＿＿＿＿＿＿＿＿＿＿＿＿＿＿＿＿＿＿＿＿＿＿＿＿＿＿＿＿＿＿＿＿＿

评估报告填写人: ＿＿＿＿＿＿

填写日期: ＿＿＿年＿＿＿月＿＿＿日

附件3: 学员培训效果自我报告调查问卷

(行为层评估)

培训项目名称:

培训类别:

培训内容:

培训时间:

培训师:

说明: 本问卷由学员本人填写。

感谢您从百忙中抽出时间来填写这份问卷。本次调查是为了了解您在工作中运用培训所学技能的情况。您的支持和配合对公司培训的发展非常重要,我们对您的回答和有关数据将严格保密。

1~5题是单选题,请在ABCDE中选择最合适的答案,6、7题是主观题。

学员姓名: ＿＿＿＿＿＿ 部门: ＿＿＿＿＿＿

1. 您在工作中使用本次培训的技能的频率有多高? ＿＿＿＿＿
   A. 低   B. 较低   C. 一般
   D. 较高   E. 高

2. 这项技能为您解决工作中的问题提供的实际帮助有多大? ＿＿＿＿＿
   A. 小   B. 较小   C. 一般

D. 较大　　　　　　　　E. 大

3. 在物质条件上,您使用这种技能是否方便?_____

A. 不方便　　　　　B. 不太方便　　　　　C. 一般

D. 比较方便　　　　　E. 方便

4. 在多大程度上支持您使用这项技能?_____

A. 不支持　　　　　B. 不太支持　　　　　C. 一般

D. 比较支持　　　　　E. 支持

5. 用这项技能使您的工作效率有多大提高?_____

A. 没有提高　　　　　B. 提高很小　　　　　C. 有一定提高

D. 提高较大　　　　　E. 提高很大

6. 为有效提高行为改进程度,您认为在培训和工作环境方面还需要进行哪些改善?

7. 您对这次培训有什么意见与建议?

四、实验项目内容、步骤、方法和要求

(一) 实验背景资料

某化工材料生产公司刚刚经历了高速发展期,开始进入稳定发展阶段,其中层管理人员绝大多数是由技术岗位的核心骨干提拔起来的。随着公司管理体系的日益完善,公司领导层开始发现这些曾经业绩出色的业务骨干在管理岗位上的表现良莠不齐,甚至有些会直接影响企业的运作效率。公司多次组织内部项目小组来分析和查找原因,也曾不惜高价聘请市面上较流行的领导力培训教练来专门辅导,但改善效果颇为有限。针对这种情况,公司希望人力资源部门设计一套有效的解决方案,包括制定培训效果评价制度,确定各种不同类型培训项目效果的评价方法。

(二) 实验内容

按照培训效果原理,依据该公司实际,结合相关案例资料,设计该化工公司的培训效果评价制度体系。

(三) 实验步骤、方法和要求

1. 全体学生分组并进行内部任务分工。
2. 熟悉员工培训效果基本内容和评价体系、方法。
3. 理解该化工工资任务和要求,在周围企业进行相应调研,掌握更多实际资料。
4. 在实验室初步设计该化工公司员工培训效果评价制度。
5. 在教师指导下,各个小组提交讨论、修改并完善。
6. 提交实验报告。

五、实验条件

实验室环境;计算机和打印机;讨论条件具备。

六、实验所需时间

3 小时。

七、实验报告和实验成绩评定

1. 实验成绩按照优秀、良好、中等、及格、不及格5个等级评定。
2. 成绩评定准则。

(1) 按照学生所进行的员工培训效果分析过程,对学生是否掌握培训效果的技能进行评价。

(2) 对学生制定培训效果方案设计的实验结果进行评价。

(3) 课堂模拟、讨论、总结占总成绩70%,实验报告占30%。

(4) 实验报告要求:编写语言流畅,文字简洁,条理清晰。

实验二 职业生涯计划设计实验

一、实验目的

了解职业生涯计划基本理论,熟悉职业生涯设计的原理和环节,掌握职业生涯设计的操作技能,提高职业生涯规划能力。

二、预备知识

(一) 职业计划含义以及内容

1. 含义

职业生涯计划(也简称职业计划)是指确立职业目标并采取行动实现职业目标的过程。具体包括以下4个方面:它是对个人的而不是组织的;包括确定和实施全过程;职业目标和工作目标差异很大,同时又密切联系,职业目标比较抽象,涉及时间长,工作目标正好相反;工作目标的实现是最终达成职业目标的最佳途径。

组织应该了解员工的职业计划,必须提供政策使之有助于组织目标的达成。组织是个人职业生涯的重要场所,借助组织的聘用、培训、评估、晋升等有效手段,组织对员工的职业计划产生巨大的影响。组织有责任帮助员工实现职业计划。

2. 职业计划内容

自我定位,是员工客观、全面深入了解自己,判断自己的价值观、能力和优缺点,对自己定位。

目标设定,是基于正确的自我定位的基础上,设立更加具体的明确的职业目标,例如,"在40岁之前要成为某大型金融集团财务部门主管"。目标设定可以是多层次的、分阶段的,可有利于人们保持开放、灵活的心境。针对各个年龄段制定目标。

目标实现,是通过各种积极的具体行动去争取目标达成。例如求职、培训、构建人际关系网络、谋求晋升、跳槽,甚至包括平衡职业目标和其他目标(生活目标),注意职业实现会遇到牵扯精力的障碍。

回馈与修正,是在达成职业目标过程中自觉总结经验和教训,修正对自我的认知和最终的职业目标。

(二) 职业发展理论

1. 职业发展阶段理论

工作准备阶段(0—25岁):接受教育,确定职业取向和为实际工作做准备。

进入组织阶段(18—25岁):对工作和组织的选择。自我管理是指导人们正确地评估自己的抱负、具体的目标,讨论障碍和解决问题,提高自我支配能力,最终有利于目标承诺保持和目标完成。

职业早期阶段(25—40岁):在组织中和职业中塑造自我。

职业中期阶段(40—55岁):对支配职业早期的生活方式进行重新确认,提炼新的生活结构。

职业晚期阶段(55—退休):对抗衰老保持创造性,同时做好从工作中解脱的准备。

2. "职业锚"理论

职业锚是"自省的才干、动机和价值观的模式",是新员工在早期的工作中逐渐对自我加以认识,发展出更加清晰全面的职业自我观。

职业锚的特点:定义比工作价值观、工作动机更具体、更明确,职业锚不可能凭各种测试来预测,只能在实践中进行选择、认知和强化,这就是"锚"的比喻。

职业锚具有以下5种类型。

(1) 技术/职能型:在作出职业选择时的主要精力放在自己正做的实际技术或职业内容上,职业成长偏好特定的技术或者职能领域。

(2) 管理能力型"职业锚":在实践中,相信自己具备胜任管理不可缺少的技能和价值观。核心能力有分析能力(识别、分析和解决问题)、人际能力(影响、监督、领导操纵组织各级人员更有效完成组织目标)、感情能力(能够为感情危机和人际危机所激励,承担高水平的责任,使用权力得心应手)。

(3) 稳定型:追求稳定安全的前途,寻求工作安全、体面收入、有效的退休方案和津贴。

(4) 创造型职业锚:追求建立或创造完全属于自己的成就,要求有自主权,高度的创造性。企业家就是这种锚型。

(5) 自主/独立型职业锚:追求随心所欲的步调、时间表、生活方式和工作习惯,尽量不受组织的限制和制约。

(三) 职业生涯发展方法(PPDF)

PPDF(Personal Performance Development File)就是个人职业发展档案,它是一种有效的职业生涯开发的方法。

PPDF的主要内容包括个人情况、现在的行为、未来的发展。

(四) 如何做好职业生涯计划

1. 职业生涯规划的意义

(1) 以既有的成就为基础,确立人生的方向,提供奋斗的策略。

(2) 突破生活的格线,塑造清新充实的自我。

(3) 准确评价个人特点和强项。

(4) 评估个人目标和现状的差距。

(5) 准确定位职业方向。

(6) 重新认识自身的价值并使其增值。

(7) 发现新的职业机遇。

(8) 将个人、事业与家庭联系起来。

2. 正确的心理认知

(1) 认清人生的价值。社会的价值并不被所有的人等同接受，"人云亦云"并不等于自我的人生价值。人生价值包括经济价值、权力价值、回馈价值、审美价值、理论价值。

(2) 超越既有的得失。每个人都很努力，但成就并不等同，人生如运动场上的竞技，当下难以断输赢。

(3) 以不变应万变。

3. 剖析自我的现状

(1) 个人部分。

健康情形：身体是否有病痛？是否有不良的生活习惯？是否有影响健康的活动？生活是否正常？有没有养生之道？

自我充实：是否有专长？经常阅读和收集资料吗？是否正在培养其他技能？

休闲管理：是否有固定的休闲活动？有助于身心和工作吗？是否有休闲计划？

(2) 事业部分。

财富所得：薪资多少？有储蓄吗？有动产、有价证券吗？有不动产吗？价值多少？有外快吗？

社会阶层：现在的职位是什么？还有升迁的机会吗？是否有升迁的准备呢？内外在的人际关系如何？

自我实现：喜欢现在的工作吗？理由是什么？有完成人生理想的准备吗？

(3) 家庭部分。

生活品质：居家环境如何？有没有计划换房子？家庭的布置和设备如何？有心灵或精神文化的生活吗？小孩、夫妻、父母有学习计划吗？

家庭关系：夫妻和谐？是否拥有共同的发展目标？是否有共同或个别的创业计划？父母子女与父母、与公婆、与姑叔、与岳父家的关系如何？是否常与家人相处、沟通、活动、旅游？

家人健康：家里有小孩吗？小孩多大？健康吗？需要托人照顾吗？配偶的健康如何？家里有老人吗？有需要照顾的家人吗？

4. 人生发展的环境条件

(1) 友伴条件：朋友要多量化、多样化且有能力。

(2) 生存条件：要有储蓄、发展基金、不动产。

(3) 配偶条件：个性要相投、社会态度要相同、要有共同的家庭目标。

(4) 行业条件：注意社会当前及未来需要的行业，注意市场占有率。

(5) 企业条件：要稳定，则在大中型企业；要创业，则在小企业。公司有改革计划吗？

公司需要什么人才?

(6) 地区条件：视行业和企业而定。

(7) 国家(社会)条件：注意政治、法律、经济(资源、品质)、社会与文化、教育等条件，该社会的特性及潜在的市场条件。

5. 职业成就的三大资源

(1) 人际关系等社会资本：家族关系、姻亲关系、同事(同学)关系、社会关系。

(2) 经济资源：薪资所得、有价证券、基金、外币、定期存款、财产(动产、不动产)、信用(与为人和职位有关)。

(3) 知识资本：知识力、技术力、咨询力、企划力、预测(洞察)力、敏锐力。

6. 组织内部发展生涯的途径

始终追随胜利者工作，对公司要忠诚；调和公司整体的利益与员工个人的需求；懂得毅然去做可能不受同事欢迎的决策；延揽优秀的人才来弥补自己在专业知识及技术上的不足；了解其他高级主管的优点及缺点。力求发挥所长，使公司获益。

7. 更换工作的时机和条件

如果在一家公司太早就晋升至高阶，欲更上一层楼，则需等待很久的时间时；最近的成功表现使自己的身价大幅提高时；觉得自己在现职上并未获得充分的重视时；公司在竞争中落后，而又无力促使公司迎头赶上时；公司的改组或变动使你的前程计划受到阻碍时；有更高的眼界与新的理想时。

更换工作需当机立断，不要犹豫不决，宁可冒点风险早做改变，也比踌躇不定好，以免错失良机。

8. 如何管理职位与前程

①对自己的雄心、长处及短处有实际的了解；②不要好高骛远；③尽早规划自己的前程发展计划；④谨言慎行；⑤小心维护自己的名誉；⑥多了解组织中政治手段的运作情形；⑦建立个人的情报网，消息要灵通；⑧与现在担任想要争取的职位的人士保持良好的关系；⑨参加相关的专业社团或联谊组织；⑩建立适当的形象。

9. 设定执行方案

(1) 设定目标的原则：先有大目标，再补充小目标；也可先有小目标，再定大目标。

(2) 执行计划：人生计划-五年计划-年度计划-月计划-周计划-日计划。

(3) 注意"轻重缓急"的原则。

(4) 实施"时间管理"，不断奋斗。

(5) 每年配合环境变化及既有成就，随时修改。

(五) 职业生涯规划书内容与格式

1. 职业生涯规划书主要包括以下内容。

(1) 自我探索：职业兴趣、职业能力、职业价值观、个性特征。

(2) 职业探索：目标职业选择。

(3) 决策与应对：首选职业目标、备选职业目标、行动计划。
(4) 自我监控：评估时间、评估内容。

2. 大中专院校毕业生职业生涯规划书的基本格式如下。

职业生涯规划书

1. 自我认知

(1) 职业生涯规划测评(测评报告)。

(2) 360度评估。

对自己评估表，见表5-8。

表5-8　对自己的评估

	优点	缺点
自我评价		
家人评价		
老师评价		
亲密朋友评价		
同学评价		
其他社会关系评价		

(3) 自我认知小结。

2. 职业认知

(1) 外部环境分析。

家庭环境分析、学校环境分析、社会环境分析、目标地域分析。

(2) 目标职业分析。

目标职业名称、岗位说明、工作内容、任职资格、工作条件、就业和发展前景、职业胜任力测评(测评报告)。

(3) SWOT分析。

优势(Strength)及其使用；弱势(Weakness)及其弥补；机会(Opportunity)及其利用；面临的威胁(threat)及其排除。

(4) 职业认知小结。

3. 职业生涯规划设计

(1) 确定职业目标和路径。

近期职业目标、中期职业目标、长期职业目标、职业发展路径。

(2) 制订行动计划。

短期计划、中期计划、长期计划。

(3) 动态反馈调整。

评估、调整我的职业目标、职业路径与行动计划。

(4) 备选职业规划方案。

由于社会环境、家庭环境、组织环境、个人成长曲线等变化以及各种不可预测因素的影响，一个人的职业生涯发展往往不是一帆风顺的。为了更好地主动把握人生，适应千变万化的职场世界，拟定一份备选的职业生涯规划方案是十分必要的。

三、范例介绍

某在校学生职业生涯规划书(节选)

每个人都有自己的长处，也有自我难以克服的缺点，个体的职业生涯规划必须结合自身的特点，不同的兴趣、性格、爱好与能力，会引发不同的职业理想和职业目标。因此，认识自我是职业生涯规划的第一步也是最重要的一步。

1. 自我认知

人格测试结果为：检查员型——细致、谨慎地执行好现有规则。这种类型的人的偏好分别是外向、感觉、思考、判断。

自我基本描述：认真而严谨，勤奋而负有责任感，认准的事情很少会改变或气馁，做事深思熟虑，信守承诺并值得信赖；依靠理智的思考来做决定，总是采取客观、合乎逻辑的步骤，不会感情用事，甚至在遇到危机时都能够表现得平静；谨慎而传统，重视稳定性、合理性；天生独立，需要把大量的精力倾注到工作中，并希望其他人也如此，善于聆听并喜欢将事情清晰而条理地安排好；喜欢先充分收集各种信息，然后根据信息去综合考虑实际的解决方法，而不是运用理论去解决；对细节非常敏感，有很实际的判断力，决定时能够运用精确的证据和过去的经验来支持自己的观点，并且非常系统，有条不紊，对那些不这样做的人没有耐心。最突出的职业价值观是注重关系、支持满足，也重视崇尚独立，追求成就和赞誉赏识。

自己职业能力中擅长的5项能力，见表5-9。

表5-9 职业能力自我判断

协作	在相互配合时协调自己和他人的行动
积极学习	理解新信息的含意，用于解决目前和将来的问题
资金管理	确定如何分配资金来完成工作，并对这些花费进行核算
时间管理	管理自己和他人的时间
数学	利用数学解决问题

2. 职业认知

期望工作条件：非常希望获得有充分保障的工作(包括拥有良好的工作条件)，如能够在一个比较安全和舒适的环境中工作，能够获得应有的报酬，能够在自主决断的可能性等。而且还希望工作具有多样性，能够在工作的范围内做不同的事情。

理想岗位特质：工作环境稳定，不需要太多的冒险和变动，最好依照经验和规律解决事情；有较多的独立工作时间，可以专心完成整个项目或任务；较多使用事实、细节和运用实际经验的技术性工作，能够充分发挥自己精细、准确、逻辑性强的才能。

3. 行动计划与自我监控

(1) 避免墨守成规，需要尝试新的东西。

(2) 需要考虑人的因素。

(3) 除了眼前的现实资源，需要关注事情的整体和发展。

(4) 对那些与自己观点不同保持足够的耐心和虚心。

(5) 开放态度，敢于尝试探索新的可能性。

(6) 考虑问题更全面周到，增强做事的灵活性，学会变通的看待和接受新事物。

四、实验项目内容、步骤、方法和要求

(一) 实验背景资料

职业规划大家谈 10 年、20 年后,你的办公桌在哪儿?职业规划对你重要吗?你设计过自己的职业未来吗?你现在的工作是长远目标中的一环吗?下面给出几位职场人对职业设计的看法及其职业规划历程。

1. 趁你还年轻赶紧做规划(陈红,女,约 30 岁,某网络公司策划部总监)

我是那种对自己比较有要求的人,但我真正感觉到应该规划、设计自己的职业生涯是 5 年前,那时候我已经工作了 3 年多了。我认为职业规划的最主要的目的是让自己的潜力、精力充分发挥出来,为社会,更为自己创造最大价值。 我大学学的是国际贸易,毕业后做进出口贸易,我擅长英语,工作也蛮得心应手的,但后来我逐渐认识到,靠外语工作一辈子是不可能的,外语只能是一种辅助你发挥个人才能的工具。于是,我离开了自己的本行,接触到 Internet。1995 年前后,国内知道 Internet 的人还很少,当时感觉既神秘又兴奋,觉得自己是在从事一种尖端事业,有一个 E-mail 地址就好像拿到了一张大额支票。我认为这个行业很适合我,能发挥我的个性优势:自信、好学、聪明,而且我的外语也是一个有利条件。在 Internet 行业的第一份工作是作为信息收集员:把国内的经济信息收集起来并翻译,然后鼠标一点,传送出去——信息是否完全有用不得而知,但我感觉这种工作很有意义。后来进了著名的亚信公司,做到了自己比较喜欢的职位。再后来怎么跳都没离开 Internet。1996 年后开始有事业上的规划:如果有钱了,自己开一家与 IT 相关的公司;现在没钱,但有头脑,有精力,希望能给一个自己尊敬的人做助手,在某种程度上成为人与人之间,或企业与企业间的桥梁。我喜欢与人打交道,擅长市场、营销、公共关系等领域的工作,目标是在这某个领域中做到最高位置。

就我了解,不是所有的人都对自己的前程有规划,尤其是女性。但如果年轻的时候没有规划,30 岁以后就晚了。

2. 职业规划必须具有可持续发展性(李君,男,约 30 岁,某报记者)

我工作的第二年就开始意识到职业规划问题,职业规划必须物质、精神并重。我自己做规划时,有两大原则。一是对所进入的行业有 3 点要求:①喜欢做;②有较好的收入;③该行业有较好的、稳定的发展前景。二是结合自身特点,对自己要有清醒认识:思维习惯、性格特征、知识储备及未来再学习的时间、可能性等。在这两项原则基础上进行规划设计。 职业规划对个人而言是个意义重大的工程,规划不能是短期目标,必须具有可持续发展性。我近期的目标是做一个好记者,对行业有深入的了解,搞好人际关系,将来可以在传媒业的大空间内拓展自己的事业,如策划、广告等方面。我的职业规划是有层次的,在某一较长的时间内有一个大的目标,大目标下还有若干小的目标,有纵向深入的,有横向扩展的。逐个实现小目标,逐步接近大目标。

3. 没有规划的人生注定要失败(张女士,35 岁,文职人员)

完全没有规划的职业生涯,注定是要失败的。但规划的前提是有明确的意识、强烈的愿望:我要干什么、要达到什么目标。可惜,我从来都不清楚自己到底想做什么。其实从

小就不断有人问：你长大了想干什么，直到大学毕业也不清楚自己想做什么，擅长做什么。我一直是个优秀的学生，但自认为毫无特长。大学的专业并不是自己喜欢的，当时热门的专业自己也不喜欢，到底喜欢什么？不清楚。当了两年教师，没找到兴奋点，后来又稀里糊涂读了原专业的研究生，毕业进了出版社，工作了两三年，没有太大的成就感，感觉很苦闷，好像有劲没处使。于是想跳槽，偶然中看到报上的某个招聘广告就去应聘了，对所要进入的行业没有太多的了解、分析。刚进入一个新领域的新鲜感消失后，又开始怀疑自己的选择：我到底适不适合这个职业？在这个职业工作了几年，别人看来还算不错，但自己内心有时会冒出一个声音：这不是我最想要的！不满足感常常困扰自己，这期间读到一些有关职业规划的说法，才把这个问题与职业规划挂起钩，后悔从前没有自我规划的意识。但转念一想，即便有自我规划的意识，如果不清楚自己想干什么，也无从规划！随波逐流注定是会失败的，我已经有了很重的失败感。已经35岁了，再重新规划职业道路好像也有些力不从心了。所以我非常想提醒那些刚入职场的年轻人：不要随波逐流，规划一下自己的未来很重要。

4. 做规划前先认清自己(刘凤，女，32岁，某证券公司研究人员，在读MBA)

做个人职业规划，首要条件是认识自己，找到自己最适合做的、最能做出成绩的行业。时间倒是第二位的。不是你想干什么就能干什么；你认为自己最适合做的也未必能做出成绩——你自身所具有的优势也许跟别人相比就是劣势；你并不看好自己的某些特点，跟其他人相比，也许就成了显著的优势，能够确立你在某种职业上的地位。

认识自己，明确自己的职业方向是最重要的。30岁之前，我不知道自己适合做什么。我的个性是喜欢追逐热门行业。1991年我大学毕业时，正是全民经商热，流通企业很热门，我就进了一家比较有名的流通领域的国营公司。几年里平平淡淡，对自己的未来也没什么想法。但后来公司经营状况每况愈下，我渐渐产生危机感，才开始考虑规划自己的职业方向。其实大多数人都没什么计划，只有当你在一个地方遇到危机时，当你原有的生活链条出现断裂时，你才会对职业规划有迫切要求。

1996年我跳槽到房地产公司，1997年网络热起来的时候进过网站，1998年进入金融业。30岁以后，理念发生变化，对职业的考虑趋于理性，年轻时可以跳来跳去，你有的是资本，可以在多个方向上摸索，但30岁以后就应该确立自己的方向了，对自己要进入的行业必须有理智的认识，例如：你在这个行业可以做多少年？其经历对你以后的发展有无有益的积累？等等。我选择了今后在金融业发展，于是再次进学校充电。人生中，无论职业还是情感、生活方式，都应该有规划。时间浪费不得！

5. 职业规划离不了个人能力与机遇(刘仁刚，21岁，某广告公司公关部市场策划)

从高三到大三，我对自己未来职业道路的选择有了变化，用一句话来说，就是要从劳力者转为劳心者。我的专业是计算机技术，从大二开始我在一家IT企业打工，想多了解一些资讯，后来兴趣逐步转向市场策划，毕业后我就开始做现在这种市场策划工作，并渐渐了解和介入企业运作。我打算工作一年到一年半后出国留学，去哪个国家基本确定了，学习方向就是市场策划。

可能跟个人的家庭环境、成长经历有关，我自主性比较强，喜欢理性地思考一些问题，尤其对自己的前途，也常与父母就这些问题对话，从他们那里得到启发或支持。我认为，每个人对职业道路的规划都离不开两个前提：一是个人能力，二是机遇。对个人能力的认识肯定会有个不断调整的过程，而有些机遇只对具有特定能力的人才称为机遇。现在我只能对自己未来5年左右的道路做出具体规划，再长远的只能根据今后变化了的条件和环境来规划。

6. 个人规划要随时代潮流走(沈先生，某文化公司主管)

我工作已经20多年了。我认为，个人职业规划要随时代潮流走，大环境允许才能行得通。我高中毕业时只有两个选择：插队或当兵。我选择了当兵。复员后刚恢复高考，我边工作边复习，考上了大学，毕业时尽管是国家统一分配，但自由选择的余地已经很大了。那时我对自己的职业道路已经有了很多想法，做了比较好的规划。现在来看，当中有的想法实现了，有的没能实现。我认为，个人设计也不可能是一成不变的，有很多偶然的因素会影响它。一个人不可能每时每刻都完全按规划来做，无意中的信息、偶然的机遇都有可能改变个人计划，改变人的一生。

我认为职业规划一要尽早。20多岁时，自我的人生空间大，个人设计的空间也大，年龄越来越大以后，设计的空间会越来越小、设计会越来越实际。二要切合实际。很多人设计时满腔激情，但把激情当成了实情，过高地估计了自己的实力，过高地设计目标，一旦目标达不到，挫折感会使人不自信，影响更长远目标的实现。

(二) 实验内容

1. 依据所学理论知识，结合对专业、行业和社会发展认识，对上述人士的职业生涯发展观点进行评价。
2. 每个学生提交自己的职业生涯计划书。

(三) 实验方法、步骤和要求

1. 了解自己的各种特点，如基本能力素质、工作风格、兴趣爱好、价值观念等。
2. 根据自己的特点和现实条件，确立自己的职业生涯目标。
3. 详细分解目标，制订可操作的短期目标与相应的教育或培训计划。
4. 根据个人需要和现实变化，不断调整职业生涯目标与计划。
5. 根据指导教师和小组同学的意见，对自己的职业生涯报告进行修改和完善。

五、实验条件

实验室讨论环境；计算机与打印机；纸张问卷调研表。

六、实验所需时间

4小时。

七、实验报告和实验成绩评定

1. 实验成绩按照优秀、良好、中等、及格、不及格5个等级评定。
2. 成绩评定准则。

(1) 按照学生所进行的职业生涯分析过程，对学生是否掌握职业生涯实践技能进行评价。

(2) 对学生制定职业生涯设计的实验结果合理性进行评价。

(3) 学生职业生涯设计实验报告必须反映出实验目的、实验要求、实验方法、过程、实验结论、实验中存在的问题分析、解决对策等内容。

(4) 课堂模拟、讨论、总结占总成绩70%，实验报告占30%。

(5) 实验报告要求：编写语言流畅，文字简洁，条理清晰。

习　　题

结合以下某公司培训计划进行分析可以得到哪些启发？

某IT公司培训计划

IT公司最大的特色是变化快，想要稳定非常难，如何让自己的员工在变化中生存？必须不断地进行员工培训，使他们增长才干，只有这样才能保持持久的竞争力。员工对变化应该有准备、有管理，这叫做变化管理。

第一，新员工培训。刚刚进入该公司的新员工培训时间只有两天，培训的一个最大目的是向员工传递行为理念，使新人尽快熟悉企业文化的要求。另外，某公司还教新员工一些做事的基本技能，例如如何在某公司做方案，如何制订计划，还要告诉员工整个公司行政部门的结构和职能，让员工知道一些具体的办事程序。大约一个月以后，新员工就要开始制定一个发展目标，这个目标由员工和主管一起做。

第二，经理能力"特快专递"。随着公司本地化进程的加深，本地经理人数越来越多，培训本地经理是该公司人力资源管理的一项重要工作。公司的经理培训分3个层面：一是任何经理都要参加的培训，这样的课程主要是讲业务和行政部门的运作方法，让每个经理对公司的业务流程非常了解，因为对每个部门如果彼此不了解，合作起来就比较难。第二种培训是针对潜在的管理者进行的管理技能和管理知识的培训，公司称之为EMS(Emerge Manager System)。EMS课程里有许多管理知识，主要注重在业务运作方面，给即将担当重任的经理进行基本的业务知识和能力的培训。第三种内容是给中高层经理的培训，公司正在加强力度。一般来说一名管理者的培训时间会有18天左右，分散在每个月里进行。

第三，关心自己的培训。每年年初员工制定下一年度目标计划时，除制定业务发展目标外，还专门制定个人发展计划，这个计划是员工和主管针对员工现有能力，根据未来业务需求及员工将来发展目标一起制定的，每个员工每年会根据自己现有业务，找出自己能力与需求有差距的地方，再结合将来发展的需求制定自己的培训方案，公司称此为职业设计(Career Plan)。

第四，培训力量精装上阵。公司在当地的培训人员编制较少，没有专职的培训人员，培训会得到总部培训中心的支持，同时公司积极与本地顾问公司合作，使某些课程本土化，更适合本地员工的需求。将员工的技术培训下放到各个业务部门，业务部门针对工作的需要制定员工的技术培训，技术部门有优势明察技术发展动向，能采取快速行动对员工进行技术更新以适应变化的市场需要。每年公司对员工的培训基本要求不少于40小时，许多会多于40小时。公司的培训是配合公司发展战略针对业务部门要求来组织的，公司培训部与业务部门的合作比较密切，能及时洞察业务部门的需求，对需求会很快做出反应，它把自已定位在要成为业务部门的合作伙伴，不仅是简单的服务。人力资源部和各个业务部门联系非常紧密。

第五，管、教一体。公司的培训师许多来自公司内部，公司在美国的培训中心是其中一个主要的培训资源。还有国内的培训公司，也是它利用的力量。但在公司内部，基本上没有专职培训师。公司有一个理念是 leading by teaching，就是说做领导的同时也要充当员工的老师，高级管理人员需要具备教书的能力。在公司，许多公共的课程请人来讲，参加人数少的培训送出去听，没有专职的教员。公司有许多经理具备教书的能力，许多经理是技术方面的讲师。公司利用外力和内力做培训的比例大约是各占 50%，并且认为使用当地培训师的成本较低，而且他们对当地的情况比较了解，很贴近培训需求。

第六，注重内部培养注重人才的内部培养和使用是公司的一个特色，许多刚刚进入公司的员工，在某些方面的技能有差距，在内部经过培训后，可能会给他一些锻炼的机会，因为在实际工作中会更锻炼人。像贝尔实验室有一些专门针对工程师的培训，员工将自己的发展方向与公司的某种需求结合，公司在内部培养人才，有时候出现职位空缺，就会在内部网上广播，员工都能根据技能申请。公司希望经理人员有跨部门工作的经验，为此公司会创造一些条件让管理人员有机会做不同的工作。人力资源部会对这种需求做岗位调整，几个关键的工作岗位经常轮换，内部职业发展空间很大。

第 6 章 绩效管理实验

本章主要学习目标

1. 熟悉企业绩效管理过程,掌握绩效管理软件实际操作技能。
2. 掌握 360 度绩效评价体系的原理与实施。
3. 掌握员工绩效评价的常用方法。
4. 学会对不同绩效评价体系的优势、劣势作出正确的评价。

6.1 绩效管理基础实验

实验一 考核基础设置实验

一、实验目的

运用金蝶 K/3 软件进行绩效管理实际操作。通过实验掌握绩效管理体系的建立。

二、实验内容

1. 绩效指标库

一般企业的考核内容是在一段时期相对固定的考核内容,特别是针对特定的人群有不同的考核内容,所以需要以含有分类的绩效指标库方式来成批给被评估人新建和下达绩效评估目标。

选择"绩效管理"→"考核基础设置"→"绩效指标库",进入"绩效指标类型"页面。主要操作步骤包括:编辑绩效指标类型,编辑绩效指标,见表 6-1。

表 6-1　编辑绩效指标

数据项	说明	必填项(是/否)
类型编码	绩效指标类型的编码	是
类型名称	绩效指标类型的名称	是
类型说明	绩效指标类型的详细说明	否

2. 360度问卷库

选择"绩效管理"→"考核基础设置"→"360度问卷库",进入"评价问卷管理"页面。该页面显示全部360度评估时所需的评估问卷。

主要操作步骤如下。

(1) 新建问卷名称。

(2) 修改问卷。

(3) 删除问卷。

(4) 360度评分等级,见表6-2。

表 6-2　360度评分等级

数据项	说　　明	必填项(是/否)
问卷名称	360度问卷的名称	是
所属公司	问卷所属的公司,当用户进入问卷库时,只可以维护权限范围内的问卷,若选择权限外的问卷时,维护时系统会提示——**所选问卷为其他公司所建,不能进行此项操作!**	是
问卷每条题目的评分范围	每条题目的评分范围(最低分与最高分)系统默认分数范围为:0分～100分	是

评价标准描述如图6.1所示。

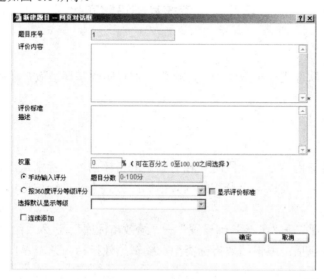

图 6.1　评价标准描述

360度评估内容见表6-3。

表 6-3 360 度评估内容

数据项	说　明	必填项(是/否)
题目序号	问卷题目的序号	是
评价内容	进行 360 度评估时所需的评价内容	是
评价标准描述	评价标准的详细描述	是
权重	题目在问卷中所占的比重(权重总分为 100%)	是
选择评分方式	选择"手动输入评分"或者"按 360 度评分等级评分"。若选择了"按 360 度评分等级评分",并选择"360 度评分等级分组"和复选了显示评价标准,则该评分等级组的评价标准自动显示在评价标准文本框中。还需选择默认的显示等级。	是

实验二 考核方案设计实验

一、实验目的

通过实验掌握如何针对企业考核评价体系建立多个不同方案。

二、实验内容

1．个人绩效方案

选择"绩效管理"→"考核方案"→"个人绩效方案",在进入"考核方案列表"页面之前,系统会弹出一个条件查询页面,用户可在此页面设置查询考核方案的条件,也可查询已关闭的方案。

主要操作步骤如下。

(1) 考核方案向导。

(2) 考核方案维护。

(3) 考核方案的关闭及删除。

(4) 职员查询。

新建职员绩效考核方案如图 6.2 所示。

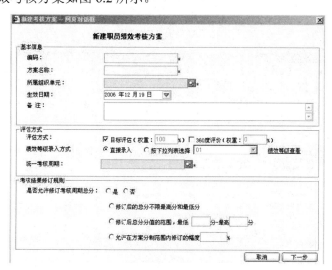

图 6.2 新建职员绩效考核方案

在新建考核方案中设置第一个考核周期，如图 6.3 所示。

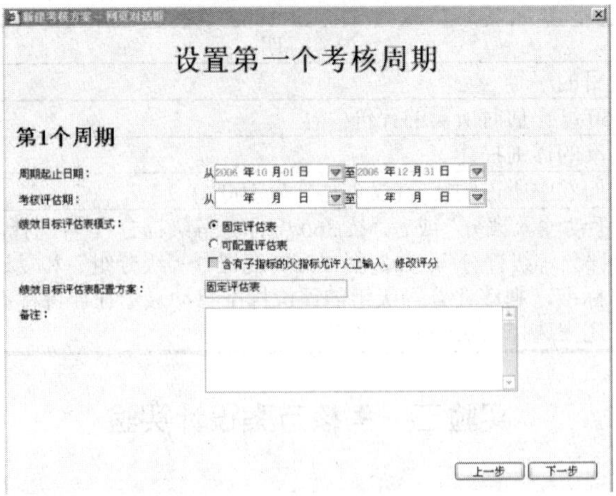

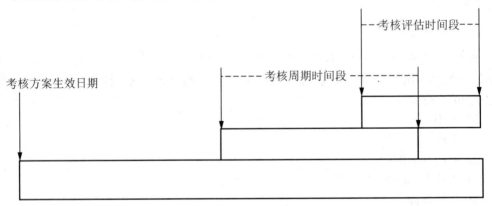

图 6.3　新建考核方案——设置第一个考核周期

考核方案中的时间关系如图 6.4 所示。

图 6.4　考核方案中的时间关系

职员绩效评估方案基本设置如图 6.5 所示。

图 6.5　职员绩效评估方案基本资料

职员绩效考核目标类型和模式控制，如图 6.6 所示。

图 6.6　职员绩效考核目标类型和模式控制

职员绩效评估对象目标下达设置，如图 6.7 所示。

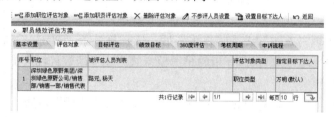

图 6.7　职员绩效评估对象目标下达

2．绩效考核方式

绩效考核方式如图 6.8 所示。

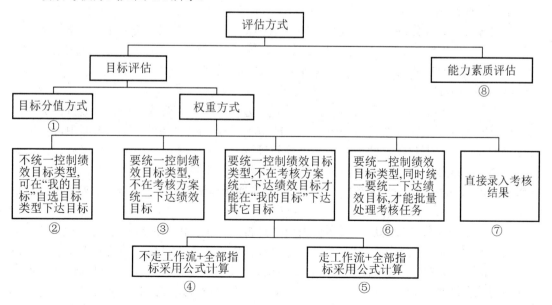

图 6.8　绩效考核的方式

1) 考核方式一

当"目标权重填写方式"设为"目标分值"时,"绩效目标类型和下达目标方式的模式控制"为灰色不可选,且"绩效目标"页面是无法打开的,系统会提示——目标评估中没有"采用绩效目标类型控制",所以不能设置"绩效目标"。

此种考核方式为由评估对象、直接上级或指定人在"我的工作台"中进行新建目标和下达目标,"目标类型"则显示绩效指标库中全部的绩效指标类型。分数显示为"目标分值",即考核流程结束时所评估的分数为最终分数,在"绩效结果"查询中显示的分数为评估分数。

2) 考核方式二

当"目标权重填写方式"设为"权重"时,"绩效目标类型和下达目标方式的模式控制"由灰色不可选变为黑色可选。当选择第一条"不统一控制绩效目标类型……",在"我的工作台"中的原"目标分值"的字段名称变为"权重",但其他设置的方式均与考核方式一相同,只是在考核过程中,评估分数要乘以权重系数方可得出最终分数。在考核方式二中,当单击"绩效目标"时页面是无法打开的,系统会提示——目标评估中没有"采用绩效目标类型控制",所以不能设置"绩效目标"。

3) 考核方式三

当"目标权重填写方式"设为"权重"后,选择第二条"要统一控制绩效目标类型,不在考核方案统一下达绩效目标",指的是考核方式为由"绩效目标"统一控制绩效目标类型,及设置类型权重。

在"方案维护"→"绩效目标"页面中,单击"绩效类型"按钮,系统会弹出指标类型的对话框,单击"引用类型"按钮,系统会弹出类型树对话框,此对话框支持多选,单击"确定"按钮,所选的类型引用成功,若要删除时,可选择要删除的指标类型,单击"删除类型"按钮,同样支持多选。当类型引用后,单击"设置权重",在弹出的页面中对各类型的权重进行设置。

绩效目标则由评估对象、直接上级或指定人在"我的工作台"中进行新建与下达目标。在新建目标之前,要先选定"目标类型",系统弹出的"目标类型"树为在"方案维护"→"绩效目标"→"绩效类型"已选定并设置了权重的目标类型。目标不论是自建或是引用,同种类型下的目标权重之和必须小于或等于该类型的权重。

4) 考核方式四

当"目标权重填写方式"设为"权重"后,选择第三条"要统一控制绩效目标类型,同时要首先统一下达完绩效目标……",指的是考核方式为在"绩效目标"页面中选择绩效目标类型及设置类型权重,然后要先在"绩效目标"页面中统一下达绩效目标后,评估对象、直接上级或指定人才可在"我的工作台"中新建与下达目标。同样的同种类型下的目标权重之和必须小于或等于该类型的权重,整个周期指标权重必须下达为100%才可以启动考核。

当选择第三条模式控制后,页面会出现"是否采用工作流"的选择字段,选择"不走工作流+全部指标采用公式计算"。即是在考核过程中,不走"目标评估流程"而直接由在"绩效目标"中设置的公式来计算考核分数结果。当选择不走工作流后,"目标评估流程"的功能键就会隐藏起来,当目标下达周期启动时,在"考核过程控制"中直接可以看到公式计算的结果。

评估对象、直接上级或指定人在"我的工作台"中只能查看目标和查看变更记录。

5) 考核方式五

当选择第三条模式控制后,页面会出现"是否采用工作流"的选择字段,选择"走工作流+部分指标采用公式计算"。即是目标评估是以考核工作流审批来进行,且考核中的目标可以全部或部分设置公式来计算考核分数,但考核过程仍是以工作流的方式来进行的。

在选择了考核方式为走工作流后,要求用户设置流程,这样考核周期才能启动。

在绩效目标已经下达后,评估对象、直接上级或指定人在"我的工作台"中可以查看到在"绩效目标"中下达的绩效目标和查看变更记录,如果已下达的目标权重总和小于100%,则评估对象、直接上级或指定人可以新建和下达目标,且直接上级或指定人可以修改已下达目标的目标内容。

6) 考核方式六

当所有被考核人的考核目标都是相同的内容时,为简化考核评分操作,考核人应可以在同一个页面中处理对多个被考核人的绩效评分、评语工作。

当"目标权重填写方式"设为"权重"后,选择第四条"要统一控制绩效目标类型,同时要统一下达绩效目标……",指的是考核方式为在"绩效目标"页面中选择绩效目标类型及设置类型权重,然后要先在【绩效目标】页面中统一下达绩效目标。考核启动后,评估人在【我的工作台】中批量处理考核任务。

7) 考核方式七

当"目标权重填写方式"设为"权重"后,选择第五条"直接录入考核结果",指的是考核方式为不采用工作流进行考核,必须通过"绩效目标"页签中来进行目标类型的建立以及目标建立和下达。在"考核结果")→"录入个人结果"中直接录入个人的考核结果。该模式只支持两种目标评分方式:手工输入评分和按分数级别选项进行评分。

由于是直接录入考核结果,因此需要先停止考核周期才能进行结果录入。

8) 考核方式八

当"绩效目标类型和下达目标方式的模式控制"选择为"能力素质评估"后,指的是考核方式为绩效目标引用能力素质指标,采用工作流的方式;同时需要在方案中统一下达完绩效指标;已完成考核周期的能力素质指标最终等级的评定以所设置工作流最后一个节点评定的等级为准,在考核周期结束时写入对应职员的职员能力素质表中。如果为该职员已有的能力素质指标,则覆盖相应能力素质指标的指标级别;如果职员没有考核已引用的能力素质指标,则给该职员新增能力素质指标。

实验三 考核过程控制实验

一、实验目的

通过实验掌握如何通过重启目标评估流程,重新发送 360 度问卷来保证所有考核结果的客观、公正。

二、实验内容

在绩效考核过程中,企业人力资源管理人员对考核过程进行有效的控制是十分必要的。可以通过重启目标评估流程,重新发送 360 度问卷来保证所有考核结果的客观、公正。人力资源管理人员通过考核过程控制可以更好的实时监控考核过程。

绩效考核进度跟踪如图6.9所示。绩效考核进度跟踪数据项及说明，见表6-4。

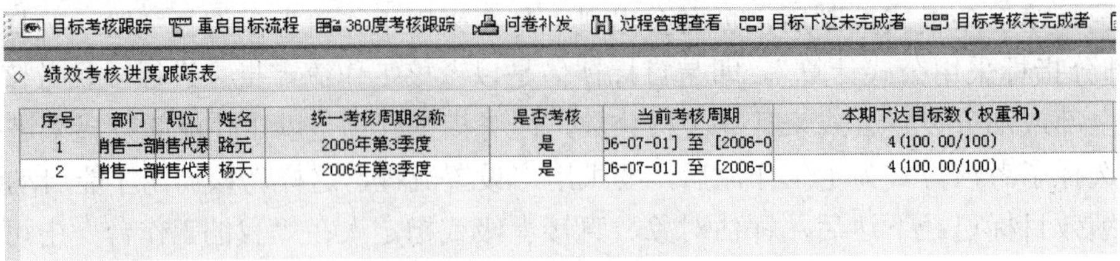

图6.9 绩效考核进度跟踪

表6-4 绩效考核进度跟踪表

数据项	说　　明	必填项(是/否)
序号	该条数据的顺序。	是
部门	评估对象所在的部门。	视条件选择而定
职位	评估对象的职位。	视条件选择而定
姓名	评估对象的姓名。	视条件选择而定
是否考核	考核方案中设定评估对象的考核周期是否进行目标评估的属性。	视条件选择而定
当前考核周期	评估对象在系统当前时间内的考核周期。	视条件选择而定
本期下达目标(权重和)	评估对象目标评估的目标下达情况。	视条件选择而定
目标评估状态	评估对象目标评估的状态，包括未处理、进行中、已完成。	视条件选择而定
360度反馈评价状态	360度评估的状态，分为未处理、进行中、已完成。	视条件选择而定
目录评估总分	评估对象的目标评估总分	视条件选择而定
360度反馈评价总分	评估对象的360度反馈评价总分	视条件选择而定

实验四　考核结果实验

一、实验目的

通过实验掌握如何汇总考核结果、计算绩效等级结果、录入组织或个人的绩效考核结果、对绩效考核结果进行排序，以及通过查询的排序、统计功能将考核结果进行仔细的分析，使考核结果能够更好的应用到企业的人力资源管理活动中。

二、实验内容

1. 结果查询

打开"绩效管理"→"考核结果"→"个人绩效结果"页面。考核结果查询中，选中某条记录单击"目标考核"按钮，可以查看对应的目标评估的情况，单击"申诉查看"按钮，可以查看绩效申诉的情况，单击"绩效总结"按钮，可以查看绩效总结的情况，但是在考核结果页面中不能查看360度评估的问卷情况，要查看360度评估的问卷情况，必须在查询报表的绩效管理报表的考核结果报表中查看。

考核结果说明表见表6-5。

表 6-5 考核结果说明表

数据项	说　　明	必填项(是/否)
部门	评估对象所在的部门	视条件选择而定
职位	评估对象的职位	视条件选择而定
姓名	评估对象的姓名	视条件选择而定
考核方案	评估对象所在考核方案	视条件选择而定
是否考核	考核方案中设定的该评估对象的考核周期是否进行目标评估的属性	视条件选择而定
当前考核周期	评估对象在系统当前时间内的考核周期	视条件选择而定
目标评估总分	评估对象的目标评估总分，此处的总分是根据考核流程的每一个处理人的权重、评分计算出来的，例如考核流程为：本人(权重 0，评分为 8.1)-->直接上级(权重 6，评分为 8.3)-->间接上级(权重 4，评分为 8.5)，那么评估对象的目标总分为：8.1×0+8.3×0.6+8.5×0.4=8.38。	视条件选择而定
360 度反馈评价总分	评估对象的 360 度评估总分，此处的总分是根据 360 度评估设置的每一个评价人的权重、评分计算出来的，例如上级(权重 0.1，评分 8.79)，同事二人(权重 0.3，评分 8.1，8.3)，下属(权重 0.2，评分 7.9)，指定人(权重 0.4，评分 8.5)，那么评估对象的 360 度评估总分为：8.79×0.1+(8.1+8.3)/2×0.3+7.9×0.2+8.5×0.4=8.534，保留两位小数为 8.53。	视条件选择而定
周期总分	评估对象在考核周期内的总分，此处的考核总分是根据目标评估和 360 度评估的评分及权重计算出来的，例如目标评估(权重 0.7，评分 8.38)，360 度评估(权重 0.3，评分 8.53)，那么评估对象的周期总分为：8.38×0.7+8.53×0.3=8.425，保留两位小数为 8.43。周期总分处要注意的问题是，周期总分的分制是由考核方基本设置中的分制来定的，如果目标评估与 360 度评估的分制不同，在计算周期总分的时候会自动转换成周期总分的分制。	视条件选择而定
周期修订总分	修订后的总分	视条件而定
排序名次	绩效结果排序的名次	视条件而定
绩效等级	绩效等级结果	视条件而定
是否审核	有没有审核(结果为：未审核或已审核)	视条件而定
是否引用	有没有被工资系统引用	视条件而定
审核日期	被审核的日期	视条件而定
审核人	审核此条记录的人员	视条件而定
修订原因	修订周期总分的原因	视条件而定
是否有申诉	有没有进行绩效申诉	视条件而定

绩效考核结果报表如图 6.10 所示。

2. 结果修订

如果某个考核周期在考核方案设置中已经设定了允许修改考核的范围，即可以绩效考核报表中修订最后的考核周期总分。绩效考核结果修改步骤，见表 6-6。

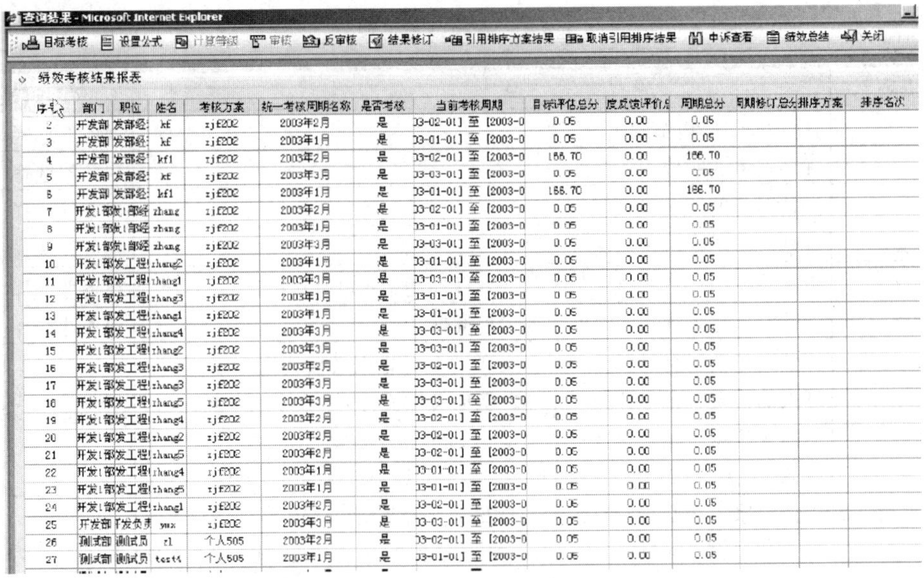
查询结果 - Microsoft Internet Explorer
目标考核 设置公式 计算等级 审核 反审核 结果修订 引用排序方案结果 取消引用排序结果 申诉查看 绩效总结 关闭
绩效考核结果报表

序号	部门	职位	姓名	考核方案	统一考核周期名称	是否考核	当前考核周期	目标评估总分	度反馈评价总	周期总分	周期修订总分	排序方案	排序名次
2	开发部	发部经	kf	zjf202	2003年2月	是	03-02-01] 至 [2003-0	0.05	0.00	0.05			
3	开发部	发部经	kf	zjf202	2003年1月	是	03-01-01] 至 [2003-0	0.05	0.00	0.05			
4	开发部	发部经	kf1	zjf202	2003年2月	是	03-02-01] 至 [2003-0	166.70	0.00	166.70			
5	开发部	发部经	kf	zjf202	2003年3月	是	03-03-01] 至 [2003-0	0.05	0.00	0.05			
6	开发部	发部经	kf1	zjf202	2003年1月	是	03-01-01] 至 [2003-0	166.70	0.00	166.70			
7	开发1部	发1部经	zhang	zjf202	2003年2月	是	03-02-01] 至 [2003-0	0.05	0.00	0.05			
8	开发1部	发1部经	zhang	zjf202	2003年1月	是	03-01-01] 至 [2003-0	0.05	0.00	0.05			
9	开发1部	发1部经	zhang	zjf202	2003年3月	是	03-03-01] 至 [2003-0	0.05	0.00	0.05			
10	开发1部	发工程	zhang2	zjf202	2003年1月	是	03-01-01] 至 [2003-0	0.05	0.00	0.05			
11	开发1部	发工程	zhang1	zjf202	2003年3月	是	03-03-01] 至 [2003-0	0.05	0.00	0.05			
12	开发1部	发工程	zhang3	zjf202	2003年1月	是	03-01-01] 至 [2003-0	0.05	0.00	0.05			
13	开发1部	发工程	zhang1	zjf202	2003年1月	是	03-01-01] 至 [2003-0	0.05	0.00	0.05			
14	开发1部	发工程	zhang4	zjf202	2003年3月	是	03-03-01] 至 [2003-0	0.05	0.00	0.05			
15	开发1部	发工程	zhang2	zjf202	2003年3月	是	03-03-01] 至 [2003-0	0.05	0.00	0.05			
16	开发1部	发工程	zhang3	zjf202	2003年2月	是	03-02-01] 至 [2003-0	0.05	0.00	0.05			
17	开发1部	发工程	zhang3	zjf202	2003年3月	是	03-03-01] 至 [2003-0	0.05	0.00	0.05			
18	开发1部	发工程	zhang5	zjf202	2003年3月	是	03-03-01] 至 [2003-0	0.05	0.00	0.05			
19	开发1部	发工程	zhang4	zjf202	2003年2月	是	03-02-01] 至 [2003-0	0.05	0.00	0.05			
20	开发1部	发工程	zhang2	zjf202	2003年2月	是	03-02-01] 至 [2003-0	0.05	0.00	0.05			
21	开发1部	发工程	zhang5	zjf202	2003年2月	是	03-02-01] 至 [2003-0	0.05	0.00	0.05			
22	开发1部	发工程	zhang4	zjf202	2003年1月	是	03-01-01] 至 [2003-0	0.05	0.00	0.05			
23	开发1部	发工程	zhang5	zjf202	2003年1月	是	03-01-01] 至 [2003-0	0.05	0.00	0.05			
24	开发1部	发工程	zhang1	zjf202	2003年2月	是	03-02-01] 至 [2003-0	0.05	0.00	0.05			
25	开发部	开发负责	yux	zjf202	2003年3月	是	03-03-01] 至 [2003-0	0.05	0.00	0.05			
26	测试部	测试员	zl	个人505	2003年2月	是	03-02-01] 至 [2003-0	0.05	0.00	0.05			
27	测试部	测试员	test4	个人505	2003年1月	是	03-01-01] 至 [2003-0	0.05	0.00	0.05			

图 6.10　绩效考核结果报表

表 6-6　绩效考核结果修改步骤表

步　骤	描　述	必填项(是/否)
第一步	在绩效考核报表中选中要修订总分人员的考核记录，单击“结果修订”按钮，弹出修订结果页面	是
第二步	在修订后考核周期总分输入框中输入修订的考核总分，在修订后绩效等级输入框中输入修订的绩效等级，在修订原因输入框中填入修订原因，单击“确定”按钮	是
第三步	①如果系统在“考核方案”→“基本设置”中选择的是“修订后的总分不限最高分和最低分”则修订的总分没有分数范围，可自行设订分数。 ②如果系统在“考核方案”→“基本设置”中选择的是“修订后总分分值的范围，最低____分-最高____分”则修订的分数必须在最低与最高分的范围内； ③如果系统在“考核方案”→“基本设置”中选择的是“允许在方案分制范围内修订的幅度____%”则修订的分数必须在这个幅度范围内。 如果修订的分数超过了允许修订的分数范围，则系统会提示“修订分数范围超过考核方案允许的范围”，如果修订的分数符合考核方案设置，则单击“确定”按钮，对话框保存关闭。	是

3．设置公式

在“考核结果”中，可以对评估对象的考核结果制订考核等级，这样以便工资系统引用时可根据考核等级进行相关的分配与设置。公式设置完成后，可单击“公式检查”按钮对所设公式的正确性进行检查与判断，如果公式正确则系统提示——公式正确，否则则提示——公式错误。绩效考核等级公式见表 6-7。

表 6-7　绩效考核等级公式

举例：
绩效等级公式 1 设置如下：
如果　右值项目|||周期修订总分 ＞80　则　左值项目|||绩效等级　＝　" A"
否则　左值项目|||绩效等级　＝　"B"
如果完
解释：如果当前评估对象周期修订总分大于 80，则绩效等级为 A，否则为 B。
又例：绩效等级公式 2 设置如下：
如果　右值项目|||周期总分＜1.5
则左值项目|||绩效等级＝"D"
如果完
如果　右值项目|||周期总分　＞= 1.5
且　右值项目|||周期总分　＜2
则　左值项目|||绩效等级　＝"C"
如果完
如果　右值项目|||周期总分　＞= 2
且　右值项目|||周期总分　＜2.5
则　左值项目|||绩效等级　＝"B"
如果完
如果　右值项目|||周期总分　＞= 2.5
且　右值项目|||周期总分　＜= 3
则　左值项目|||绩效等级　＝　"A"
如果完
解释：如果 2.5≤周期总分≤3，则绩效等级为 A
如果 2≤周期总分＜2.5，则绩效等级为 B
如果 1.5≤周期总分＜2，则绩效等级为 C
如果周期总分＜1.5，则绩效等级为 D

4. 计算等级

当公式设置完成后，单击"计算等级"按钮，系统会对当前考核周期中所有参加了考核的人员进行自动等级计算，且将结果显示在"绩效等级"的字段中。

5. 审核

为了绩效考核的结果公正、公平，系统提供考核结果审核的功能，只有经过审核的考核结果才能够被引入到工资系统作为工资计算的标准。

在绩效考核管理报表页面选择某条或者某几条需要审核的考核记录，单击"审核"按钮，在弹出的审核确定页面单击"确定"按钮，考核记录的审核状态变成为"已审核"的状态，在工资系统引入人力资源系统的工资数据的绩效考核数据的时候，如果某个考核已经被审核，则可以引入，如果某个考核记录没有被审核且状态为"未审核"的时候，不能被工资系统引用。

6. 录入个人绩效结果

当用户在"绩效管理"→"考核方案"→"目标评估"中选择目标考核方式为"直接

录入考核结果"时,可以通过"录入个人结果"直接录入被考核人的评估结果。

选中"绩效管理"→"考核结果"→"录入个人结果",弹出条件查询页面,见表6-8。

表6-8 录入个人结果

数据项	说　　明	必填项(是/否)
另存方案	单击另存方案,录入方案名称,单击"确定"按钮,可存储当前页面记录;若需取消该录入页面,可单击"取消"按钮。	否
保存方案	另存方案后,设置好查询条件,单击"保存方案"按钮,可存储当前查询方案。	否
删除方案	选择某一方案,单击"删除方案"按钮,可删除当前选择的查询方案。	否
修改方案名称	选择某一方案,单击"修改方案名称"按钮,可修改当前选择的查询方案名称。	否
设为个人默认方案	选择某一方案,单击"设为个人默认方案",可将当前选择的查询方案设为个人的默认方案。	否
条件	通过选择考核周期、选择考核方案、选择组织单元范围、选择被考核人进行查询。	是
项目	在查询的结果中需要显示哪些字段,如:部门、职位、名称、考核方案等。选中的项目字段可以使用"上移"、"下移"调整显示的顺序。	否
过滤	在"过滤"中,依次选择"字段"、"比较关系",并填写"比较值"。如果有多个查询条件,选择多个条件之间的逻辑关系:且、或。	否
排序	在"排序"中,依次填写"序号",选择"字段"、"排序方式",可有多个排序条件。	否
高级	可以按"选择职务"进行查询。	否
确定	设置好查询方案或查询条件,单击"确定"按钮,可按所设置的查询方案或查询条件过滤出所需要的查询结果。若要清除当前所选择的查询条件,可单击"重置"按钮。不设置任何查询条件,直接单击"确定"按钮,默认出来所有的结果。	是

7. 个人结果排序

1) 新建绩效结果排序

选中"绩效管理"→"考核结果"→"个人结果排序",进入"个人结果排序列表",单击"新建绩效结果排序"按钮,弹出"新建绩效结果排序"对话框,见表6-9。

表6-9 个人结果排序列表

数据项	说　　明	必填项(是/否)
绩效排序表名称	绩效排序表的名称	是
绩效排序类型	默认为"个人结果排序"	是
所属考核周期	选择所属考核周期	是
所属组织单元	选择所属组织单元	是
参加排序的绩效考核结果	可选择目标评估总分、360度评估总分、周期总分、绩效等级。	是

2) 修改绩效结果排序

在"个人结果排序列表"页面中,选中某一绩效排序表,单击"修改绩效结果排序"按钮,弹出"个人绩效排序"页面,见表6-10。

表 6-10 个人绩效排序

步 骤	描 述	必填项(是/否)
第一步	在"基本设置"页面中,单击"添加考核方案"按钮设置相关联的考核方案	是
第二步	在"排序对象"页面中,单击"新增排序对象"按钮添加排序对象,单击"删除排序对象"按钮可删除排序对象	是
第三步	在"排序对象"页面中,选择考核对象,单击"设置正态分布参数"按钮,弹出"设定排序参数"对话框,进行等级百分比、样本数、排序顺序、转化为绩效等级的设置	是
第四步	在"排序对象"页面中,选择考核对象,单击"计算等级结果"按钮,系统自动计算考核对象的绩效等级	是
第五步	单击"审核"或"反审核"按钮对排序结果进行审核或反审核	是

实验五 汇总方案实验

一、实验目的

通过实验掌握如何对多个绩效考核方案结果的汇总,以及对汇总方案的再汇总。

二、实验内容

1. 创建方案

在"绩效管理"→"汇总方案"→"个人汇总方案"中,单击"创建方案",弹出"新建汇总方案"的对话框,见表 6-11。绩效考核汇总方案如图 6.11 所示。

表 6-11 新建汇总方案

数 据 项	说 明	必填项(是/否)
编码	汇总方案的编码	是
方案名称	汇总方案名称	是
所属组织单元	汇总方案属于哪个组织单元的	是
引用考核周期	引用考核周期	是
开始日期	开始的日期	是
截止日期	截止的日期	是
备注	对汇总方案的描述	否

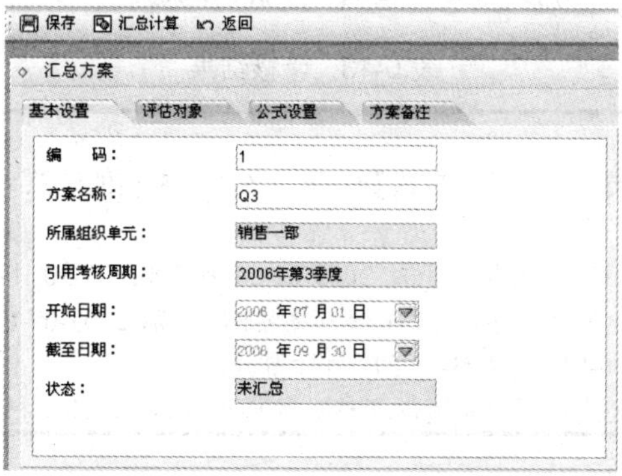

图 6.11 绩效考核汇总方案

2. 方案维护

选择要维护的方案，单击"方案维护"按钮，进入汇总方案维护页面。

1) 基本设置

在"汇总方案基本设置"页面，可以看到该汇总方案的基本信息的内容，这些信息都是在"创建方案"中已经设置过的，可以在汇总方案基本设置页面修改，如果有修改内容的需要时，可以在此页面进行修改和保存。当在第 3 项"公式设置"完成后，可单击"汇总计算"进行汇总分数计算，汇总计算表见表 6-12。

表 6-12 汇总计算

数据项	说　　明	必填项(是/否)
编码	汇总方案的编码	是
方案名称	汇总方案名称	是
所属组织单元	汇总方案属于哪个组织单元的	是
引用考核周期	引用考核周期	是
开始日期	开始的日期	是
截止日期	截止的日期	是
状态	当前汇总方案是否已汇总	系统自动生成

2) 评估对象

设置此汇总方案的评估对象，由于此汇总方案是将评估对象在"绩效管理"→"考核方案"中的考核分数汇总计算出来，所以在选择评估对象时一定要相互匹配，否则查询出来的结果会不真实，也不正确。

单击"添加评估对象"按钮，在弹出的条件查询页面中设置查找要添加的职员，选中后，单击"确定"按钮，添加成功。如果有误选的，可以选择要删除的职员，单击"删除评估对象"按钮，系统会提示——您确认删除下员工吗？删除员工时，对应的汇总数据同时被删除。确认要删除的，可以单击"确定"按钮即可。

3) 设置公式

设置公式主要操作方式与之前介绍的"绩效目标"和"考核结果"中的操作是相同的。公式计算可引用的项目有"个人或组织的考核方案结果分数"、"排名方案结果"、"汇总方案结果"。当公式设置正确后，可回到"基本设置"页面中，单击"汇总计算"按钮进行计算，计算出的结果可通过"考核结果"查看，见表 6-13。

表 6-13 考核结果

举例：

如果要汇总计算一个或多个员工在【绩效考核】一年中各季度考核的汇总平均分，则在公式中可以设置如下：

左值项目|||目标得分 =("考核方案名称"||| 从 2003-01-01 到 2003-03-30|||目标得分 + "考核方案名称"||| 从 2003-04-01 到 2003-06-30|||目标得分 +"考核方案名称"||| 从 2003-07-01 到 2003-09-30|||目标得分 + "考核方案名称"||| 从 2003-10-01 到 2003-12-31|||目标得分)/ 4

解释：一年为四个季度，此公式将四个季度的考核分数相加除以 4，即可得出一年的汇总分数。

第6章 绩效管理实验

6.2 绩效管理技能实验

实验一 员工绩效考核工具的设计与应用

一、实验目的

通过对员工个人考核表的设计过程，使学生能够掌握员工个人绩效考核工具的设计和应用，应注意的问题。并且通过小组讨论的方式来锻炼学生的团队工作能力与技巧，为将来的实际工作打下一个坚实的基础。

二、预备知识

1. 绩效考核与绩效管理的区别

绩效考核与绩效管理并不是等价的，绩效管理是人力资源管理体系中的核心内容，而绩效考核只是绩效管理中的关键环节。绩效考核成功与否不仅取决于评估本身，而且很大程度上取决于与评估相关联的整个绩效管理过程。有效的绩效考核依赖于整个绩效管理活动的成功开展，而成功的绩效管理也需要有效的绩效考核来支撑。绩效管理是一个完整的管理过程，它侧重于信息沟通与绩效提高，强调事先沟通与承诺，它伴随着活动的全过程；而绩效考核则是管理过程中的局部环节和手段，侧重于判断和评估，强调事后评价，而且仅在特定的时期内出现。

2. 绩效管理的过程

绩效管理的过程通常被看作是一个循环，这个循环分为五步：绩效计划、绩效实施、绩效考核、绩效反馈与面谈、绩效结果的应用(包括绩效改进和导入，以及其他人力资源管理环节的应用，如培训、职位调整、薪酬奖金、留用决策等)。

三、范例介绍

范例一：某公司针对管理干部综合能力表现，设计了表格对其进行考核，见表6-14。

表6-14 管理干部综合能力表现考核表

1. 员工绩效评定分数	
5分- 非常优秀	
4分 - 很好	
3分 - 合格，称职	
2分 - 需要改进	
1分 - 不称职	
对上述各级别评审均需做出评语，对3分以下的评审要提出改进的建议.	
2. 专业知识	评定
2.1 熟悉工作要求、技能和程序	
2.2 熟悉本行业及产品	
2.3 熟悉并了解对其工作领域产生影响的政策、实际情况及发展方向	
2.4 工作中使用工具的熟练情况及专业知识(例如器材、电脑软件等)	
2.5 了解下属工作及职责	

续表

评语	
3. 主动性和创造性	评定
3.1 为达到工作目标而积极地做出有影响力的尝试	
3.2 主动开展工作而非一味被动服从	
3.3 从有限的资源中创造出尽可能多的成果	
3.4 主动开展工作，力求超越预期目标	
3.5 将有创造性的思想加以完善	
3.6 勇于向传统模式提出挑战并进行有创造性的尝试	
3.7 是否善于发现资源、进行完善及富于创造性	
评语	
4. 对客户的关注程度	评定
4.1 对内部及外部客户能够坚持关注其期望值及需求	
4.2 掌握客户的第一手资料并用于改进自身的产品及服务	
4.3 对客户的需求进行积极响应并提出改进办法	
4.4 以客户为中心进行交谈并付诸行动	
4.5 赢得客户的信任和尊重	
评语	
5. 培养及领导下属的能力	评定
5.1 能够建立并保持一个高效的工作集体	
5.2 能够与员工沟通并鼓励下属分享信息资源	
5.3 能够全面、实时并及时地完成工作评估	
5.4 能够经常提供建设性的反馈及指导意见	
5.5 能够协助下属确定未来具有挑战性的目标	
5.6 能够与下属建立双向沟通	
评语	
6. 判断力及时效性	评定
6.1 判断准确并能够同时考虑到其他选择的后果	
6.2 能够及时并根据工作时间表做出判断	
6.3 尽管付诸行动时存在不确定性，但能够面对风险完成工作	
6.4 能够针对严重问题提出解决意见	
6.5 能够判断潜在的问题及形势	
评语	
7. 沟通能力	评定
7.1 能够倾听并表达自己对有关信息的认知	
7.2 能够征求意见并做出积极的回应	
7.3 能够通过书面和口头形式简明扼要地进行正确表达并产生同样的效果	
7.4 能够撰写高水平的书面材料并进行演示	
7.5 能够确保其书面材料在专业上的可靠性	
7.6 能够在有关交谈中引述相关咨讯	
评语	
8. 工作责任心	评定
8.1 出席会议发问及遵守时间情况	
8.2 可信度和可依赖度	

续表

8.3 接受工作任务情况及本人对完成工作的投入程度 8.4 乐于与其他人共事并提供协助 8.5 能够节约并有效控制开支 8.6 能够对其他人起到榜样的作用 评语	
9. 计划性	评定
9.1 能够有效制定自我工作计划并确定资源 9.2 能够准确划定工作和项目的期限及难度 9.3 能够预测问题并制定预案 评语	
10. 工作质量	评定
10.1 对工作中的细节及准确度给予应有的重视 10.2 能够按时高质量地完成工作 10.3 准确完成工作并体现出应有的专业水平 评语	
11. 团队精神	评定
11.1 能够与本组人员一起有效地工作并共同完成本组织工作目标 11.2 能够与上级并下属分享咨询，乐于协助同事解决工作中的问题 11.3 能够以行动表达对他人需求的理解以及成就的赞赏 11.4 能够与他人共享成功的喜悦 评语	

评估人对被评估人的综合能力概述

_____

评估人签名：_____

范例二：某工程技术企业对其业务人员设计了考核表格，见表 6-15。

表 6-15 业务人员考核表

岗位：		被考核人：	考核日期： 年 月至 月		
评分标准：		100～90 优秀；89～80 良；79～70 中；69～60 合格；60～0 差			
定性指标			满分	评分值	小计
责任心	上级不必对其本职工作一一指示、监督，也能迅速地完成工作		30		
	在工作时，不扯皮，不推脱，不敷衍了事		30		
	工作失误时，不逃避责任，不敷衍上司		20		
	对安排的工作不讲条件，勇挑重任，尽量多做事		20		
积极进取	乐于接受任务，勇于向困难挑战		40		
	有追求完美不断改善现状的工作态度和高昂的工作热情		30		
	积极主动地学习相关专业知识，积极主动地向同事、上司学习		30		
忠诚敬业	在对外的业务交往中，永远把公司的利益放在第一位		30		
	在公司里，能够尽心尽职地做好自己的本职工作		30		
	警惕泄露公司秘密，不携带技术秘密(非工作需要)离开公司		40		
服从与执行	坚决服从对上级指示，不打折扣，尊重上级，主动做好工作		50		
	能及时、准确地执行上级下达的计划和任务，并及时复命		50		

续表

评分标准：	100～90 优秀； 89～80 良； 79～70 中	69～60 合格；	60～0 差	
定性指标		满分	评分值	小计
服务态度	言行举止得体，热情、周到地为相关部门或客户提供服务	50		
	主动协助上级、同事做好工作	50		
团队协作	善于与他人合作共事，相互支持，充分发挥各自的优势，保持良好的团队工作氛围	50		
	能够与别人很好地沟通，建立相互信任与良好的协作关系，协调处理工作中问题	50		
改善创新能力	善于发现工作中的薄弱环节，把握问题所在，并不断改进	30		
	善于解决困难，能提出切实可行的解决方案，开创工作新局面	30		
	善于把握工作方向，积极改进工作中的问题	20		
	能不断提出新想法、新措施和好建议，善于学习，锐意求新	20		
发现问题解决问题能力	善于发现企业运行中不易被发现、容易被忽略或深层次隐性问题，并及时报告上级，提出合理建议	50		
	在工作中，善于预测可能会出现的问题，并积极采取预防措施	50		
专业知识与技能	具有胜任本职工作的专业知识和工作技能	20		
	具有胜任本职工作经验	30		
	熟悉本岗位工作流程	30		
	熟悉岗位所需要的有关国家政策法规和公司的工作要求	20		

四、实验项目内容、步骤、方法和要求

（一）实验情景

L 移动通信有限责任公司成立于 1998 年 1 月。主要负责所在地区移动电话的网络建设和服务运营。现 L 建成数百个基站，网络容量近百万，形成了一个先进的移动电话网络和完善的客户服务体系。

随着业务的进一步发展和管理理念的不断提升，L 移动公司对公司内部人力资源管理工作的精细化及专业化水准要求越来越高。2005 年初，L 移动公司对市场经营部门的组织结构进行优化，并进行了工作分析、岗位调整等人力资源的基础工作。具体岗位分析如下。

1. 人力资源经理

1) 职位描述

(1) 制定、完善企业人力资源规划，健全人力资源管理制度。

(2) 制定薪酬政策、体系和员工职业发展机制，组织调薪评审和晋升评审。

(3) 制定绩效考核方案和员工激励机制。

(4) 根据公司发展和现有人员状况，制定系统的招聘培训计划。

(5) 制定公司福利政策。

(6) 公司整体形象设计、推广、企业文化建设。

(7) 负责员工社保申报工作；负责员工保险、档案调入、转出及户口迁移工作。

(8) 负责薪酬福利、劳动合同、员工档案等各项工作。

(9) 负责员工招聘、绩效管理、培训等工作。

(10) 其他人事日常工作。

2) 职位要求

(1) 行政管理及相关专业；了解现代企业人力资源管理理念，掌握科学的人力资源管理流程。

(2) 有 3 年以上人事及相关工作经验，有扎实的人力资源理论知识和实务操作能力；熟悉国家、地方行政法律、法规和劳动法等相关法律规定。

(3) 熟悉五险一金的办理。

(4) 其有良好的沟通协调能力，有较强的服务意识和团队精神。

(5) 工作稳重、细致、务实，待人热情、有礼貌、有责任心，具备优秀的条理性和逻辑性。

(6) 积极进取，能协调、组织、落实公司人事及企业文化工作，能承受工作压力，具备工作热情。

(7) 熟悉电脑操作，熟练操作 Office 软件。

2. 招聘主管

职位描述如下。

(1) 人力资源或相关专业大专以上学历。

(2) 有企业招聘工作经验，熟悉招聘系统，具招聘渠道及招聘的实务操作经验。

(3) 有良好的沟通协调能力，敬业，责任心强，工作仔细，有团队合作精神。

3. 培训主管

1) 职位描述

(1) 负责新员工入职培训、跟进培训(销售类)等。

(2) 培训计划的执行，跟踪和培训效果的评估。

(3) 培训资源的合理安排、维护、利用。

(4) 协助参与各类专栏建设(网站、报纸等)。

(5) 协助制订各种促销活动方案，培训活动内容，确保活动效果。

(6) 完成领导临时交办的其他工作。

2) 职位要求

(1) 正规院校本科以上学历，管理、教育、计算机等相关专业毕业。

(2) 口才好，演讲能力强，思路清晰，对网络营销非常熟悉，对 IT 行业、IT 产品、渠道销售熟悉。

(3) 高度认同企业文化，愿与企业共同成长和发展。

(4) 具备良好的职业操守，积极主动、诚信、敬业。

(二) 实验内容

根据岗位要求，为 L 公司人力资源部各岗位开发一套员工个人绩效考核表。

(三) 实验步骤、方法和要求

1. 参加实验的学生分成若干小组，人数控制在 4～5 人。小组各成员共同确定对什么类型员工的工作绩效进行考核，比如，可以对老师上课情况的考核进行设计，或者利用所学知识对一个现有的实际考核表进行改进。

2. 讨论确定具体的考核方法并说明采用该方法的理由。
3. 小组各成员合理分工，在有限的时间内在计算机上完成表格设计。
4. 提交本小组的工作成果并对本小组的最后成果进行讲解。
5. 其他小组成员可以就某些问题进行提问和质疑。

五、实验条件

计算机以及打印机；实验室讨论条件。

六、实验所需时间

2 小时。

七、实验报告和实验成绩评定

1. 实验成绩按照优秀、良好、中等、及格、不及格 5 个等级评定。
2. 成绩评定准则。
(1) 学生实验报告必须反映出实验目的、实验要求、实验方法、过程、实验结论、实验中存在的问题分析、解决对策等内容，根据报告撰写质量进行考核。
(2) 课堂讨论占总成绩 70%，实验报告占 30%。
(3) 实验报告要求：编写语言流畅，文字简洁，条理清晰。

实验二　绩效计划和绩效实施实验

一、实验目的

了解绩效计划的概念与步骤；掌握绩效实施的内容。

二、预备知识

1. 绩效计划

绩效计划是一个确定组织对员工的绩效期望并得到员工认可的过程。绩效计划必须清楚地说明期望员工达到的结果以及为达到该结果所期望员工表现出来的行为和技能。

绩效计划的步骤分为准备阶段和沟通阶段。准备阶段包括组织战略目标的发展规划、团队计划、个人的职责描述、员工上一绩效考核周期的绩效考核结果等。而在沟通阶段，管理者要和每一位员工进行充分的交流和沟通，以便和员工就其在这个绩效周期内的工作目标和计划达成共识。

2. 绩效实施

绩效实施主要包括两方面的内容，一个是绩效沟通，另一个是员工数据、资料、信息的收集与分析。绩效管理的循环是从绩效计划开始，以绩效反馈和面谈等导入下一个绩效周期。在这个过程中，决定绩效管理方法有效与否的就是处于计划和评估之间的环节——持续的绩效沟通和绩效信息的收集与分析。

持续的绩效沟通就是管理者和员工共同工作，以分享有关信息的过程。这些信息包括工作进展情况、潜在的障碍和问题、解决措施以及管理者如何才能帮助员工等。它是连接计划和评估的中间环节。

三、范例介绍

XX 公司绩效计划表

职位 __大客户部经理__ 直接主管 __市场部经理__

绩效期间：__2012 年 1 月 1 日至 2013 年 1 月 31 日__

工作目标	主要产出	完成期限	衡量标准	评判来源	所占权重
完善《大客户管理规范》	修订后的《大客户管理规范》	2008 年 8 月底	大客户管理责任明确；大客户管理流程清晰；大客户的需要在管理规范中得到体现	主管评估	20%
调整部门内的组织结构	新的团队组织结构	2008 年 9 月 15 日	能够以小组的形式面对大客户；团队成员的优势能够进行互补和发挥	主管评估 下属评估	10%
完成对大客户的销售目标	大客户的数量 销售额 客户保持率	2009 年 1 月底	大客户数量达到 30 个；销售额达到 2.5 亿元；客户保持率不低于 80%	销售纪录	50%
建立大客户数据库	大客户数据库	2008 年 12 月底	大客户信息能够全面、准确、及时的反映在数据库中；该数据库具有与整家公司管理信息系统的借口；数据安全；使用便捷；具有深入的统计分析功能模块	主管评估	20%

四、实验项目内容、步骤、方法和要求

(一) 实验情景

L 移动公司人员结构年轻，管理理念较新，有较好的管理基础和较为完备的人力资源管理体系，在项目实施之前，公司的培训、考核、薪酬体系已较为完备，但随着公司的进一步发展，目前的人力资源管理制度已经不能满足需求，尤其是绩效管理体系，在计划制定、考核实施、结果应用等方面，问题都较多。

L 移动公司原有的绩效考核以个人工作计划制定为主要考核方式。在实施中具体表现的问题如下：

1. 原有考核体系只考核个人，对部门整体工作业绩没有考核，所以员工都只愿守着自己的一亩三分地，不考虑或较少考虑部门整体的业绩水平。

2. 管理人员缺乏计划沟通和制定的技能。制定后的计划差异很大，有的事无巨细都一一罗列，有的又过于简单，不能清楚地表述具体工作任务。

3. 考核评价时管理人员不愿拉开差距，同一部门内部的人员分数相差无几。

4. 业务部门人员怨言多，认为做多错多，做少扣分反而少，相对应地，奖金也就高，因此认为不公平。

于是人力资源部开始制定考核计划。

(二) 实验内容

1. 人力资源经理编写完各岗位职务说明书后,各部门经理通过邮件系统与本部门的员工进行沟通,确定本次绩效周期内所要达到的工作目标、完成目标的结果、如何完成、员工的各项工作目标的权重等。

2. 人力资源部经理与各部门经理进行邮件沟通,收集与分析员工资料信息,确定要考核的岗位与部门,设计考核项目。

(三) 实验步骤、方法和要求

1. 参加实验的学生形成若干小组,人数控制在 4~5 人。小组各成员分别扮演人力资源经理、业务部门经理、业务部门员工。

2. 人力资源经理与各岗位进行沟通,确定考核项目类型。

3. 所有岗位人员完成季度小结,部门经理完成部门小结。

4. 人力资源经理新增考核项目。

五、实验条件

计算机以及打印机;实验室讨论条件。

六、实验所需时间

2 小时。

七、实验报告和实验成绩评定

1. 实验成绩按照优秀、良好、中等、及格、不及格 5 个等级评定。

2. 成绩评定准则。

(1) 学生实验报告必须反映出实验目的、实验要求、实验方法、过程、实验结论、实验中存在的问题分析、解决对策等内容,根据报告撰写质量进行考核。

(2) 课堂讨论占总成绩 70%,实验报告占 30%。

(3) 实验报告要求:编写语言流畅,文字简洁,条理清晰。

实验三　360 度绩效考核实验

一、实验目的

1. 掌握 360 度绩效考核法的流程和考核方法。
2. 熟练运用 360 度绩效考核法进行考核。
3. 学会编写考核表。

二、预备知识

1. 360 度绩效考核法的定义

360 度绩效考核法又称全方位绩效考核法或多源绩效考核法,是指从与被考核者发生工作关系的多方主体那早获得被考核者的信息,以此对被考核者进行全方位、多维度的绩效评估的过程。360度绩效考核法的特点详见表6-3。

2. 确定评价者

就像衡量工作的标准多种多样一样,绩效考核的参与者也是多方面的。参与评估的人员可能包括上司、同事、小组成员、员工自己、下属和客户,如图6-12所示。

图 6-12　考核信息来源

此处应注意的是对于评价者的选择,无论的是由被考评人自己选择还是由上级指定,都应该得到被考评者的同意,这样才能保证被评价者对结果的认同和接受。

3. 360度绩效考核法的问卷设计

360度绩效考核法一般采用问卷法。问卷的形式分为两种。一种是给评价者提供5分等级,或者7分等级的量表(称之为等级量表),让评价者选择相应的分值;另一种是让评价者写出自己的评价意见(称之为开放式问题)。二者也可以综合使用。问卷的内容可以是与被评价者的工作情境密切相关的行为,也可以是比较共性的行为,或者二者的综合。

采用这种方法要求人力资源工作者能分析评价职位的工作,抽取出典型的工作行为。

编制评价问卷,对评价结果进行统计处理,并向被评价者和评价者提供反馈。采用这种方法所编制的问卷,能确保所评价的内容,公司的战略目标、公司文化以及具体职位的工作情景密切相关,使得评价结果能更好地为公司服务。但是,这种方法对人力资源部门的技能要求比较高,同时其成本以要比购买成熟的问卷高。

360度绩效考核法的优缺点如表6-16所示。

表 6-16　360度绩效考核法的特点

优　　点	缺　　点
多角度来观察一个人的绩效 考核可以基于实际接触和观察结果来评估 多方向提供反馈－上级、下级和同级 匿名时产生上向反馈和导致全员参与 了解优势和劣势是一种激励	来自各个源头的反馈可能会使工作量太大 考核者可能藏身于一群考核者之中来提供苛刻评估 矛盾的考核结果会令人迷惑和沮丧 提供反馈要求提供计划和良好训练的考核者(这在组织中并不易见)

三、范例介绍

范例一:某企业员工个人的360度评估表见表6-17。

表 6-17 员工 360 度绩效考核表

被评价者姓名：		部门：		职务：			
评价者姓名：		部门：		职务：			
评价区间：		年　月 —— 年　月					

评价尺度及分数
杰出(5 分)　　优秀(4 分)　　良好 (3 分)　　一般 (2 分)　　较差(1 分)　　极差(0 分)

评价项目		评价得分				权重	备注
		上级评价	同级评价	下级评价	自我评价		
个人素质 (20 分)	品德修养					%	
	个人仪表仪容					%	
	坚持真理，实事求是					%	
	谦虚谨慎，勤奋好学					%	
工作态度 (20 分)	热情度					%	
	信用度					%	
	责任感					%	
	纪律性					%	
	团队协作精神					%	
专业知识 (20 分)	专业业务知识					%	
	相关专业知识					%	
	外语知识					%	
	计算机应用知识					%	
	获取新知识					%	
工作能力 (20 分)	文字表达能力					%	
	逻辑思维能力					%	
	指导辅导能力					%	
	人际交往能力					%	
	组织与协调能力					%	
工作成果 (20 分)	工作目标的达成					%	
	工作效率					%	
	工作质量					%	
	工作创新效能					%	
	工作成本控制					%	
分数合计						100%	
工作表现综合评价							
优势及劣势项目分析	优势分析						
	劣势分析						
改进建议	有待提高技能						
	参加培训项目						
工作预期	明年目标						
	预期表现						

范例二：某大型零售商为其全体员工设计了 360 度绩效考评方案。

360度绩效考评方案

(一) 目的

1. 为了更好的引导员工行为，加强员工的自我管理，提高工作绩效，发掘员工潜能，同时实现员工与上级更好的沟通，创建一个具有发展潜力和创造力的优秀团队，推动公司总体战略目标的实现。

2. 为了更确切的了解员工队伍的工作态度、个性、能力状况、工作绩效等基本状况，为公司的人员选拔、岗位调动、奖惩、培训及职业规划等提供信息依据。

(二) 适用范围

绩效考评主要是对全体正式员工进行的定期考评，适合公司所有已转正的正式员工。新进实习员工，竞争上岗的见习员工，转岗、晋升、降职等特殊阶段员工的考评另行制定，不适合此考评，但可以引用绩效考评结果的客观数据信息，作为决策的依据。

(三) 考评分类及考评内容

根据考评岗位不同，分3类：一线员工、机关职员、管理人员，分别进行绩效考评，三者的考核范围和侧重点不同。

1. 一线员工绩效考评

(1) 一线员工包括营业员、总台服务员、礼宾员、收银员、旧金回收员、顾客关系员、交易员等在卖场工作的普通员工。

(2) 一线员工半年考评一次，每年底综合考评一次。

(3) 考评方法：百分考评汇总成绩，顾客意见调查意见汇总，典型事件加减分，对工作完成情况进行评定，民主评议、销售完成率、工作计划完成和工作目标达成评定等。

(4) 品行考评(占绩效考评总成绩的30%)。

① 行为品格(10%)：百分考核记录情况考评员工遵章守纪。

星级服务规范履行情况、顾客意见调查结果汇总考评员工服务行为，顾客表扬加分，顾客投诉扣分。满意加1分，不满意减1分。

② 工作态度(10%)：迟到、早退、事假、加班等考评员工出勤、加班情况；每一次扣一分或每请事假一天扣一分，病假不扣分，为更好地完成工作主动加班一次加1分，任劳任怨服从计划外工作安排一次加1分。

合作精神主要指各项工作任务协作配合性，尤其是临时性工作任务。主动积极承担加1分，无故推卸减1分(典型事件加减分，或定期进行民主评议)。

③ 精神面貌和心理素质(10%)：员工日常言行表现，如是否主动为公司声誉作正面宣传，是否正确理解并宣传公司政策，考评员工是否热爱公司，是否支持公司的各项政策方针。(关键事件加减分)

员工的日常工作状态，对待同事的态度，考评员工的精神面貌和心理素质。(针对典型事件加减分，或定期进行民主评议，要防止只扣分不加分，防止对不良行为过于敏感而对积极优良行为却感知不到)

(5) 业绩考评(占绩效考评总成绩的70%)。

① 销售业绩(40%)：平均销售任务完成率；换算成40分制。

② 工作职责履行情况(10%)：有失职行为减分，按要求高效高质量完成本职责工作或其他临时性工作加分。不间断记录，每月评一次。半年汇总一次并进行完全评定一次。

③ 临时工作任务执行情况(10%)：交给员工的临时性工作任务执行效果，由任务布置人负责评定，每次大型活动或任务结束评一次，或每月部门主管评一次。

④ 业务技能测试(10%)：部门组织的各项较重要的考试和测试成绩，换算成百分制平均分。

2. 机关职员考评

(1) 机关职员包括总办、财务、企划、人力四部门的主办级以下人员(不含主办)。

(2) 机关职员半年考评一次，一年综合考评一次。

(3) 考评方法：百分考评汇总成绩，典型事件加减分，对工作完成情况进行评定，民主评议、工作计划制定及完成、工作目标确定及达成评定等。

(4) 品行考评(占绩效考评成绩的 25%)。

① 行为品格(5%)：从百分考评记录考评员工遵章守纪，从言语行为等典型事件考评员工职业素质。

② 工作态度(10%)：迟到、早退、事假等考评员工出勤情况；每一次扣一分或每请事假一天扣一分。为积极完成工作，自觉主动加班加点，一次加 1 分。

合作精神主要指各项工作任务，尤其是临时性关键工作任务时的协作性和配合性，如主动积极承担更多工作加 1 分，无故推卸扣 1 分。(典型事件加减分，或定期进行民主评议，扣分时要考虑员工实际工作情况。)

③ 精神面貌和心理素质(10%)：员工日常言行表现，如是否积极主动为公司声誉作正面宣传、是否正确恰当地宣传公司政策，考评员工是否热爱公司，是否支持公司政策。(及时、自觉、主动为公司声誉、方针政策作正面宣传加 1 分，反之语言不良使公司声誉受损扣 1 至 2 分)

员工的日常工作状态，对待同事的态度考评员工的精神面貌和心理素质。

考评方法：针对典型事件加减分，或定期进行民主评议。

(5) 业绩考评(占绩效考评总成绩的 75%)

① 业务测试和专业知识测试(10%)——针对专业技术人员或对专业知识要求比较高的岗位。

② 日常工作的自我管理情况(10%)——如对员工每月(每周)的工作计划、目标制定情况、工作合理性安排情况等进行评定。(计划时间安排是否恰当，是否适宜，可操作性如何，具体工作安排效率如何？由上级主管进行评定，员工自己评定)

③ 临时性工作任务执行情况(10%)——针对大型活动或工作计划中的任务分配，评定员工所负责的任务的完成情况。(每一次大型活动结束后对所有工作人员进行评定)

④ 工作职责履行情况(20%)——直接上级对员工定期进行评定，失职减分，承担职责外工作加分。(注意只扣分不加分现象，要多给员工肯定鼓励)

⑤ 工作计划完成和目标达成情况(25%)——每月直接上级对部门和员工的工作计划完成情况和目标的达成情况进行评定。

3. 管理人员绩效考评

(1) 管理人员主要是公司在岗的正式任命的主办级以上(含主办)管理人员。

(2) 考评周期：一年考评一次，每个月汇总各项评定成绩。

(3) 考评方法：百分考评汇总成绩、典型事件加减分、部门工作计划制定和总结评定、对部门工作计划完成和目标达成情况，下属员工表现和总体考评成绩、每年一次的民主评议或两票制考核等。

(4) 品行考评(占绩效考评总成绩的 30%)。

① 言行品格(10%)：从百分考评记录考评管理人员遵章守纪和自我约束能力。

从言语行为、向员工宣讲公司政策、指导教育等典型事件考评管理人员是否支持和正确宣贯公司制度政策，能否正确教育、引导员工行为。

② 职业素质(10%)：年度评议一次，上级评、下级评、同级评。

③ 工作态度(5%)：迟到、早退、事假等考评员工出勤情况；每一次扣 1 分或每请事假一天扣 1 分。关键时刻能组织员工加班加点完成任务加 1 分，关键时刻斤斤计较耽误工作进展扣 1 分。

部门间、同事间工作协调配合情况考评管理人员的工作协作性和责任感。(典型事件加减分，或定期进行民主评议)

④ 精神面貌(5%)：管理者日常言行表现，如是否积极主动为公司声誉作正面宣传、是否积极正确地宣传公司各项方针政策，是否自觉地向员工传达一种积极的精神状态。

日常工作状态，对待同事和下属的态度、特殊时期的表现等

考评管理人员的精神状态和心理素质。

考评方法：针对典型事件加减分，或定期进行民主评议。

(5) 业绩考评(占绩效考评总成绩的70%)。

① 部门工作安排与分配(10%)——考评管理人员的工作统筹安排能力。(由企管部评准时性，由总区域高层领导评定计划和目标的质量，部门主管自评，下属评定其工作分配的合理性和科学性)

② 部门工作职责的履行情况和部门工作绩效的改进情况(20%)——考评管理人员对本部门工作职责的把握、管理能力和对部门工作的改进能力。(上级领导评、其他部门评、管理人员自评)

③ 部门各项工作计划完成和目标达成情况(20%)——考评管理人员领导下属对工作对公司的总体贡献价值。(企管部根据监督情况进行评定，公司大例会进对各部的计划完成情况进行评定)

④ 部门临时工作任务的完成情况(5%)——考评管理人员在领导下属员工完成临时大型活动或任务的执行情况。(每一次大型活动结束由活动总负责人评定，高层领导对总负责人评定，同时进行典型事件记录)

⑤ 下属员工工作表现和考评成绩(5%)——考评管理人员教育、指导、管理下属员工的能力。(从部门违纪情况和下属员工总体考评成绩考评)

⑥ 各项财务指标考核(10%)——经营部门销售指标、利润指标和成本节约等，职能部室的成本控制和利用指标等，此项由财务部结合当期的实际情况，考虑外部因素后综合评定。

⑦ 各项综合能力评定——由直接上级对管理人员的分析决策能力、管理领导能力、组织协调能力、沟通表达能力等进行综合评定。(此项评议在年底管理人员述职时进行评定，作为平时汇总分项成绩的补充。)

(四) 绩效考评具体执行步骤

1. 每月企管部提供员工百分考评情况，人力资源部对每人的百分考核进行分类、统计记录。

2. 人力资源部同时对员工病事假情况进行统计，定期进行换算成百分制。

3. 日常工作中，每个部门主管，负责对本部门员工工作行为表现、典型事件进行记录，并按规定进行加减分，部门主管和员工对工作计划实施和目标达成情况进行评定。企管部负责收集资料信息上交人力部。

4. 每半年人力资源部进行收集汇总百分考评、出勤情况、各部门3个月的记录和评定表，每年七月初组织半年度的综合考评，作为日常考评记录成绩的补充，占绩效考评总成绩的一小部分比例。

5. 每年七月份人力资源部将各项成绩按比例划分，采取科学的折合方法，把员工的各项成绩换算成可比较的百分制成绩，并按一定的比例划分出优秀、良好、中、差。

6. 每年七月底，人力资源部把员工半年度的绩效考评成绩汇总上报，同时把每人成绩反馈到部门和员工，要求各部门对员工进行绩效改进的面谈并提出改进计划上报人力部(作为下半年考评的依据)。

7. 每年八月初，人力资源部针对半年度的绩效考评综合成绩，提出奖惩、薪级调整、岗位调动、人才储备、培训发展教育等各项结果处理建议方案报总经理审批。批准后具体实施。

8. 每年底进行一次管理人员的二票制考核，同时进行全面的综合的民主评议。作为管理人员日常考评记录的补充，占管理人员绩效考评总成绩的一小部分比例。

9. 每年底员工考评，如半年度考评，再加上上半年绩效考评成绩，综合后为员工全年的员工绩效考评成绩。

10. 下一年的第一个月中旬完成年度考评，下旬完成成绩汇总和信息反馈，第二个月提出奖惩、薪级调整、岗位调动、培训发展教育、人力储备等各项结果处理措施建议方案，批准后执行。

(五) 绩效管理工作中各部门或管理人员的责任划分

1. 人力资源部是绩效管理实施监督和结果运用的部门，对考核制度、考核技术的科学性、实用性负责，为提高管理队伍的绩效管理能力负责。在绩效管理的整个过程中，人力资源部具体担负如下职责:

(1) 提出公司统一要求的人事考核实施方案和计划。

(2) 宣传公司的绩效管理制度和计划，公布考评的标准和与此相关的各项处理政策。

(3) 为评估者提供绩效考核方法和技巧的培训与指导。

(4) 收集各项考评原始资料信息，进行定期的汇总，为员工的考评成绩提供信息反馈和改进建议。

(5) 组织实施职能部室的绩效考评，组织进行每年一次的二票制考核和年度的民主评议。

(6) 监督各部门的绩效管理按计划和规定要求落实执行。

(7) 针对考核结果提出奖惩、晋升、降级、岗位调动、培训等结果处理建议，并根据领导批示执行。

(8) 收集考评评估意见，进行绩效管理评估和诊断，不断改进提高管理人员的绩效管理水平。

(9) 整理各种考评资料并进行归档、备案、保存。

2. 绩效管理的直接责任人是一线经理，即各部门的主管或经理。因为对每一个普通员工的绩效管理和考评，是由部门主管或经理直接执行的。在绩效管理的整个过程中，各部门的主管或经理主要担负如下职责。

(1) 设立本部门工作计划和目标，并指导下属作好各岗位的工作实施计划和达成目标的标准要求。

(2) 对下属的品行导向和绩效改进进行持续的沟通、指导和监督。

(3) 按要求定期对自己和员工的工作表现和计划目标达成情况进行记录和评定，并定期上交人力资源部。

(4) 为下属员工提供绩效考评结果反馈，并帮助下属制定改进和提高实施计划。

(5) 协助人力部门宣传绩效管理思想、制度及相关要求，同时客观及时地反映本部门对绩效考评等各方面的意见和建议。

3. 企管部按期向人力资源部提供百分考评、员工出勤情况记录、各部门工作计划或总结上交情况、各部工作计划完成情况、公司大例会进对各部工作计划完成情况的评定数据表等资料信息。

(六) 绩效考核申诉制度

员工如果对绩效管理和绩效考评工作有重大疑义，可以在拿到绩效反馈信息表的 15 天之内，向企管部或人力资源部提出申诉。企管部或人力资源部接到投诉后，双方合作共同对申诉事件进行处理。对申诉的处理程序如下。

1. 调查事实：与申诉涉及的各方面人员核实员工申诉事项，听取员工本人、同事、直接上级、部门总经理或主管副总经理和相关人员的意见和建议，了解事情的经过和原因，以使能对申诉的事实进行准确认定。

2. 协调沟通：在了解情况、掌握事实的基础上，促进申诉双方当事人的沟通和理解，与申诉双方当事人探讨协商解决的途径。

3. 提出处理意见：在综合各方面的意见的情况下，对申诉所涉及事实进行认定，确认在绩效管理中是否存在违反公司规定的行为，对申诉提出处理建议。

4. 落实处理意见：将事实认定结果和申诉处理意见反馈给申诉双方当事人和所在部门总经理，并监督落实。

(七) 绩效管理和绩效考评应该达到的效果

1. 辨认出杰出的品行和杰出的绩效，辨认出较差的品行和较差的绩效，对员工进行甄别与区分，使优秀人才脱颖而出。

2. 了解组织中每个人的品行和绩效水平并提供建设性的反馈，让员工清楚公司对他工作的评价，知道上司对他的期望和要求，知道公司优秀员工的标准和要求是什么？

3. 帮助管理者们强化下属人员已有的正确行为，促进上级和下属员工的有效持续的沟通，提高管理绩效。

4. 了解员工培训和教育的需要，为公司的培训发展计划提供依据。

5. 公司的薪酬决策、员工晋升降职、岗位调动、奖金等提供确切有用的依据。

6. 加强各部门和各员工的工作计划和目标明确性，从粗放管理向可监控考核的方向转变，有利于促进公司整体绩效的提高，有利于推动公司总体目标的实现。

(八) 绩效考评结果处理

1. 考评成绩汇总后对一线员工、机关职员、管理人员分别进行正态分布和排序：前 5%优秀，20%良好，30%尚可，20%差，最后 5%较差。

2. 前 5%优秀的员工作为加薪或晋升的对象，前 10%的员工将给予一次性的荣誉和物质奖励。最后的 5%作为降级的对象。

3. 前 10%进入人才储备库，人力资源部将配合部门主管为此部分员工职业发展规划和指导，同时作为公司重要岗位提拔首要考虑对象。

4. 后 25%作为重点培训教育和改进的对象，人力资源部将配合部门主管为此部分员工提供教育、培训、工作绩效改进等相关的指导。

5. 对于不按规定和要求配合工作，违反规定提供虚假资料信息，及其他不良行为的，将按照百分考核制度的相关规定奖惩。

6. 其他处理政策和措施等进一步补充和完善。

(九) 附则(略)

四、实验项目内容、步骤、方法和要求

(一) 实验情景

L 移动公司制定考核方案如下。

1. 总体思路

1) 部门考核为重点

L 移动公司是服务性行业，达成高客户满意度是公司所有部门工作的终极目标，高客户满意度需要有从一线的营业部门到后台的网络维护部门、从具体的业务部门到以支持功能为主的职能部门的通力合作，所以，对团队整体的工作业绩的考核是新的绩效考核体系的核心。

2) 设计部门关键绩效指标

企业每天会产生大量的信息，管理者不可能事无巨细都去关注，那么哪些信息需要关注、值得关注，不同级别的管理者关注的信息有什么不同，这些问题可以通过设计部门关键绩效指标来解决。

2. 技术要点

1) 对部门和个人采用不同的绩效考核方式

部门考核采用了平衡计分卡的方式。首先，L 移动公司高层进行研讨，确定公司近期目标，接着分析为实现公司总目标，各部门需要具备的各项关键业务能力，从财务角度、客户角度、内部运作角度及学习发展 4 个角度进行各部门的关键业务能力及目标确定，最终确定各个部门的关键绩效指标。

依据历史原则，制定各部门的关键绩效指标的评价标准。

个人考核采用了任务沟通的方式。在 L 移动公司，一岗多能、一人多岗的现象比较普遍，个人的工作任务安排相对比较灵活，所以，采用工作任务沟通的方式进行个人绩效考核比较切合实际。

2) 绩效评价方式

原有体系中采用的绩效评价方式是百分制，其结果是评价结果无法拉开差距，达不到绩效考核奖优惩劣的目的。新体系中采用等级评价的方式，对个人考核辅以正态分布的原则，便于管理者采取对应措施，进行绩效改善。

3) 方案设计的操作方式

(1) 信息收集方式。信息的收集主要采用了小组讨论和重点访谈的方式，以自下而上为主，使各级管理人员和业务骨干都能参与进来，进行充分的讨论。

(2) 指标设计方式。在进行部门关键绩效指标设计时，强调部门经理和业务骨干参与的重要性。只有被考核者对考核内容有了充分的认同，才能最大限度的调动起积极性，使各级管理者和员工成为新的绩效考核体系的参与者和推动者，有助于新体系的顺利实施。

3. 相关培训

方案确定后，针对 L 移动公司现状，对各级管理人员开展了相关的管理理念灌输和能力提升的培训。

(1) 方案内容培训。对公司各级管理者和骨干业务人员进行方案设计思路、内容的详实培训，使各级人员能从管理的角度理解、认识新的绩效管理方案。

(2) 管理沟通技能培训。在绩效考核实施过程中，任务沟通、任务实施、绩效面谈等重要环节都需要管理人员与下属之间的沟通，管理沟通技能是管理者的必备管理技能。

(二) 实验内容

请你和你的小组成员为 L 移动公司设计 360 度绩效考核方案。

(三) 实验步骤、方法和要求

1. 参加实验的学生形成若干小组，人数控制在 4～5 人。小组各成员分别扮演人力资源经理、业务部门经理、业务部门员工。
2. 人力资源经理设置考核关系，被考核人确认考核关系。
3. 人力资源经理设计考核表。
4. 被考核人收到考核通知，填写考核表。
5. 人力资源经理结束考核。

五、实验条件

计算机以及打印机；实验室讨论条件。

六、实验所需时间

2 小时。

七、实验报告和实验成绩评定

1. 实验成绩按照优秀、良好、中等、及格、不及格 5 个等级评定。
2. 成绩评定准则。

(1) 学生实验报告必须反映出实验目的、实验要求、实验方法、过程、实验结论、实验中存在的问题分析、解决对策等内容，根据报告撰写质量进行考核。

(2) 课堂讨论占总成绩 70%，实验报告占 30%。

(3) 实验报告要求：编写语言流畅，文字简洁，条理清晰。

实验四　绩效反馈实验

一、实验目的

1. 了解绩效反馈的目的和作用。
2. 掌握绩效反馈的内容。

二、预备知识

1. 绩效反馈的目的

(1) 让员工了解自己在本绩效周期内的业绩是否达到所定目标,行为态度是否合格,双方达成对评估结果一致的看法。

(2) 探讨绩效未合格的原因所在并制定绩效改进计划。

(3) 管理者向员工传递组织的期望。

(4) 双方对下一个绩效周期的目标进行协商,达成个人绩效合约。

2. 绩效反馈的内容

在反馈的一开始,就应该将绩效考核的结果明确而婉转地表达给员工。对其在上一个绩效周期内的优秀业绩与行为,一定要毫不吝啬地表彰,并且鼓励员工在今后的工作中继续保持并自我突破。

三、范例介绍

员工绩效反馈面谈表,见表 6-18。

表 6-18　员工绩效反馈面谈表

员工编号		员工姓名		入职日期	
属　　地		部　　门		岗　　位	
第一部分＿＿＿＿年度绩效沟通					
主要成绩/进步 (业绩、能力、态度)	1				
	2				
	3				
	4				
	5				
有待改进方面 (业绩、能力、态度)	1				
	2				
	3				
	4				
	5				
最终考评结果		综合考评等级			
第二部分:C、D 级员工业绩改进计划 (C、D 级员工为不符合现岗位要求的员工,必须制定及完成以下业绩改进计划)					
	改进事项			完成标准		时限
1					
2					
3					
4					
员工签字:			主管签字:		
年(YY)　月(MM)　日(DD)			年(YY)　月(MM)　日(DD)		

四、实验内容、步骤、方法和要求

（一）实验情景

考核完毕，L 移动公司人力资源经理查看各部门岗位的考核得分情况。发现各部门的员工得分相差很大，员工之间存在良莠不齐的情况。人力资源经理通过分析各员工存在的优缺点，对每个员工都进行绩效评估，不仅从行政方面对各个员工进行规划，同时还对每一员工的职业生涯进行规划，让员工充分认识自身的特点，从而进行改善。

然而，个别绩效不佳的员工由于受到了减薪、降职等处罚，心有不满，于是人力资源经理不得不逐一与其沟通，提升员工的士气。

（二）实验内容

请你和你的小组成员为 L 移动公司设计 360 度绩效考核方案。

（三）实验步骤、方法和要求

1. 参加实验的学生形成若干小组，人数控制在 4～5 人。小组各成员分别扮演人力资源经理、业务部门经理、业务部门员工。
2. 人力资源经理对所有提交的考核表汇总，查看得分。
3. 将考核得分反馈给相应的岗位或部门经理，与其沟通。

五、实验条件

计算机以及打印机；实验室讨论条件。

六、实验所需时间

2 小时。

七、实验报告和实验成绩评定

1. 实验成绩按照优秀、良好、中等、及格、不及格 5 个等级评定。
2. 成绩评定准则。

(1) 学生实验报告必须反映出实验目的、实验要求、实验方法、过程、实验结论、实验中存在的问题分析、解决对策等内容，根据报告撰写质量进行考核。

(2) 课堂讨论占总成绩 70%，实验报告占 30%。

(3) 实验报告要求：编写语言流畅，文字简洁，条理清晰。

6.3 绩效管理综合实验

实验一 绩效指标设计情景模拟实验

一、实验目的

设计考评方案是绩效管理中的关键一环。本次实验通过情景模拟，了解企业战略目标

经过层层分解最终落实到个体身上,变成员工个人的工作目标,然后再经过细化,最终变成用于衡量员工工作目标是否达成的关键绩效指标。

二、预备知识

1. 目标管理法

目标管理指详细确定员工在一个适当的时期内期望所实现的工作表现方面的各种目标,并将其列入管理计划。在此基础上,每个经理再根据所有员工的具体目标和企业的基本目标制定自己的工作目标。不过,应注意,不应使目标管理变相地成为上级将目标强行加给经理和员工的一种工具。目标管理方法通常用来对经理人员进行考核,但目标管理的作用并不限于这种考核。根据目标管理所制定的有导向的自我考核制度,是一个包括 4 个阶段的过程,如图 6.13 所示。

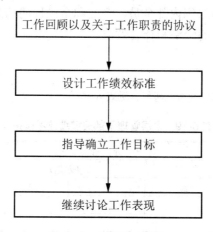

图 6.13 目标管理过程

目标管理是一种程序,它使组织中的上、下级一起协商,根据组织的使命确定一定时期内组织的总目标,由此决定上、下级的责任和分目标,并把这些目标作为组织经营、评估和奖励的标准。目标管理考核制度以 3 个假定为根据。第一,如果在计划与设立各种目标和确定衡量标准的过程中,让员工也参与其中,那么,就可增强员工对企业的认同感和工作积极性。第二,如果所确定的各种目标十分清楚和准确,那么员工就会更好地工作以实现理想的结果。第三,工作表现的各种目标应该是可衡量的并且应该直接针对各种结果。经常出现在许多上级对下属的考核中的"具有主动性"和"具有合作精神"这些过于模糊的一般性概括评价,应该尽量予以避免。应切记,各种目标是由将要采取的各种具体行动和需要完成的各种工作所构成的。一些目标实例如下。

(1) 每月 5 日提供区域销售报告。
(2) 平均每月至少从 5 个客户获得新订单。
(3) 使工资总额保持在销售额的 10%左右。
(4) 将物耗损失降到 5%以下。
(5) 企业的所有空缺都在空缺出现后的 30 天内予以填补。

2. 关键绩效指标法

关键绩效指标(Key Performance Indicator,KPI)指的是对组织目标具有增值意义的,用于沟通和考评被考评对象绩效的定量化或行为化的标准体系。作为一个相对独立的术语，可以将其理解为一种考评的新方法，或者说是一种绩效管理的新模式。

关键绩效指标不仅特指绩效考评指标体系中那些居于核心或中心地位，具有举足轻重的作用，能以制约影响其他变量的考评指标，而且也代表了绩效管理的实践活动中所派生出来的一种新的管理模式和管理方法。更具体地说，关键绩效指标法是检测并促进宏观战略决策执行效果的一种绩效考评方法，它首先是企业根据宏观的战略目标，经过层层分解之后，提出的具有可操作性的战术目标，并将其转化为若干个考评指标，然后借用这些指标，从事前、事中和事后多个维度，对组织或员工个人的绩效进行全面跟踪、监测和反馈。

关键绩效指标法的核心是从众多的绩效考评指标体系中提取重要性和关键性指标，它不但是衡量企业战略实施效果的关键性指标，也是试图确立起一种新型的激励约束机制，力求将企业战略目标转化为组织内部全员、全面和全过程的动态活动，不断增强企业的核心竞争力，持续地提高企业的经济和社会效益。

三、范例介绍

范例一：企业中层管理干部绩效考核指标，见表6-19。

表6-19　中层管理干部关键绩效考核指标

第一部分：业绩评估						
个人业绩目标	权重	完成状况				评估结果
		1	2	3	5	
5=超越目标		3=符合目标		2=部分符合目标		1=不符合目标

第二部分：核心能力评估				
核心能力	1	2	3	5
解决突发问题的能力	□	□	■	□
团队领导协作能力	□	■	□	□
学习、创意、持续改进的能力	□	□	■	□
指导、帮助下属工作的能力	□	□	■	□
以客户为导向	□	■	□	□
快速反应、适应变化的能力	□	□	■	□
结果行动导向	□	□	■	□
评估总分				
5	3		2	1
深入理解该用途能力，在各种场合始终如一地表现出此方面的行为	良好地理解该胜任能力，在大部分的情况下都能够表现出此方面的行为		基本理解胜任能力，在一般情况下能够表现出此方面的行为	处于开始学习的阶段，较少表现出该胜任能力所要求的行为。

续表

第三部分：工作态度评估				
工作态度	1	2	3	5
有责任感，愿意承担更多的责任	□	□	■	□
注重协作，发挥团队精神	□	■	□	□
工作的计划性、周期性	□	□	■	□
自己以身作则	□	□	■	□
认真完成任务	□	■	□	□
评估总分				

5	3	2	1
作为他人的榜样，向他人提供指导	不需要他人的指导就能够表现该方面的要求	有时需要他人的提醒和指导	经常需要他人的指导。反馈后就能够及时调整。

范例二：客户服务主管的绩效标准，见表6-20。

表 6-20 客户服务主管的关键绩效标准

工作职责	增值产出	绩效标准
领导客户服务团队为客户提供服务	满意的客户(为客户解决的问题和提供的信息)	1. 一个月内客户投诉次数不超过5次。 2. 一个月内没有在承诺的期限之内解决的客户投诉次数不超过1次。 3. 95%以上的客户能够对服务中以下方面感到满意： *客服人员能够迅速到达； *客服人员能对所有问题做出准确回答； *客服人员非常有礼貌； *问题解决的结果。
向领导和相关人员提供信息和数据	提供的信息和数据(常规的报告、对信息要求做出的应答)	一个季度内，信息接收者提出的投诉不超过一次，这种不满意可能会来自： *不正确的数据； *想要的东西没有找到； *提供信息迟到。
为解决问题提供建议	所提供的解决问题的建议	1. 客户对解决问题的建议表示满意。 2. 解决问题的方案。
对下属的管理	下属的生产力和工作满意度	1. 下属有能力和按照时间表工作。 2. 通过调查发现。 *员工能够理解公司的发展方向、部门的目标和自己的角色； *员工能够了解上司对自己的期望； *员工能够了解自己的工作表现以及在哪些方面需要改进； *员工拥有胜任工作的知识和技能。 优秀绩效的表现： 培养出可以替代客户服务经理的员工。

四、实验项目内容、步骤、方法和要求

(一) 实验情景

你来到办公室。

人力资源部经理张斌说:"你到我办公室来。有事情要和你说一下。"

你说:"好的,马上就来。"

你来到经理办公室。

人力资源部经理张斌说:"坐啊。"

你说:"有什么事情要我做吗?"

人力资源部经理张斌说:"是这样,我们打算让你制定一份行政事务管理专员的绩效指标。"

你说:"啊?这个好像有点难度吧。我从来没有做过这样的事情啊。"

人力资源部经理张斌说:"嗯……"

人力资源部经理张斌说:"是有点难度,这样吧,我们先聊聊绩效考评的一般方法,这样可能会给你一些启发。"

你说:"好啊。"

人力资源部经理张斌说:"对了,我这里有个案例,是关于一家房产销售公司的。"

人力资源部经理张斌说:"你知道的,销售房屋是一件难做的工作,佣金虽高,但行业内竞争激烈。有家叫做华龙房产的公司决定采取一个办法来刺激销售人员的工作热情。公司为销售额最高的销售人员提供一笔奖金。经理每个季度都要列出员工的个人销售数量,并据此排名,并奖励最佳者。你猜猜最后发生了什么?"

选择如下。

① 重赏之下必有勇夫,有奖金的刺激,肯定是人人都想做冠军,公司的销售额一定会大幅度提升。

② 只奖励最好的员工,那么其他员工会不会心里不平衡呢?努力了半天,什么都得不到,很失落啊。

③ 冠军只有一个,为了得到奖金,会不会造成员工之间不择手段的竞争,陷入争斗之中,造成公司的业绩下降?

你选择了:①

人力资源部经理张斌说:"呵呵,实际的结果并不像你想象的那样。"

人力资源部经理张斌说:"这间公司的员工开始只干能帮助自己排名第一的事情。文字工作没人做了,电话被误传或干脆就消失了。为了争取一个新客户而竞争,几乎是不择手段。没有了合作,道德观念也消失了,争论变得越来越频繁和激烈。"

人力资源部经理张斌说:"短期看来,某些销售人员的销售增加了;然而,从长远看,公司作为一个整体是不会成功的。由于缺乏内部的团结和合作,公司整体的市场份额被逐步蚕食。"

你说:"事与愿违啊。"

人力资源部经理张斌说:"你认为造成这样结局的原因是什么呢?"

选择如下。

① 绩效和激励方式不当,造成内部的无序竞争,伤害了员工,更损害了公司的利益。

② 短期来看,用排序的方法能够刺激一些员工的积极性。但是这种方法也会刺激人们积极或消极的干涉别人的工作。就像华龙公司那样,完全不像一家公司了。

③ 只奖励排名第一的员工,会让全体员工关注于这个唯一的目标,其他更重要的事情

他就不会再关心了。

④ 主要是主管没有协调好销售人员的工作。也有公司采用奖励最优秀员工的激励办法得到很好效果的。

你选择了：②

人力资源部经理张斌说："嗯，是的，很明显，绩效和激励的方式存在问题。你认为应该如何改进呢？"

选择如下。

① 改变只奖励最好的销售人员的形式，采取"底薪+提成+奖金"的薪酬结构，每个销售人员都可以得到激励。

② 将单一的考核维度改为多维度考核。避免销售人员仅仅将视线盯在销售额上面。当然销售额肯定是考核销售人员的主要维度。另外还要改变仅奖励第一名的办法，每个销售人员都应该按照自己的劳动获得鼓励。

你选择了：②

人力资源部经理张斌说："嗯，我也认同你的看法。"

人力资源部经理张斌说："可以增加什么样的措施来改变这样的局面呢？"

选择如下。

① 通常我们是从德、能、勤、绩4个方面考核一个员工，我们可以从这4个方面设计考核指标。

② 销售人员的销售指标通常是已销售达成率、收款达成率、客户交易率3项指标综合评定的，我们可以参考这样的指标评定绩效。

③ 首先要制定惩罚措施，抑制不择手段的争夺客户。其次要加强对销售过程的考核和监督，设定相关的考核纬度。另外可以考虑将个人绩效与团队绩效相结合的考评，个人的销售额与小组或者公司的销售额均与个人的奖金挂钩，抑制内部无序竞争。

你选择了：③

人力资源部经理张斌说："嗯，你分析的有道理，我也比较赞同你的观点。"

人力资源部经理张斌说："你看看这份绩效考评表。"

系统提示：经理给你一份资料。

你查看了《员工绩效考评表(一)》

人力资源部经理张斌说："你觉得这份考评表有什么特点？"

选择如下。

① 设定了多个考核维度，比刚刚讨论的那家公司采取的绩效评估方案更加全面。但是没有针对岗位设计考核维度，不同的岗位考核的维度是不一样的。

② 考核的指标很含糊。"严格遵守工作制度，有效利用工作时间"，评价的标准是什么呢？每个人心中的标准是不一样的。主管打分似乎随意性比较大，会造成员工对绩效考评结果的意见比较大。

你选择了：②

人力资源部经理张斌说："嗯，有些道理。我认为这份考评表，最大的问题是没有设计考评的依据，考评者在实施的时候，随意性太大。另外，就是针对性不强，不同职位需要考评的要点也是不一样的。不能泛泛的设定考核维度。"

人力资源部经理张斌说:"那么,你再看看这份员工绩效考评表。"

系统提示:经理给你一份资料。

你查看了《员工绩效考评表(二)》。

人力资源部经理张斌说:"这份考评设定了考评的标准,你觉得考评标准设计的怎么样?"

选择如下。

① 还不错啊,有指标就好操作多了,可以依照标准打分。

② 指标设计基本上是定性的,而非定量的。主观的成分依然很重。

你选择了:②

人力资源部经理张斌说:"嗯,我感觉也是这样。"

人力资源部经理张斌说:"通过前面两张考评表,我们发现了不少问题。你认为我们应该怎么设定考核维度和考核的标准呢?"

选择如下。

① 可以针对目标进行考核,根据目标达成情况评定优劣。目标是明确、可以衡量的。比如考核利润,"获得较高的利润"这样的指标就毫无意义,而"在本年末实现利润500万"就很明确。

② 通过工作的行为、结果等设计考核要素,结合对关键的事件的考评。这样平时的表现与关键的事件兼顾,更加全面和准确。

你选择了:②

人力资源部经理张斌说:"通常设计考核指标,应该参照 SMART 原则。目标是以行动为导向、目标是切实可行的并且明确、可衡量。另外目标要有时间限规定。"

你说:"那么是不是指标都可以量化呢?"

人力资源部经理张斌说:"这个问题存在争论,就说销售人员的绩效考评吧,看上去是最好量化的,销售额、利润率、回款率等都是绝对可以精确的,但是,我们怎么区别不同销售人员所在的地区差异?怎样界定团队给予支持的差别?如何判断现有业绩与未来业绩的关系?看来精确的背后隐匿着诸多模糊的因素。"

选择如下。

① 是啊,这是个很头痛的问题,那么我们是不是可以忽略这些因素,只关注可以量化的部分指标?

② 是不是可以将地区差异、团队支持的差异等等作为参数来设计销售额、利润率、回款率、发展客户数目、预计来年的业绩等量化指标呢?

③ 可以考虑采用对比的方法来评价,没有办法量化为数字,总还可以定性对比的吧。

你选择了:②

人力资源部经理张斌说:"这倒也是。"

你说:"实践是检验真理的唯一标准。"

人力资源部经理张斌说:"也可以这么做。比如像团队精神、学习能力这样的维度。"

人力资源部经理张斌说:"聊了这么多了,你来试试完成前面说的事情。"

你说:"好吧,我来试试。"

系统提示:经理给你一份表格。

你编辑了《行政事务专员职位的考评标准》。

人力资源部经理张斌说："好，这个先放一放。我们继续说绩效考核的其他问题。"

人力资源部经理张斌说："通常考核的指标是由很多项组成的。你认为每项考评指标的分值应该怎么设定呢？"

选择如下。

① 每项的最大分值都是一样的。我们需要全面的评价。

② 根据重要程度设定分值，最重要的项目所占的分值比例也就比较大。通常对于工作结果的考核所占地比例应该是最大的。

你选择了：②

人力资源部经理张斌说："嗯，这样设计比较合理。工作的内容也分轻重缓急，考核必须考虑这些因素。"

人力资源部经理张斌说："这里有一份我们集团生产副总的月度考核表，你拿去参考参考。"

系统提示：经理给你一份文档。

你查看了《生产副总考评表》。

人力资源部经理张斌说："看完了有什么想法？"

选择如下。

① 不同部门做出综合的评价，有上级的评价，也有同级和下级的评价，很全面。

② 以生产副总的关键指标为核心设计考核维度。兼顾了岗位技能，工作态度等指标。

③ 关键的重要指标都采用了量化的考核办法。不可量化的指标，采取了多人评价的方法，相对比较客观。

你选择了：③

人力资源部经理张斌说："你看得很仔细，不错。"

人力资源部经理张斌说："我们在制定绩效考评方案的过程中，有人认为公司的所有岗位都应该采取统一的考评方案，你怎么看？"

选择如下。

① 应该这样啊，方法统一才能显得公平合理。

② 不同的职位，考核的内容不一样，方案也应该有所不同。

你选择了：②

人力资源部经理张斌说："是的，我也支持这种观点。"

人力资源部经理张斌说："就像刚才给你看生产副总的绩效考核指标，主要采用的是关键绩效指标。考核一个办事员，也搞一个关键绩效指标，很困难。"

你说："什么是关键绩效指标？"

人力资源部经理张斌说："企业战略目标经过层层分解最终落实到个体身上，变成员工个人的工作目标。然后再经过细化，最终变成用于衡量员工工作目标是否达成的关键绩效指标。"

人力资源部经理张斌说："一般而言，关键绩效指标比较适用于与企业的战略目标有着比较紧密地联系、对企业或组织具有直接增值或未来发展潜力有贡献的岗位，如总经理、副总经理、研发人员、销售人员、生产人员等。"

人力资源部经理张斌说:"而对于事务性岗位,如行政秘书、打字员、档案管理员、值班员等就不太适合用关键绩效指标对该类人员进行考核。"

选择如下。

① 考核上级安排的工作有没有完成,完成的质量如何。根据完成的质量来评定绩效。可以定量的就按照定量来考评,不行的话,就以定性的方式考评。

② 可以先明确岗位职责,然后根据职责确定标准,确定等级和相应的描述标准。最后通过他人和自己对自己的工作结果或行为进行主观的判断。

你选择了:①

人力资源部经理张斌说:"对于事务性岗位可以采用岗位绩效标准指标。这是一种基于非组织战略目标,对一般性、常规性岗位职责的履行情况进行考核而设定的指标体系。"

人力资源部经理张斌说:"指定这样的绩效标准指标首先要明确岗位的职责,然后根据职责确定标准,确定等级和相应的描述标准。"

人力资源部经理张斌说:"这些标准中,很多是难以量化的,比如行政事务管理专员的绩效标准就有这么一条'从上午8点到下午7点,随时保持环境的清洁',这样的指标只能通过他人和自己对自己的工作结果或行为进行主观的判断。"

你说:"那么,前面给我看的生产副总的绩效考评指标是不是两种指标体系的混合应用呢?"

人力资源部经理张斌说:"是的。为了更全面、有效地考核员工的工作表现,反映员工对组织的贡献,在制定绩效考核体系时,往往是将这两种类型的考核指标同时运用到该考核体系中。"

人力资源部经理张斌说:"绩效考核指标的建立,是要通过不断地实践和调整的。"

人力资源部经理张斌说:"今天谈了不少,你还要多实践啊。"

你说:"当然,一定。"

(二)实验内容

请撰写一份报告来说明本次情景模拟实验的体会。

五、实验条件

计算机以及打印机;实验室讨论条件。

六、实验所需时间

2小时。

七、实验报告和实验成绩评定

1. 实验成绩按照优秀、良好、中等、及格、不及格5个等级评定。
2. 成绩评定准则。
(1) 实验结束后,每人提交1000字实验报告。
(2) 要求内容完整,整个过程描述全面。
(3) 学生实验报告必须反映出实验目的、实验要求、实验方法、过程、实验结论、实验中存在的问题分析、解决对策等内容,并根据学生的实验报告撰写质量进行考核。

(4) 课堂模拟、讨论、总结占总成绩 70%,实验报告占 30%。

(5) 实验报告要求:编写语言流畅,文字简洁,条理清晰。

实验二　设计绩效评价系统——在诺尔工程公司中评价行政助理的绩效

一、实验目的

运用绩效评价的技术和方法来设计一个评价系统。

二、预备知识

绩效评价方法可分为两大类。第一类包括对员工进行个体评估的方法。换句话说,主管对每个员工的评估没有与其他员工进行比较;此外,绩效标准的定义没有参考其他个体的情况。第二类为多人评估方法。多人评估要求主管直接地和有目的性地将一个员工的绩效与其他员工进行比较。这样,绩效标准是相对的,基于和其他员工绩效的比较,一个员工的绩效被定义为好或坏。

(一) 个体评估方法

1. 图评价尺度法

图评价尺度法是最常用的一种评价方法。在这种技术中,考核者被提供给一系列绩效特性,并且被要求对员工就每种所列特性进行评分。参与评分的特性数目从几个到数十个不等,见表 6-21。等级标准可能是一系列逻辑单元(如表中所示),也可能是一个连续等级标准(0~9 或类似)。

表 6-21　图评价尺度法

姓名:		部门:		日期:	
	优秀的	良好的	中等的	合格的	不合格的
工作数量 在正常情形下的可接受工作的数目	□	□	□	□	□
结论:					
工作质量 彻底性、整洁性和工作的精确性	□	□	□	□	□
结论:					
工作知识 对事实和工序相关因素的清晰理解	□	□	□	□	□
结论:					
个人素质 个性、表现、社交能力、领导力、诚实	□	□	□	□	□
结论:					

2. 强制选择法

图评价尺度法会导致许多评估误差。因为图评价尺度法允许主管给每个人都评高分，所以强制选择被开发出来。由于给每人评高分，也就没有办法来区分好绩效和差绩效员工。在强制选择中，评估者必须从一系列关于员工的描述性阐述中做出选择。通常人力资源部门准备强制选择项，然后评估者评估每个描述项的吻合程度。

当评价者评估员工时，他们核查能描述员工的表述，或者，他们会对表述进行从多到少的排序，见表 6-22。然后人力资源部门把表述对应数字放入到每一类中(如有效行为)，并且这些数字将被求合成一个效率指标。

表 6-22 强制选择法

指示：根据下列描述项对(   )(员工姓名)从事工作情况的阐述程度按 1~4 等进行排序。1 等应该被用在最接近描述程度的阐述项，4 等应该被给予那些最差描述程度的阐述项。不允许给所有员工打相似等级。

( )	不预测困难
( )	迅速给自己开脱
( )	很少浪费时间
( )	很容易交谈
( )	集体活动中的领导者
( )	在不重要的事情上浪费时间
( )	任何时候都是冷静的
( )	努力工作

3. 关键事件法

关键事件法，就是观察、书面记录员工有关工作成败的"关键性"事实。这种技术要求评估者为每个被评价员工保存代表其有效表现或非效率表现的行为事件日志。这些事件就是关键事件。因为这些事件对于每个被评估人来说不可能被直接比较，标准事件列表可以由人力资源专员在咨询了操作经理之后做出准备。然后当下属每次从事这些行为时，评估工作就变成了日常记录之一了。关键事件法包含了 3 个重点：观察，书面记录员工所做的事情以及有关工作成败的关键性的事件。关键事件法的特点见表 6-23。

表 6-23 关键事件法优缺点

优 点	缺 点
• 有理有据 • 若及时反馈，可提高员工绩效 • 成本很低	• 有积累小过失之嫌 • 不可单独作为考核工具

4. 行为锚定等级评价法

行为锚定等级评价法的考核表通常包括 6 至 10 个明确定义的绩效维度，每一个维度具有 5 至 6 个关键事件"锚"。

行为锚定等级评价法包括下列特征。

(1) 考核者和被考核者一起明确定义 6 至 10 个绩效维度。

(2) 用正面或负面关键事件来锚定维度。

(3) 根据上述维度考核每个被考核者。

(4) 使用表中所具列项来反馈考核得分。

5. 行为观察量表评价法

和行为锚定等级评价法一样，行为观察量表评价法使用关键事件技术来定义包含所有工作范围的一系列行为。行为观察量表评价法和行为锚定等级评价法的一个主要区别在于，行为观察量表评价法中，考核者指出被考核者实际被观察到的从事特定行为的频率等级，而不是在考核期间定义被考核者表现出的行为。

(二) 多人评估方法

1. 排序法

排序法要求主管生成关于某一绩效标准的下属次序列表。如果主管被要求给很多下属进行排序，比如说，超过 20 个下属，这种排序就可能非常困难。而且，对于主管来说，对最好的和最差的员工进行可靠排序远比对普通员工进行排序来得容易。正是由于这种困难，一种变种排序方法便成了排序法的替代品。在这种方法中，评估者首先挑选出最好员工，然后接着挑选出最差员工。然后选出第二好员工，接着选出第二差员工。这个过程一直持续下去直至所有人都被排序。

2. 配对比较法

当有许多人需要被排序时，这种方法被设计用来使排序过程相对主管来说更容易并且可能更可靠。配对比较法提供给主管每张仅包括两位下属名字的一系列卡片，而不是要求主管一次对每个人都进行排序。然后主管被要求选出这两人中更高绩效者。这样，主管只要考虑这两个个体的绩效即可。用这种方法，评价者必须给出每人相对于其他所有人的逐次单个排序。通过计算指定员工在所有逐对比较中多少次被选为更高绩效者来得出最终排序结果。

3. 强制分布法

在强制分布法中评价者被要求基于一些事前配置类别来评价员工。例如，教授可能提前决定下一次测验分数前 10%的人将得 A 等，其次的 20%得 B 等，中间的 40%得 C 等，等等，直至最后的 10%得 F 等。

这种方法的关键在于，不管学生成绩好成怎样或者员工绩效怎样，事前配置必须被考核者所遵循。所以如果全班学生在我们假定的教授测验中都考得非常好的话，学生中的许多人可能仍然会很失望，因为 10%的人仍然将得 F 等，即使他们答对了很多问题。另一方面，如果班级整体上在这次测验中都考得不好的话，然而 10%的人仍将获得 A 等，只要他们比其他人考得更好。那就是，学生的等级是根据他/她相对别的学生和教授事前设想的等级配置考得如何来决定的。

三、范例介绍

范例一：行为锚定等级评价法

某公司销售营业部经理行为锚定等级评价的量表如图6.14所示。

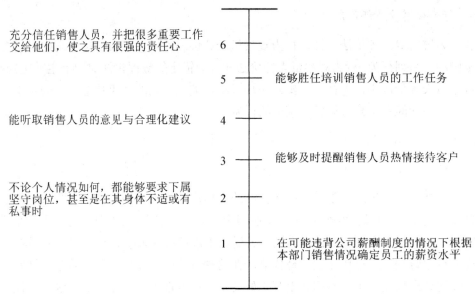

图6.14 行为锚定等级评价法实例

范例二：行为观察量表评价法实例。

评价工厂一线主管绩效的四种行为列项见表6-24。这张行为观察尺度表定义了25种行为列项。最高分是125分(25×5)，最低分是25分。得分在115分以上的主管被认为是绩效优秀者，而得分在25~34分之间的被认为是绩效最差者。

表6-24 行为观察量表评价法实例

使用下列分值来对每种列举行为进行打分 5 代表 95%~100% 的频率 4 代表 85%~94% 的频率 3 代表 75%~84% 的频率 2 代表 50%~74% 的频率 1 代表 0%~49% 的频率
为成员准备了精确成本报告 几乎从来没有　　1　　2　　3　　4　　5　　几乎总是这样
在监控成员时的实践听起来是保留了余力的 几乎从来没有　　1　　2　　3　　4　　5　　几乎总是这样
当需要时是可获得技术咨询的 几乎从来没有　　1　　2　　3　　4　　5　　几乎总是这样
开发了平等的和公正的工作规划 几乎从来没有　　1　　2　　3　　4　　5　　几乎总是这样

四、实验内容、方法、步骤与要求

（一）实验情景

诺尔工程公司是一家主营工程项目的公司，是一家美国国家宇航局和复杂军事装备的供应商。因为业务的迅速扩展，诺尔公司的执行层决定上马一项正式的管理信息系统(MIS)。

这个 MIS 系统可以被用在监控项目进程，限制员工获取分类信息，减少在相似项目间的不必要的重复劳动和通过保证合适的管理者和工程师收到及时和相关的决策信息来提高总体效率。

诺尔公司有分散在美国东西部的 4 个主要设计机构，在不同机构中的工程师们从事不同的项目。这样，诺尔公司的执行层决定在每一个设计机构中都建立一个 MIS 部。尽管这些 MIS 部将通过计算机连接在一起，但每个 MIS 部都将有大量的自主权。

每个 MIS 部将由 1 名部长，7 名行政助理，大量的技术人员(例如，计算机程序员)和文员(例如，数据输入员)组成。这 28 名行政助理职位将是关键的初级管理职位。行政助理将负责维护他们被分派的那一块 MIS 信息。而且，一些行政助理们可能最终将在未来被晋升到中级管理职位上。行政助理的具体职责如下。

1．决定从形形式式的项目中获取 MIS 数据库所需合适信息。为了这个目标，需要与项目工程师、经理以及其他部门的人员合作。

2．和其他 MIS 行政助理一起开发出标准的信息报告程序。这样的程序将有助于对从不同项目中获取的特定类型信息进行集合和比较。

3．为不同部门创造和散发大致描述信息获取和报告的正确程序的教育手册。有时行政助理将为公司人员提供导向型小组会议。

4．使用标准化的报告程序来确实每个项目或部门提供的必要信息和及时信息。

5．监管负责数据输入和恢复的技术和文职人员。

6．监管开发和购买信息软件的技术人员。

7．通过文件化计算机分析结果、确实只有被授权人员接受相关信息、监管文职人员和防止未被授权人员对特定类型信息进行影印来保证项目的安全性。

8．按要求提供信息给经理、特定部门和合同监控人员。

9．将有关各种项目的月度开销和计算机费用信息文件化并提供给财务部门。当财务部门比较和估计(预算)每个项目和部门的费用时，这会派上用场。决定 MIS 部门自身的预算需要。

10．大约一年前，人力资源部门进行了一项全公司所有现存行政助理职位的正式工作分析。从中得出了一份普遍适用的工作描述，见表 6-25。

表 6-25　诺尔工程公司行政助理工作描述

诺尔工程公司	工作描述
工作名称：行政助理	
Ⅰ．职能	
提供给公司行政支持	
Ⅱ．控制	
在一个更高级别的行政人员或者技术经理直接监控下工作，但必须做出在任务绩效上的合理判断	
Ⅲ．主要职责	
A．运用精湛的职能、活动、人事和组织知识来履行各种行政职责。	
B．准备反映绩效和全面操作效率的图表和报告。准备、分析和评估成本数据和维护有效成本控制系统。	
C．和操作经理协商决定空间要求、设备要求、供应要求和其他便利设施。在会上向采购部门、生产部门和公司其他服务组织提出这些要求的到位。	
D．和职位申请者进行介绍性的、非技术性的面谈，使他们能大致了解公司各要素的总体职能和获取以后技术性面谈需要的信息。向管理层汇报面谈、规划、超额职位供给、解聘、接收和预期开始日期。	
E．对新员工就公司要素进行指导性定位。编撰指导手册、欢迎新员工和安排设施浏览。核实所有要求的文书工作已被完成。	
Ⅳ．要求	
要求高中学历，大专以上学历优先；大约 5 年行政工作经验或者获得工商管理学士学位。	

当前,所有的诺尔工程公司的员工,包括行政助理在内,都通过使用一种十项十点的全面考核尺度来进行评估。或者"不满意(1)"或者"超级(10)"这样的考核结果必须要伴随着书面文件。除了考核主管之外,部门主管和被评估的员工必须签署表格来表示他们已经阅读过了评估结果。

近来,HR 经理已经开始关心考核尺度的类型使用。他雇佣了你们人力资源咨询公司来设计一种针对所有 MIS 部门的行政助理职位的更好的绩效评价体系。

(二) 实验内容

完成一份 3~6 页关于这个公司的报告来描述和解释你的评价体系。

(三) 实验要求

你的报告应该包括如下各点。

1. 对现有绩效评价体系的缺陷进行合理的解释。

2. 明确新的绩效评价体系中的相关鉴定标准,也就是说,公司将怎样区分超级员工和那些绩效是仅仅合格(或者甚至不合格)的员工?

3. 每个标准将被怎样测量?

4. 如果你使用某种类型的全面绩效测量手段的话,说明你将怎样在 100 分(满分)的尺度中测量它。如果你具有几种绩效测量手段,讲述一下它们将被怎样整合成一个混合标准得分,这个混合得分应该以 100 分得尺度来衡量。

5. 在你的体系中存在什么样的弱点(如果有的话)?如何克服?

五、实验条件

计算机以及打印机;实验室讨论条件。

六、实验所需时间

6 小时。

七、实验报告和实验成绩评定

1. 实验成绩按照优秀、良好、中等、及格、不及格 5 个等级评定。

2. 成绩评定准则。

(1) 实验结束后,每个小组提交 3000 字实验报告。

(2) 要求内容完整,整个过程描述全面。

(3) 学生实验报告必须反映出实验目的、实验要求、实验方法、过程、实验结论、实验中存在的问题分析、解决对策等内容,并根据学生的实验报告撰写质量进行考核。

(4) 课堂模拟、讨论、总结占总成绩 70%,实验报告占 30%。

(5) 实验报告要求:编写语言流畅,文字简洁,条理清晰。

实验三 设计绩效评价系统——在卡特洗衣店中评价员工的绩效

一、实验目的

运用绩效评价的技术和方法来设计一个评价系统。

二、理论解析与预备知识(同实验二)

三、范例介绍(同实验二)

四、本实验项目内容、步骤、方法和要求

(一) 实验情景

詹妮弗·卡特于1984年6月毕业于州立大学，在对几种可能的工作机会进行考虑之后，她决定从事自己一直计划去做的事情——进入她的父亲杰克·卡特的企业。

杰克·卡特分别于1970年和1972年开了自己的第一和第二家洗衣店。对他来说，这些自动洗衣店的主要吸引力在于它们是资本密集型的而不是劳动密集型的，这样，一旦对机器的投资已经做出，洗衣店靠一个没有什么技术的看管员就足以可以维持了，而平常在零售服务业中所常见的那些人事问题就不会出现了。

尽管靠一名无技术的劳动力就能维持运转是卡特开洗衣店的主要原因，但是到1974年，他还是决定扩大服务内容，在各洗衣店中增加干洗和衣物熨烫服务。换句话说，他增加此项服务所依据的战略是相关多角化经营战略，即增加与现有的自动洗衣业务有关联的那些服务项目。他增加这些新服务项目的一部分原因是：他所租用的场地当时尚未得到充分的利用，因此，他希望能够更为充分地把场地利用起来；另一方面，正如他所说的："我已经厌烦了把我们自动洗衣店顾客的衣物送到五英里以外的干洗店去干洗和熨烫，而且还让它们拿走了本属于我们的大多数利润。"为了反映出服务内容的扩展，卡特将他的两家洗衣店更名为"卡特洗衣中心"，由于对两家洗衣中心的成果极其满意，所以他决定在今后的5年中再开4家类似的洗衣中心。这样，平均每家洗衣中心都需要有1名现场管理人员以及7名左右的雇员，年收入大约为30万美元。詹妮弗·卡特从州立大学毕业后所要加入的正是这样一个由六家铺面组成的连锁洗衣服务中心。

她同父亲之间所达成的共识是，她将成为替老卡特解决问题的人或顾问，她的目标有两个：①学习经营业务；②引进新的管理观念和管理技术来解决经营中的问题，从而促进这个小企业的发展。

在工作了几周以后，詹妮弗惊讶地发现，在其父独自经营卡特洗衣公司的这些年里，他竟然从来都没有对雇员的工作绩效进行过正式的评价。杰克却认为，他还有更为重要的事情都没有做完，比如，提高营业额、降低成本等，因此根本没有时间去制定正式的工作绩效评价制度。此外，雇员的流动率也很高，许多雇员实际上坚持不到该做工作绩效评价的时候就已经不在洗衣公司了。不过，杰克还是有一些做法来弥补没有正式工作绩效评价体系的弊端。实际上，像熨烫工和洗衣工这些体力工人一般会不定期地从杰克那里得到一些积极的反馈，比如杰克会称赞他们工作干得好；当然，有时则会受到杰克的批评，这时往往是因为杰克发现其洗衣店里的某一部分发生了问题。与此同时，杰克从来不回避告诉其管理人员洗衣店里所存在的问题，以便他们明白洗衣店当前的处境。

尽管存在这些非正式的反馈系统，詹妮弗仍然认为应当建立更为正式的工作绩效评价制度。她相信，即使是对于计件工人来说，也存在一些像质量、数量、出勤率和工作完成准时率等此类应当定期予以评价的工作绩效标准。此外，她十分强烈地感觉到，管理人员手中应当有一份关于各种事情的工作质量标准，比如商店的整洁性、效率高低、安全性以及需要严守的预算等，这些标准将成为正式工作绩效评价的依据。

（二）实验内容

请你和你的小组成员完成以下工作。

1．评价詹妮弗为工人建立正式的工作绩效评价制度的建议是否合适。

2．为卡特洗衣店中的管理人员和工人分别制定一种工作绩效评价方法。

（三）实验方法、要求

1．参加实验的学生分成若干小组，人数控制在 4～5 人。

2．讨论确定具体的评价方法并说明采用此方法的理由。

3．小组各成员合理分工，在有限的时间内在计算机上完成方案设计。

4．提交本小组的工作成果并对本小组的最后成果进行讲解。

5．其他小组成员可以就某些问题进行提问和质疑。

五、实验条件

计算机以及打印机；实验室讨论条件。

六、实验所需时间

4 小时。

七、实验报告和实验成绩评定

1．实验成绩按照优秀、良好、中等、及格、不及格 5 个等级评定。

2．成绩评定准则。

(1) 实验结束后，每个小组提交 2000 字实验报告。

(2) 要求内容完整，整个过程描述全面。

(3) 学生实验报告必须反映出实验目的、实验要求、实验方法、过程、实验结论、实验中存在的问题分析、解决对策等内容，并根据学生的实验报告撰写质量进行考核。

(4) 课堂模拟、讨论、总结占总成绩 70%，实验报告占 30%。

(5) 实验报告要求：编写语言流畅，文字简洁，条理清晰。

习　题

1．阅读以下资料，回答后面的问题。

小王在一家私营公司做基层主管已经有 3 年了。这家公司在以前不是很重视绩效考评，但是依靠自己所拥有的资源，公司的发展很快。去年，公司从外部引进了一名人力资源总监，至此，公司的绩效考评制度才开始在公司中建立起来，公司中的大多数员工也开始知道了一些有关员工绩效管理的具体要求。

在去年年终考评时，小王的上司要同他谈话，小王很不安，虽然自己对一年来的工作很满意，但是他不知道他的上司对此怎么看。小王是一个比较"内向"的人，除了工作上的问题，他很少和他的上司交往。在谈话中，上司对小王的表现总体上来讲是肯定的，同时，指出了他在工作中需要改善的地方。小王也同意那些看法，他知道自己有一些缺点。整个谈话过程是令人愉快的，离开上司办公室时小王感觉不错。但是，当小王拿到上司给他的年终考评书面报告时，小王感到非常震惊，并且难以置信，书面报告中写了他很多问题、缺点等负面的东西，而他的成绩、优点等只有一点点。小王觉得这样的结果好像有点"不可理喻"。小王从公司公布的"绩效考评规则"上知道，书面考评报告是要长期存档的，这对小王今后在公司的工作影响很大。小王感到不安和苦恼。

请你结合本案例回答下列问题。

(1) 绩效面谈在绩效管理中有什么样的作用？人力资源部门应该围绕绩效面谈做哪些方面的工作？

(2) 经过绩效面谈后小王感到不安和苦恼，导致这样的结果其原因何在？怎么样做才能克服这些问题的产生？

2. 阅读以下资料，回答后面的问题。

伟星公司是一家小型公司。创业初期，降低成本、提高销售额成为公司的总目标。由于业务繁忙，公司没有时间制定一套正式完整的绩效考评评价制度，只是由以前公司老总王某兼任人力资源总监，采取了一些补救措施。如他会不定期地对工作业务好的员工提出表扬，并予以物质奖励；也对态度不积极的员工提出批评；一旦员工的销售业绩连续下滑，他会找员工谈心，找缺陷，补不足，鼓励员工积极进取。

现在公司规模大了，已经由最初的十几个人发展到现在的上百人。随着规模不断扩大，管理人员和销售人员增加，问题也出现了：员工的流失率一直居高不下，员工的士气也不高。王某不得不考虑，是否该建立绩效考评的正式制度，以及如何对管理人员考评等问题。

结合本案例请你回答以下几个问题。

(1) 你认为在该企业建立正式的绩效考评制度是否必要？请说明具体原因。

(2) 假如你是王某，请为销售人员或管理人员设计一套绩效考评方案，并说明如此设计的原因。

第 7 章 薪酬管理实验

本章主要学习目标

1. 掌握基本工资、绩效工资和福利制度设计知识、技能和能力，具备现代薪酬管理制度设计能力。
2. 培育学生薪酬管理体系的全面认识，强化学员在以下方面的实践性薪酬管理实践活动：薪酬管理系统的基础设置、业务应用和工资业务报表查询，薪酬设计的基础设置、制定方法流程和数据查询。
3. 熟悉薪酬制度效果实验；掌握职位评价方法，薪酬制度设计程序、方法；能够借鉴已有理论和方法，探索性开展薪酬制度效果测量实验研究。
4. 了解国外企业薪酬制度设计，掌握薪酬管理实验研究进展、方法和结论。
5. 提高学生的薪酬管理技能、认识水平，能够跟踪国内外薪酬管理实践的新进展。

作为人力资源管理的重要组成部分，薪酬管理受到组织格外关注。特别是薪酬制度设计、薪酬效果、薪酬管理技能等实践技能越来越受到企业的重视。薪酬管理实验基于企业人力资源管理中薪酬决策基础、薪酬效果调查、薪酬与人力资源管理各个环节关系，对照企业实际情况进行一系列实验活动。薪酬管理实验目标要符合薪酬管理理论，实验层次、内容按照从易到难进行安排，基本按照从基本工资制度到绩效薪酬制度设计、从基础性实验到技能性实验再到综合性实验进行安排。

7.1 薪酬管理基础实验

一、实验目的

参考一般企业薪酬管理过程，结合实验室条件下的软件，进行与课程学习配合的基础性薪酬管理实践练习，具体软件和实践活动在教师指导下进行。

二、预备知识

金蝶 K/3 软件可以根据组织发展战略、职位体系、需要激励的行为等设计和调整薪酬结构、薪酬水平，可以进行工资核算、工资发放、工资费用分配、银行代发等业务处理，薪酬核算系统可以反映工资动态变化，支持集团对薪酬统一管理、发放或分散管理、控制。

金蝶 HR 系统中的薪酬管理业务包括薪酬设计、薪酬核算和发放两大部分内容。

薪酬设计主要实现建立薪酬设计中的薪酬项目，再将薪酬等级化(如薪点、薪等、薪级)并给不同等级赋予相应的薪酬金额，形成企业的薪酬体系表；在薪酬规则和薪酬计算中，HR 薪酬人员可以根据职员的职等、职级、职务、考核结果等相关属性作为为员工定级定薪的依据，定级定薪结果可在计算后再调整，结果审核后可以直接应用到个人薪酬核算。

薪酬核算主要实现个人薪酬核算和部门薪酬核算两大核算业务，处理不同的薪酬发放方式。个人薪酬核算主要实现帮助企业准确发放员工薪酬，并可以根据实际需要，将 K/3HR 系统中的考勤数据、绩效数据作为个人薪酬核算的依据；部门薪酬核算主要实现帮助企业根据部门的绩效评估结果或部门相关属性分配整体薪酬，部门负责人可将整体薪酬在部门内进行再次分配。

1. 薪酬设计

构建适合企业发展的薪酬标准表，并为职员定级定薪，如图 7.1 所示。

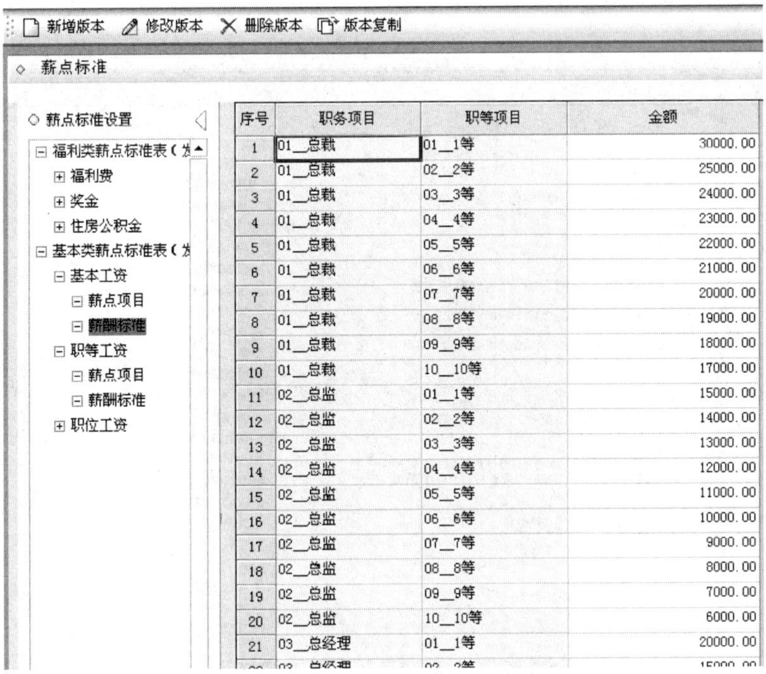

序号	职务项目	职等项目	金额
1	01__总裁	01__1等	30000.00
2	01__总裁	02__2等	25000.00
3	01__总裁	03__3等	24000.00
4	01__总裁	04__4等	23000.00
5	01__总裁	05__5等	22000.00
6	01__总裁	06__6等	21000.00
7	01__总裁	07__7等	20000.00
8	01__总裁	08__8等	19000.00
9	01__总裁	09__9等	18000.00
10	01__总裁	10__10等	17000.00
11	02__总监	01__1等	15000.00
12	02__总监	02__2等	14000.00
13	02__总监	03__3等	13000.00
14	02__总监	04__4等	12000.00
15	02__总监	05__5等	11000.00
16	02__总监	06__6等	10000.00
17	02__总监	07__7等	9000.00
18	02__总监	08__8等	8000.00
19	02__总监	09__9等	7000.00
20	02__总监	10__10等	6000.00
21	03__总经理	01__1等	20000.00

图 7.1 金蝶 K/3HR 系统薪点标准

2. 个人薪酬核算

金蝶 K/3HR 系统可进行薪酬核算个人核算设置，如图 7.2 所示。

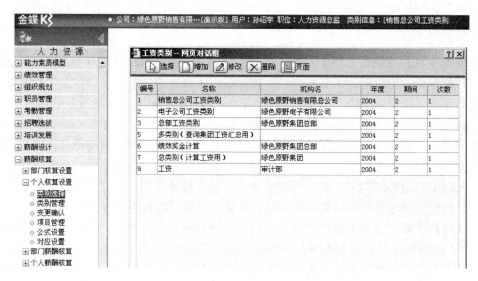

图 7.2　金蝶 K/3HR 系统薪酬核算个人核算设置

3. 部门薪酬核算

(1) 实现以部门作为薪酬发放对象的薪酬核算，应用于项目奖金或团队绩效奖金的发放，设置计算规则时，可取部门绩效评估结果作为计算依据。

(2) 部门薪资发放规则设置如图 7.3 所示。

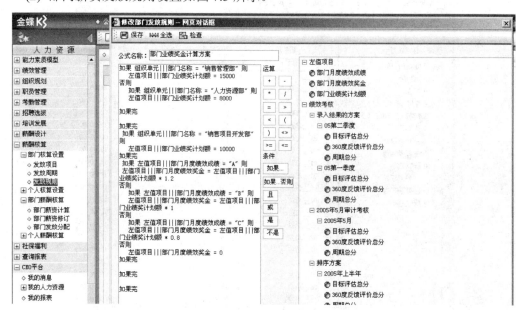

图 7.3　金蝶 K/3HR 系统薪酬核算部门核算发放规则

(3) 实现部门内部团队奖金的再次分配，分配结果可直接在个人薪酬核算中被应用，如图 7.4 所示。

序号	部门代码	部门全称	部门名称	职员代码	职员名称	职员类别	项目.职位名称	项目.职等	项目.基本工资	项目.部门月度绩效奖金分
1	0001.0002.0002	绿色原野集团/绿色原野销售有限总公司/销售管理部	销售管理部	65M9200021	鲁明	正式员工	销售管理部经理	6	2300.00	0.00
2	0001.0002.0001	绿色原野集团/绿色原野销售有限总公司/销售项目开发部	销售项目开发部	66F0300045	王丽丽	试用员工	项目开发经理秘书	0	1500.00	0.00
3	0001.0002.HR	绿色原野集团/绿色原野销售有限总公司/人力资源部	人力资源部	69F9200041	杨光	正式员工	绩效专员	0	1000.00	0.00
4	0001.0002	绿色原野集团/绿色原野销售有限总公司	销售总公司	69M9200017	王凯	正式员工	销售总公司总经理	0	2230.00	0.00
5	0001.0002.0001	绿色原野集团/绿色原野销售有限总公司/销售项目开发部	销售项目开发部	75M0200042	郑清	正式员工	房地产开发顾问	4	2700.00	0.00
6	0001.0002.HR	绿色原野集团/绿色原野销售有限总公司/人力资源部	人力资源部	75M9200020	孙绍学	正式员工	人力资源总监	3	2420.00	4320.00
7	0001.0002.HR	绿色原野集团/绿色原野销售有限总公司/人力资源部	人力资源部	77M9100008	艾美	正式员工	员工关系专员	0	800.00	2880.00
8	0001.0002.0004	绿色原野集团/绿色原野销售有限总公司/财务部	财务部	78F9100016	李晴	正式员工	会计	9	1200.00	0.00
9	0001.0002.0001	绿色原野集团/绿色原野销售有限总公司/销售项目开发部	销售项目开发部	78M9200031	黄天明	正式员工	销售项目开发经理	9	1420.00	5000.00
10	0001.0002.0001	绿色原野集团/绿色原野销售有限总公司/销售项目开发部	销售项目开发部	80M9100012	齐明	正式员工	房地产开发顾问	6	1500.00	2000.00

图 7.4　金蝶 K/3HR 系统部门薪资分配

三、范例介绍

某集团销售公司人力资源部经理拥有销售公司薪酬设计和薪酬核算操作权限。为了方便管理，销售部门职工薪酬核算归属于一个类别，如销售部工资。

销售公司的基本工资，取决于员工的薪酬系数。按照设定公式，员工的基本工资=薪酬系数乘以 1600 元，销售部门经理和两个下属的职员薪酬系数分别是 2.5、1.7 和 1.6；奖金安排中，本月经理奖金为 800 元，职员为 500 元，福利均为 100 元，住房公积金都是 150 元，本月中，职员还被扣款 50 元和 10 元。

该公司规定了个人所得税计税规定：基本工资和奖金之和扣除 1600 元后剩余部分为应税所得额，因此软件运用中增加代扣税项目。

每个月底计算销售部门员工的税前工资、个人所得税和税后工资。

季度奖金方案中，总量为 20000 元，销售部门经理为 8000 元，两个职员则分别为 7000 元和 5000 元。

现在依据上述实务，运行薪酬软件。

主要运行程序包括以下内容。

1. 用户权限设置。登录金蝶薪酬管理模块的操作用户需要先以系统管理员身份将用户设置为 K3 用户，然后在服务器端相应的账套里对该用户工资模块操作权限进行授权。

2. 个人薪酬核算基础设置。该部分任务包括工资类别、类别管理、项目管理和公式设置。

进入工资管理系统后，首要建立一个工资类别，用来核算工资的分类处理，可以按照部门、人员类别或者定义某企业，然后才能进行相关功能操作。

类别管理就是对工资核算项目进行对应的设置，以方便利用工资计算公式或其他工资报表。加入后的项目构成了薪酬项目。

薪酬计算公式设置主要是以函数公式方式，定义薪点标准、薪酬项目等取值规则，实现职员薪酬数据表达。

3. 个人薪酬核算。个人薪酬核算，包括薪资计算过滤方案的设置、薪资修改、薪资计算、个人所得税设置和计算。

薪资计算过滤方案是指，在录入薪资数据时，为了提高数据的录入速度，系统地提供了薪资数据过滤器功能，即允许用户设置不同的方案(过滤器)，例如可以按照部门设置方案，或者按照其他标准设置方案。

薪资修改是在利用薪资计算办法进行计算后，对薪资数据编辑调整，形成最终的薪资发放数据源。

薪资计算是按照计算规则和数据进行薪酬计算。

所得税设置，即按照法律规定设置的个人所得税计算时的参数。可以设置多种方案满足核算的需要，所得税计算要按照税法规定对员工个人所得收入进行所得税计算。

4. 部门薪酬核算。部门薪酬核算一般运用于企业绩效薪酬、团队绩效薪酬的分配，涉及基础设置和核算功能操作。

四、实验项目内容、步骤、方法和要求

实验内容：结合给定的数据，运用金蝶 K/3 软件练习个人薪酬核算日常处理、部门薪酬核算业务、报表查询、薪酬设计方案设置、方案应用、职员薪酬变更等业务技能。实验所需要的数据见表 7-1。

实验任务：对照有关企业薪酬管理业务，对照计算机系统，掌握薪酬日常处理业务内容。通过实验掌握薪酬核算模块用户账户及权限设置、薪酬核算的基础设置、流程、薪酬核算等业务处理。通过对薪酬核算结果查询，掌握查询和设置报表的操作步骤。

实验流程：各个小组选择 3 个公司重要业务部门，竞争性进行相关练习。通过实验掌握薪酬设计及薪酬核算的流程、操作步骤及业务处理，能够将绩效管理、考勤管理、社保福利管理与薪酬管理连贯应用，理解绩效、考勤、社保福利对薪酬的影响。

表 7-1　实验所需要的数据

本次处理数据项	本次处理数据内容
薪酬项目	类别代码：gwgz 类别名称：岗位工资 工资项目：基本工资、奖金、应发合计、福利费、住房公积金、其他扣款、扣款合计、代扣税、实发合计
薪点项目	代码：zdjc 名称：职等级次 明细项： 代码：zdjc01，名称：1～5 级 代码：zdjc02，名称：6～10 级 代码：zdjc03，名称：11 级以上
计算属性	计算项目：职等
薪酬核算方案	方案名称：B 和 E 人员薪资 方案内容：人员 B 和 E 的工资项目为基本工资、奖金、应发合计、福利费、住房公积金、其他扣款、扣款合计、代扣税、实发合计
薪酬版本	薪点标准表——代码 xdbz，名称：薪点标准 定级标准表——代码 djbz，名称：定级标准
薪点标准	基本工资 1～5 级，1500 6～10 级，2500 11 级以上，4000
薪酬规则	奖金=基本工资×0.4
计算方案	名称：奖金计算方案
定级维护	B 人员：6～10 级 E 人员：1～5 级

续表

本次处理数据项	本次处理数据内容
定薪维护	B 人员基本工资：2500 E 人员基本工资：1500
部门发放项目	代码：jjze 名称：奖金总额
发放周期	代码：01 名称：月 起始时间：2009－07－01 至 2009－07－31
发放规则	名称：奖金总额 计算公式：奖金总额=20000
部门薪酬核算	方案名称：部门薪资
个人薪资类别	名称：岗位工资，是否多类别：否 币种：人民币，机构名称：SY 集团
个人薪资核算公式	奖金=基本工资×0.4 应发合计=基本工资+工资
对应设置	周期目标考核得分关联 考勤迟到次数与其他扣款关联 失业险个人账户总额与福利费(支出)关联
个人薪酬方案	方案名称：BE 人员薪酬 工资项目：职员代码、职员姓名、职等、应发合计、扣款合计、实发合计、代扣税、基本工资、奖金、福利费、住房公积金、其他扣款 方案名称：BE 人员应发 方案内容：人员 BE 的工资项目为基本工资、奖金、应发合计、福利费、住房公积金、其他扣款、扣款合计、代扣税、实发合计
应纳税所得额	基本工资，增项 奖金，增项
税率	名称：个人所得税 使用系统提供的默认级差税率
扣税基数	1600

五、实验条件

计算机及打印机；金蝶 K/3 软件；讨论环境。

六、实验所需时间

2 小时。

七、实验报告和实验成绩评定

1. 实验成绩按照优秀、良好、中等、及格、不及格 5 个等级评定。
2. 成绩评定准则。
(1) 按照学生软件操作过程和结果，对学生是否掌握相关软件的运用进行评价。
(2) 对学生实际操作结果和能力进行评价。
(3) 学生实验报告必须反映出实验目的、实验要求、实验方法、过程、实验结论、实验中存在的问题分析、解决对策等内容，根据报告撰写质量进行考核。

(4) 课堂模拟、讨论、总结占总成绩70%，实验报告占30%。

(5) 实验报告要求：编写语言流畅，文字简洁，条理清晰。

7.2 薪酬管理技能实验

实验一 薪酬管理理念与全面薪酬制度构建实验

一、实验目的

通过观测战略性薪酬管理体系构成要素，促进学员熟悉全面薪酬制度理念，掌握全面薪酬制度内涵和组成，培养和提高学员的全面薪酬报酬战略设计能力。

二、预备知识

1. 概念

战略性薪酬管理是以企业发展战略为依据，根据企业某一阶段的内部、外部总体情况，正确选择薪酬策略、系统设计薪酬体系并实施动态管理，使之促进企业战略目标实现的活动。也有学者认为(刘昕，2003)，战略性薪酬管理是看待薪酬管理职能的一整套理念，核心是作出一系列战略性薪酬决策，而后者是关于如何帮助组织赢得并保持竞争优势的相关薪酬决策。

战略性薪酬管理目标包括以下内容。①如何实现内部一致性和外部竞争性；②如何认可员工贡献，如何提高薪酬成本有效性；③与薪酬体系、薪酬结构、薪酬水平、薪酬关系对应的薪酬管理制度和相应的动态管理机制如何建立。

战略性薪酬管理是现代人力资源开发管理体系的重要组成部分，必须与其他人力资源工作紧密联系，形成一个有机体。从企业战略层面研究并实施薪酬管理，有利于正确把握建立健全人力资源开发管理体系的方向，充实体系的内容，提升体系的效能。与此同时，人力资源开发管理体系的健全，也有利于薪酬管理制度的改进完善，更好地发挥薪酬管理的作用。

2. 战略性薪酬管理国内外研究梳理

目前有关企业经营战略和薪酬战略关系的问题一直是学术界争论的焦点。关于是公司战略影响人力资源管理战略，进而对薪酬战略产生间接影响，还是人力资源战略和薪酬战略属于同一层级，公司战略直接决定薪酬战略，学者的观点存在较大分歧。但企业战略驱动薪酬战略，薪酬战略是从属层次战略这一观点已经基本成为共识。Venka(1984)认为，影响战略的因素的重要性和它们在整体战略计划中的作用都令人感兴趣。Lawless(1987)认为，如果这些因素没有被整合到总战略计划中，组织的战略方向就不明确或缺失，导致产出令人不满意甚至功能失调。Galbfiath(1983)认为，由于这些因素是可控制的集合，因而将它们作为职能战略成为可能，薪酬战略就是一种职能战略。

根据这个研究思路，有关经营战略和薪酬战略的关系，多数研究是从两者的一致性、适合、匹配、联结的观点出发，认为薪酬战略和企业战略联系紧密。随着企业战略的变化，企业的薪酬战略和薪酬管理体系也要做出相应的调整和改变。

薪酬管理和企业经营战略匹配的问题研究。Gomez-Mejia(1987)较早把"匹配"这一概念引入薪酬战略研究。他认为，薪酬战略的理论基础是权变理论，即薪酬战略要根据环境的变化，尤其是企业战略的变化而变化。Gomez-Mejia(1992)通过实证研究发现，经营两种及以上业务的企业经理比经营单一业务的企业经理的平均薪酬水平比高13%。Andrew(2001)认为，随着企业之间竞争日益激烈，企业重组和购并现象频繁发生，薪酬战略必须能够适应环境变化。Joseph(2002)简要地分析了低成本竞争战略和差异化竞争战略下的薪酬战略特征。Gomez-Mejia(1987)把"匹配"这一概念引入薪酬战略研究之后，众多学者对企业薪酬战略和经营战略的匹配问题进行了研究。Milkovich(1988)认为，企业不断调整薪酬战略，使其与企业经营战略相适应，从而获得高水平的组织绩效。Edilberto(1996)认为，企业要从战略的角度来设计薪酬制度。尽管这些学者已经提出了薪酬战略和企业战略匹配的设想，并意识到了匹配的意义，但是缺少对两者之间如何匹配的研究。

有观点认为，战略性薪酬是指能提高员工的积极性和促进其发展，并使员工的奋斗目标与组织的目标、理念、文化相符合的薪酬计划。它是将企业薪酬体系与发展战略有机地结合起来，使企业薪酬体系成为实现企业发展战略的重要杠杆。战略性薪酬强调薪酬体系为企业发展提供带有前瞻性的战略支撑。战略性薪酬既为所有员工设计了一般意义的激励薪酬，也为企业战略瓶颈部门和核心人力资源设计出有区别的薪酬体系与薪酬政策，以便为企业整体发展提供战略支撑。

一些研究薪酬问题的学者描述了开发基于技能或胜任力的报酬体系的过程(Armstrong and Murlis, 1994; Milkovitch and Newman, 1996)。尽管对最优的初始开发步骤存在意见分歧，但对设计基于技能和胜任力的报酬体系的基本过程却存在共识(Ledford, 1991; Bunning, 1992)。Armstrong 和 Murlis(1994)提倡从鉴别体系所包含的工作或任务开始，而Lawler(1991)却从建立一些核心原则开始。Bunning(1992)赞成先评估一些合适的模型，这些模型可以用来设计将要采取的步骤。所有人都认识到分析工作、任务、技能、胜任力的重要性。很多学者也强调在开发过程中考虑利益相关者的重要性。

麦尔斯和斯诺研究了人力资源战略(包括薪酬战略)和职能战略的匹配问题。他们认为有保守型、探索型、解析型3类公司，不同类型公司的薪酬管理活动都应该与公司的产品、市场战略、研究开发战略、营销战略等职能战略保持一致，并支持公司的竞争战略。

Joseph J. Martocchio(2002)以美国企业的劳动关系为例来研究企业的战略薪酬。Joseph认为，战略薪酬是人力资源系统的组成部分，并认为影响公司竞争战略和薪酬战略的因素有国家文化、组织文化及组织产品(或服务)的生命周期。Joseph通过对美国劳动关系史的梳理，发现很多公司都采用了资历工资。但是他认为这并不适合竞争战略的要求，提出资历工资和竞争战略相适应以及加强绩效和工资相联系的观点。他还指出，业绩工资计划可能存在无法区分绩效的缺陷，不良绩效衡量标准和雇员工资绩效评定中存在主观偏见，分别从低成本竞争战略和差异竞争战略模式分析了竞争战略和薪酬战术的吻合度，还提出了战略薪酬面对的挑战，认为薪酬管理如何适应竞争战略和国际活动面临重大挑战，驻外人员的工资、激励和边缘薪酬标准还有待明确和完善。

理查德(2003)认为，为了保证薪酬系统适宜而且有效，不仅经理们之间需要相互沟通，还需要他们和行业联合会的代表及职员进行沟通，顺畅的沟通渠道不仅能够促进相互信任，而且也是早期警报系统的重要组成部分。理查德还强调审计薪酬系统的重要性，并且提出了偏差和退化导致的问题。乔治(2002)从战略性视角认为薪酬体系应随着企业战略的变动而改变，并引证了 IBM 公司的战略转移和文化转型的案例。他认为，如果薪酬战略的基本前提是把薪酬体系和经营战略联系起来，那么不同的经营战略就会有不同的薪酬方案。乔治认为如何有效地实施薪酬战略非常重要，要把内部一致性和外部竞争力结合起来设计薪酬制度，内部一致性决定薪酬结构，外部竞争力决定薪酬水平。

薪酬管理与企业经营战略相匹配实证研究。有不少关于薪酬管理与企业经营战略相匹配的实证研究。Kevin J. Murphy 通过对公司绩效与管理薪酬的实证分析，试图检验用股东回报测量的公司绩效与经理报酬是强正相关的假设，并在各种回归分析中得到了证实。他的研究还证实了销售增长与经理补偿之间也存在强正相关关系。Michael C. Jensen 通过对跨期达到 30 年内的 2000 位 CEO 的绩效薪酬和高层管理激励的分析表明，CEO 的财富和股东财富之间的关系比较弱，而且过去 50 年中两者之间的关系已经减弱不少。西方实证研究发现，浮动报酬方案有助于提高激励水平和生产率水平。美国管理协会对实行收入分成计划的 83 家公司的研究发现，员工的不满、缺勤率、时间浪费分别平均降低了 83%、84%、69%。如果报酬完全由非绩效因素所决定，员工可能降低努力程度。Fein(1973)对 400 家制造业的研究发现，那些实行工资奖励方案的公司比没有实行的公司生产率水平要高 43%～64%。

Joseph J. Martocchio(2002)通过分析 Stay-In-Touch 公司的战略发现，薪酬和经营战略匹配过程中要考虑到外部市场环境和内部能力两种因素的影响。他还认为，虽然传统的等级制度仍然很盛行，但是很多公司的结构都开始趋于平坦，或是少了些官僚主义作风。理查德(2003)通过实证分析，验证了 Armstrong 和 Murlis 提出业绩表现与报酬增长之间的关系。

三、范例介绍

从薪酬福利到工作体验的实践

1. IBM 公司的实践

20 世纪 90 年代中期以前，IBM 公司可以说是财大气粗，近乎垄断的地位使得 IBM 可以支付任何同类企业都无法匹敌的薪酬福利，然而，在竞争越来越激烈的 90 年代中期，蓝色巨人却徘徊在濒临崩溃的边缘，如果不是那位从一家食品公司空降过来的首席执行官郭士纳先生展开大刀阔斧的改革，我们今天恐怕已经见不到这位蓝色巨人的身影了。郭士纳在 IBM 的改革首先从薪酬福利体系动手，他改变了 IBM 公司原有的官僚化薪酬体系，将薪酬与市场接轨，将员工个人的薪酬更多地与绩效以及客户等因素联系起来，同时还将股权从高层管理人员大规模地扩展到了一批优秀员工。

郭士纳的改革无疑是成功的，但是在逐渐走出危机之后，IBM 并没有停留在仅仅依靠薪酬福利来吸引、留住和激励员工上。近些年来，IBM 在大力推行全面报酬的新实践，尤其是在认可员工的贡献、保持工作和生活之间的平衡、企业文化建设以及员工发展等工作体验方面进行了大量的创新。第一，IBM 公司设立了各种各样的认可奖项，其中既包括由同事提名的奖项，也包括由管理层提名的奖项。这些奖项可以用来对员工长期服务等各种表现提供奖励和认可。第二，IBM 公司制订了专门的生活和工作计划，将公司原来的很多方案整合进来，明确了平衡员工的工作生活和家庭生活的公司目标。第三，IBM 公司文化的变革很明显，同时也很微妙，大家清一色穿着蓝色制服的现象不见了，公司把重点转移到通过高层管理团队来培养各层次员工的领导力方面。第四，作为电子商务领域的领袖，IBM 充分利用在线的方式进行知识管理，员工可以进行在线学习和职业生涯规划。第五，IBM 公司采取了各种措施来改善员工的工作条件，为员工充分提供各种工具和资源，来确保他们工作上的成功。

IBM 公司做出的上述努力，使它在与微软等一些实力更为殷实的企业进行竞争的时候，仍然能够保持对优秀人才的强大吸引力。在 IBM 公司中，负责企业系统部、个人系统部以及软件和技术部的薪酬总监安德鲁·里其特博士说："我们发现，那些能吸引并留住人才的因素，并不一定能够激励员工，反之亦然。工作体验是报酬中的一个驱动性因素，如果我们忽视了这一点，就会给我们带来损失。"因此，"尽管我们是在和一些腰包非常鼓的公司竞争，但是我们仍然能吸引到真正优秀的人才。我们必须继续努力，提供富有挑战性的工作、自我管理的机会以及让人们发挥自己的作用和影响力的工作场所。如果员工的工作体验不好，人员流失数字马上就会告诉我们正在发生的一切。"

2. 美国西南航空公司的实践

不仅 IBM，世界航空史上的一大奇迹——从来没有亏损过的美国西南航空公司，也正是依靠在企业内营造快乐工作的氛围，让员工找到了一种在其他企业无法感受到的美好工作体验，最终取得了令其他航空公司望尘莫及的成就。西南航空公司员工的低流动率和高敬业度并不是拿钱买来的，其支付的薪酬在航空业中仅属于一般水平。西南航空的这种成就实际上得益于公司创始人罗伯特·凯勒在西南航空一手培植起来的关爱、尊重、庆贺以及认可的文化，以及公司塑造出来的一种让员工感到安全、快乐从而可以全力投入工作的良好工作环境。

第一，西南航空创建了一种像对待客户一样对待员工的公司文化，公司坚持为员工提供一种稳定的工作环境，在 30 多年的经营中，即使是在"9·11事件"发生后，国际航空业面临极大打击的情况下，从来没有解雇过任何一位员工。此外，西南航空还鼓励员工具有一定的灵活性，并且对他们进行各种跨职能、跨领域的交叉培训，一方面让员工拥有学习和追求个人成长的机会，能够充分发挥自己的才干，另一方面确保他们具备参与企业战略规划和决策的能力。

第二，西南航空非常看重让员工在工作中找到乐趣，所以经常鼓励员工以轻松的心情看待他们的工作和竞争，公司也努力创造一种充满欢乐气氛、笑声、幽默感、创造性的工作环境。西南航空认为，工作愉快的人一定比较主动，员工不一定要抱着严肃的态度才能完成工作。因此，公司允许员工在工作岗位穿着自己感觉最舒适的衣服，当员工能够以轻松的休闲穿着工作时，他们常常会把工作当成一种游戏。

第三，西南航空从成立之初就形成了浓厚的赞赏和庆祝文化。凯勒非常重视对员工工作的认可和鼓励，他每年亲笔签发给员工的感谢信多达上万封，同时还经常出其不意地邀请优秀员工与自己进餐。西南航空认为，庆祝实际上是人的一种本性和需要，庆祝可以提升人性，鼓舞精神所需要的生命力和活力，同时还能舒缓紧张情绪，帮助员工建立自信。因此，西南航空不放过任何一个对员工的工作努力以及所取得的成就加以庆祝的机会，凯勒本人也积极出席各种员工庆祝大会，甚至会以猫王、巴顿将军、骑士的扮相出场，与员工同乐。

西南航空的很多做法我们在这里无法一一列举，但是很显然，正是由于西南航空为其两万多名员工提供了良好的工作体验，才使公司不仅创造了极高的员工忠诚度以及生产率，同时还使公司的低成本、低票价、高安全性、高准点率经营战略得到了坚决的贯彻和执行，取得了骄人的业绩。

3. 惠普公司的实践

不良的工作体验往往导致企业人才流失严重，经营业绩滑坡。在这方面，惠普公司首席执行官卡莉·费奥瑞娜在今年年初的黯然谢幕就是一个典型。惠普公司过去曾经被喻为"一家最不像美国公司的美国公司"，因为惠普公司从 1939 年创立之日起，两位创始人就奠定了惠普公司关心和信任员工的文化基调，而这种充满人情味的文化和氛围恰恰是吸引大量优秀人才加盟惠普并长期在惠普工作的重要理由。而卡莉在上台之后所采取的很多措施，包括通过兼并康柏、进行大规模的人事调整、改革薪酬体系、削减福利以及强硬解雇公司高管等做法让员工失去了安全感，没有了在企业中长期职业发展的前景，实际上破坏了惠普人长期以来引以为豪的"惠普之道"。结果，卡莉不仅没有改善惠普的业绩，而且导致了惠普公司员工的强烈不满，一些曾经在惠普长期工作的人不得不忍痛离开惠普。看看卡莉下台的消息公布之后，惠普人几乎弹冠相庆的热闹场景让我们不能不反思，让员工愉快地工作，让他们有美好的工作体验是多么重要。

国内外的企业管理实践表明，工资水平最高的企业并不一定是员工自愿流动率最低的企业，也不一定是生产率和绩效最优的企业，要想打造一支高生产率、高绩效和高承诺度的员工队伍，企业必须从薪酬、福利以及工作体验三个方面做好全盘规划，不仅让人才进得来，还要留得下，而且不仅要留住员工的人，还要留住员工的心。

4. 评价

经济全球化进程中，各国企业已经越来越清醒地意识到，能否赢得竞争优势并且保持这种优势，关键在于能否形成一支胜任、敬业、忠诚的员工团队。然而，说到吸引、保留和激励员工，大部分企业马上会想到薪酬和福利，很多企业甚至将薪酬福利视为激励的全部。无可否认，一流的薪酬福利在吸引员工方面有着明显的优势，这是因为，一位没有进入某一企业的求职者，他在不同企业进行比较和选择的时候，只有企业所提供的薪酬福利是最容易把握和衡量的，同时也是最容易在不同企业间进行比较的。至于说让人愉快的工作氛围、上级的重视和认可、个人的发展机会以及良好的组织文化等软性因素，只有进入企业才能真正地体会到。

上述 3 个公司的案例告诉我们，除了薪酬和福利，工作体验也是全面报酬体系中的一个重要组成部分，对于留住企业员工有重要的影响。所谓工作体验，是指对于员工来说非常重要，但是却不像薪酬和福利那样容易触及的一些报酬要素。它主要包括员工的努力和绩效得到认可和赏识、工作和生活的平衡、组织文化、个人发展机会等因素。

1) 认可和赞赏

一个组织各个层次上的员工都需要感到自己所做的工作是被组织看重的，被视为有价值的，能够获得工作的成就感。而使员工有这种感觉的并不仅仅是与绩效挂钩的个人加薪或者奖励等，能够达到类似效果、成本更低并且可以经常给予的则是上级提供的及时、具体、真诚的认可和赞赏。此外，还有组织以发放奖品或礼物、召开庆功会等各种非货币形式对员工及其群体的努力和成绩所给予的认可和鼓励。这一方面要求企业必须学会如何在日常工作中有效地赞赏和鼓励自己的员工；另一方面也要求企业必须在传统的薪酬和福利之外，去寻找更加丰富多样的、能够对员工进行奖励和认可的形式和手段。

2) 工作和生活的平衡

现代社会的发展，使得越来越多的人将关注重点从工作和经济收入转变为重新关注个人和家庭生活质量，对于很多经济收入水平较高的真正有能力的高层次人才来说尤其如此。在这种情况下，企业如果试图像过去那样，通过提供高水平的薪酬福利来换取员工的拼命工作，作为对员工家庭生活损失的一种补偿，其效果会越来越差，那些不能使员工保持家庭生活和工作生活平衡的企业将会无法留住自己所需要的人才。这样，企业就必须在灵活的工作安排以及为员工提供便利的各种计划等方面进行大量的投入。其中，前者包括弹性工作时间安排、远程工作、非全日制工作、更短的日工作时间或周工作天数等；后者则包括儿童看护、老人看护、锻炼和保健、洗车、购物等各种服务。

3) 组织文化

关于组织文化，伦敦商学院教授杰伊·康戈尔有一段非常形象的比喻，他说："文化非常像鱼缸里的水，尽管它在相当大的程度上是不易被人觉察的，但是它的化学成分以及能够支持生命的元素却深深地影响着鱼缸里的生物。"员工在一个组织中工作时，只有当他个人的价值观与组织的价值观相吻合时，他才会感到自在和快乐。而组织文化恰恰是组织的价值观和经营理念的一种体现。因此，一个组织要想让优秀人才不仅能够加入本公司，而且能够留下来，同时还能够尽心尽力地努力工作，就必须培养一种对员工有吸引力的组织文化。

良好的组织文化一旦形成，它不仅能够自动将那些与公司的价值观不相符合的人筛选出去，而且能够在没有规则的时候成为指导员工采取何种行动的一种事实上的程序手册。组织文化能够创造真正的员工忠诚度，而不仅仅是满意度。正如斯坦福大学商学院教授杰弗里·P. 费符所说，要想培养一种高绩效的组织文化，除了要有一整套宣扬员工重要性的价值观和哲学之外，还必须能够把这些价值观转化为实际的一整套管理实践。

4) 个人发展机会

个人发展机会包括学习机会、得到指导和培训的机会、职位发展机会以及参与决策的机会等很多方面的内容。由于企业和员工之间的契约早已从传统的终身雇佣转变为长期就业能力的培养，因此，一家仅仅能够提供高薪，却不能为员工提供长期发展机会的企业越来越难以留住人才。因为如果在一家企业得不到个人发展机会，他们就会到其他能够提供这种机会的企业中去工作。

然而，随着组织的扁平化，传统的晋升阶梯的数量被大量削减，仅仅依靠级别晋升来对员工进行激励的做法所受到的约束越来越大，在这种情况下，企业必须寻找一些创新性的方法来对员工进行开发。比如，为员工配备资深员工或管理人员充当他们的教练或导师，对他们的职业发展和进步进行指导和帮助；给员工更大的授权；对员工进行跨职能或跨地区的调动，增加员工的工作内容，丰富员工的工作经历；在企业内部为员工提供创业平台等。美国著名管理顾问公司美世公司甚至允许自己的员工到其他企业中暂时工作一段时间，然后做出自己的选择。有人担心这种做法会导致人才流失，但是美世公司却认为，公司能够为大家提供这种机会本身就向员工表明，公司对于员工的职业发展是真正重视的，这种做法只会使公司对于员工更加有吸引力，而不是相反。

四、实验项目内容、步骤、方法和要求

（一）实验背景

某集团公司为特大型钢铁联合企业，产品畅销国内外。目前，公司处于以战略管理为中心的阶段，制定的公司发展战略是"跻身世界500强、拥有自主知识产权和强大综合竞争力、适度相关多元化发展的世界一流跨国公司"。该公司薪酬管理的总目标确定为适应公司发展战略需求，全面构建市场领先、激励充分、利益共享、一体化的战略薪酬体系，确保公司吸引、留住和激励各层次人才，促进公司和员工的共同发展。在这一总目标的导引下，一是致力于吸引和保留最优秀的人才，使公司成为人才向往的公司；二是公平地、一贯地对待员工；三是给予优秀绩效者比差绩效者更高的回报；四是提供具有市场竞争力的现金收入水平；五是提供一个"目标"报酬；六是提供内在的(非物质)回报以提高员工的忠诚度。公司战略决定了在战略导向下进行组织机构设置，依据战略和工作分析的结果进行岗位设置，开展科学岗位价值度评估，建立、完善整个公司绩效标准和指标系统，建立员工能力素质模型，提升员工能力，相应提高员工薪酬，进而提升整个公司的能力，为公司战略的实现提供坚实的支撑。随着公司发展战略和公司实际发展状况的变化，相应地提供动态的人力资源战略支撑，进行动态的薪酬决策。该企业的薪酬确定方式要体现战略性薪酬决策的基本内核，以提升企业的竞争能力。

（二）实验内容、要求

1. 结合该公司具体情况，学生分组进行讨论、分析该公司薪酬目标、体系设计特征。
2. 提出构建包括工作体验在内的全面薪酬制度体系理念和框架。
3. 为该公司提出战略性薪酬结构初步构想。

（三）实验步骤、方法

1. 学生分组讨论。
2. 每个小组要分别提供分析和建议报告两部分任务书。
3. 在同行企业调研，掌握公司实际资料。

五、实验条件

实验室工作环境；计算机条件与打印条件。

六、实验所需时间

4小时。

七、实验报告和实验成绩评定

1. 实验成绩按照优秀、良好、中等、及格、不及格 5 等级评定。
2. 成绩评定准则。

(1) 按照学生制作的公司全面薪酬战略过程分析和报告质量，对学生是否掌握全面薪酬战略要素、制定思想、制定内容等进行评价。

(2) 对学生是否具备战略性分析能力和经验进行评价。

(3) 学生实验报告必须反映出实验目的、实验要求、实验方法、过程、实验结论、实验中存在的问题分析、解决对策等内容，根据报告撰写质量进行考核。

(4) 课堂模拟、讨论、总结占总成绩 70%，实验报告占 30%。

(5) 实验报告要求：编写语言流畅，文字简洁，条理清晰。

实验二 职位薪酬制度设计实验

一、实验目的

理解、掌握职位评价技术，掌握职位薪酬设计流程，能够操作一般企业职位薪酬制度设计。

二、预备知识

1. 职位评价技术

对于大型组织，运用计点法是很有价值的。因为大组织岗位多，管理和技术、生产作业层次也比较多。所以很有必要和价值运用该复杂量化的职位评价技术与方法。但是因为实验内容不能够完全做一个完整的大型组织的所有岗位评价，其实在组织中，也不是每个岗位都做，只是对标准的岗位进行评价，其他相近的岗位对应就行。

职位评价技术有许多类型，本书按照计点法进行职位评价。

计点法操作过程主要包括如下 6 个步骤。

(1) 选择报酬要素。报酬要素是指一个组织认为在多种职位中都包括的有价值的特征，这些特征有利于组织战略及目标的实现。最常见的报酬要素有责任、技能、努力、工作条件。每个要素又包括相关子要素。报酬要素选择要注意：与总体上职位价值逻辑关系，能够清晰界定衡量，具有共性，反映职位贡献，与评价职位有关，不交差重叠，数量适当。

(2) 界定各个报酬要素等级。等级数量取决于组组内各个职位在该要素上的差异程度。差异度大，等级数量多，反之少。

(3) 确定要素的权重(相对价值)；确定各个要素对于总体职位评价结构的贡献程度或者扮演角色的重要性。

(4) 确定要素的等级或者点值；确定各要素的总点值，用算术或几何方法确定各个要素在不同等级上的点值。

(5) 运用要素描述职位；确定每个职位在报酬要素上的等级，得到报酬要素的点值。汇总被评职位在所有报酬的点值，得到最终评价点数。

(6) 从高到低，划分点值范围，建立等级结构。根据各个职位的点数从高到低排序，建立职位等级结构。

计点法优点：精确，可以对不相似的职位比较，广泛用在蓝领和白领，反映组织独特的需求和文化。

计点法缺点：方案耗费时间长，主观性往往会加大评价体系的复杂性和难度。

该方法适合生产过程复杂、岗位类别数目多的大中型企事业单位采用。

2. 职位薪酬设计

在市场调查基础和职位评价基础上，职位薪酬结构的设计步骤主要有如下6个步骤。

(1) 通观被评价职位的点值状况，根据职位评价点数对职位进行排序。首先观察各个职位的点值情况，看有无明显出入的点值。其次注意职位排序是否反映了职位的功能差异，点数差异是否反映了职位价值的差异。

(2) 按照职位点数对职位进行初步分组，把点数接近的职位放在同一个级别。

(3) 根据职位的评价点数确定职位等级的数量及其点数变动范围，需要对第二步骤细化，以便把一些没有被评价的职位包括进去。先细化各个等级的点数差异，简单方法是对每个职位等级的最高点值都以恒定的绝对绩差来确定。根据职位进一步进行职位等级划分，形成职位最终的等级。最终确定等级和点值变动范围。

(4) 将职位等级划分、职位评价点数与市场薪酬调查数据结合起来，做出散点图。横坐标是点数值，纵坐标是市场薪酬水平；可以运用回归分析，确定直线方程，最后得到薪酬区间中值。

(5) 对问题职位的区间中值进行调查。可以用薪酬区间中值与外部市场薪酬数据之间的比率(比较比率)进行分析，以便发现有问题的职位薪酬定位数值。

(6) 根据确定的各个职位等级或者薪酬等级的区间中值建立薪酬结构。考虑内部职位的价值差异大小、外部市场薪酬水平、合适的变动比率。

3. 职位薪酬制度设计的工具

(1) 薪酬等级。

(2) 薪酬中值。

(3) 薪酬区间变动率。

(4) 工资指导线：各个省、市政府劳动管理部门下达的企业货币平均工资增长基准线、增长下线、上线。

三、范例介绍

某公司职位评价手册

为推进某公司的市场化改革，改变公司的职务级别工资体系，推行岗位工资体系，特此制定本手册，目的是对公司所有岗位进行内部相对价值排序，参照相对价值排序制定工资体系。

(一) 职位评价的原则、目的

1. 基于公司战略规划的原则。公司各岗位的价值评价以对公司战略规划的实现的贡献和重要性来确定。
2. 对岗不对人的原则。职位评价是针对岗位进行的，而不是针对岗位的任职者而进行的。
3. 公平公正的原则。职位评价根据公平公正的原则对公司所有职位进行相对价值排序。

职位评价的目的：职位评价的成果是公司岗位价值排序，其目的是建立价值评价的标准，支持公司建立科学合理的岗位工资体系。

（二）职位评价的操作步骤

职位评价的步骤如图 7.5 所示。

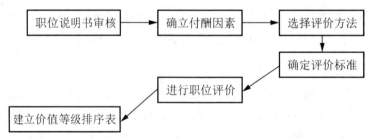

图 7.5　职位评价步骤

职位评价的调整。职位评价的结果并非不可调整，原则上，当公司战略规划、岗位职责和岗位的市场价值做出重大调整时，应对部分或者全部职位评价结果进行调整。

（三）职位评价的因素

根据该公司战略规划和行业特点，职位评价采用以下因素，见表 7-2。

表 7-2　职位评价因素

职位评价维度	职位评价要素	职位评价维度	职位评价要素
工作责任 (1380)	工作职权(240) 责任轻重(240) 指导监督(180) 工作复杂性(180) 工作方法(180) 工作关联(协调沟通)(180)	任职资格 (1050)	最低学历要求(180) 知识范围(180) 专业难度(180) 工作经验(180) 资格证书(150) 技能要求(180)
工作环境 (150)	计划组织要求(180) 环境特征(150)	工作负荷(300)	工作压力(150) 工作时间特征(150)

（四）职位评价因素定义划分及赋值

1．工作责任

(1) 工作职权：指职位在工作范围内具有的对人、财、物等资源进行调配安排的权力，见表 7-3。

表 7-3　工作职权等级和赋值

等级	界限说明	赋值
1	全按照指令进行工作，无须思考	0
2	承办一项或几项具体工作，并且要提出初步处理意见或建议	10
3	分管一项或几项工作，提出具体方案，直接做出决定	20
4	协助部门正职领导负责一个或几个方面的工作	40
5	负责部门的全面工作	80
6	协助公司领导负责公司多个部门的工作	160
7	负责公司的全面工作	240

(2) 责任轻重：指本职位所从事的工作中如不小心出现失误，在其职权范围内和对其相关事物的影响程度和范围。责任导致与赋值见表 7-4。

表 7-4　责任等级与赋值

等级	界限说明	赋值
1	工作失误，基本不造成什么影响	5
2	工作失误，可能会给本部门造成一定的影响	20
3	工作失误，可能会给本部门造成较严重影响	40
4	工作失误，可能会给公司带来一定的影响	80
5	工作失误，可能会给公司带来较为严重的影响	160
6	工作失误，可能会导致极为严重的影响	240

(3) 指导监督：指在正常权力范围内所拥有的正式指导监督权。其责任大小根据所监督和指导的员工人数和层次进行判断，见表 7-5。

表 7-5　监督责任与赋值

等级	界限说明	赋值
1	无监督指导下属	0
2	虽无下属，但是经常在授权下监督某些事务或者对他人工作进行指导	15
3	监督指导 2 个以下的一般员工	30
4	监督指导 3 至 10 个一般员工	60
5	监督指导 10 至 20 个一般员工	80
6	监督指导部门主任(总经理)	120
7	监督指导公司的全面工作	180

(4) 工作复杂性：反映该职位工作任务的性质的单一性和多样性情况。通常以任务的数量、复杂性、变动性来反映，见表 7-6。

表 7-6　工作复杂性与赋值

等级	界限说明	赋值
1	日常的事务性工作，只需要简单的常识即可工作	5
2	有一定的但是较为简单的方法和程序，需要一定的经验和培训，工作较为固定	30
3	经常遇到不确定的情况，需要按照较为复杂的规则进行处理	60
4	工作中接触的人、物、事件较多，需要主动探索解决办法	120
5	工作中处理大量的人、财、物信息，需要高超的处理技巧	180

(5) 工作方法：指完成本职位工作任务的程序和方式的相似程度，见表 7-7。

表 7-7　工作任务程序与赋值

等级	界限说明	赋值
1	完全相同，按照固定的规则进行	5
2	大部分相同，由较为简单的操作规程	30
3	一半相同，需要发挥一定的主观能动性	60
4	大部分不同	120
5	完全不同	180

(6) 工作关联(协调沟通)：指该职位与内外部往来时所要求和体现的目的。其中"一般工作技术往来"主要指文件传递、办理手续、信息传递、接待来访等例行公事工作关联与赋值见表 7-8。

表 7-8　工作关联与赋值

等级	界限说明	赋值
1	基本上与他人没有沟通协调的事项	0
2	与公司其他部门内部普通人员和普通外部人员的一般工作往来	10
3	与外部政府机构、团体进行沟通联系,办理相关手续	30
4	与公司各级人员沟通协调,寻求工作上的支持与配合	60
5	对外,代表公司办理重要事项;对内,指导、检查部门工作	120
6	对外,出席重要场合的重大活动;对内,制定决策,协调全公司的活动	180

(7) 计划组织要求:指对工作中涉及的人、财、物,工作进程等进行整体上的安排、协调的要求,见表 7-9。

表 7-9　工作的计划组织要求与赋值

等级	界限说明	赋值
1	不需要对工作进行计划和组织,只需要按照指令执行即可	0
2	对工作中涉及的人、财、物需要进行简单的计划,并且组织安排	10
3	经常需要协助部门主管制定计划,并协助进行工作的组织安排	30
4	工作中经常牵涉较多,需要经常性地做部门工作计划,并且进行组织协调	100
5	经常进行全局性的计划工作,并对整体工作进行组织推动	150
6	战略远景层次的计划制定	180

2. 任职资格

(1) 最低学历要求:知识内履行工作职责所要求的最低学历要求。其判断的基准是国民教育水平。注意与什么学历的人从事本项工作无关系。职位所要求的学历与赋值见表 7-10。

表 7-10　职位所要求的学历与赋值

等级	界限说明	赋值
1	小学	5
2	初中	10
3	高中毕业和中专	30
4	大学专科	60
5	大学本科	100
6	硕士研究生	180

(2) 知识范围:处理本职位工作所需要的知识范围,判断基准在于广博而不在精深,见表 7-11。

表 7-11　工作的知识范围与赋值

等级	界限说明	赋值
1	日常工作知识,上岗前不需要进行培训	5
2	基本的工作规则和操作知识,上岗前需要经过短期和系统的培训	20
3	必须有一定的专业知识,或需要积累较多的实践经验	40
4	具有较高的专业知识,实践经验丰富,而且需要其他专业的知识和技能	90
5	需要解决多专业的综合问题,要求具备综合性专家的知识结构	180

(3) 专业难度:指专业知识和技能掌握、运用的难度;以任职者在工作中自主决策时间的比例和自主

决策的范围来衡量。任职者决策机会与赋值见表7-12。

表 7-12　任职者决策机会与赋值

等级	界限说明	赋值
1	无须决策	0
2	自主决策的机会很少，很大程度上依赖上级主管	10
3	自主决策的机会较少，但工作事务上的自主性较大	30
4	有近一半的事情可以自主决策，一般技术问题或专业工作可自行解决	60
5	大部分事情可以自主决策，只有极为重大的工作任务才需请示上级主管	120
6	基本上是自主决策的	180

(4) 工作经验定义：指工作得达到基本要求，还必须有某种必须随着经验不断积累才能掌握的技巧。判断基准根据掌握这种必须经过一段时间的实际工作的技巧所花费的时间。工作经验与赋值见表7-13。

表 7-13　工作经验与赋值

等级	界限说明	赋值
1	无须专门的经验	5
2	1 年以下	20
3	1～3 年(含 1 年)	40
4	3～5 年(含 3 年)	80
5	5～8 年(含 5 年)	160
6	8 年以上	240

(5) 资格证书定义：指工作中所需要的由国家或者相关机构进行认证的非教育序列的资格类证书要求。资格证书要求与赋值见表7-14。

表 7-14　资格证书要求与赋值

等级	界限说明	赋值
1	不需要专门的资格证书	0
2	初级资格或者相当于初级资格	30
3	中级资格或者相当于中级资格	80
4	高级资格或者相当于高级资格	150

(6) 技能要求定义：指工作要求的相关技能。技能指经过相关训练可以掌握的、对特定的工具或者事务具备的操作处理技巧。任职技能与赋值见表7-15。

表 7-15　任职技能与赋值

等级	界限说明	赋值
1	不需要特殊的工作技能，具备基本的体能即可	5
2	工作的操作流程有一定的技巧，需要经过简单的培训才能掌握(1月)	15
3	需要特定的技能，经过较长时间的培训才能掌握	40
4	某方面的技能特别突出，需要有该领域的深厚基础才能掌握	90
5	需要多方面的技能，并能综合运用	180

3. 工作负荷

(1) 工作压力定义：指工作的节奏、时限、工作量、注意转移程度和工作所需的对细节的重视而引起的工作压力。工作负荷与赋值见表7-16。

表7-16 工作负荷与赋值

等级	界限说明	赋值
1	从事程序性工作，心理压力较小	10
2	程序性工作较多，有时会出现不可控因素，有一定的心理压力	30
3	脑力支出较多，工作中常出现不可控因素，心理压力较大	100
4	需要付出的脑力强度大，不可控因素多，心理压力大	150

(2) 工作时间特征定义：指工作要求的特定起止时间。工作时间与赋值见表7-17。

表7-17 工作时间与赋值

等级	界限说明	赋值
1	按正常时间上下班	10
2	上下班时间不一定是正常班，但具有一定的规律性，可以自行安排或预先知道	30
3	有些时候工作要求不得不早到迟退或者周末加班	80
4	工作时间根据工作具体情况而定，自己无法控制	150

4. 工作环境

环境特征定义：指工作时环境对任职者身体、心理健康影响的程度。工作环境与赋值见表7-18。

表7-18 工作环境与赋值

等级	界限说明	赋值
1	80%以上的时间在室内办公，环境舒适，无特别不良感觉	20
2	工作需要外出，有时感觉环境较不舒适	80
3	经常外出，且在途时间长，有时感觉环境极不舒适或者户外工作，环境因素对人体有一定的损害	150

(五) 职位评价表格

职位评价见表7-19。

表7-19 职位评价

职位名称：		部门：		评价时间： 年 月 日		
职位评价维度	职位评价要素	评分	职位评价维度	职位评价要素	评分	
工作责任	工作职权		任职资格	最低学历要求		
	责任轻重			知识范围		
	指导监督			专业难度		
	工作复杂性			工作经验		
	工作方法			资格证书		
	工作关联(协调沟通)			技能要求		
	计划组织要求		工作负荷	工作压力		
工作环境	环境特征			工作时间特征		
职位综合分值：						
评分者(签名)：						

四、本实验项目内容、步骤、方法和要求

(一) 实验背景

某大型公司按照企业自身战略和组织特征,对本企业的职位评价提出以下要素。

报酬要素包括责任、技能、劳动强度、工作环境 4 个方面,各个要素权重:责任,25%;技能,30%;劳动强度,25%;工作环境,20%,并初步给出相关二级要素。

(二) 实验内容、要求

按照公司意见进行职位评价和职位工资制度设计。

(三) 实验方法、步骤

1. 报酬要素等级与评价

主要是设计报酬要素、要素定义与等级、要素权重、评价职位、排序。可以用简单数学公式表示每个职位的点数。

每个职位点数=该职位在各个报酬要素上的分数之和。

责任要素:管理责任,见表 7-20。

表 7-20 管理责任与赋值

等级	分级定义	赋值
1	只对自己的岗位工作负责	
2	对助手指导、分配和检查	
3	负责指导几个岗位工作	
4	负责指导、协调、分配几个岗位工作	
5	负责指导、协调、分配几个岗位工作,有自行决定权	

技能要素:知识经验,见表 7-21。

表 7-21 知识经验与赋值

等级	分级定义	赋值
1	具备一般知识即可胜任岗位	
2	需初中文化程度	
3	需要高中文化程度	
4	需要大学文化程度	
5	需要研究生学历程度	

劳动强度要素:劳动姿势,见表 7-22。

表 7-22 劳动姿势与赋值

等级	分级定义	赋值
1	姿势自由不受限制	
2	以坐姿为主,活动受限制	
3	以站立为主,活动受限制	
4	半蹲、弯腰、仰卧、前俯等难适应姿势	

工作环境：露天作业。

表 7-23　工作环境与赋值

等级	分级定义：露天劳动时间率(%)	赋值
1	25 及以下	
2	25～50	
3	50～75	
4	75 以上	

2. 学生分组及内部划分各自承担的任务

(1) 每个小组同学首先要理解该公司的报酬要素体系，写出各个要素定义以及赋值。

(2) 确定各个要素权重。

(3) 确定各个要素的不同等级的点值，按照算术平均方法进行确定。

(4) 运用要素描述职位；确定每个职位在报酬要素上的等级，得到报酬要素的点值。汇总被评职位在所有报酬的点值，得到最终评价点数。

(5) 从高到低，划分点值范围，建立等级结构。根据各个职位的点数从高到低排序，建立职位等级结构。

以上是职位评价的初步工作。

(6) 职位薪酬结构设计。

按照本地区 2011 年政府部门公布的劳动力市场各个职位的市场工资标准以及以下参考数据进行职位薪酬结构设计。低等级薪酬区间变动率为 25%，中间等级变动率为 40%，高等级薪酬变动率为 60%，薪酬等级一律设计为 8 级。

在完成上述工作后，绘制出公司的职位薪酬制度曲线，要求图形反映出该公司薪酬等级、各个等级中值、每个等级的最高与最低工资数量、公司薪酬线(各个等级中值连起来的线)、公司最高工资、公司最低工资。

讨论：

各个小组完成上述实验设计后，比较各自所设计的公司职位薪酬差异，并对照公司性质、文化和战略目标，检验以下问题。

① 所设计的薪酬制度符合公司文化和战略吗？
② 是否具备外部竞争性和内部一致性要求？
③ 对照国外同类组织，比较国内组织的职位薪酬制度特征，并分析原因。
④ 结合所设计的实例，检验是否对其他公司有参考价值？有哪些价值？不足有哪些？
⑤ 各个小组成员提出今后设计改进思路。
⑥ 如果要调整，提出自己的建议。

五、实验条件

实验室环境；计算机与打印机；纸张等。

六、实验所需时间

4 小时。

七、实验报告和实验成绩评定

1. 实验成绩按照优秀、良好、中等、及格、不及格 5 个等级评定。
2. 成绩评定准则。
(1) 依据学生对职位评价过程、方法、手段、合作态度进行评价。
(2) 对学生实验结果合理性、职位评价结论和技能运用情况进行评价。
(3) 对学生的职位评价和职位工资制度实验进行评价。
(4) 学生实验报告必须反映出实验目的、实验要求、实验方法、过程、实验结论、实验中存在的问题分析、解决对策等内容，根据报告撰写质量进行考核。
(5) 课堂模拟、讨论、总结占总成绩 70%，实验报告占 30%。
(6) 实验报告要求：编写语言流畅，文字简洁，条理清晰。

实验三 薪酬调查实验

一、实验目的

掌握薪酬调查程序和方法，提高薪酬调查技能；熟悉薪酬调查问卷设计与统计分析原理、技巧，能够解决企业薪酬水平调查结果运用的问题。

二、预备知识

1. 薪酬调查含义与原理

确定员工薪酬原则时要做到保持一个合理的度，既不能多支付，造成成本增加，也不能少支付，否则难以保持企业发展所需的人力资源，保持对外竞争力。要做到这点，企业必须进行薪酬调查。了解市场薪酬水平 25%点处、50%点处和 75%点处，薪酬水平高的企业应注意 75%点处甚至是 90%点处的薪酬水平，薪酬水平低的企业应注意 25%点处的薪酬水平，一般的企业应注意中点(50%点处)的薪酬水平。

薪酬调查含义。米尔科维奇(Milkovich,2008)认为，薪酬调查是一种收集其他雇主的薪酬数据并做出判断的系统过程，刘昕(2011)认为，薪酬调查是指企业通过收集(总体的薪酬)信息来判断其他企业所支付的总薪酬状况这样一个系统过程。这样的调查能够向实施调查的企业提供市场上各种相关企业向员工支付的薪酬水平和薪酬结构等信息。薪酬调查按照目的可以分为商业性薪酬调查、专业性薪酬调查和政府薪酬调查。商业性调查主要咨询公司按照客户需要进行某行业薪酬水平调查，专业协会则更多进行专业性调查，政府调查往往由劳动、统计机构进行专题调查，涉及专门人员、行业性或地区性工资水平变化等调查。

企业开展薪酬调查主要目的包括调整薪酬水平、调整薪酬结构、估计竞争者的劳动力成本以及掌握同行公司薪酬策略。薪酬调查整体设计需要围绕数据库建设进行，因此事先需要对以下问题进行讨论。

该项调查应该由哪些人参与？通常由薪酬负责人主持，公司有关部门的员工以及外部顾问公司作为第三方也应该适当参与其中共同进行调查，以获取客观的调查结论。特别地，第三方的参与，不容易引起竞争对手警觉和拒绝合作，专业性更强的第三方有更高的调查能力和资源，这些是一般企业乐意将薪酬调查委托专门机构的重要原因。

应该调查哪些雇主？该问题与调查目的和对手选择有关，通常没有固定的格式。大型企业往往对手很少，小型企业对手则很多，特别调查意图的企业则选择不同行业、地区、职位类进行调查统计，从而选择不同的雇主。

应该调查哪些职位？调查职位确定的基本原则是选择能达到目的所必需的尽可能少的雇主和职位。同样条件下如果调查内容越复杂，那么其他雇主参与的可能性就越小。具体可以按照基准职位法来选择调查的职位。基准职位是各个不同雇主共有的职位，具有稳定的工作内容并且雇用大量员工，重点是这些基准职位的描述和薪酬调查中基准职位的描述一致。

获取哪些信息？主要是三方面信息：组织信息、总体薪酬体系信息、在某职位的每个任职者的具体薪酬数据。组织信息主要包括组织的基本情况、财务绩效、规模、组织结构；总体薪酬体系性质包括现金薪酬形式(基本工资、各种长期和短期奖励、工资增长计划)、非现金薪酬形式(福利与服务)；任职者个人情况与职位情况包括职位状况、个人信息(教育年限、雇用年限等)、个人工资状况等；人力资源结果信息，生产率、劳动力总成本、吸引—留住员工情况及员工看法等信息。

薪酬调查程序。主要包括3个阶段：准备阶段、实施阶段和结果分析阶段。在准备阶段重点工作包括确认薪酬调查需求、调查对象、调查内容和调查方式；在实施阶段主要工作包括问卷设计、执行调查、获得调查数据信息等；在结果分析阶段，主要工作则包括薪酬调查数据整理与核查、数据分析(包括频度分析、趋中趋势分析、离散分析、回归分析)。

2. 薪酬调查问卷设计

薪酬调查问卷设计专业性强，内容变异大，对人力资源管理综合要求高，对薪酬调查最终结果影响大。良好的薪酬问卷设计是保障薪酬调查成功的重要保障。

薪酬调查问卷设计内容、方法和应用是本实验的重点内容。按照调查内容设计问卷是最主要的调查问卷设计方式，以下两个调查问卷是关于员工薪酬满意度、公司各个部门员工工资调查的问卷。

三、范例介绍

范例一　员工薪酬满意度调查问卷表

本次问卷调查的目的在于了解员工对企业薪酬制度的意见和想法，以便促进公司薪酬管理的科学化、合理化。您的认真配合是对我们工作莫大的支持和鼓励，我们将以加倍努力的工作来感谢您对我们的帮助；同时，对您提供的一切信息，我们会信守承诺，绝不外泄！

调查问卷说明：

本调查问卷共设计了17道题，均为单项选择，题目答案没有对错之分。

本问卷是以匿名的方式进行调查，调查的结果用于改进公司的薪酬制度。

员工基本信息：　　所属部门(可以不填)：　　职位：　　进入公司时间

1. 您对自己目前的薪酬____。
   A. 非常不满意　　　　B. 不满意　　　　　　C. 一般
   D. 比较满意　　　　　E. 非常满意

2. 您认为自己的付出与回报____。
   A. 付出远大于回报　　B. 付出稍大于回报　　C. 等值
   D. 回报稍大于付出　　E. 回报远大于付出

3. 就您所在的职位，您认为薪酬中浮动工资的比例占到____比较适合
   A. 5%以内   B. 5%～10%以内
   C. 10%～15%以内   D. 15%及以上
4. 与外部平均薪酬水平(同一职位)相比，您觉得自己的工资水平处于____状态。
   A. 远低于市场平均水平   B. 略低于市场平均水平
   C. 基本一致   D. 略高于市场平均水平
   E. 高出市场平均薪酬水平的30%左右
5. 您觉得您的薪酬水平比与您同职位的老员工____。
   A. 偏低   B. 基本相称   C. 偏高
6. 您觉得工资各个组成部分的比例设置是否合理？____
   A. 非常不合理   B. 不太合理   C. 不确定
   D. 基本合理   E. 非常合理
   若选择A或者B，请予以说明：_____
7. 您对自己薪酬涨幅的评价____。
   A. 非常不满意   B. 不太满意   C. 一般
   D. 基本满意   E. 非常满意
8. 对公司提供的福利总体满意度评价____。
   A. 非常不满意   B. 比较不满意   C. 基本满意
   D. 比较满意   E. 非常满意
9. 您对加班工资的计算与支付感到____。
   A. 非常不满意   B. 比较不满意   C. 基本满意
   D. 比较满意   E. 非常满意
10. 您对公司奖金项目的计算与支付感到____。
    A. 非常不满意   B. 比较不满意   C. 基本满意
    D. 比较满意   E. 非常满意
11. 公司薪酬制度的设计是否合理？____
    A. 非常不合理   B. 不太合理   C. 不确定
    D. 基本合理   E. 非常合理
    若选择A或者B，请予以说明：_____
12. 您对目前公司实施的薪酬体系有何评价？_____
_____
13. 您觉得公司的薪酬制度对人才的吸引力____。
    A. 很弱   B. 较弱   C. 不确定
    D. 有一定的吸引力   E. 非常有吸引力
14. 对公司在薪酬管理工作方面的评价____。
    A. 非常不满意   B. 不太满意   C. 一般
    D. 基本满意   E. 非常满意
    若选择A或者B，请予以说明：_____
15. 公司假期安排方面是否合理？____
    A. 非常不满意，假期较少   B. 不太满意，制定的假期制度过于僵化
    C. 一般   D. 基本满意
    E. 非常满意，可以灵活休假
16. 您认为目前的薪酬制度对员工的激励作用____。
    A. 非常小   B. 较小   C. 一般

D. 较强　　　　　　　　　　E. 非常强

17. 您对公司薪酬支付的及时性与准确性评价____。

A. 薪酬的支付经常拖延　　　　B. 基本准时、准确

C. 比较满意　　　　　　　　　D. 很好

范例二　某公司员工薪酬水平与人工成本调查

问卷说明：列表中的高位数代表企业中该职位最高收入水平，中位数代表平均收入水平，低位数代表最低收入水平，员工信息状况可按照相应员工的信息填写。

填表列项含义如下。①基本工资：企业在职员工每年获得的税前基本工资；②交金数额(或比率)：个人所缴社会保险费及公积金数额或占基本工资比率；③补贴收入：企业在职员工获得的包括交通、通信、膳食、服装、住房、医疗等在内的所有现金补贴总额；④固定工资总额：企业在职员工获得的基本工资和补贴收入在内的固定税前工资总额；⑤绩效工资总额：企业在职员工根据企业经营业绩和自身工作贡献获得的包括考核奖在内的变动绩效工资总额；⑥货币福利：企业在职员工获得的包括补充公积金、养老金、医疗保险、商业保险等在内的所有货币福利的费用总额；⑦税前薪资总额：企业在职员工获得的全部税前薪资总额；⑧企业交金总额：社会保险金及公积金企业承担部分的总额；⑨企业用工总成本：员工月度税前薪资总额与企业交金总额之和。

填表列项数量关系：固定工资总额=基本工资+补贴收入；绩效工资总额=考核奖+其他绩效工资；税前薪资总额=固定工资总额+绩效工资总额+货币福利；企业用工总成本=税前薪资额+企业交金总额填。

表 7-24　各个主要部门员工工资调查表

部门名称　　　　　　　　　　　　　　　　　　单位：元　　填表日期　　年　　月　　日

职位	项目	企业用工总成本		固定工资总额			绩效工资总额		货币福利
		企业交金总额	税前薪资总额	基本工资	交金比率	补贴收入	考核奖	其他	
部门经理	高位数								
	中位数								
	低位数								
科室主管	高位数								
	中位数								
	低位数								
业务骨干	高位数								
	中位数								
	低位数								
普通职员	高位数								
	中位数								
	低位数								

四、本实验项目内容、步骤、方法和要求

实验内容：在本地选择一家企业，对其薪酬水平进行调查。

1. 基准职位选定

根据典型性、可比性和均匀分布等原则选择出基准职位；按照职位说明书或进行工作分析对基准职位的典型信息进行归纳；休整前两步骤完成职位选择。

具体完成某企业薪酬调查基准职位信息表，见表 7-25。

表 7-25　某企业薪酬调查基准职位信息表

序号	职位名称	市场薪酬中位数	层级	职种	主要职责
1					
2					
3					
4					
5					
6					
7					
8					
9					

2．薪酬调查问卷设计

归纳职位基本信息项目；设计问卷调查内容。

薪酬调查表格参考格式见表 7-26。

表 7-26　薪酬调查表格

职位信息	职位名称	直接上级		所辖人数
	职位职责			任职年限
调查内容	企业总人数 所属行业 月出勤工资 其他薪酬 法定保险 购房补贴 其他福利	月奖金 购车补贴	年奖金 说明 说明 说明	
联系方式	固定电话	移动电话	电子信箱	

3．薪酬调查报告书

参照有关调查报告格式，对上述调查结果进行统计、分析、整理，撰写薪酬调查报告书。

要求以小组为单位，按照调查计划、调查背景、调查样本、调查内容、结果统计分析、所存在的问题与建议等要素，撰写薪酬调查报告书。

五、实验条件

计算机与打印设备；小组讨论所需要的实验室环境。

六、实验所需时间

两天。

七、实验报告和实验成绩评定

1. 实验成绩按照优秀、良好、中等、及格、不及格 5 个等级评定。
2. 成绩评定准则。
(1) 主要考核学生在完成薪酬调查实验后所填写的信息是否充分、完整、合理。
(2) 是否依据某具体企业实际背景信息,是否完成了基准职位选择。
(3) 薪酬问卷调查设计是否合理可行、薪酬调查报告是否按规范来进行评价。
(4) 学生实验报告必须反映出实验目的、实验要求、实验方法、过程、实验结论、实验中存在的问题分析、解决对策等内容,根据报告撰写质量进行考核。
(5) 课堂模拟、讨论、总结占总成绩 70%,实验报告占 30%。
(6) 实验报告要求:编写语言流畅,文字简洁,条理清晰。

实验四　人工成本核算实验

一、实验目的

通过多项实验,掌握人工成本的构成、影响因素、人工成本核算程序和方法,提高组织人工成本核算技能。

二、预备知识

1. 人工成本的概念

企业人工成本,也称用人费(人工费)或人事费用,是指企业在生产经营活动中用于和支付给员工的全部费用。它包括从业人员劳动报酬总额、社会保险费用、福利费用、教育费用、劳动保护费用、住房费用和其他人工成本等。可以看出,人工成本并不仅仅是企业成本费用中用于人工的部分,还包括企业税后利润中用于员工分配的部分。

2. 人工成本的构成

根据国家有关规定,我国工业企业人工成本的构成范围及列支渠道如下。
(1) 产品生产人员工资、奖金、津贴和补贴(制造费用—直接工资)。
(2) 产品生产人员的员工福利费(制造费用—其他直接支出)。
(3) 生产单位管理人员工资(制造费用)。
(4) 生产单位管理人员的员工福利费(制造费用)。
(5) 劳动保护费(制造费用)。
(6) 工厂管理人员工资(管理费用—公司经费)。
(7) 工厂管理人员的员工福利费(管理费用—公司经费)。
(8) 员工教育经费(管理费用)。
(9) 劳动保险费(管理费用)。
(10) 失业保险费(管理费用)。
(11) 工会经费(管理费用)。

(12) 销售部门人员工资(销售费用)。
(13) 销售部门人员的员工福利费(销售费用)。
(14) 子弟学校经费(营业外支出)。
(15) 技工学校经费(营业外支出)。
(16) 员工集体福利设施费(利润分配-公益金)。

在计算人工费用总额时，我们可以将上述各项工资支出汇总，或在"应付工资"科目中核算工资总额。员工的福利费用也可在工资总额基础上按规定的14%计算。

3. 人工成本的聚类分组

一般来说，人工成本包括从业人员的劳动报酬(含不在岗员工生活费)、社会保险费用、住房费用、福利费用、教育经费、劳动保护费和其他人工成本等7个组成部分。

1) 从业人员劳动报酬

从业人员劳动报酬包括在岗员工工资总额，聘用、留用的离退休人员的劳动报酬，人事档案关系保留在原单位的人员劳动报酬，外籍及港澳台人员劳动报酬。

2) 社会保险费用

社会保险费用是指企业按有关规定实际为使用的劳动力缴纳的养老保险、医疗保险、失业保险、工伤保险和生育保险费用。

3) 住房费用

住房费用是指企业为改善本单位使用的劳动力的居住条件而支付的所有费用，具体包括企业实际为使用的劳动力支付的住房补贴、住房公积金等。

4) 福利费用

福利费用是指企业在工资以外实际支付给单位使用的用于劳动力个人以及集体的福利费的总称。主要包括企业支付给劳动力的冬季取暖补贴费(也包括企业实际支付给享受集体供暖的劳动力个人的部分)、医疗卫生费、计划生育补贴、生活困难补助、文体宣传费、集体福利设施和集体福利事业补贴费，以及丧葬抚恤救济费等。

5) 教育经费

教育经费是指企业为劳动力学习先进技术和提高文化水平而支付的培训费用(包括为主要培训本企业劳动力的技工学校所支付的费用)。

6) 劳动保护费用

劳动保护费用是指企业购买的劳动力实际享用的劳动保险用品、清凉饮料和保健用品等费用支出。

7) 其他人工成本

其他人工成本是指不包括在以上各项成本中的其他人工成本项目。

4. 人工成本核算方法

1) 人工成本核算的基本指标

核算人工成本的基本指标包括企业从业人员年平均人数、企业从业人员年人均工作时数、企业销售收入(营业收入)、企业增加值(纯收入)、企业利润总额、企业成本(费用)总额、企业人工成本总额等。

企业人工成本总额。企业人工成本反映一个企业在一定时间内所支出的全部人工成本。

人工成本=企业从业人员劳动报酬总额+社会保险费用+福利费用+教育费用+
　　　　 劳动保护费用+住房费用+其他人工成本

2) 核算人工成本投入产出指标

核算人工成本投入产出指标包括销售收入(营业收入)与人工费用比率、劳动分配率等。具体含义与计算公式如下。

销售收入(营业收入)与人工费用比率显示每获得一个单位的销售收入(营业收入)需投入的人工成本。

$$人工费用比例 = 人工费用/销售收入(营业收入) \\ = \frac{人工费用/员工总数}{销售收入(营业收入)/员工总数} \\ = \frac{薪酬水平}{单位员工销售收入(营业收入)}$$

劳动分配率：劳动分配率是指在企业获得的增加值(纯收入)中用于员工薪酬分配的份额。

$$劳动分配率 = 人工费用/增加值(纯收入)$$

3) 合理确定人工成本的方法

(1) 劳动分配率基准法。

劳动分配率基准法是以劳动分配率为基准，根据一定的目标人工成本，推算出所必须达到的目标销货额；或者根据一定的目标销货额，推算出可能支出的人工成本及人工成本总额增长幅度。

关于本企业劳动分配率的多少，基期可以从报表的有关数字中求得。本期的可以从借贷平衡表中予以推算，也就是首先计算出附加价值中资本分配额及资本分配率，再计算出劳动分配额及劳动分配率。

在应用劳动分配率基准法时，还涉及附加价值率问题，即附加价值占销货额的比例。附加价值率越高，表明企业的经营能力越好，企业支付人工费用的能力越强。所以，合理的人工费用率可由下式求出。

$$合理的人工费用率 = \frac{人工费用}{销售额} = \frac{净产额}{销货额} \times \frac{人工费用}{净产值} \\ = 目标附加价值率 \times 目标劳动分配率$$

应用劳动分配率基准法的步骤：首先用目标人工费用(也称计划人工费用)和目标净产值率(也称计划净产值率)及目标劳动分配率(也称计划劳动分配率)三项指标计算出目标销售额(也称计划销售额)。其次运用劳动分配率求出合理薪资的增长幅度。具体办法是在计算上年度和确定本年度目标劳动分配率的基础上，根据本年的目标销售额计算出本年目标人工费用，并计算出薪酬总额的增长幅度。

(2) 销售净额基准法。

销售净额基准法，即根据前几年实际人工费用率、上年平均人数、平均薪酬和本年目标薪酬增长率，求出本年的目标销售额，并以此作为本年应实现的最低销售净额。其公式为：

$$目标人工成本 = 本年计划平均人数 \times 上年平均薪酬 \times (1+计划平均薪酬增长率)$$
$$目标销售额 = 目标人工成本 \div 人工费用率$$

利用人工费用率(人工费用/销货额)还可计算销售人员每人的目标销售额。其步骤是先确定推销员的人工费用率，再根据推销员的月薪或年薪及推销员人工费用率计算推销员的年度销售目标。

其计算公式：

$$销售人员年度销售目标 = \frac{推销人工费用}{推销员的人工费用率}$$

与上述方法相类似，还有一种根据毛利率及人工费用率，计算推销员目标销售毛利额及推销人员毛利与工资的大致比例。其公式：

$$推销人员人工费用率 = \frac{推销人员人工费用总额}{毛利率}$$

$$目标销售毛利 = \frac{某推销员工资}{推销员人工费用率}$$

三、范例介绍

例1：甲企业目标净产值率为40%，目标劳动分配率为45%，目标人工成本为2600万元，现在要求采用人工费用率之基准计算，该企业的目标销售额是多少？

解：

$$目标销售额 = \frac{目标人工费用}{人工费用率} = \frac{目标人工费用}{目标净产值率 \times 目标劳动分配率}$$

$$= \frac{2600}{40\% \times 45\%} = 14444.44(万元)$$

例2：乙企业上年度人工成本为2382万元，净产值为8780万元，本年度确定目标净产值为10975万元，目标劳动分配率同上年，该企业本年度人工成本总额为多少？人工成本增长率为多少？

解：

上年度劳动分配率 = 2382 ÷ 8780 = 27.13%

目标劳动分配率同上年，则：

$$目标劳动分配率 = \frac{目标人工费用率}{目标净产值率}$$

$$27.13\% = \frac{目标人工费用}{10975}$$

则：本年人工成本 = 10975 × 27.13% = 2977.52(万元)

人工成本增长率 = (2977.52 ÷ 2382) × 100% - 100% = 25%

即该公司本年度人工成本总额为2977.52万元，增长幅度为25%。

四、本实验项目内容、步骤、方法和要求

(一) 实验内容

某公司上年度相关费用(见表7-27)，上一年度净产值为9780万元，本年度确定目标净产值为12975万元，目标劳动生产率同上一年，要求按照这些资料，分别计算出该企业本年度目标人工成本总额和目标人工成本增长率。

表 7-27　某公司上年度相关费用表

项目	数额(万元)
在岗员工工资总额	2300
不在岗员工工资总额	81
企业高管分红	260
社会保险费用	678
福利费用	219
教育经费	44
劳动保护费用	58
住房费用	127
工会经费	30
招聘费用	22
解聘费用	21

(二) 实验步骤和方法

1．计算出企业从业人员劳动报酬总额。

2．计算其他人工成本。

3．计算该公司人工成本总额。

4．计算上年度目标人工成本。

5．计算该公司目标人工成本增长率。

要求：各个小组按照实验资料和相关知识，依据上述步骤分别计算。

五、实验条件

实验室环境；计算机设备；纸张等。

六、实验所需时间

1 小时。

七、实验报告和实验成绩评定

1．实验成绩按照优秀、良好、中等、及格、不及格 5 个等级评定。

2．成绩评定准则。

(1) 考核学生在完成人工成本核算后所填写的信息是否充分、完整、合理。

(2) 是否依据某具体企业实际背景信息完成了人工成本核算。

(3) 人工成本核算是否合理可行等进行评价。

(4) 课堂模拟、讨论、总结占总成绩 70%，实验报告占 30%。

(5) 实验报告要求：编写语言流畅，文字简洁，条理清晰。

实验五　绩效薪酬制度设计实验

一、实验目的

通过多项实验，掌握绩效薪酬制度的构成、影响因素和方法，提高绩效薪酬制度分析和改进技能。

二、预备知识

绩效奖励计划，指员工的薪酬随着个人、团队或者组织绩效的某些衡量指标发生的变化而变化的一种薪酬设计。由于绩效奖励计划是建立在对员工行为及其达成组织目标的程度进行评价的基础之上的，因此，绩效奖励计划有助于强化组织规范，激励员工调整自己的行为，并且有利于组织目标的实现。

传统上的绩效奖励只是支付给高层管理人员(奖金、股票)、销售人员，有些行业还扩展到了小时生产工人。20世纪80年代的经济不景气，企业认识到要战胜竞争对手，员工通过分享组织的风险和报酬，将不仅改善自己的绩效，而且还承担更多的责任。绩效奖励计划的优点是，有利于组织通过灵活调整员工的工作行为来达成企业的重要目标；有利于按照职位系列进行薪资管理，操作比较简单，管理成本较低；绩效奖励计划有利于组织总体绩效水平的改善。缺点是，在产出标准不公正的情况下，绩效奖励计划很可能会流于形式；可能导致员工间或使员工群体之间竞争；可能增加管理层和员工间产生摩擦的机会；有时员工收入的增加会导致企业出台更为苛刻的产出标准，这样就会破坏企业和员工之间的心理契约；绩效奖励公式有些时候非常复杂，员工可能难以理解。

绩效奖励计划的实施注意事项：企业必须认识到，绩效奖励计划只是企业整体薪酬体系中的一个重要组成部分；绩效奖励计划必须与组织的战略目标及其文化和价值观保持一致，并且与其他经营活动相协调；实施绩效奖励计划，企业必须首先建立有效的绩效管理体系；有效绩效奖励计划必须在绩效和奖励之间建立起紧密的联系；绩效奖励计划必须获得有效沟通战略的支持。

绩效奖励计划种类有多种，按照绩效奖励计划依据的绩效基准，有个人绩效奖励计划、团队绩效奖励计划。前者又可以再按照绩效类型分为计件工资、月度奖励计划、特殊奖励计划、知识/技能发展奖励工资计划。团队绩效奖励计划则包括利润分享计划、收益分享计划和成功分享计划等类型。

利润分享计划是所有或者某些特定群体的员工按照一个事先设计好的公式，来分享所创造利润的某一百分比。在管理层以下的员工群体中是最经常性被使用的一种奖励计划。

收益分享计划是员工按照一个事先设计好的收益分享公式，根据本工作单位的总体绩效改善情况获得奖金。在20世纪90年代逐渐开始流行的一种浮动薪酬计划。

与利润分享不同，它不是要分享利润的一个固定百分比，它常常是与生产率、质量改善、成本有效性等方面的既定目标达成联系在一起的(通常是因生产率和质量改善所导致的成本节约)。

成功分享计划是运用平衡记分卡方法来为某个经营单位制定目标，然后对超越目标的情况进行衡量,并根据衡量结果来对经营单位提供绩效奖励这样一种做法。

按照员工绩效时间跨度还可以分为长期绩效奖励计划和短期绩效奖励计划,长期奖励计划是指绩效衡量周期在一年以上的对既定绩效目标的达成提供奖励的计划,因为组织的许多重要战略目标不是在一年之内能够完成的。传统的长期奖励计划多集中于组织的高层管理人员,以促使他们关注长期经营结果。但在组织中(无论是国际性大公司还是小公司)的较低层次上,这种计划——通常采取员工股票计划的形式——可能也是有效的,它同样能够使员工更为关注组织的长期绩效和经营结果。长期奖励计划强调长期规划和对组织的未来可能产生影响的那些决策。因此,这种浮动工资计划有助于保留高水平人才。

具体地运用三种方式实现股票计划。

第一种,现股计划是通过公司奖励或参照股权当前市场价值向企业经理人员出售股票的股权计划。经理人能够及时获得股权,同时规定经理人员在一定时期内必须持有股票,不得出售。

第二种,期股计划是公司和经理人员约定在将来某一时期内以一定价格购买一定数量的股权,购股价格一般参照股权的当前价格确定,同时对经理人员在购股后出售股票的期限作出规定。

第三种,期权计划是公司给予经理人员在将来某一时期内以一定价格购买一定数量股票的权利,经理人员到期可以行使也可以放弃这个权利,购股价格通常参照股权的当前价格确定。同时对经理人员在购股后出售股票的期限作出规定。

个人奖励计划和团队奖励计划各自有优点和缺点,应该按照组织文化进行组合设计,以便扬长避短,发挥各种计划的优势,回避不足。

例如,个人绩效奖励计划的优点是针对个人绩效提供报酬的一种激励制度,但企业支付给员工奖励性薪酬不会被自动累积到员工的基本薪酬当中;个人绩效奖励计划降低了监督成本;避免了在生产率很低时也不能调整员工基本薪酬的问题;通常是以实物产出(如所制造的零件数量)为基础的,而不是以主观的绩效评价结果为基础的,操作及沟通容易。但是缺点是适用于产出明确的生产工人,对于管理类和技术类员工不太适用。设计和维持可以被员工们所接受的绩效衡量标准等方面具有一种潜在管理难题;往往会导致员工只去做那些有利于他们获得报酬的事情,而对于其他的事情则倾向于不管不问;个人奖励计划可能不利于员工掌握多种不同的技能,这种奖励计划与要求员工掌握多种技能以及积极地解决问题这一目标可能会不一致。团队绩效奖励计划优点是绩效容易衡量,能够高度评价合作的价值,强化团队合作,支持参与决策。缺点是绩效—报酬联系疏远,搭便车问题,流动率上升,员工薪酬风险上升。

三、范例介绍

某公司绩效薪酬制度

某大型集团公司绩效奖励制度分为两部分,第一部分为正常性绩效奖励,第二部分为超额绩效奖励。

1. 正常性半年/年终绩效奖励方案

设计理念:绩效奖励是集团为能力与绩效付薪的具体体现,即是把员工的实际工资收入与企业、个人的劳动成果紧密挂钩,使员工工资收入既能反映员工能力和不同岗位的差别,又能反映工作绩效的差别。

设计原则:绩效奖励采用"多超多奖、少超少奖、上不封顶、下不保底"的奖金原则,具体表现在设定个人绩效考核下限及扩大企业绩效考核系数范围。

个人绩效考核下限：个人半年/年度绩效评估分数低于60分，则取消其当半年/年度绩效奖励。

集团/子公司绩效系数范围：该系数是根据集团/子公司完成整体目标情况确定，对集团/子公司进行整体评价、打分计算，其系数最低可为0。

1) 绩效奖励的分类及说明

员工标准绩效奖励。

员工标准绩效奖励的定义：按照绩效奖励的分类，包括员工半年度标准绩效奖励、员工年终标准绩效奖励，这是员工计算其实际应得奖金的基数与依据。

员工标准绩效奖励的来源：根据员工年度拟定收入按不同岗位类别的岗位工资与半年度标准绩效奖励、年终标准绩效奖励间的拆分比例分别计算。具体拆分比例见表7-28。

表7-28 岗位类别与绩效奖励比例

岗位系列		岗位工资	半年奖金	年终奖金
高层管理岗位	高层岗位A	75%	8%	17%
	高层岗位B	70%	10%	20%
	高层岗位C	80%	7%	13%
非业务类岗位	职能中层岗位	80%	7%	13%
	专业/技术/基层岗位	80%	7%	13%
	一般岗位	85%	5%	10%
业务类岗位	业务A	50%	17%	33%
	业务B	60%	13%	27%
	业务C	70%	10%	20%

绩效奖励分类：绩效奖励分为半年度绩效奖励与年终绩效奖励两大部分。

半年绩效奖励：是根据岗位半年标准绩效奖励，利用个人半年绩效汇总评价确定的半年绩效奖励系数，调整半年度实际应得绩效奖励数额。年终绩效奖励：是与年终标准绩效奖励、个人年终绩效评估系数等因素相关，在年终标准绩效奖励的基数上，利用个人年度绩效汇总评估系数予以调整。

影响绩效奖励的因素：奖金是根据任职者个人业绩、所在部门整体业绩、各子公司及集团整体业绩共同影响测算的结果。并按照不同层次、性质的岗位/员工对绩效的影响程度，设计不同的绩效关联及关联权重。其中半年与年终绩效奖励采用相同的计算方法。

2) 半年/年终绩效奖励的计算

绩效奖励计算公式：

$$(半年/年终)绩效奖励=(半年/年终)标准绩效奖励基数×绩效评估汇总系数$$

其中：

$$标准绩效奖励基数=岗位年薪数×各岗位系列拆分比例(见表7-28)$$

绩效评估汇总系数：根据个人、部门、公司及集团的整体业绩情况，计算个人绩效评估系数。

绩效评估系数计算划分为集团总部、子公司两个层次，分别设计个人评估系数的挂钩比例，见表7-29。

集团总部员工绩效评估系数计算方法：

$$绩效评估汇总系数=个人绩效评估系数×a_1+部门主管绩效评估系数×a_2+集团整体绩效评估系数×a_3$$

其中：a_1是个人绩效评估系数的权重；a_2是部门主管绩效评估系数的权重；a_3是集团整体绩效评估系数的权重。(参见表7-29，具体岗位划分参见附件)

表 7-29 集团总部绩效业绩比例分布表

岗位系列	个人绩效评估系数(a_1)	部门主管绩效评估系数(a_2)	集团整体绩效评估系数(a_3)
总裁	—	—	100%
总监/副总	60%	—	40%
职能中层	70%	0%	30%
专业/技术	80%	20%	0%
一般人员	80%	20%	0%

子公司员工绩效评估系数计算方法：

绩效评估汇总系数=(个人绩效评估系数×a_1+部门主管绩效评估系数×a_2)×

(子公司绩效评估系数×b_1+集团整体绩效评估系数×b_2)

a_1是个人绩效评估系数的权重，a_2是部门主管绩效评估系数的权重；b_1是子公司绩效评估系数的权重，b_2是集团整体绩效评估系数的权重。(权重见表 7-30，具体岗位划分见附件)

表 7-30 子公司绩效业绩比例分布表

岗位系列		个人绩效评估系数(a_1)	部门主管绩效评估系数(a_2)	子公司绩效评估系数(b_1)	集团整体绩效评估系数(b_2)
高层	总经理	—	—	60%	40%
	副总经理	100%	0%	70%	30%
非业务岗位	部门经理	100%	0%	100%	0%
	专业/技术/基层管理	70%	30%	100%	0%
	一般人员	80%	20%	—	—
业务岗位	部门经理	100%	0%	80%	20%
	副经理/助理经理	70%	30%	80%	20%
	基层主管/中高级业务人员	70%	30%	100%	0%
	一般业务操作人员	80%	20%	100%	0%

3) 绩效奖励计算举例说明

例 1：集团总部中层年终绩效奖励计算。

某员工属于集团中层管理人员类岗位，标准年薪假定为 13 万，其中，年终奖金拆分比例 27%，个人绩效评估系数为 0.9(权重为 70%)，集团整体绩效评估系数是 1.2(权重为 30%)，则奖金计算如下。

| 标准年终奖金基数
=年薪 13 万×年终拆分比例 27%
=3.51 万 | 绩效评估系数
=(个人绩效系数 0.9×0.7+集团评估系数 1.2×0.3)=0.99 | 年终绩效奖金
=3.51 万×0.99
=3.48 万 |

例 2：子公司部门经理年终绩效奖励。

某员工是某子公司业务系列部门经理，标准年薪假定为 15 万，其中，年终奖金拆分比例 27%；个人绩效评估系数为 1.2(权重为 100%)，子公司绩效评估系数为 1.2(权重为 80%)，集团整体绩效评估系数是 1.2(权重为 20%)。

| 标准年终奖金基数
=年薪 15 万×年终拆分比例 27%
=4.05 万 | 绩效评估系数
=(个人绩效系数 1.2×1)×(子公司绩效评估系数 1.2×0.8+集团评估系数 1.2×0.2)=1.44 | 年终绩效奖金
=4.05 万×1.44
=5.83 万 |

例 3：子公司部门经理助理半年绩效奖励。

某员工是某子公司业务部经理助理，标准年薪假定为 14 万，其中，半年奖金拆分比例 13%；个人绩效评估系数为 1.1(权重为 70%)，部门主管绩效评估系数为 1.2(权重为 30%)，子公司绩效评估系数为 1.2(权重为 80%)，集团整体绩效评估系数是 1.2(权重为 20%)。

标准半年绩效奖金基数
=年薪 14 万×年终拆分比例 13%
=1.82 万

绩效评估系数：
=(个人绩效系数 1.1×70%+部门主管绩效评估系数 1.2×30%)×(子公司绩效评估系数 1.2×0.8+集团评估系数 1.2×0.2)=1.36

半年绩效奖金
=1.82 万×1.36
=2.47 万

4）附件：岗位系列划分明细表

以集团现有岗位，按绩效奖励岗位系列标准，提供岗位划分建议。

集团总部岗位系列划分见表 7-31。

表 7-31　集团总部岗位

岗位系列	所包含的岗位
总裁	集团总裁
总监/副总	集团财务总监
职能中层	会计长、人力资源经理、行政经理
专业/技术	战略管理专员、ERP 分析师
一般人员	行政助理、驾驶员、人事助理、网络管理员、行政兼人事助理

子公司岗位系列划分见表 7-32。

表 7-32　子公司岗位系列

岗位系列		所包含岗位		
		生命科学	化工	建材
高层	总经理	总经理	总经理	总经理
	副总经理	副总经理		
非业务岗位	部门经理	财务部经理、物流部经理	技术支持经理、财务部经理、物流部经理	
	专业/技术/基层管理	技术支持主管	市场专员、技术工程师	
	一般人员	会计、出纳、财务部文员、物流部主管、物流专员、物流部文员、物流仓储文员	出纳、业务助理、财务部文员、物流部文员、总经理秘书、供应链管理助理、技术支持经理助理	财务兼采购
业务岗位	部门经理	业务一部经理、业务二部经理、项目部经理	市场营销部经理、供应链管理经理	
	副经理/助理经理	业务一部助理经理、业务二部助理经理	市场营销部副经理	
	基层主管/中高级业务人员	高级商务员、中级商务员	供应链管理主管	
	一般业务操作人员	初级商务员		零售主管、工程销售员、零售及人事主管

2. 超额绩效奖励方案

1）超额绩效奖励提取

设计说明：由于集团或各子公司超额完成当年绩效目标，在兑现半年、年终绩效奖励之后，董事会为奖励全体员工，另外从超额利润中提取一定比例，按照一定的程序发放给员工，激励员工再接再厉，继续为实现企业战略目标而努力。

超额奖金提取建议：①奖金提取基数以超过目标利润的部分为提取基数，其中，集团总部以集团整体核算超目标利润部分为提取基数；各子公司以各子公司超目标利润部分为提取基数。②奖金提取比例：根据当年实际超额情况，由董事会决定提取具体提取比例，一般在 0%～50%范围内。③超额奖金计算：超额奖金额=超目标利润×超额奖金提取比例。

案例建议：可以与集团整体/各子公司业绩挂钩，根据业绩情况确定提取比例，初步测算见表 7-33。

表 7-33　奖金测算

绩效系数	超额奖金提取建议比例(b)	奖金测算				
		绩效系数假定(a)	集团目标利润(c)	当年实际利润假定(d=a×c)	超额利润(e=d−c)	超额奖金总额(f=e×b)
(1.0，1.1]	0%	1.05	3000	3150	150	0
(1.1，1.2]	20%	1.15	3000	3450	450	90
(1.2，1.3]	25%	1.25	3000	3750	750	187.5
(1.3，1.5]	30%	1.40	3000	4200	1200	360
1.5 以上	30%	1.70	3000	5100	2100	630

说明：以上比例及数据仅供参考，可由董事会进行统一讨论确定。

2) 超额奖金分配方案建议

方案 1：以人员年终标准绩效奖励为基础，计算个人绩效奖励系数，再进行分配。

个人超额奖金=个人标准绩效奖励/整体标准绩效奖励×超额奖金总数

利：体现不同岗位、不同个人的相对重要性；具备一定的激励效果。

弊：没有完全体现个人的绩效。

方案 2：以标准绩效奖励和绩效评估为基础。

个人超额奖金=个人超额奖金点数×单位超额奖金点代表金额

其中：

个人超额奖金点数=个人标准绩效奖励/整体标准绩效奖励×个人绩效系数

单位超额奖金点代表金额=超额奖金总数/所有超额奖金总点数

利：既体现不同岗位、不同个人的相对重要性，又反映员工当年的绩效状况。

弊：没有考虑对核心员工的重点激励。

方案 3：把 80%的超额奖金按方案 2 方法予以发放，另外 20%的超额奖金单独对集团的核心员工进行额外奖励。

奖励对象：公司优秀业务员、管理、专业及技术人员。奖励对象应满足以下其中一项条件：条件一，员工个人年终绩效评估分数应在 95 分以上；条件二，受奖人员对集团的销售业绩、管理体系、专业产品开发等方面具有重大贡献；条件三，有其他突出贡献。

奖金金额：由公司董事会予以讨论确定。

方案 4：平均分配。

个人超额奖金=超额奖金总数/集团在岗总人数

利：增强员工对集团的认同感，使员工有"家"的感觉。

弊：对优秀员工激励性不大。

四、本实验项目内容、步骤、方法和要求

(一) 实验背景

绩效薪酬制度存在问题还是价值管理体系混乱

某集团进行了组织大变革——产销系统分离,把以前的销售部拆分成国内营销和国际营销两个公司;工厂按照产品分为 A 产品公司、B 产品公司。

李杰在这个时候被招进某集团,职位是集团国内营销公司人力资源经理。李杰入职后,国内营销公司的总经理王刚就对他寄予了厚望。王刚是做销售出身的,文化水平不高,是某集团土生土长的经理人。在长期的营销管理实践中,王刚深刻体会到人力资源管理中的绩效薪酬对营销人员业绩激励与影响的价值。在他看来,销售人员都比较现实,多劳多得是必须的,没有激励就没有动力,激励的越多,销售业绩就会越好。

在内销公司的月度工作总结计划会上,王刚满怀豪情地发表了演讲:"国内营销现在 1000 个业务员,一个月工资和奖金总额是 1000 万,月均销售收入是 1 个亿,我打算每月多投入 1000 万,让我们的月均销售收入翻一番,年底冲刺 20 个亿。"

发表完演讲后,王刚扭头对李杰说:"你回头做个绩效薪酬方案,看看如何保证我投入 1000 万,年底能产出 20 个亿。"

李杰初来乍到,只能硬着头皮答应了。只是他心里是非常不认可总经理的这种直线思维:如果投入 1000 万,能产出 10 个亿;投入 2000 万,能产出 20 亿。公司为何不投入 10 个亿,直接就产出 1000 亿,马上就能冲入世界 500 强?

但无论如何,李杰必须得解决这个问题。这需要他先去搞清楚内销公司的绩效薪酬管理现状。经了解,他发现内销公司的绩效薪酬管理状况如下。①近十年来,公司就一直采用销售额提成制,销售系统上到总经理,下到业务员,都执行销售额提成制;并且不同岗位级别,提点不同,总经理、总监的提点一致,副总经理、经理的提点一致,销售代表(即客户经理)的提点一致。②销售系统不同岗位层级的固定薪酬基本上没有区别:总经理和总监的固定工资差距是 300~500 元,总监和经理相差 200 元,经理和主管相差 150 元,主管和销售代表的基本没有区别。③尽管今年年初对岗位等级做了调整,但销售系统的岗位等级还是太多。④受提成制的影响,国内营销公司的人员调配异常艰难,重要的新市场、新客户没有人愿意去开发;做销售的不愿意转做市场,原因就是每月提点都是一样的,为什么要选择那些短期内难出成果的事情去做。眼看大半年都过去了,公司营销战略决策中的"营统分销"、"经销商考核"等重要工作都没有对应的部门、岗位和人员去承担职责。第五,受提成制的影响,国内营销公司很多岗位员工的薪酬都采取了类似的提成方式。如设计部采用"底薪+设计图纸的提成",市场部采用"底薪+市场调研报告的提成",招聘专员采用"底薪+录用人员的提成"。

一时间,公司的价值评判与价值分配体系极度混乱,员工做任何事情都额外向公司要提成,并且想方设法弄出提成方案报经理审批通过。比如内销公司直营部提出,因为电子商务部经常带着客户到门店现场体验公司产品而影响了其门店的生意,所以要求申请专项提成激励——按接待人次进行提成；又比如，新产品上线前，要求产品管理部严格组织评审，并按时提交评审报告，产品管理部提出撰写评审报告也要拿提成。

面对这样混乱的绩效薪酬管理现状，营销公司总经理王刚居然没有意识到有任何问题，反而大力推而广之，一时间"人人有考核，事事要提成"的价值评判与分配理念充斥着整个内销公司。

了解了这些情况，李杰依然不知道该怎样去做才能满足总经理王刚提出的要求。眼看着试用期就快到了，李杰急得头发都白了。

那么，该集团国内营销公司总经理王刚直线思维的病根到底在哪里？怎样才能设计出合适的令公司高层领导接受的绩效薪酬管理体系？

(二) 实验内容

围绕背景资料，学生分组进行分析，完成实验任务。

(三) 实验方法、步骤

1．结合上述范例资料，各个小组提出该公司方案的优点、不足。
2．各个小组结合该公司实际，提出本小组的方案完善建议和理由。
3．各个小组提出针对该公司的绩效薪酬制度实施条件和措施。
4．各个小组分析后提交报告，并进行讨论。

五、实验条件

实验室环境；计算机及打印机；纸张。

六、实验所需时间

2 小时。

七、实验报告和实验成绩评定

1．实验成绩按照优秀、良好、中等、及格、不及格 5 个等级评定。
2．成绩评定准则。
(1) 考核学生完成绩效工资设计实验的信息是否充分、完整、合理。
(2) 是否依据某具体企业实际背景信息，进行了绩效薪酬制度分析与改进。
(3) 对各组学生提出的绩效薪酬制度改进是否合理可行、是否规范来进行评价。
(4) 课堂模拟、讨论、总结占总成绩 70%，实验报告占 30%。
(5) 实验报告要求：编写语言流畅，文字简洁，条理清晰。

7.3 薪酬管理制度设计综合实验

一、实验目的

配合人力资源管理中的薪酬管理活动，强化学生对薪酬制度整体设计、实施等难点问题，开展相关调查和研究，为企业提供薪酬制度设计、实施效果的调研报告，提高学生动手能力和理论研究能力。

同时本实验要运用统计分析技术、计算机统计软件应用技能，所以实验也有利于学生提高综合技能。

二、预备知识

企业薪酬指员工因雇佣关系的存在而从企业那里获得的所有各种形式的货币收入，其中包括固定薪酬和浮动薪酬两大部分。薪酬体系决策的主要任务是确定企业确定员工基本薪酬的基础是什么。国际上通行的薪酬体系主要有 3 种，即职位(或称岗位)薪酬体系、技能薪酬体系以及能力薪酬体系。薪酬管理是企业对薪酬成本与预算控制方式以及企业的薪酬制度、薪酬规定和员工的薪酬水平是否保密等问题的决策安排。市场经济条件下企业薪酬管理流程如图 7.6 所示。

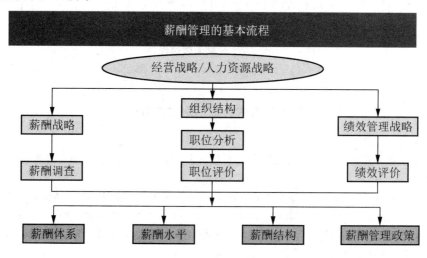

图 7.6　企业薪酬管理流程

企业付给员工的薪酬理念和体系是随着时代进步逐步发展的。各项薪酬要素发挥不同作用。在企业支付能力一定的情况下，利用基本薪酬来强调那些对企业具有战略重要性的工作和技能，尽量将基本薪酬水平紧密地与竞争性劳动力市场保持一致，以获得高质量的人才。利用可变薪酬反映组织目标的变化，将员工与组织联系在一起，起到鼓励团队合作的效果。

可变薪酬的作用具体表现在：具有针对动态环境的变化做出反应的灵活性；方式更为多样，具体包括群体可变薪酬、经营计划利润分享、一次性奖励、个人可变薪酬等多种方式；能够对员工所达成的有利企业成功的绩效提供灵活奖励；在企业经营不利时有利于控制企业的成本；能够积极紧密地把员工和企业联系在一起。

弹性福利计划则是针对绩效和强调目标的，福利计划是基本薪酬和可变薪酬的补充，而非其替代者。

酬制度和组成演变过程如图 7.7 所示。

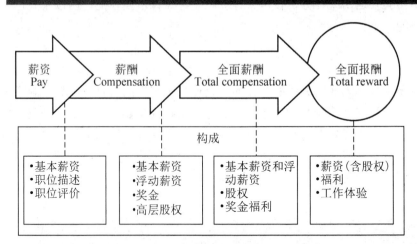

图 7.7 薪酬演变过程

三、范例介绍

某股份有限公司薪酬管理办法

(一) 总则

本办法是依据国家及省、市法律、法规,按照集团化运作模式并结合公司实际情况制订的薪酬管理办法。

1. 目的:①不断优化公司薪酬管理体制并与市场接轨,规范员工薪酬标准,达到有法可依;②以务实为前提,以个人技能、岗位能力需求和工作贡献为配置,本着激发工作热情、提高工作效率的原则,合理、公平、公正地进行利益分配;③打破固定薪酬制度,将岗位津贴、绩效工资从固定工资中分离出来,加强考核,提升公司市场竞争力。

2. 原则:①符合"两低于"总原则,即薪酬总量增长低于本公司经济效益增长幅度;员工平均收入增长幅度低于劳动生产率增长幅度的原则,在此前提下,制订符合外部竞争性和内部公平性、激励性的薪酬管理办法;②符合经济性、合法性、公平性、激励性和竞争性原则;③在分配上符合"效率优先,兼顾公平"相结合原则。

3. 依据:①根据企业的支付能力、生活费用和物价指数、地区、行业间薪酬水平及劳动力市场供求状况来确定薪酬标准;②根据个人的自身素质和能力、所在的岗位和职务、个人的技术、水平、工作环境与强度、工作责任、工作业绩和贡献等综合因素来确定薪酬分配依据。

本办法适用对象为公司(股份公司)所有人员及下属全资子公司中层(部门经理)以上人员。

(二) 薪酬体系

薪酬体系分类:结合公司实际情况,分成 5 个职系,分别为管理职系、管理辅助职系、专业职系、市场/营销职系和生产职系。针对这 5 个职系,分别采取以下 4 种不同类别制度。

1. 与企业年度经营业绩相关的年薪制。
2. 与岗位(承担责任)、职务(称)相关的工资等级制。
3. 与市场、销售业绩相关的提成工资制。
4. 与劳动定额相关的计件工资制。

享受年薪制的员工,其工作特征是以年度为周期对经营工作业绩进行评估并发放相应的薪酬,包括公司总经理、分公司总经理、下属经营单位总经理等人员。

实行工资等级制的员工是公司从事非市场/销售业务的管理职系、管理辅助、专业职系和生产职系员工。

实行提成工资制的员工是公司市场/营销职系的员工，包括办事处主任、区域经理、业务员等。

实行计件工资制的员工是公司生产职系的操作员工。

特聘人员的薪酬参见协议工资的有关规定。

(三) 薪酬结构

薪酬由工资、奖金、福利三项构成。

工资构成：工资包括标准工资、岗位津贴、绩效工资和其他工资四部分。其计算公式为：工资=标准工资+岗位津贴+绩效工资+其他工资。

标准工资：标准工资是计算假期福利、加班工资等的基数；标准工资与岗位津贴总额低于1500元的，按标准工资不低于850元原则设置。

其他工资：包含加班工资和各种津贴等。

岗位津贴：根据对实际出勤状况考核确定，次月20日计发。其计算公式为：月实际岗位津贴=(年岗位津贴核定基数/205天)×月实际出勤天数 。

绩效工资：是指根据员工工作效果、工作业绩和劳动贡献等综合因素定期评估而确定的工资；它是浮动工资。绩效工资于次月20日计发。专业职系中技术、预算、施工和市场/销售职系中销售人员的绩效工资按25%计提，作为绩效考核基数并根据考核结果发放。

其他人员的绩效工资根据部门绩效工资总量按考评情况确定发放标准。

奖金：公司对员工在工作(项目)中做出的较大贡献给予的特别奖励。

福利：包括社会保险和企业福利，其中，社会保险包括国家或地方规定购买的社会保险，如养老保险、工伤保险、医疗保险和失业保险等等；企业福利包括带薪假期等。

(四) 年薪制

年薪制适用范围：公司经营者即公司总经理、分公司总经理、下属经营单位总经理实行年薪制。

年薪总额按照经营者与公司签订的经营业绩指标确定。

(五) 工资等级制

根据公司实际状况，在管理职系、管理辅助职系、专业职系和生产职系(生产职系有月奖金的不适用本办法的工资等级划分)4个职系范围内实行等级工资制。等级工资是建立在工作分析与岗位评估的基础上，从员工的岗位价值和技能因素方面体现员工价值的工资等级制度。

确定工资等级的原则：①以岗定薪，薪随岗变，实现工资与岗位价值挂钩；②以岗位价值为主、技能因素为辅，岗位与技能相结合；③针对不同的职系设置晋级通道，鼓励不同的专业人员专精所长。

职级薪等区间的确定。①职层等级确定。将现有职系划分为四个层次，分别为高层、中层、基层和作业层。高层主要包括股份公司董事长、总经理、副总经理、财务总监、总工程师、董事会秘书和下属各子(分)公司总经理、副总经理、总工程师等；中层主要包括股份公司职能部门经理、副经理、副总工程师、结算中心主任、主任审计师、各子(分)公司部门经理、副经理、办事处经理、主任设计师等；基层主要包括股份公司部门主管、下属子公司主管、高级文员(如会计、出纳、专员)等；作业层包括文员、值班员和保洁员等。②职类职种(职系)划分。根据公司职类职种情况，将现有职类职种划分为5个职系，分别为管理职系、管理辅助职系、专业职系、生产职系和市场/营销职系，其中市场/营销职系不实行等级工资制。③职种薪等区间。根据对各职种任职资格等级标准的价值评估，确定各职种薪等区间。

工资等级的确定。①工资分级列等。根据"职级对应表"，将各岗位分级列等，共分A、B、C、D四个职层(等)，分别代表为高层、中层、基层和作业层。②初始等级。按照岗位评价和工作分析及深圳市最低工资标准等综合情况，确定D层员工初始工资为850元，C层员工初始工资为2400元；B层员工初始工资为4200元，A层员工初始工资为7000元。③工资等级。按照宽带工资设计思路，公司工资带宽设计为6~11个，工资等级共设47级，涵盖股份公司所有员工；下属分公司、各经营单位中层以上人员。④分配比例。根据分配原则，确定标准工资、岗位津贴和绩效工资的分配比例，标准工资与岗位津贴的比例关系为3∶4，标准工资与岗位津贴总额低于1500元的，按标准工资不低于850元原则设置。高层、中层、基层和作业层人员由于岗位责任的不同，标准工资与岗位津贴基数之和，与绩效工资比例分别为6∶4、7∶3、8∶2和9∶1。

（六）提成工资制

提成工资制适用范围：提成工资制适用于市场、营销职系的员工。

提成工资制的工资结构：提成工资制收入＝标准工资+岗位津贴+销售提成。

标准工资次月发放；岗位津贴按完成指标任务比例每半年发放一次。

（七）计件工资制

计件工资制适用范围：下属各子(分)公司生产职系的作业及辅助员工。

计件工资是以劳动者的工作量作为计算劳动报酬标准的一种工资方式，计件工资制管理办法具体见公司有关规定。

（八）工资实施

标准计算与发放：根据考勤计算标准工资，由各子(分)公司人事部分别制表、审核，报公司领导批准后发放标准工资，标准工资发放时间为次月12日。

试用人员工资：按不低于转正工资的80%，并在80%～100%范围内确定，但最低工资不得低于本市最低工资标准。试用人员工资为标准工资+岗位津贴，无绩效工资。

大、中专院校应届毕业生试用期工资。工资变动与调整：①转正工资调整。试用期满转正考核合格人员，按公司规定给予调整工资。②年度考核调整。每年年底进行定期考核，根据考核结果，给予安排优秀人员(但不高于25%的比例)晋级工资。③职务(称)变动调整。若员工职务(称)发生变动，则工资相应调整到当前对应岗位所在职系的工资标准。④岗位变动调整。若员工岗位发生变动，则工资相应调整到当前对应岗位所在职系的工资标准。⑤物价上涨和政策调整。因物价上涨和国家劳动政策变化(如最低工资标准)，而对现行工资作部分或统一调整。

（九）薪酬管理

薪酬工作办公室：在董事会薪酬与考核委员会指导下，开展薪酬的评定、考核和调整等薪酬管理的工作。

在薪酬与考核委员会统一部署下，由薪酬工作办公室组织开展工资评定工作。

1. 定期评定

一年一度评定工资，每年2月15日前，由公司组织对员工上一年度的工资进行评定和调整。根据考核结果，年度晋升(调薪)人员比例不超过25%，在公司工作未满一年的不参加晋升评定。具体考核晋升(调薪)办法另见公司有关规定。

2. 不定期评定

(1) 岗位和职务发生变化的员工，根据变化后的岗位和职务重新给予评定工资。

(2) 晋级、降薪处罚的员工，按晋级或降薪工资给予调整和重新评定。

公司对员工实行密薪制。员工之间不得相互打听、相互议论薪酬，一经发现，对相关责任人将进行处罚。

本办法解释权归人力资源部。

本办法经董事会薪酬与考核委员会审批，报董事会批准后执行。

四、本实验项目内容、步骤、方法和要求

（一）实验背景

甲公司是国家重点企业，是集科研、制造、贸易、投资于一体的多样化、高科技、国际化的大型现代公司，是中国最大的50家企业集团之一。通过深入推进"创新型矩阵管理"，建立信息、科研、营业、资金、采购和物流6个平台，企业综合实力得到了很大提高，

科技水平不断攀升。但它碰到了两个主要的发展瓶颈：一是企业的产权不明晰；二是对企业关键的人力资本，尤其是中高层管理人员和技术骨干的激励不够到位。

（二）实验内容

结合甲公司实际情况，结合前文范例，按照薪酬管理体系理论要求，学生分组讨论薪酬管理制度问题，并提交甲公司薪酬管理制度体系解决方案。

（三）实验方法和步骤

1．分析甲公司实际问题。
2．进行讨论。
3．构建甲公司薪酬制度管理体系方案，内容、格式适当参考范例。
4．走访本地大型企业人力资源管理部门，对所构建的甲公司薪酬管理制度体系进行检查和完善。

五、实验条件

计算机及打印机；纸张；调查所需问卷；相关心理测量表；实验室讨论条件。

六、实验所需要时间

4小时。

七、实验报告和实验成绩评定

1．实验成绩按照优秀、良好、中等、及格、不及格5个等级评定。
2．成绩评定准则。
(1) 考核学生对组织薪酬制度整体设计、实施等难点问题的分析能力。
(2) 评价学生为企业设计的薪酬制度整体设计内容是否符合薪酬管理原理，是否完整、科学、可行。
(3) 评价学生薪酬制度整体设计实验方法、程序是否准确。
(4) 运用统计分析技术、计算机统计软件应用技能考核。
(5) 课堂模拟、讨论、总结占总成绩70%，实验报告占30%。
(6) 实验报告要求：编写语言流畅，文字简洁，条理清晰。实验报告书格式见表1-2。

7.4 非营利组织绩效薪酬制度效果专题实验[*]

实验一 义务教育教师绩效薪酬偏好实验

一、实验目的

非营利组织绩效薪酬制度效果实验是为了配合非营利组织人力资源管理中的薪酬管理活动，强化学生对非营利组织绩效薪酬制度设计、实施等难点问题，开展相关调查和

---

[*]本部分内容是教育部人文社会科学研究规划基金项目资助(分选效应视角下义务教育教师绩效工资偏好实证研究，批准编号：11YJA880005)课题阶段性研究成果，是浙江省社科规划课题成果(组织信任对浙江义务教育教师绩效薪酬偏好影响研究，项目编号：12JCJY07YB)。

研究，为组织提供绩效薪酬制度设计、实施效果的调研报告，提高学生动手能力和理论研究能力。

在非营利组织中，学校组织占据着重要地位，尤其是义务教育学校。我国自1998年开始实施义务教育教师绩效工资制度，受到了社会广泛关注。该工资制度最初的目标是激发教师教学工作积极性，吸引优秀人才长期从教。这样就涉及绩效薪酬偏好调查与实验。

本实验要运用统计分析技术、计算机统计软件应用技能，所以该实验也将有利于学生提高薪酬管理综合技能。

二、预备知识

(一) 薪酬偏好的相关理论

1. 薪酬偏好及相关模型

绩效薪酬偏好与构成研究。委托代理理论模型认为，偏好是个体的价值取向或兴趣，组织激励契约应该从理解激励对象的偏好开始。全面薪酬体系偏好模型认为，薪酬偏好是个体对组织薪酬制度特征和价值的认可态度，反映个体对薪酬制度维度的偏爱和选择。通常人们喜欢高工资、弹性福利、个性化工资、职位工资制度，低风险规避求职者更愿意选择绩效薪酬制度(Cable，1994)；追求平等报酬偏好的个人更喜欢团队报酬(Bretz，1994)；儒家文化背景特有的长远取向会导致个体更看重薪酬的长远激励计划(杨晶照，2008)。这些观点显示个体人格特征影响到个人薪酬偏好。对大学生职业选择与薪酬期望的实证研究结论都不同程度支持该观点。

按照格哈特(2005)观点，绩效薪酬偏好反映个体对绩效薪酬制度以及绩效薪酬类型的偏好倾向，其中绩效薪酬类型包括个人绩效薪酬(个人奖励、技能/知识发展工资)、团队绩效薪酬(团队奖励、收益分享、股票计划、团队成就工资)。

2. 分选效应视角下的绩效工资偏好构成

实证研究发现组织的绩效工资制度具有分选效应和激励效应(Lazear，2000；Cadsby，2007；Eriksson，2008；Gielen，2009)。所谓分选效应(sorting effects)，是指通过吸引、选择和淘汰过程，绩效工资对组织的员工队伍构成(如员工的能力、人格)产生影响；激励效应(incentive effects)是指绩效工资制度对组织当前员工的激励水平和行为存在影响(Lazear，2000)。从性质看，分选效应的存在表明"某些组织可能拥有生产率高出平均水平的员工队伍，并且某些组织的员工队伍与其工资战略具有更佳的匹配关系"；从研究领域看，目前薪酬偏好的应用心理学研究模式和人事经济学研究模式共同构成薪酬分选效应理论体系(格哈特，2005)。分选效应理论支持了Schneider(1987)的ASA(吸引—选择—保留)模型观点，为个人与组织之间匹配性提供了新的解释。

绩效薪酬存在分选效应表明，不同的工资战略会吸引和留住不同特性的个体，并影响个体的行为和态度(格哈特，2005)，这是因为工资制度特征往往展示出组织哲学、价值观和管理实践特点(Rynes，1986)，所以工资制度能够吸引价值观对应的个体，并且个人工资偏好与组织工资制度之间的匹配能够代表个体与组织的匹配性(Cable，1994)。

Lazear(2000)证实计件工资制度提高劳动生产率提高了44%，其中激励效应和分选效应贡献几乎各占50%；Paarsch (2000)证实了加拿大企业生产率提高了24%，其中绩效薪酬激励效应提高了生产率 9.1%。国内学者则强调薪酬体系的效果从个体层面表现为员工对薪酬的满意度、员工的离职率和员工业绩的提升，从组织层面可表现为组织的生产率、利润和市场价值的提升(姚先国，2005)。

3. 对绩效薪酬激励效应和分选效应的争议

Frey (2001)认为，外在的激励制度，比如绩效薪酬会形成"内在激励动机挤出效应"，从而导致个体生产率降低；Yellen (1984)、Weiss (1980)和 Greenwald (1979)证实效率工资的激励性质，但是认为高薪酬水平或许也能够导致员工生产更多。这些质疑认为，Lazear(2000)所发现的分选效应和激励效应或许是来自于高薪酬水平，而非绩效薪酬制度。

对此，后续学者逐渐开展了检验，证实绩效薪酬存在激励效应和分选效应(Cadsby，2007；Eriksson，2008；Cornelissen，2008；Green；2007；Gielen，2009)，实证结论支持了 Lazear(2000)的观点。

针对 Frey(2001)等学者的所提出的绩效薪酬会挤出个体内在动力，实际上导致低效用、低生产率、工作自身的满意度低下的质疑进行了实证研究，检验了绩效工资计划对工作满意度各个维度的影响，发现绩效工资对劳动力队伍结构优化提供了更多的机会，没有降低工人的动力或者产生挤出内在激励动机效应；绩效薪酬计划和工资、工作安全性正相关，和工时、整体满意的关联程度小，和工作自身计划是负相关。

Cornelissen(2008)也进行了针对性研究，证实能力强、忍受风险强的员工愿意选择绩效工资制度下的工作，而经典的代理理论模型的观点则相反。他运用 GSEP(德国社会经济面板数据)数据库的估计证实了绩效工资制度下，员工通常有更强的风险承受力，并报告了更高的工作满意度。这些发现支持了分选效应模型。

分选效应的另一个贡献是对"低敏感性困惑"的更有力的解释。长期以来，经济学家认为绩效薪酬制度对企业绩效的提升是激励效应所致，其实是高估了激励效应，因而形成了绩效薪酬对企业绩效的"低敏感性困惑"，如 Jensen (1990)发现绩效对报酬的解释力只有 3%，魏刚(2000)发现解释力仅仅为 0.0000003，黄健柏(2004)发现解释力大约为 5%。Lazear(2004)认为，"低敏感性困惑"其实是因为绝大多数经济学家习惯用激励理论来解释绩效薪酬的运用，尽管激励效应可以作为观测绩效薪酬制度效果的一个方面，但是激励效应理论对于某些事实和数据不能够进行解释，相反分选效应理论更符合这些事实。他强调尽管分选效应理论不能够解释所有的事实，但是排除分选效应而仅仅聚焦于激励效应已经误导了学者的研究。

这些争议表明，仍然需要更多的绩效薪酬效果证据来验证绩效薪酬激励效应和分选效应。Rynes (2005)呼吁应该加强调查研究薪酬制度的激励效应和分选效应之间的区分，认为在分选效应方面的研究仍然很不够，特别是，需要进行更多的个体人格特征、组织领导风格对分选效应的影响研究。

4. 绩效薪酬类型偏好研究观点

行为导向的绩效评价具有主观性，相对地，结果导向的绩效考核具有高可信度，因此结果导向的个人绩效工资有明显的奖励效应，但是也产生"多任务问题"和员工关系问题(格哈特，2005)。Weitzman(1990)、Cable(1994)的实证研究结果显示，大部分人最喜欢直接的工资或薪酬，其次是个人奖励，然后是公司范围内的奖励(团队绩效薪酬)。对教师绩效薪

酬类型偏好顺序的研究结论显示，教师最喜欢基于客观指标衡量的个人绩效工资，依次为知识/技能工资，最后是团队绩效工资(Milanowski, 2007)。在整理文献基础上，格哈特(2005)强调，个人绩效薪酬和团队绩效薪酬都有各自的局限性，个人绩效薪酬可能导致过低的合作水平，团队绩效薪酬可能因为存在"搭便车"问题而弱化激励效应，甚至高成就员工为了获得个人贡献认可和奖励离开组织时，团队绩效薪可能会导致有害的分选效应。因此平衡个人和团队绩效薪酬结构是建立绩效薪酬制度的关键。

国内学者基于基需求层次理论，从员工的情感偏好视角出发，按员工偏好水平的由高到低依次是：生存类薪酬、保健类薪酬、合作类薪酬和自我实现类薪酬(贺伟，2010)；也有实证研究显示我国员工对"社保类福利"的整体偏好水平最高、"工资类收入"次之、"绩效奖励"第三，并且性别、年龄、受教育程度、职位层次和企业性质对员工薪酬偏好水平存在显著差异(龙立荣，2010)。该研究还显示国企员工对"绩效奖励"的偏好显著高于非国企员工，与 He, Chen(2004)关于我国国有企业所有制改革对员工薪酬分配偏好影响的研究结论一致。总体上目前国内学者才开始重视绩效薪酬制度偏好研究，对于绩效薪酬维度与偏好选择，很明显，国内外学者的绩效薪酬维度不一致，难以进行研究结论的相互比较。

(二) 教师绩效工资效果及影响因素

1. 教师工资水平与绩效工资效果

教师相对工资水平存在分选效应，即提高教师相对工资，导致优秀教师趋向于在教师收入水平较高的地区任教(杨建芳，2009；付卫东，2010)。

研究同样证实教师绩效薪酬具有激励效应和分选效应，前者激励教师积极努力工作，发挥工作创造性，后者则表明，从中长期看，绩效薪酬将淘汰低绩效教师而吸引和保留高绩效教师(Lazear, 2003；Podgursky, 2007；付卫东，2010)。学者强调，绩效薪酬对义务教育教师的影响不仅仅在于经济层面，更重要的是，将影响教师对学校乃至教育事业的看法，直接影响到广大教师的工作热情和对教育事业的忠诚度(刘昕，2010)，而对一些确实不适合义务教育事业发展需要的教职工，有效的解决办法是为他们提供适当的出口，而不是通过在绩效工资上加大惩罚力度来解决问题。

2. 教师绩效薪酬偏好的影响因素研究

从广义角度看，教师绩效薪酬偏好受到人格特征、价值观、绩效薪酬制度体系与收入水平等因素影响。

人格特征影响观点认为，内控倾向者、高自我效能求职者喜欢绩效薪酬，风险规避者喜欢固定工资，个人主义者及自我效能较高者喜欢个人薪酬，不喜欢团队薪酬(Cable, 1994)。国内学者的实证研究显示，个体性别、年龄、受教育程度、职位层次和企业性质对薪酬偏好水平存在显著差异(龙立荣，2010)。但是也有研究成果显示，人格特征对将从事教师职业的师范类毕业生绩效薪酬偏好没有影响(Milanowski, 2007)。

价值观影响观点认为，教师的价值观或许导致他们不感兴趣甚至不满意绩效薪酬制度，人们愿意做教师可能很少看重经济回报，因为大多数准备做教师者已经知道教师是低收入职业，教师往往是处于寻求和谐、回避矛盾之中的，于是在绩效薪酬制度固有地存在个人收入差异的情况下，绩效薪酬对教师也可能没有吸引力。实证研究显示，价值观对将从事教师职业的师范类毕业生绩效薪酬偏好没有影响(Milanowski, 2007)。国内学者认为，绩效薪酬对优秀教师的作用不能够高估，培养和塑造优秀教师的根本途径在于选拔那些真正热爱教育事业、具有做好教育工作强大内驱力的高素质人才，提供发挥个人特长的宽松工作环境和社会尊师重教的风气(刘昕，2010)。

教师绩效薪酬制度的影响。教师职业有其独特的专业特殊性，需要具备在研究基础上形成的知识结构、比较丰富的教学实践经验、对学生学习情况进行诊断和辅导能力(袁东，靳希斌，2006)，因此基于教师知识/技能发展的绩效薪酬是教师绩效薪酬重要组成部分，这在《指导意见》中得到了体现。此外，教师奖励绩效薪酬主要依据客观评价的工作量和实际贡献，因此教师个人绩效薪酬和技能薪酬，在形式上与国外教师绩效薪酬制度没有很大区别。与国外教师绩效薪酬制度对比，我国现行的教师绩效薪酬制度特征典型地表现为"两高两低"，即高基础绩效薪酬，低奖励绩效薪酬(前者比例达70%，后者比例30%)；高个人绩效薪酬，低团队绩效薪酬。目前的教师绩效薪酬制度基本属于个人绩效薪酬(刘昕，2010)。对于教师团队绩效薪酬，尽管实践中可能会产生"搭便车"现象，但是无论理论还是实践都很难把学生学业进步归因于某一个教师，所以国外制度决策者强调按照学科组成就、年级段或者全校成就等团队绩效指标(比如学业成就、入学率、学生学习成绩增值等)来实施团队绩效薪酬(Milanowski，2007；Podgursky，2007)。

我国实施教师绩效工资政策的目标之一是吸引优秀人才从教、终身从教，将引导绩效薪酬分选效应成为研究热点。

三、范例介绍

美总统力推教师绩效工资

在美国联邦政府的大力推动下，美国各地纷纷实行教师绩效工资制度，伴随着新的教师评价体系，一条奖罚分明、与学生成绩挂钩的教师工资改革路线日渐明晰，它能否为美国吸引和留住一批高质量教师？

1. 美国教师绩效工资改革

据美国《纽约时报》报道，今年是蒂芙尼·约翰逊在美国华盛顿罗恩·布朗中学从事特殊教育的第7年，她的年薪从63000美元飙升到87000美元。38%的薪酬涨幅，在美国公立中小学中前所未闻。在华盛顿最新实行的教师评价制度下，约翰逊连续两年被评为"高效教师"，打破了教师高比例涨薪纪录。这项教师评价制度还让她连续两次领取了总额高达30000美元的奖金。

奥巴马力推教师绩效工资。近年来，尽管美国打出了响亮的教育改革旗号，也在教育改革方面使出了浑身解数：小班制、延长学时、教师问责、降低辍学率、实施特殊教育、打造安全校园等，但屡屡收效甚微。面对美国教育改革陷入泥沼，2011年美国各地教师集会抗议不断，纷纷打出了"拯救学校"的行动口号，美国各界也在不断追问美国教育将走向哪里。

美国社会将教育改革不成功归咎于教师质量不高。《美国教师》杂志调查显示，帮助公立学校走出危机，美国人寄希望于高质量的教师队伍与专业支撑。为提升教师整体素质，美国总统奥巴马深谙"胡萝卜加大棒"政策的威力，力推教师绩效工资改革。早在上任之初，教师绩效工资就成为其施政纲领中教育改革的5大支柱之一。在2011年1月的一次讲话中，他意味深长地说："对于所有州而言，若你们能拿出改革创新的计划，提高教师质量和学生学业成绩，我就给你们拨款。"

据美国联邦教育部网站消息，迄今为止，"力争上游"教育拨款计划进行了3轮，共22个州因推出教育改革计划而获得拨款，教师工资制度改革无疑是其中的一项重要内容。但是，获得最高收入的前提是拥有最高程度的学位，拥有丰富教学经验，具有最佳表现并能达到一切要求。伴随绩效工资的是新的教师评价制度。在过去两年间，这个学区超过400名教师因评价不合格被解雇。新的评价体系，作为奖金和提高工资的框架，旨在吸引优秀人才加盟教师行业。在华盛顿，评价等级为"高效"的教师可以获得2400美元至25000美元不等的奖金。连续两年达到这一等级的教师可以获得永久性加薪。

事实上，早在2007年，科罗拉多州的丹佛学区就制定了绩效工资制度。该项制度受到了奥巴马总统的称赞。但专家认为，这项制度是有缺陷的——它为高学历教师提供大量奖金，却没能给那些显著提高学生学习成绩的教师提供。鲜有证据表明，学生在高学历教师的班上学习会收获更多知识。

同年，密歇根州的休斯敦学区也采用了教师评价系统。但是，这个评价系统对课堂成功的定义如此宽泛，超过一半的教师获得奖金。佛罗里达州迈阿密市戴德县学区给予该学区教师一次性奖金，其中84位教师获得每人4000美元，12位教师获得每人25000美元的最高奖金。

迈阿密市一位高中英语教师克伦·萨顿，是12位最高奖金获得者之一。现年56岁的萨顿说："有人说你做了一项伟大的工作，那感觉太好了。"她在迈阿密从事了23年的教学工作，每年的薪水约55000美元。另一位获奖者玛莎·阿罗查教授四年级阅读，她把得奖的经历形容为令人振奋。

2. 教师提高工资有代价

"很多老师离开教师这个行业，但我一直觉得值得留下。我知道，他们看重我。"这正是许多支持公立学校教师绩效工资制度的美国教师的真实想法。

"激励机制最重要的作用是塑造那些进入教育行业并选择留下来的教师，"斯坦福大学胡佛研究所经济学教授埃里克·汉纳谢克说，"华盛顿的教师工资激励制度将会吸引优秀的教师，也有助于留下最好的教师。"

在美国，教育行业因为在几年之内失去数千名优秀青年教师而屡遭批评，许多专家把它归结为起薪低、传统的工资和晋升序列，以及看重学历而不是以课堂教学成功与否来评判教师的优劣。

美国《教育周刊》引用经济合作与发展组织的一项调查指出，小学教师起薪占该国GDP比例较高的国家依次是韩国1.28%，德国1.27%，而美国只占0.79%。具有15年教龄的小学教师薪水占该国GDP比例较高的国家依次是韩国2.21%，新加坡1.97%，而美国只占0.96%。

相对偏低的薪酬影响了美国中小学教师质量。以纽约市为例，教师起薪平均为45000美元，而律师的起薪为160000美元。就美国整体来看，教师起薪平均为39000美元。

曾经参与设计华盛顿中小学教师绩效工资评价体系的詹森·卡姆拉斯还有另一个身份——2005年美国国家年度教师奖获得者。他认为，在新的教师绩效评价系统中，最重要的应该是在优秀教师从教的早期给予他们永久性的加薪，否则他们中的很多人会在短期内离开教育行业。

目前看来，华盛顿的教师绩效工资改革已经初见成效。28岁的吉米·罗伯茨是一名教授阅读障碍学生的教师。在绩效工资改革中，他的年薪从52000美元增加到现在的75000美元。他说，金钱和社会认可能够帮助他消除沮丧感。过去由于工资较低，他为了还清大学期间的学费贷款，不得不在晚间和周末从事第二职业——酒吧接待员。

马克·拉隆德是华盛顿市一名有着7年教龄的高中社会学教师，他曾考虑去巴尔的摩市的学校工作，这样离家更近，可以避免舟车劳顿。但是，当他连续两年获得"高效教师"的评价后，他放弃了这个想法。因为他的年薪从58000美元提高到了87000美元，并且连续两年获得10000美元的奖金。在尚未实行绩效工资的巴尔的摩，教师工会薪级表显示，他的工资只有50000美元左右。

然而，各种奖励也伴随着风险：在获得奖金和提高工资的同时，教师必须放弃教师工会合同中所罗列出的一些工作安全规定。2011年，在华盛顿约有20%的教师获得提高工资的资格，但其中30%的教师宁愿选择放弃奖金，也不愿放弃那些保护他们权益的条款。

对教师绩效工资评价系统长期持否定态度的评论家内森·桑德斯，同时也在华盛顿教师工会担任主席一职。他认为，新的教师绩效评价系统没有充分考虑在贫困学区工作的教师面临的困难。他还表示，绩效工资不适宜于造就明星教师。"这套看似精品的评价系统妨碍了教师们在一起工作"，桑德斯说。(本文作者：罗朝猛，来源：中国教育报，2012-01-18)

四、本实验项目内容、步骤、方法和要求

（一）实验内容

以义务教育教师为调查对象，围绕教师对绩效工资制度、绩效工资类型偏好进行调查研究，检验教师素质与绩效工资制度之间的匹配性。

1. 教师绩效工资偏好测量研究

(1) 检验教师对绩效工资制度偏好如何，即与固定工资制度比较，教师是否偏好绩效工资制度。

(2) 检验教师对绩效工资类型愿望评价与排序，即检验教师对个人基础性绩效工资、个人奖励性绩效工资、团队绩效工资的偏好情况。

基于我国教师绩效工资制度现实和国外学者的研究经验，本实验将围绕教师基础性绩效工资、奖励性绩效工资、团队绩效工资偏好进行分析。按照现行教师绩效工资制度规定，以教育教学成果奖励形式作为教师知识/专业技能发展奖励，已经列入奖励性绩效工资类型中，所以本实验不再把教师知识/技能工资列入研究对象。

各类绩效工资之间变化性和收入不确定性差异较大，所以每个教师会对各类绩效工资愿望以及相对排序存在差异，主观上有不同的评价差别，但是大样本教师群体的愿望评价及相对排序将具有统计特征意义。

2. 个体特征对教师绩效工资制度偏好的影响

从教师的各类绩效工资愿望评价入手，运用统计分析技术，构建绩效工资全面评价分数。

（二）实验步骤、方法

1. 变量定义与测量

教师绩效工资制度偏好和绩效工资类型偏好测量。

2. 教师绩效工资偏好报告书撰写与讨论

五、实验条件

计算机及打印机；纸张；调查所需问卷；相关心理测量表；实验室讨论条件。准备为提供本实验所需的问卷调查。

六、实验所需要时间

4 小时。

七、实验报告和实验成绩评定

1. 实验成绩按照优秀、良好、中等、及格、不及格 5 个等级评定。
2. 成绩评定准则。

(1) 考核学生对非营利组织绩效薪酬制度设计、实施等难点问题的分析能力。

(2) 评价学生为非营利组织设计的绩效薪酬制度内容是否符合薪酬管理原理，是否完整、科学、可行。

(3) 评价学生对非营利组织绩效薪酬制度设计的实验方法、程序是否准确。

(4) 运用统计分析技术、计算机统计软件应用技能考核。

(5) 课堂模拟、讨论、总结占总成绩70%，实验报告占30%。

(6) 实验报告要求：编写语言流畅，文字简洁，条理清晰。

实验二　义务教育教师的绩效工资态度综合调查实验

一、实验目的

我国自1998年开始实施义务教育教师绩效工资制度，受到了社会广泛关注。该工资制度最初的目标是激发教师教学工作积极性，吸引优秀人才长期从教。这样就涉及教师对于绩效薪酬制度以及绩效考核等事项的态度调查。

本实验要运用统计分析技术、计算机统计软件应用技能，所以该实验也将有利于学生提高薪酬管理综合技能。

二、预备知识

通常，企业薪酬成本占据总生产成本的65%～70%(Gerhart，2003)，因此组织运用绩效薪酬制度，希望雇佣到高能力的员工，并且激励他们达到更大的产出(Cadsby，2007)，从而提高薪酬效果。绩效薪酬制度正是员工的薪酬随着个人、团队或者组织绩效的衡量指标发生变化而变化的薪酬制度。实证研究显示绩效薪酬制度对企业生产率的影响因绩效薪酬类型而异，如 Cahuc(1997)发现法国企业运用利润分享制度后生产率提高了2%，Paarsch(2000)证实了加拿大企业生产率提高了24%，其中绩效薪酬激励效应提高了生产率9.1%。长期以来，人们把绩效薪酬对企业生产率的提高全部归结到绩效薪酬对员工的激励效应，而绩效薪酬分选效应的证实改变了这一认识。

(一) 绩效薪酬分选效应性质与模型

1. 绩效薪酬分选效应含义与性质

绩效薪酬分选效应是指绩效薪酬在企业吸引、选择和淘汰员工过程中，对组织的员工队伍构成(如员工的能力、人格)产生的影响，激励效应则是绩效薪酬制度对组织当前员工的激励水平和行为存在的影响(Gerhart，2003)。

Lazear(2000)在对 Safelite Glass Corporation 公司薪酬制度的改变对劳动生产率变化的影响研究中，发现并验证了绩效薪酬制度分选效应。①计件工资制度下人均产量水平提高了44%。②产量增加分为两部分，大约一半是因为员工受到激励而提高了产量，另一半则是因聘用了高劳动生产率的员工，或者是减少了高劳动生产率员工的离职行为而提高。就是说22%的产量增长(或者说一半的比例)是因为提高了员工的生产率，即存在激励效应，而另外22%产量增长则源于分选效应，即员工队伍构成发生了变化。③企业和员工共同分享了产量增加带来的收益，在计件工资制度下人均工资增加大约10%。④工资制度改为计件工资制后，员工之间的产量差异增加。

从分选效应的性质看，绩效薪酬制度存在分选效应，表明"某些组织可能拥有生产率高出平均水平的员工队伍,并且某些组织的员工队伍与其薪酬战略具有更佳的匹配关系"(Gerhart,2003)。

(二) 绩效薪酬分选效应的成因

Anne C. Gielen(2009)认为,绩效薪酬制度能够激发员工的劳动生产率主要来自两个原因。首先是在员工能力和努力的不对称信息条件下,绩效薪酬制度可以用来引导员工投入更多努力,其次是招聘过程中可以作为筛选工具来鼓励能力较高的员工来应聘。Paarsch(2000)同样强调计件工资制度下,工人更富有生产力。

我们可以从心理学、经济学的研究成果发现分选效应形成的更深刻的成因。

首先,分选效应形成源自薪酬制度特征与组织特征、个体特征之间的密切关系。研究表明求职者往往依据组织薪酬制度的权变性来识别组织,而不是依据组织薪酬水平的高低,因为薪酬水平不足以解释组织薪酬差异(Gerhart,1990)。尽管传统上工资水平被作为决定求职者(或员工)质量的关键因素而加以强调,但是薪酬制度决策对于员工队伍构成的影响意义远比这一观点更为广泛,因为薪酬体制能够展示出组织哲学、价值观和管理实践的特色,所以薪酬体制能够吸引(或者阻挡)相应的求职者(Rynes,1987)。进一步的研究显示个体特征与薪酬制度的匹配能够代表个体与组织的匹配性,个体愿意选择与个人特征匹配的薪酬制度及实施组织 (Cable,1994)。此外,Michael Clugston(2000)证实了个体内在动机与绩效薪酬的吸引力相关,杨晶照(2008)也证实了儒家文化背景特有的长远取向会导致个体更看重薪酬的长远激励计划。

其次,组织吸引力、薪酬制度吸引力、个体选择行为三者之间的互动机制及形成的个体薪酬偏好对分选效应形成也具有解释力。Schneider(1987)在ASA(吸引—选择—淘汰)模型中强调,个体与组织存在着相互匹配的需要,这样的匹配过程是通过组织选择员工和自选(由求职者或员工完成)表现出来的。Cable建立的薪酬偏好模型显示:物质主义求职者更关注薪酬水平,内控倾向的求职者更愿意选择弹性福利而不愿意选择绩效薪酬制度,人们更愿意选择基于个体的薪酬制度,高风险规避求职者更愿意选择固定薪酬制度,高自我效能的求职者更愿意选择基于个体的薪酬制度、技能薪酬制度而不喜欢选择绩效薪酬制度。Cable建立的薪酬偏好模型得到Bretz(1994)的实证支持。

(三) 绩效薪酬分选效应的研究进展

自从Lazear(2000)发现绩效薪酬分选效应后,近年来学者陆续验证了绩效薪酬分选效应(Cadsby,2007;Eriksson,2008;Dohmen,2006;Anne C. Gielen,2009),并进一步检验了分选效应的影响因素。

1. 个体风险态度对绩效薪酬分选效应和激励效应的影响

Cadsby(2007)证实绩效薪酬在吸引和淘汰员工两个环节中都产生了分选效应,但是与Lazear(2000)的研究结论不同的是,激励效应比分选效应小,并且个体的风险规避态度导致分选效应和激励效应都减小。

风险态度对分选效应和激励效应的影响与相关学者的研究结论一致。Holger Bonin(2007)研究结果表明低冒险意愿的个体更愿意选择收入风险低的职业。因此不同风险态度的个体选择职业时,职业的收入风险是一个相关的分选效应衡量标准。Dohmen(2005

年)观察到回避风险的个体更愿意在公共部门就业,这些职位的特点是低收益风险和低失业风险,此外 Thomas Cornelissen(2008)证实了能力强、承受风险能力强的员工更愿意选择绩效工资制度下的工作,并有更高的工作满意度。

根据冯诺依曼和摩根斯坦的预期效用最大化理论,喜欢冒险的人愿意选择高风险、高收入的职业;稳重的人愿意选择低风险、低收入的职业。因此,风险影响了个人的职业,也影响了每种职业的收入差别。Bellante 和 Link(1981) 发现具有更大风险规避程度的个人更倾向于在公共部门寻找工作。Bas Jacobs 等(2005) 研究指出,个体可能会由于风险规避意识较弱而选择从事更具风险性的工作。丁小浩(2009)的研究结论证实风险态度对个体未来的就业选择具有影响,在对"最希望进入的工作单位"的选择中发现,愿意冒险的个体一般选择进入外资企业、民营企业和国际组织,而具有风险规避态度的个体一般倾向于进入政府部门、事业单位和高校。

2. 社会偏好对绩效薪酬分选效应和激励效应的影响

Eriksson(2008)证实绩效薪酬分选效应和激励效应,发现如果企业支付效率工资制度以吸引互惠性员工并且更公平地回报员工的话,相对于固定工资制度而言,可变工资制度对于高技能员工的吸引力就会减小,因此绩效薪酬的分选效应和激励效应就会相应减小。Dohmen(2006)同样证实了绩效薪酬分选效应和激励效应,发现互惠偏好的个体不愿意选择锦标赛薪酬制度。

三、范例介绍

关于教师绩效工资实施情况的调研报告

按照《中江县教育局关于实施教师绩效工资情况调研的通知》的安排,四川中江县双龙镇中心学校成立了调研组,对学校绩效工资实施情况进行了全面的调研。调研的主要内容是学校实施绩效工资前后教师平均收入对比;实施绩效工资与绩效考核对教师工作积极性的调动作用;实施绩效工资对学校教师队伍建设与管理的影响;绩效工资实施过程中存在的问题。调研的目的是通过调研以便更好地开展绩效工资实施工作,提高学校广大教职工的工作积极性。

义务教育阶段教师绩效工资已于2009年1月实施。两年过去,实施情况到底怎么样,调研了双龙镇所辖的5所学校:中学1所,小2所,村小2所。通过走访、座谈、问卷等方式进行调研,而形成此报告。

1. 本校实施绩效工资前后教师平均收入对比

义务教育绩效工资分为基础性工资和奖励性工资两个部分,基础性工资占70%, 由地区经济发展水平、物价水平和岗位职责等要素决定,奖励性工资占 30%,主要体现工作量和实际贡献等因素。自2009年1月1日义务教育阶段中小学全面实施教师绩效工资政策以来,教师工资有所增加,教师工资增幅明显。过去学校是自行发放津补贴,较之未实施绩效工资以前,工资月平均增加了1000多元。

2. 实施绩效工资与绩效考核对教师工作积极性的调动作用

根据《双龙镇绩效工资考核意见》的规定,教师绩效考核的内容主要是完成学校规定的岗位职责和工作任务的实绩,包括师德和教育教学、从事班主任工作等方面的实绩。绩效工资制打破了旧的分配模式,教师产生了一定的工作压力和危机感,进修学习和教学工作产生了动力,大大提高了承担教学课时、班主任工作等的自主性,合理的竞争机会和公平的竞争条件,增强了教师参加管理、主动承担教学任务以及进行教学改革的意识。但有的教师认为奖励性绩效工资30%中,扣出班主任津贴、超课时津贴、骨干教师津贴以及领导职务津贴及其他支出部分,所剩不多的考核总量再来考核我们,没拿多少。对积极性有一定的影响。

3. 实施绩效工资对学校教师队伍建设与管理的影响

实施绩效工资,教师之间适当拉开了业务档次,有利于职称的评定和聘任,便于教师能上能下,减少管理过程的后遗症,消除了许多管理环节和扯皮现象,提高了学校管理效率和管理效益。

4. 绩效工资实施过程中存在的问题与改进措施

(1) 绩效工资考核体系的构建不十分科学合理,存在问题如下。一是对不同人员拉开多大差距为适宜的把握上需要给予政策支持。二是对行政人员工作量确定方面如何把握缺乏政策依据。所以完善落实绩效工资制度的关键在于建立科学合理并且行之有效的绩效工资考核体系。学校绩效工资考核方案改革发展的原则、思路要明确"三个有利于"标准,即有利于学校发展、有利于教师专业成长、有利于大多数教师利益;真正实行竞岗取酬、多劳多酬、优绩优酬。

(2) 教师对绩效工资政策还存在着误解,有的教师认为就是拿我们自己的钱,来考核我们,很多老师都在算自己奖励性绩效工资是否拿够,误认为职务津贴、各类加班费是从自己奖励性绩效工资中挤出来的,把骨干教师和行政人员推到了教师的对立面,也有的教师认为绩效工资就是单纯地涨工资,也有的教师不了解中江的县情,认为中江县教育绩效工资总量水平偏低。对于这些,要加大对绩效工资政策的宣传,教师要全面、正确、深入理解绩效考核方案。懂得绩效工资的目的和意义。一要全面理解。绩效工资的实行是我国分配制度的一项重大改革,绩效工资是新的分配体制,70%是基础性绩效工资,30%是奖励性绩效考核。二要正确理解。30%只是一个口径,不是一个奖励性标准,是奖金,不是工资,分配原则是绩效挂钩,不能将30%理解为用自己的钱奖励自己,要按照"竞岗取酬、多劳多酬、优绩优酬"的原则。三要深入理解。其新的考核机制需要一个逐步完善的过程,不能求全责备,只要符合"三个有利于"的机制就是可行的机制,通过加大宣传力度,教师才能真正认识绩效工资政策,理解绩效工资政策,支持和参与绩效工资政策改革。

(3) 教师总体待遇的提高呼唤全面加强教师业务素质的培养,绩效的增幅对于教师待遇的提高与教师素质现状不相适应。

总之绩效工资的实施体现了党和政府对广大教师的关心,体现了教育优先发展的战略地位,教师的待遇得到了明显提高,学校的经济压力得到了明显改善,政府对教育的投入大大增加,绩效工资的实施对加强教师队伍建设,促进教育事业科学发展创造有利的条件。

四、本实验项目内容、步骤、方法和要求

(一) 实验项目内容、方法

围绕某地区义务教育学校教师绩效工资改革情况中存在的问题,进行教师绩效工资态度综合调查研究,并提出改进措施和建议。

(二) 实验步骤

1. 理论文献整理。
2. 选择调研学校和教师样本。
3. 设计调查提纲和问卷。
4. 开展教师绩效工资态度综合调查。
5. 调查结果分析。
6. 对策与建议。

五、实验条件

计算机及打印机;纸张;调查所需问卷;相关心理测量表;提供参考的调查问卷(见附件)。

附件：义务教育教师绩效工资态度综合调查问卷

尊敬的老师：

您好！为了了解义务教育学校教师对实施绩效工资的看法和建议，我们组织了这次调查，感谢您参与调查。您的意见将会及时反馈到有关主管部门，对进一步完善绩效工资实施办法可能起到重要作用。问卷中问题的回答没有对错之分，您只要把实际状况和想法如实填写即可。我们承诺不会公开您问卷的任何个人信息，请您放心回答。谢谢您的支持！

第一部分 [个人情况]

请您在合适的选项上画"√"。

1. 首先请您告诉我们有关您个人的一些基本情况

您的性别： 男； 女

2．您的年龄：20～25 岁；26～30 岁；31～40 岁；41～50 岁；51 岁以上

3．您来自省、市：

4．您的最高学历/学位是：博士；硕士；本科；专科；中师；其他

5．您所在学校属于：城区学校；城市郊区学校；县城学校；乡镇中心学校；乡镇以下学校

6．您所在学校是：小学；初中；完全中学；一贯制学校；其他

7．您所在学校的教职工数：10 人以下；11～50 人；51～100 人；101～200 人；201 人以上

第二部分 [个人的教学或管理活动]

8.1 您的专业技术职务(职称)是：小学高级；小学一级；小学二级；小学三级；中学高级；中学一级；中学二级；中学三级；无教师系列职称

8.2 您担任现在专业技术职务时间有多长：5 年以下；6～10 年；11 年以上

8.3 您目前是否按现在的专业技术职务兑现基本工资：是；否；不清楚

9．您在学校担任(可多选)：校长；副校长；中层干部；教研组长；普通教师；班主任；其他

10．您的教龄：3 年以内；4～9 年；10～20 年；21～30 年；30 年以上

11．您目前所教学科(可多选)：政治；语文；数学；物理；化学；生物；地理；历史；外语；信息技术；体育；音乐；美术；其他

12．您目前平均一周的课时数是多少节？(   )节

13．您目前担任班主任的年限：未当过班主任；1～3 年；4～6 年；6～12 年；12 年以上

第三部分 [个人对实施绩效工资的态度]

14.1 您对义务教育学校实施绩效工资的政策了解吗？很清楚；大概知道；知道一点儿；不清楚

14.2 您平常了解绩效工资政策主要依靠(可多选)：学校传达文件；上级组织的培训或会议；新闻媒体报道；互联网络；同事自己交流；其他

15.1 您是否已拿到基础性绩效工资？是；否；不清楚

15.2 您所在学校是否已落实了奖励性绩效工资？已落实；正在落实；未落实；不清楚

16．2009～2010 年间，您平均每月工资收入大约是：1000 元以下；1000～1500 元；1500～2000 元；2000～2500 元；2500～3000 元；3000～3500 元；3500～4000 元；4000～4500 元；

4500～5000 元；5000 元以上

17. 和实施绩效工资前相比，您全年的工资：增加了 50%～80%；增加了 30%～50%；没变化；降低了一点；降低了许多

18.1 按照国家政策规定，义务教育学校绩效工资总量的 70%作为基础性部分固定发放或者按照职务发放，其余 30%作为奖励性部分按照绩效考核结果发放，您觉得：基本合理；不够合理；说不好

18.2 其中奖励性部分的比值：太多；不够；差不多；说不好

18.3 您认为奖励性部分的比值应该是：70%；50%；40%；30%；20%；10%

19. 在您看来，实施绩效工资是否一定会涨工资：一定；不一定；不清楚

20. 在您看来，您所在学校教师的工资是否已经不低于当地公务员工资？可能是；差不多；未实现；不知道

21. 您所在地区有没有"同城不同酬"情况？有；没有；不清楚

22. 如果让您评价实施绩效工资情况，您可能会说：应该实行，只是要做好；不应该实行；无所谓

23. 您最关心实施绩效工资中哪方面情况(可多选)：工资能增加多少；教师平均工资是否不低于当地公务员平均工资；绩效考核怎么操作；学校的奖励性绩效工资怎么分配；不同地区绩效工资的差距；同事之间绩效工资的差距；无所谓；其他

第四部分 [对学校奖励性绩效工资分配的看法]

按照国家政策规定，奖励性绩效工资由学校按照规定的程序和办法自主分配，请谈谈您的体会。

24. 您所在学校制订奖励性绩效工资实施方案时：由教职工全体大会或者代表大会通过；征求了教职工意见，然后学校确定；征求一部分教职工的意见；根本没有征求意见；不知道

25. 您对所在学校奖励性绩效工资实施方案是否满意？基本满意；不满意；可以接受；无所谓；不知道

26.1.1 您所在学校校长的奖励性绩效工资与一般教师相比：高一些；差不多；低一些

26.1.2 您认为：合理；不合理；可以接受；说不好

26.2.1 您所在学校中层干部奖励性绩效工资与一般教师相比：高一些；差不多；低一些

26.2.2 您认为：合理；不合理；可以接受；说不好

27.1 就您了解的情况，您的奖励性绩效工资水平高低在学校内部：前 10%之内；中等偏上；平均水平；中等偏下；后 10%之内；不知道

27.2 对此您觉得：比较合理；不合理；可以接受；说不好

28. 如果仅仅因为所教学科不同，教师的奖励性绩效工资有差别，您觉得：有合理的因素；完全不合理；说不好

29. 您觉得您所在学校奖励性绩效工资分配方案的问题是：没什么大问题；制订过程不公开；教师与管理人员差距太大；没有体现多劳多得；不知道；其他

第五部分 [对实施绩效工资的建议]

30. 您认为实行教师绩效考核：有必要；没必要；无所谓

31. 您认为教师绩效考核中最重要的是(可多选)：师德；教育教学能力；综合的考核

标准，但以教学质量为核心；以职称学历教龄为主；工作量；说不好。

32.1. 您觉得实施绩效工资后，您对工作：想做得更好一点；和以前差不多；更不想关心了。

32.2. 就您了解，您周围的同事的态度：变得更积极了；没什么变化；不清楚。

33. 您认为自己的绩效工资有问题时，会(可多选)：向教育部绩效工资专用信箱反映；向所在学校或者上级教育部门反映；相信经过实践探索会逐步完善，确实需要调整的，学校也会按照规范的程序修改；实在不行也得采取一些行动引起上级注意；无所谓，顺其自然；不知道该做些什么。

六、实验所需要时间

4 小时。

七、实验报告和实验成绩评定

1. 实验成绩按照优秀、良好、中等、及格、不及格 5 个等级评定。
2. 成绩评定准则。
(1) 考核学生对义务教育教师绩效薪酬制度态度与观念等现实问题调研能力。
(2) 评价学生所做的教师绩效薪酬态度综合调研是否符合薪酬管理原理，是否完整、科学、可行。
(3) 评价学生调研实验方法、程序是否准确。
(4) 运用统计分析技术、计算机统计软件应用技能考核。
(5) 课堂模拟、讨论、总结占总成绩 70%，实验报告占 30%。
(6) 实验报告要求：编写语言流畅，文字简洁，条理清晰。

习　　题

1. 阅读下面资料，然后回答问题。

某软件开发公司，从一个仅有十几人的小作坊式的不知名企业，经过 10 年的打拼，发展到今天业内屈指可数的全国知名软件公司，人员规模也迅速扩大到了近 1000 人。在创业初期，公司就十来个人，谁技术过硬、贡献大，工资、奖金就高，全凭老板一支笔。即便是这样，大家觉得老板的判断是公平的，个个干得都开心，也没有人有怨言。

然而随着公司的规模逐渐扩大，人员增多，老板的判断也不是那么准确了，底下员工就开始议论，人心也开始浮动。倒不是因为个人工资拿得少，而是觉得内部不公平。于是老板要求人力资源部去了解市场薪酬情况，但苦于没有可靠信息来源，只好通过同行之间非正式沟通获得零碎信息，不过总算有了进步，公司内部建立起一个初步的薪酬体系，员工的议论似乎也少了。

新制度经过一段时间的运作后，人力资源部招聘主管开始报告工作，由于公司提供的工资水平在市场没有竞争力，导致人力资源部开展招聘工作时遇到困难。经过了解，倒不是公司提供的待遇低，是因为公司的工资结构是基本工资+奖金，初次应聘者只认基本工资，对奖金他们没有把握的部分，认为有可能是公司画的空饼，不愿意到公司来工作。这样，在招聘时就很难吸引到技术水平高的人才。公司高层就这个问题进行了讨论，由于公司的业务处于快速扩展的关键时期，正需要大量引进高素质人才，在这个节骨眼上，应该就工资结构进行调整，于是工作结构就变成了基本工资+浮动工资，员工的工资总额调上去，但是取消原有的奖金。在月度考核时，绩效优秀的员工除可以拿到全额工资外，还可以拿到超过他个人工资标准的超额浮动工资；绩效差的员工浮动工资就要被部分扣除或全部扣除。但是为了有效控制公司的工资成本，全公司的工资总额是不能突破公司的月工资标准的，即有人获得奖励多少钱，就有人要被扣除多少钱。

对浮动工资制，一开始部门经理还挺配合人力资源部工作，认为这个制度对促进部门管理也有帮助。但是不久，新的问题出现了。当有员工被扣浮动工资后，就觉得公司的这个制度就是变着法子克扣员工的工资，本来一个人的工资标准是固定的，可是现在变得没有保障了，部门经理掌握着"生杀大权"。尽管通过一再的沟通与解释，员工仍然无法接受现实。而那些绩效优秀的员工，即便是拿着超额工资，也觉得不自在，因为他们多拿的钱，就是和他们同一个部门的员工被扣工资的部分，同事之间总是抬头不见低头见，钱拿得多也不好意思。部门经理在实施过程中，也感受到来自员工的压力，如果浮动工资扣得过严，员工流动性增大，如果放松标准，优秀员工又得不到激励。所以部门经理最终放弃了这种与考核挂钩的浮动工资，部门所有员工都属于合格，即没有特别差、也没有特别突出的员工。整个公司的浮动工资体系就这样失去了效应。虽然发牢骚的员工少了，但是优秀员工的不满却在心里开始滋生。

根据 2/8 原则，最大的产能是来自优秀的 20%的员工。我们的工资制度到底该何去何从呢？经历了这么一个过程，总结了经验和教训。公司领导认为，当时制订出基本工资+浮动工资的工资制度，正是在公司大量引进人才阶段，那个工资制度在特定时期也充分发挥了它的作用。但是随着公司逐渐步入正轨，大多数员工是需要正向激励的，于是仍然希望改为原有的奖金激励方式。但是任何好的激励制度都要建立在公司赢利的基础上，不然不利于公司的长期发展。如果从公司的利润中额外出一部分资金作为奖金来源的话，无疑会减少公司的利润。如果公司不拿出额外资金作为奖金的来源，可能奖金方案根本无法实行，但是原有的工资结构中浮动工资部分完全变为员工的基本工资，无疑是无条件地给全体员工变向的长工资，也不行；如果将原有工资中的浮动工资全部拿出来作为奖金的来源，肯定会影响员工的士气，他们会理解为公司普降工资，这是个敏感的焦点，可不能轻易动啊。一个尖锐的问题摆在了人力资源部经理的面前。

问题如下。

(1) 如何评价该公司现有的浮动工资制？

(2) 如何评价该公司原来实行的奖金激励方式？

(3) 如果你是该公司的人力资源部经理，如何制定新的薪酬制度？并且如何才能让大部分员工支持新的薪酬制度？

2. 阅读下面资料，然后回答后面的问题。

作为一名顾问，你接受一家销售公司的委托，帮助该组织给 3 类基本员工建立激励制度。经过调查，你了解到，第一类员工是由 20 名销售员组成的销售队伍，是按直接佣金制根据销售额按固定比例提成付薪，但是销售人员在任何一个既定月份中，一旦达到可接受的销售水平时，他们就会倾向于懈怠。第二类员工是由 7 名辅助人员组成的(两名秘书和五名包装员/装货员),都是直接按统一的小时工资率付薪,工作表现还可以,但是还有潜力可挖,绩效还可以提高。第三类员工是由3名管理人员组成的。实行"一揽子"(单一工资制)的谈判工资,管理人员对自己目前的薪金感到满意,但他们对在公司长期发展缺乏安定感和责任心。

你的任务是设计出激励计划,解决你从中发现的问题。

3．阅读下面资料,然后回答后面加薪计划的问题。

你是今年初提升为部门经理的,你的手下有四名直接向你负责的主管级员工。现在到了年底,上级指示,根据政策,可以给他们加薪,但最多每月加薪总额不得超过1400元。分管人事工作的副总经理要你拟定加薪计划,确定对每人是否要加薪以及加多少,报他审批后,明年元月起执行。你知道他一般总是会照批不误,但是,头一回做年末加薪决策,会成为今后的先例,而公司又没制定加薪的明确标准。这四名下属的基本情况如下。

(1) 严明。现在的月薪是1650元,你觉得他算不上干得出色的人,你跟别人交换过看法,他们觉得老严工作不怎么样。不过他负责的那个小组可是最难办的一个,组员们业务水平低,活又脏又累。再说,没有老严,一时很难找到谁愿意和能顶替他去干这项工作。

(2) 彭昆。现在月薪1870元,此人至今单身,生活上又不拘小节。总的来说,你觉得他的工作还够不上你要求的标准,他出过的漏子是尽人皆知的。

(3) 成全。现月薪2050元,你认为他是你最强的部下之一,不过其他人显然都不太同意你的看法。再说,他岳父家很富有,不缺钱花,好像不用再给他加多少钱了。

(4) 傅彬。现月薪1810元,他的表现令你惊喜,工作业绩很突出,而且被你的部门中的人看成是最好的人之一。这出乎你的意料,因为小傅一般举止比较轻浮,对加薪和提级都较冷淡。

要求你结合上述情况,进行加薪方案设计。

第 8 章 劳动关系管理实验

本章主要学习目标

1. 熟悉劳动合同管理原理内容、方法及实践活动。
2. 掌握集体合同管理重点基础实验环节、管理技能实验内容和方法。
3. 掌握员工工作满意度调查等综合实践内容和方法。

8.1 劳动合同的文本签订与解除基础实验

在本节基础性劳动关系实验中,主要就劳动合同的文本签订与解除,集体合同的协商与履行,劳动争议处理,员工沟通系统等内容进行对应的实验活动,以熟悉劳动关系管理的基础业务环节,加强对劳动关系原理的理解,提高劳动关系管理的认识和思想水平。

一、实验目的

了解劳动合同基本原理;理解劳动合同内容;熟悉劳动合同制定程序;掌握劳动合同文本签定、变更、续订、解除等劳动合同活动。

二、预备知识

1. 劳动合同

劳动合同是用人单位与劳动者确立劳动关系、明确双方权利义务的协议。

2. 劳动合同的内容

1) 法定条款

法定条款是依据法律规定劳动合同双方当事人必须遵守的条款,不具备法定条款,劳动合同就不成立。《劳动法》规定劳动合同必须具备以下条款:①劳动合同期限;②工作内容;③劳动保护和劳动条件;④劳动报酬;⑤社会保险;⑥劳动纪律;⑦劳动合同终止的条件;⑧违反劳动合同的责任。

2) 约定条款

劳动合同除以上法定条款外，双方当事人可以根据实际需要在协商一致的基础上，规定其他补充条款。常见的内容如下：①试用期限；②培训；③保密事项；④补充保险和福利待遇；⑤当事人协商约定的其他事项。

3. 草拟劳动合同注意事项

(1) 依据当地劳动合同示范文本。
(2) 劳动合同的法定条款不可或缺。
(3) 条款必须统一。
劳动合同各项条款，包括专项协议所协商的内容必须统一，不应有内在矛盾，否则该条款极有可能成为无效条款而丧失法律效力。

4. 劳动合同的订立、续订、变更的原则

平等自愿的原则：是指签订和变更劳动合同的双方在法律上是平等的，并能自由表达各自在主张自己权益方面的意愿(签订前的明示)。

协商一致的原则：是指双方就合同所有条款进行充分协商，达成一致意见。

遵守国家法律、行政法规的原则：即合法原则。

5. 劳动合同的订立程序

(1) 要约与承诺。
要约：一方向另一方提出订立劳动合同的建议。
承诺：被要约方接受要约方的建议并表示完全同意。
(2) 相互协商。各自向对方如实地介绍自己的情况、明确表示各自的要求，责、权、利。
(3) 双方签约(确定身份、生效日期)。

6. 劳动合同的续订

劳动合同续订是指有固定期限的劳动合同到期，双方当事人就劳动合同的有效期限进行商谈，经过平等协商一致而续延劳动合同期限的法律行为。

(1) 提出续延劳动合同的一方应在合同到期前30天书面通知对方。
(2) 在续订的劳动合同中不得约定试用期。
(3) 在同一单位工作满10年，双方同意续延劳动合同的，用人单位可以根据劳动者提出的要求，签订无固定期限的劳动合同。

劳动合同的变更的条件如下。
(1) 订立劳动合同所依据的法律、行政法规、规章制度发生变化，应变更相应的内容。
(2) 订立劳动合同所依据的客观情况发生重大变化，致使劳动合同无法履行，应变更相应的内容。
(3) 提出劳动合同变更的一方应提前书面通知对方，并要平等协商一致方能变更合同。

7. 劳动合同的解除

劳动合同的解除是指劳动合同签订以后，尚未全部履行之前，由于一定事由的出现，提前终止劳动合同的法律行为。

1) 劳动合同双方约定解除劳动关系
2) 一方依法解除劳动关系

(1) 用人单位单方解除合同。

① 随时解除/不承担经济补偿。劳动者在试用期间被证明不符和录用条件的，此种情况在试用期满后不再适用；劳动者严重违反劳动纪律或用人单位的规章制度；劳动者严重失职、营私舞弊，对用人单位利益造成重大损失；劳动者被追究刑事责任的。

② 提前 30 天通知/给予经济补偿。劳动者患病或非因工负伤、医疗期满后，不能从事原来工作，也不能从事用人单位另行安排的工作。医疗期期限的具体规定：实际工作年限 10 年以下，在本单位工作年限 5 年以下的为 3 个月；5 年以上的为 6 个月；累计计算则按照前述期限延长 1 倍。实际工作年限 10 年以上，在本单位工作年限 5 年以下的为 6 个月；累计计算则延长 1 倍；5~10 年的为 9 个月；10~15 年的为 12 个月；15~20 年的为 18 个月；20 年以上的为 24 个月。

劳动者不能胜任工作、经过培训或者调整工作岗位，仍不能胜任工作的；劳动合同订立时所依据的客观情况发生重大变化，致使原劳动合同无法履行，经当事人双方协商一致达成协议的。

③ 经济性裁员的两个条件：用人单位频临破产进行法定整顿期间；用人单位生产经营发生严重困难确需裁减人员。当上述条件出现时，用人单位需要裁员，应向工会及全体员工说明，听取工会意见，向劳动管理部门报告。

(2) 劳动者单方解除劳动合同

① 随时向用人单位提出解除劳动合同：在试用期内，劳动者可以提出解除劳动合同，并且无须说明理由或承担赔偿责任；用人单位未按劳动合同的约定支付劳动报酬或提供劳动条件；用人单位以暴力、威胁、非法限制人身自由得手段强迫劳动。

② 提前 30 天通知用人单位解除劳动合同，如有违反劳动合同的约定，应赔偿用人单位下列损失：用人单位招收录用所支付的费用；对生产经营和工作造成的直接经济损失；用人单位支付的培训费用；劳动合同约定的其他赔偿费用。

注意： 第三方招用未与原用人单位解除劳动合同的劳动者对原单位造成损失的，除该劳动者承担直接赔偿责任外，该用人单位承担连带赔偿责任。

8. 不得解除劳动合同的条件

职业病、工伤并丧失劳动力；患病或者负伤，并在规定的医疗期的；女工在孕期、产期和哺乳期的；法律、法规规定的其他情形。

注意事项：从违纪开始到做出处理的时间间隔超过处理时效；以开除形式解除劳动合同，应征得工会的意见；被限制人身自由且未被法院做出终审判决期间不得解除劳动合同；违纪造成损失的依据可以是国家的法律法规，也可以是用人单位公示过的规章制度。

9. 合同终止

劳动合同终止是指劳动合同关系的消失，即劳动关系双方权利义务的失效。劳动关系终止分为自然终止和因故终止。

(1) 属于自然终止类：定期劳动合同到期；劳动者退休；以完成一定工作为期限的劳动合同规定的工作任务完成，合同即终止。

(2) 属于因故终止类：劳动合同约定的终止条件出现，劳动合同终止。

劳动合同双方约定解除劳动关系；一方依法解除劳动关系；劳动主体一方消灭(企业破产、劳动者死亡)；不可抗力导致劳动合同无法履行(战争、自然灾害等)；劳动仲裁机构的仲裁裁决、人民法院判决也可导致劳动合同终止。

补偿金核算。

在解除劳动合同时，符合下列条件，企业应根据《违反和解除劳动合同的经济补偿办法》向劳动者支付补偿金。

① 当事人协商一致，由用人单位解除劳动合同的，应根据劳动者在企业内工作年限，每满1年发给相当于1个月工资的经济补偿金；按照"就高不就低"的原则，最多不超过12个月。

② 劳动者不胜任工作、经培训或调整工作后仍不能胜任工作的补偿同前。

③ 经济性裁员，由于客观发生变化，双方意见无法达成一致，由用人单位提出解除劳动合同的，劳动者患病或非因工负伤不能从事原工作也不能从事用人单位另行安排的工作，按照劳动者在本单位工作年限，每满一年发给相当于1个月的工资作为经济补偿金。

④ 患病或非因工负伤除经济补偿金外，同时应发不少于6个月工资的医疗补助金。重病或绝症还应增加医疗补助费：重病不低于医疗费的50%，绝症不低于医疗费的100%。

注意：用人单位没有按照规定发放经济补偿金，除全额发放外还应支付经济补偿金数额的50%作为额外经济补偿金；解除农民的劳动合同时也应支付经济补偿金；因工作需要，经企业主管部门和有关组织决定调整工作而转移工作单位的员工，应与原单位解除劳动合同，与新单位签订劳动合同，原单位不用支付经济补偿金。

三、范例介绍

李某利用伪造的学历证书获取了用人单位浙江温州某阀门公司的信任，但其应聘上岗后，工作能力受到公司领导怀疑。公司在知晓其应聘时提供了伪造的学历证书和职称证书后，终止了与其的劳动合同。然而，李某却一纸诉状将公司告上法庭。永嘉县法院一审依法驳回其诉讼请求后，李某不服上诉温州市中级人民法院。近日，温州中院经审理后认为，一审判决认定事实清楚，适用法律正确，实体处理得当，判决驳回上诉，维持原判。至此，历时一年之久的这起劳动合同纠纷案终于尘埃落定。

2008年，温州某阀门公司在浙江省永嘉县人才市场张贴招聘广告，招聘包括研发工程师在内的许多岗位的人员，其中对研发工程师的要求为机械专业、大学毕业、工程师职称、3年以上阀门研发经验。

2008年3月19日，李某来到该阀门公司应聘研发工程师一职，在填写应聘表时，李某在文化程度一栏中填上"本科"、在职称一栏中填上"中级"，在教育经历栏中填上"1986年6月至1990年7月在陕西机械学院学习机械设计、制造专业"。

公司审查了李某的应聘表和有关学历、职称等证件后表示满意，遂于2008年3月20日与李某签订固定期限劳动合同。合同中载明：李某从事技术工种；合同期限为3年。试用期自2008年3月20日起至2008年4月19日止，试用期内月工资为5000元。

合同签订后，李某开始在该阀门公司上班。可是上班不到一个月，公司管理人员即对其学历产生怀疑，因为其理解能力不佳。随后对其做出"试用期考核不合格"依约定解除劳动合同书的决定。应李某要求，双方于当日结算工资。

2008年5月5日，李某以阀门公司违法解除劳动合同为由，向永嘉县劳动争议仲裁委员会提出申诉。

仲裁委员会以李某利用伪造的学历证书和职称与该阀门公司签订的劳动合同无效为由作出裁定，驳回李某的申诉请求，并要求李某于裁决书生效后3日内返还阀门公司工资款1569元。李某不服裁决，于2008年7月16日向永嘉县法院提起诉讼。

在庭审中，阀门公司申请对李某的学历证书和职称进行鉴定，法院要求李某于同年9月25日前提供该两份证据原件，李某逾期未提供。

法院认为：阀门公司主张李某应聘时提供的学历证书和职称证书均系伪造，并向本院提供了校方出具的证明(证明李某学历证书是虚假的)，且在庭审中要求对李某的学历证书和职称证书原件进行鉴定，而李某既未提供相反证据予以反驳，也未在法院限定的期限内提供学历证书和职称原件，因此李某应承担不利的后果，即李某在应聘时提供给阀门公司的学历证书和职称证书是虚假的。李某利用伪造的学历证书和职称证书，使公司误认为李某符合应聘条件，在违背真实意思的情况下与李某签订劳动合同，李某的行为构成欺诈，双方签订的劳动合同无效。法院认为无效的劳动合同自始至终无效，无须解除，故法院依法驳回李某的诉讼请求。

四、本实验项目内容、步骤、方法和要求

（一）实验内容

以某企业为例，学员分组进行讨论，完成《劳动合同》的签订、变更、续签、解除等劳动合同管理活动。

（二）实验步骤、要求

1. 劳动合同签订实验

学生分别代表劳动合同签订的甲方和乙方，在经过讨论后，签订劳动合同文本(合同文本略)。

2. 劳动合同变更实验

围绕劳动合同变更事项，学生分别代表劳动合同签订的甲方和乙方，在经过讨论后，签订劳动合同变更书，格式如下。

经甲乙双方协商一致，因
现将于　　　年　　月　　日签订的劳动合同第　　条第　　款第
项的内容变更为：

　　甲方公章　　　　　　　　　　　乙方公章
　　　　　　　　　　　　　　　年　　月　　日

3. 劳动合同解除实验

围绕劳动合同解除事项，学生分别代表劳动合同签订甲方和乙方，在经过讨论后，签订劳动合同变更书。格式如下。

由　　　　方提出，根据《中华人民共和国劳动合同法》第三十六条，经甲乙双方协商一致，于　　　年　　月　　日解除双方于　　　年　　月　日签订的劳动合同。有关问题按下述办法办理：

　　甲方盖章：　　　　　　　　　　乙方签章：
　　　　　　　　　　　　　　　年　　月　　日

4. 劳动合同续订实验

围绕劳动合同续订事项，学生分别代表劳动合同签订的甲方和乙方，在经过讨论后，续订劳动合同协议书。格式如下：

经甲乙双方协商一致，将原订立的期限为　　年　　月　　日至　　年　　月　　日的劳动合同续订至　　年　　月　　日。

甲方盖章：　　　　　　　　　　　　　　乙方签章：

年　　月　　日

五、实验条件

实验室环境；计算机设备；相关办公设备、纸张等设施。纸质的劳动合同文本等文字材料。

六、实验时间

2 小时。

七、实验报告和实验成绩评定

1. 实验成绩按照优秀、良好、中等、及格、不及格 5 个等级评定。
2. 成绩评定准则。
(1) 对学生是否掌握劳动合同基本内容、劳动合同签订程序进行评价。
(2) 对学生能否掌握劳动合同的变更、解除、续订等活动进行评价。
(3) 课堂模拟、讨论、总结占总成绩 70%，实验报告占 30%。
(4) 实验报告要求：编写语言流畅，文字简洁，条理清晰。

8.2　劳动关系管理技能实验

实验一　集体合同订立实验

一、实验目的

了解集体合同基础知识，理解集体合同与劳动合同区别与联系，掌握集体合同主要要素和构成；能够制定集体合同文本。

二、预备知识

(一) 集体合同的概念

集体合同，是指用人单位与本单位职工根据法律、法规、规章的规定，就劳动报酬、工作时间、休息休假、劳动安全卫生、职业培训、保险福利等事项，通过集体协商签订的书面协议。根据劳动法的规定，集体合同由工会代表职工与企业签订，没有成立工会组织的，由职工代表与企业签订。

集体合同可分为基层集体合同、行业集体合同、地区集体合同等。我国集体合同体制以基层集体合同为主导体制，即集体合同由基层工会组织与企业签订。

(二) 集体合同的特征

集体合同除具有一般协议的主体平等性、意思表示一致性、合法性和法律约束性以外，还具有自身的特点。

1. 集体合同是规定劳动关系的协议。集体合同反映的是以劳动条件为实质内容的关系，整体性地规定劳动者与企业之间的劳动权利与义务，现实劳动关系的存在是集体合同存在的基础。

2. 工会或劳动者代表职工一方与企业签订。集体合同的当事人一方是企业，另一方当事人不能是劳动者个人或劳动者中的其他团体或组织，而只能是工会组织代表劳动者，没有建立工会组织的，则由劳动者按照一定的程序推举职工代表。

3. 集体合同是定期的书面合同，其生效需经特定程序。根据劳动法的有关规定，集体合同文本须提交政府劳动行政部门审核，经审核通过的集体合同才具有法律效力。

(三) 集体合同与劳动合同的区别

1. 主体不同。协商、谈判、签订集体合同的当事人一方是企业，另一方是工会组织或劳动者按照合法程序推举的代表；劳动合同的当事人则是企业和劳动者个人。

2. 内容不同。集体合同的内容是关于企业的一般劳动条件标准的约定，以全体劳动者共同权利和义务为内容，它可以涉及集体劳动关系的各方面，也可以只涉及劳动关系的某一方面；劳动合同的内容只涉及单个劳动者的权利义务。

3. 功能不同。协商、订立集体合同的目的是规定企业的一般劳动条件，为劳动关系的各个方面设定具体标准，并作为单个劳动合同的基础和指导原则；劳动合同的目的是确立劳动者和企业的劳动关系。

4. 法律效力不同。集体合同规定企业的最低劳动标准，凡劳动合同约定的标准低于集体合同标准的一律无效，故集体合同的法律效力高于劳动合同。

(四) 集体合同订立

1. 确定集体协商双方代表

集体协商代表每方为3~10人，双方人数对等，并各确定1名首席代表。职工一方由工会代表，工会主席可为首席代表。未建立工会的企事业单位由职工民主推举代表，并且要得到半数以上职工的同意。企业或事业单位代表由其法定代表人担任或指派。

2. 拟定集体合同草案，进行集体协商

集体协商是工会或职工代表与相应的企业或事业单位代表，为签订集体合同进行商谈的行为，协商未达成一致或出现事先未预料的问题时，经双方同意，可以暂时中止协商。协商中止期限最长不超过60天。

3. 审议通过，双方签字

工会代表或职工代表将集体合同草案提交职工代表大会或全体职工讨论通过。企业代表将集体合同草案提交董事会、企业管理委员会或主要负责人确认。然后由双方首席代表在集体合同文本上签字。

4. 报送登记、审查、备案

集体合同签订后，应当在 7 日内由企业或事业组织一方将集体合同一式 3 份及说明书报送劳动保障行政部门登记、审查、备案。劳动保障行政部门自收到集体合同文本之日起 15 日内未提出异议的，集体合同即行生效。

5. 公布

经劳动保障行政部门审查的集体合同，双方应及时以适当的形式向各自代表的全体成员公布。

(五) 集体合同的履行

集体合同的履行，是指集体合同双方按照集体合同的规定履行自己应承担的义务。集体合同的履行应遵循全面履行、协作履行、相互监督履行的原则。

(六) 集体合同的变更和解除

集体合同的变更是指集体合同双方对依法成立、尚未履行或尚未完全履行的集体合同条款所做的修改或增删，集体合同的解除是指提前终止集体合同的法律效力。在集体合同有效期限内，有下列情形之一的，允许变更或解除集体合同：①经双方当事人协商同意；②订立集体合同依据的法律、法规已经修改或废止；③因不可抗力的原因致使集体合同部分或全部不能履行；④企业转产、停产、破产、被兼并，致使集体合同无法履行；⑤工会组织被依法撤销；⑥双方约定的变更或解除集体合同的情况出现；⑦其他需要解除集体合同的情况出现。

变更或解除集体合同的程序如下。

1. 提出变更和解除集体合同的要求。

2. 双方达成书面协议。签订集体合同的一方就集体合同的变更或解除提出商谈时，另一方应给予答复，并在 7 日内由双方进行协商。经协商一致，达成变更或解除集体合同的书面协议。

3. 审议通过变更或解除集体合同的书面协议，由职工代表大会或职工大会审议、通过变更或解除集体合同的书面协议。

4. 提交劳动保障行政服门审议。对原集体合同进行变更或解除后，应在 7 日内向审查原集体合同的劳动保障行政部门提交变更或解除集体合同的书面协议及说明书，履行登记、审查、备案手续。

(七) 集体合同的终止

集体合同的终止是指因某种法律事实的发生而导致集体合同法律关系消灭。集体合同期限届满或双方约定的终止条件出现时，集体合同即行终止。

三、范例介绍

贾先生在一家公司工作了 9 年。2008 年 1 月 1 日，劳动合同法开始实施。这时，贾先生与公司签订的劳动合同还有 3 年尚未履行。公司为规避劳动合同法关于支付经济补偿金和订立无固定期限劳动合同的规定，强行要求与贾先生解除劳动合同，但同时承诺，2008 年元旦后重新安排贾先生上岗。

因公司拒绝向贾先生支付经济补偿金，双方发生争议。贾先生打算申请劳动仲裁。他聘请的律师在核算经济补偿基数时发现，该公司支付贾先生的工资低于该公司的集体合同标准。该公司集体合同规定，公司的最低工资标准为 920 元，公司与其贾先生在劳动合同中约定的工资却是 850 元。而当地政府制定的最低工资标准则为 680 元。

律师认为，以低于集体合同标准支付工资属于严重违法行为，如果该公司要解除贾先生劳动合同，首先要按照集体合同规定的最低工资标准，把以前少支的那部分工资补给贾先生，同时还要按照有关规定给予贾先生经济赔偿；另外，还要按照集体合同约定的最低工资标准计算支付贾先生经济补偿金。

该公司却认为，公司支付给贾先生的工资没有低于当地最低工资标准，不存在违法行为；而且，贾先生不是该公司正式职工，不受劳动合同法约束。公司还认为，当时签订集体合同的首席代表是党委书记兼工会主席，主体并不合法，集体合同也属于无效，因此，以集体合同为标准要求支付贾先生的工资于法无据。

此案例涉及以下问题：第一，劳动合同尚未到期，用人单位强行要求与贾先生解除劳动合同作法的性质问题；第二，用人单位按照高于当地人民政府规定的最低工资标准支付劳动者劳动报酬是否一定合法；第三，集体合同是否有效且对贾先生是否适用。

专家认为，贾先生与该公司的劳动合同尚未到期，用人单位无正当理由要求劳动者提出解除劳动合同显然是一种违反法律的行为。只要劳动者不同意辞职，用人单位就不能强行解除劳动合同。

另外，法律规定，用人单位支付给劳动者的工资不得低于集体合同规定的标准。用人单位以高于当地政府规定的最低工资标准但低于本单位集体合同约定的标准，向劳动者支付工资，属于违法行为。

合同的无效须经劳动仲裁机构或人民法院予以确认，且我国法律、法规等都没有规定党委书记兼工会主席代表职工签订的集体合同属于无效，因此上述集体合同应该合法有效，并适用于贾先生。

四、本实验项目内容、步骤、方法和要求

（一）实验背景

2012 年，某机械制造公司与公司工会推选出的协商代表拟通过集体协商，签订一份集体合同。合同订立过程如下。

1. 该集体合同在双方首席代表签字。
2. 该草案需要经五分之四的职工代表通过。
3. 该集体合同在职工代表通过后，报送当地劳动和社会保障局登记、审查、备案。
4. 劳动和社会保障局在 15 日内如未提出异议即通过，集体合同正式生效。

（二）实验内容、要求

1. 实验内容

在指导教师指导下，全体学生分组，模拟某公司以及工会代表，进行集体协商，订立一份集体合同。

2. 实验要求与步骤

（1）确定集体合同订立参与者资格、人数。

（2）确定集体合同项目内容与条款，包括劳动用工管理、劳动报酬、工作时间和休息休假、劳动安全卫生、女职工特殊保护、社会保险和福利、职业技能培训、合同变更、解除和终止等。

(3) 按照集体合同格式文本逐条讨论。
(4) 进行文本编写和修改。
(5) 提交职工代表讨论集体合同。
(6) 模拟向当地城市的劳动和社会保障局提交职工代表通过的集体合同文本。

五、实验条件

具备计算机与打印条件；适合分组协商讨论的实验环境；纸质的集体合同文本材料。

六、实验时间

2小时。

七、实验报告和实验成绩评定

1．实验成绩按照优秀、良好、中等、及格、不及格5个等级评定。
2．成绩评定准则。
(1) 对学生是否掌握集体合同订立程序、方法进行评价。
(2) 对学生是否能够制定集体合同内容、步骤进行评价。
(3) 评定学生制定的集体合同的规范性、完整性。
(4) 课堂模拟、讨论、总结占总成绩70%，实验报告占30%。
(5) 实验报告要求：编写语言流畅，文字简洁，条理清晰。

实验二　员工工作满意度调查实验

一、实验目的

了解员工工作满意度基本作用；理解组织开展工作满意度调查、提高劳动关系和谐程度的意义；掌握员工工作满意度调查过程、内容、方法和步骤。

二、预备知识

进入21世纪，中国经济高速增长，经济结构不断优化，尤其是知识经济取得了跨越式发展。企业逐渐发现员工满意度决定着顾客满意度，顾客满意度决定了企业的效益。企业都是追逐利益的集团，为了自身利益的提高，必然不断提高员工的满意度。因此，企业的认识也发生了根本性的转变：已经将人力资源看作一种宝贵的资源，而不是简单的命令执行者。人力资源是最宝贵的资源，是其他资源的载体，一切其他资源都是通过人力资源来发挥它的作用。目前已经将人力资源的质量与数量作为评判企业核心竞争力强弱的标准。人力资源的开发和使用，不仅关系到企业的成败，也关系到国家的综合国力强弱，特别是全球经济变冷的今天，显得尤为重要。因此，各企业在引进大量高水平员工的同时，也越来越重视员工的满意度。如何满足员工的需求，使其高效率、高质量地为企业效力，成为企业关心的问题。在这种情况下，国内外学者开始对员工满意度进行深入而长期的研究。

1．员工满意度的发展历程

20世纪初，美国工业出现了前所未有的技术进步，生产力得到进一步发展。同时，由于管理水平的落后，导致在工作流程的计划、组织、协调和控制上都存在大量问题。在这种背景下，泰勒提出了著名的科学管理理论，开创了科学管理的先河。科学管理理论的核心是要让工作过程科学化、标准化，并使劳资利益达到一致。"科学管理阶段"只是把员工作为命令的执行者，完成组织目标的工具，在很长一段时间影响着研究者的思维，使其将研究重点放在工作环节上，而很少涉及员工的感受及主动性，认为工作流程环节的设计远比员工个体的能动作用重要。

20 世纪 20 年代，梅奥从心理学角度对产业工人进行研究，发现影响其行为的因素是多样的。并进行了著名的霍桑实验，开创了人际关系学说。霍桑实验的重要结论有：①研究人的个体行为和群体行为，重视个体的主观能动性以及非正式组织；②强调满足职工的社会需求。

梅奥理论提出后，"人际关系理论"研究者从员工的社会需求和主观感受出发来思考问题。关于员工主观满意程度的工作满意度研究开始兴起，并得到不断的发展。Hackman、Oldham(1980)认为，当员工感觉到他们即将从组织获得的回报，包括报酬、晋升、认可、发展空间、有意义的工作岗位等能达到或超出他们的期望时，员工就能获得满意。可见员工满意的形成途径与顾客满意有很多相似之处。

也有学者将已经成熟的顾客满意度研究方法用于员工满意度研究中，如 Rust 和 Stewart(1996)提议将测量顾客满意度的方法引入员工满意度的研究中，借以评估员工满意度和保留率。使员工满意度的研究得到进一步发展。Osterman(1995)认为，员工满意是实现高绩效或高敬业度的工作系统的组成要素，并通常促进企业效益和市场交易的高绩效。Maister(2001)发现公司业绩 42%的提高与以下员工的体验有关：对工作是否高度满意；从工作中是否获得了高度成就感；工作是否具有挑战性；是否能将在这个公司的工作视为职业机会。可见，员工满意对企业效益的提高发挥着巨大的作用。员工满意会使企业业绩不断提高、结构不断优化。

Reichheld(1993)认为，忠诚的员工更倾向于同他们的顾客发展个人关系，而这种关系是加强员工同顾客进行积极交互的作用，形成良性循环的基础。Schlesinger 和 Zornitsky(1991)的研究显示，不满意员工的潜在离职率是满意员工的 3 倍。可见，忠诚的员工将企业利益看作自身的利益，将不断满足顾客的需求作为工作的重点，为企业发展忠诚顾客；而满意度低的员工则将不满情绪发泄到工作上，造成效率低下，并伴随着高离职率，并且在离职的同时将顾客资源带走。因此，员工的离职将会大大增加公司的成本，而提高员工的满意度则是减少员工离职率、提升企业效益的关键。

学者通过 8 类员工—组织关系中员工满意度研究发现：理想型、低效型、奉献型和包袱型员工组织关系中员工满意度高于其他类型；交易型、愚蠢型、危险型和糟糕型员工—组织关系中员工的满意度则低于其他类型。所以说，员工—组织关系类型仍对员工满意度有影响。

研究表明：员工的满意度和忠诚度取决于员工价值、员工期望和市场竞争的复杂的综合作用。研究发现，工作内容、工作时间、工作设施、工作环境、工作自主权、工作压力、升职机会、薪酬、福利、工作稳定性、直接领导以及企业高管对员工满意度的正向影响；肯定了员工满意度对员工忠诚度的正向影响。研究发现，员工对授权感知与员工满意度正向相关，培训与员工满意度的正向相关关系也得到了很好的证明；此外在影响勘察施工企业员工满意度的各个因素中，工资福利的内部公平性、绩效考评的客观性、职业发展梯度空间的畅通性是员工认同度较低的因素，资历则是员工身份的显著性因素。

2. 员工满意度的性质

20世纪30年代,研究人员认为员工满意度可以增加企业的效益,提高员工的生产率,因此不断将员工满意度作为企业管理的重点来研究。以下介绍各阶段员工满意度概念的研究成果。

1935年,Hoppock在其著作Job Satisfaction中首次提出了员工满意度概念。他认为员工满意度是企业员工心理和生理两方面对工作环境与工作本身的满意感受,也就是人们从工作中得到某种程度的满足或是产生某种满意的感受。此概念表明了员工满意度是员工对工作整体的态度,以及在各方面的感受。此后,更多学者投入员工满意度理论的研究,并提出了不同角度的概念。

Robbins认为,员工工作满意度是个人对所从事工作的一般态度。Locke(1976)将工作满意度定义为"来源于组织成员对其工作或工作经历评估的一种愉快或积极的情感陈述"。

上述研究都是从员工的主观感受出发,对员工满意度进行定义的。认为如果员工在工作中感觉到愉快,员工满意度就提高。但也有一些学者认为,员工满意度是员工将自身的期望与企业实际满足自身需求情况相比较得出的。

Lyman W. Porter(1961)认为员工满意来源于员工在其工作中感知所得与其期望所得之间的比较结果。Lawler(1971)认为员工工作满意度是员工在特定的工作环境中,通过其对工作特征的自我认识,确定实际所获得的价值(报酬)与其预期所获得的价值(报酬)之间的差距。

也有学者强调,员工满意是和用户满意相对而言的,是指员工对其需要已被满足程度的感受,员工满意是员工的一种主观价值判断,是员工的一种心理感知活动,是员工期望与其实际感知相比较的结果。

员工满意度是一个主观性较强的概念。掌握员工满意度的发展历程及概念是对员工满意度研究的前提。而如何科学、准确地判断员工满意度高低,则是员工满意度研究的重点。今后将继续围绕此重点深入研究和分析。

3. 员工满意度调查

企业进行员工满意度调查可以对公司管理进行全面审核,保证企业工作效率和最佳经济效益,减少和纠正低生产率、高损耗率、高人员流动率等紧迫问题。员工满意度调查将分别对以下5个方面进行全面评估或针对某个专项进行详尽考核。

1) 薪酬

薪酬是决定员工工作满意的重要因素,它不仅能满足员工生活和工作的基本需求,而且还是公司对员工所做贡献的尊重。

2) 工作

工作本身的内容在决定员工的工作满意度中也起着很重要的作用,其中影响满意度的两个最重要的方面是工作的多样化和职业培训。

3) 晋升

工作中的晋升机会对工作满意度有一定程度的影响,它会带来管理权力、工作内容和薪酬方面的变化。

4) 管理

员工满意度调查在管理方面主要考察公司是否做到了以员工为中心,管理者与员工的关系是否和谐；考察公司的民主管理机制，也就是说员工参与和影响决策的程度如何。

5) 环境

好的工作条件和工作环境如温度、湿度、通风、光线、噪声、清洁状况，以及员工使用的工具和设施极大地影响着员工的满意度。

4. 实施员工满意度调查的作用

1) 诊断公司潜在的问题

通过员工满意度调查，公司可以发现员工对哪些管理问题的满意度有下降趋势，就可及时检查其相应政策，找出不满日益增加的原因并采取措施予以纠正。实践表明，员工满意度调查是员工对各种管理问题满意度的晴雨表。

2) 找出本阶段出现的主要问题的原因

如公司在本阶段出现产品高损耗率、高丢失率的情况，并且收益下降，通过员工满意度调查就会找出导致问题发生的原因，确定是否是员工工资过低、管理不善、晋升渠道不畅等问题造成的，否则只能靠主观的随机猜测。

3) 评估组织变化和企业政策对员工的影响

员工满意度调查能够有效地用来评价组织政策和规划中的各种变化，通过变化前后的对比，公司管理层可以了解到公司决策对员工满意度的影响。

4) 促进公司与员工之间的沟通和交流

通过员工满意度的调查，保证了员工自主权，员工就会畅所欲言地反映平时管理层听不到的声音，这样就起到了信息上下沟通的作用。

5) 增强企业凝聚力

由于员工满意度调查活动是员工在民主管理的基础上树立以企业为中心的群体意识，从而潜意识地对组织集体产生强大的作用，能够培养员工对企业的认同感、归属感，不断增强员工对企业的向心力、凝聚力。

三、范例介绍

某公司员工工作满意度调查问卷

尊敬的员工：

您好！我们正在进行旨在提高公司管理水平、更好适应未来发展的研究项目。在此项目中需要了解公司的客观情况、员工的真实想法。您的见解和意见对于公司未来发展至关重要，问卷匿名填写，公司将以严谨的职业态度对您的状况严格保密，并送往咨询公司。只在咨询顾问范围进行统计和建议依据使用。请您认真填写问卷，感谢您的积极支持和参与。

请根据自己的实际想法进行回答，不必受他人影响。答案没有正确与错误之分。请在各问题旁边的最能代表您的看法的一个数字上画勾。如果您不了解某一个问题或觉得这个问题与自己无关，可以跳过此题。(本问卷全部为单选，复选无效！)

关于您：

1. 您在公司的年资：未满一年；1～2年；2～4年；4年以上
2. 您在公司担任的职位：经纪人；中层管理人员(主任、主管)；销售辅助人员
3. 您担任现职位多久？3个月以内；3个月以上至1年；1～2年；2年以上

调查问题如下:

请指出您对下列陈述同意或不同意的程度:非常同意(5);同意(4);没意见(3);不同意(2);非常不同意(1)。

对工作本身的满意度

请就您个人的看法,选择合适的分数。

(　)1. 公司目前提供给我的工作符合自己的期望。

(　)2. 在工作过程中我经常感到很紧迫。

(　)3. 我能为我的能力得到了充分的发挥。

(　)4. 我很喜欢目前公司提供给我的工作。

(　)5. 公司提供我很多的学习机会。

对工作回报的满意度

(　)1. 距上一次我受表扬已经过了很久了。

(　)2. 过去半年里,有人讨论我的进步。

(　)3. 当我工作做出成绩时,上级通常会给予我表扬。

(　)4. 在工作中,我的意见经常得到上司的重视。

(　)5. 我能够从自己的工作中体验到一种成就感。

对工作环境的满意度

(　)1. 公司提供了非常好的办公条件。

(　)2. 公司有严格的作息制度。

(　)3. 公司对上下班有明确的规定。

(　)4. 公司给我提供了必备的办公设备。

(　)5. 公司提供我的福利是其他公司不容易做到的。

对工作群体的满意度

(　)1. 通常情况下,我的同事都表现出积极的工作态度。

(　)2. 为实现同一目标,我的同事能紧密合作。

(　)3. 我很清楚我的工作是如何同本组织中的其他员工保持协调一致。

(　)4. 我的同事能够尊重我的想法和感受。

(　)5. 公司部门和岗位之间分工非常明确,职责清楚。

对企业的满意度

(　)1. 总的来说,我对公司非常满意。

(　)2. 公司是同行业中的佼佼者,我为自己能够在此工作感到自豪。

(　)3. 公司的文化和目标给我提供了非常明确的发展方向。

(　)4. 本公司是同行业中发展最快速的公司。

(　)5. 我对公司内部各项管理制度非常了解。

开放问题

1. 如果您还希望针对这份调查问卷中的相关话题发表其他见解,请将您的意见写在下列空白处(如公司、工作、环境、人员)。

2. 与您可能任职的其他公司相比,总体来说,您如何评价本公司情况?

3. 您认为目前本公司存在哪些问题?其中最迫切需要解决什么问题?

四、本实验项目内容、步骤、方法和要求

（一）实验背景

某公司拟调查本公司员工满意度的影响因素。公司重点关注以下因素对员工工作满意度的影响。

1. 组织的目标：是否企业中每个职工对组织目标都有所了解、确认，且对此感到自豪。

2. 组织机构：企业是否有严密的规章制度、管理政策和程序、管理体系与管理实践、正规的组织机构与请示报告制度。

3. 组织的效率：员工对组织的整体能力和取得成功的自信心程度以及组织实现其目标的成功程度。

4. 沟通：组织内信息的纵向和横向沟通。

5. 协调与合作：组织的全体成员在为共同目标而有效合作奋斗的同时，各自的能力得到了极大的发挥，各个独立群体之间能相互协调，并能有效地完成共同的工作目标。

6. 报酬制度。

7. 环境：组织内部气氛使职工感到愉快，得到拥护和支持。

要求结合该公司要求，开展员工工作满意度的定量与定性调查实验。

（二）实验内容、方法、步骤

1. 调查背景

确定调查问题、调查对象，设计调查方案，确定调查方式。

2. 定量调查(问卷调查)

目的：通过员工回答问卷的方式接受管理者对相关问题的调查。

方法：问卷设计，数据统计。

要求：根据不同特征群体设计问卷，问卷调查项目要围绕公司提出的 7 个因素进行设计；组织问卷的发放与回收要确保回收率在 98%以上，利用专业软件统计问卷数据，对问卷数据进行分析。

3. 定性调查

运用焦点小组访谈、深度访谈等方法，通过面对面交流分析员工态度、感觉和动机，有助于查明定量调研中被忽略的问题或无法获得的信息。

工作内容：①准备访谈设备；②征选参与者；③选择主持人，制订访谈指南；④实施小组访谈；⑤编写小组访谈报告。

4. 制作员工工作满意度分析报告

调查小组对某公司员工工作满意度调查的结果进行分析。

5. 为某公司提出相关建议

五、实验条件

实验室条件；计算机设施；相关统计软件。

六、实验时间

4 小时。

七、实验报告和实验成绩评定

1. 实验成绩按照优秀、良好、中等、及格、不及格 5 个等级评定。
2. 成绩评定准则。
(1) 能够合理设计员工工作满意度问卷调查。
(2) 能够进行定性的工作满意度定性调查。
(3) 能够运用统计软件处理问卷数据并进行分析。
(4) 课堂模拟、讨论、总结占总成绩 70%，实验报告占 30%。
(5) 实验报告要求：编写语言流畅，文字简洁，条理清晰。

8.3 人力资源危机反应计划制订综合实验

一、实验目的

了解组织人力资源危机内涵和类型；理解人力资源危机预警管理基本程序；熟悉人力资源危机管理活动；掌握人力资源危机反应计划制订内容、方法。

二、预备知识

人才是企业的根本。企业的竞争最终要立足在人力资源的竞争和运用、管理基础之上。曾经在国内引起巨大震动的沈阳飞龙集团衰败事件，有多方面的失误因素，但是正如其总裁姜伟在检讨自己的"总裁的二十大失误"中所说，"人才战略的失误是集团成立 6 年来最有影响的一个错误"。按照姜伟的话说，以下几方面是公司人力资源危机的主要表现：没有一个长远的人才战略，人才机制没有市场化，人才结构单一，人才选拔不畅。

(一) 企业人力资源管理危机类型

1. 企业学习能力危机

面对竞争者的挑战，外部其他因素的剧烈变化，如果企业不能与时俱进，不断学习，竞争力就不能快速提升，势必难以应付外来挑战，企业就会落伍而逐渐衰败。

2. 品德与忠诚度危机

品德与忠诚度是企业员工的必备条件，是企业永续发展的资产，但也可能是企业崩溃的源头，俗话说："水可载舟，亦可覆舟"正是这个道理。

3. 组织结构危机

企业组织结构危机主要是忽视企业整体利益，重视部门利益；忽视团队利益，重视个人利益。这些观念日积月累，必导致整个企业犹如一盘散沙，缺乏应变能力，危机来临必然难以应对。

4. 管理制度危机

企业管理制度是管理的基础。制度不完善，或者制度运行不力，也会形成人力资源危机。

5. 工作场所安全危机

危机管理必须以人为本，机器设备损坏可以重新添购，但人员损失却再也找不回来。工作环境如果造成职业伤害，那么它将威胁到各种精密的机械设备、产品生产流程、交货时间，甚至要付出人员意外死亡的巨大代价。所以，企业单纯追求利润，对员工人身安全过于忽视的话，一旦发生事故，轻者将使企业遭受财务损失，严重者势必导致企业破产。

6. 人才流失危机

人才是企业的命脉，人才一旦流失，将增大竞争者的优势，对企业形成严重的打击。合格人才的流失，可能因为企业制度有问题，也有可能是其他企业"挖墙脚"，而使大批人才流失。内在的企业制度固然要改进，但也不要忽略外在的对手的"挖墙脚"现象。

合格员工不断流失，对于企业就会产生 4 种不利的结果：①企业整体协作气氛差；②竞争能力下降；③客户的信心危机；④产生工作交接成本。

7. 员工丧失工作能力危机

人才是企业经营的一项重要资产，人才如果死亡或丧失工作能力，都可能会危及企业经营目标的实现。尤其是负有企业重大责任的相关人员，因其所掌握的企业机密等级与所接触的层面很大，如果突然丧失工作能力，也会对企业造成一定程度的伤害与损失。

(二) 企业人力资源危机预警管理

建立系统模型和预警体系是企业人力资源危机预警管理的基础工作，而操作性研究重点是选择和实施预警管理对策。人力资源预警管理对策主要包括预警分析和防控对策，如图 8.1 所示。

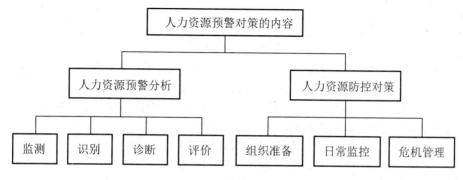

图 8.1 企业人力资源危机预警管理

1. 企业人资源预警分析

预警分析是对企业的人力资源管理状态进行识别、分析与评价，并做出警示的管理活动,它包括监测、识别、诊断和评价4项内容。

监测活动是预警系统开展的前提,一是对人力资源的组织、开发与管理全过程进行监测;二是对大量的监测信息进行处理。识别是通过对监测信息的分析,应用预警指标对企业人力资源管理状态进行判别。诊断是对已被识别的各种危机征兆进行成因过程分析和发展趋势预测,以明确哪些现象是主要的,哪些是从属的。评价主要是对已被确认的危机征兆进行损失性评价。诊断和评价是技术性的分析过程,为企业采取防控对策或危机管理对策提供科学的判识依据。

2. 企业人力资源防控对策

防控对策是根据预警分析的结果,对企业人力资源管理问题的早期征兆进行及时矫正与控制的管理活动,包括组织准备、日常监控、危机管理3个阶段。

组织准备包含对策制定与实施活动所需要的制度、标准、机制等软环境。其目的在于为防控对策提供必要的组织手段,也为人力资源管理危机提供组织训练及模拟危机管理对策。组织准备将服务于整个预警系统的全过程,必须根据组织功能的发挥状况进行动态调整。例如,如果通过预警分析,发现企业的指令失效率、信息沟通失真率偏高,劳动生产率偏低,究其原因主要是企业的管理层次太多和科室机构设置重叠。因此,就要进行组织流程再造,促使金字塔式的管理层次扁平化,变重叠设置的机构为功能单一的机构;通过加速企业信息化,借助计算机网络缩短沟通距离,削减大量的中间环节;对职责进行重新分工,使各个科室在职责上相互独立,在利益上连为一体。

日常监控是对预警分析所确定的问题进行监测与控制的管理活动,主要任务包括日常监控对策和人力资源管理危机模拟。日常监控对策对人力资源管理中的非优状态进行防范与化解活动,防止其扩展蔓延,并促使其恢复正常。人力资源管理的日常监测主要针对绩效考核、薪酬管理、培训教育和人才流失等问题。

人力资源危机管理是企业人力资源管理陷入危机状态时采取的一种特别管理活动。它是在企业人力资源管理系统已经失去控制时,以特别的危机策略、管理手段、应急措施参与到企业的人力资源管理活动之中,其主要内容是危机策略的制定、危机状态的管理机制与应急对策的实施和完成。

三、范例介绍

美联航的人力资源危机

2002年12月9日,全球第二大航空公司——美国联合航空公司(United Airlines)正式向设在芝加哥的联邦破产法庭提出破产保护申请。美联航紧随安然、世通入围美国历史上规模最大的十大破产案,同时这也是美国有史以来最大的一起航空公司破产案。美联航也曾经试图通过协调和员工的关系来摆脱困境,但是一系列的员工危机最终导致了美联航的破产。

在《财富》2000年度全球500强排名中,美联航名列第245位,销售收入达180.27亿美元。但美联航已连续两年出现大幅亏损,而且在2002年12月4日,公司18亿美元的贷款担保申请被拒,导致公司无力偿还即将到期的将近10亿美元的债务。为了摆脱困境,航空公司期望实施包括大规模裁员、削减员工薪酬等在内的降低运营成本计划。但削减人力成本支出终究没有帮助美联航走出困境。

1. 危机产生

自"9.11"恐怖袭击以来,全球航运业面临巨大危机,联合航空一直都在奋力挣扎,力图扭转每天损失数百万美元的局面。由于美国经济持续疲软,该公司已经缩小了服务规模,自"9.11"到 2001 年年底,更面对每天 1500 万美元巨额损失,美联航不得不大举裁员 20000 人并削减 30%的运载能力,但公司的亏损额还是达到了 21 亿美元。标准普尔已将该公司的长期公司债券评级进一步下调至垃圾级。自"9.11"恐怖袭击事件以来,该股累计跌幅已达 92%。

接着,美联航决定冻结部分机师薪酬,以缩减成本,增加公司获利能力。但是,消息一传开,立即得到了工会的反对,并要求加薪。根据联航目前薪资标准,顶级机师每小时工资 25.60 美元,大大低于美洲航空 34 美元的水平。为了避免大规模的罢工,今年 1 月总统紧急事务行动委员会曾向联航提议,在目前情况下,没有理由不对机师进行自 1994 年以来的第一次加薪。随即,美联合航空决定接受白官总统特别小组意见,提高 13000 名机师薪酬 37%,以避免大规模罢工所引发危机。虽然按照新的合同,机械师的工资待遇将被提高 37%,资深机师薪酬有望立即提高至 35.14 美元,于 2004 年中期左右调到 37.54 美元水平。但仍与机师工会 39.27 美元的要求相差甚远。并且,在公司新的合同中要求他们把增加的部分工资退还给公司,以帮助公司渡过难关。如果工会接受了新的合同,美联航就可以赢得 18 亿美元的联邦贷款担保,从而使联合航空及其母公司 UAL 避免进入破产保护程序。

2002 年 2 月 12 日晚,高达 68%的机械师拒绝了公司的合同,同时,86%的机械师同意举行罢工。美国联合航空公司机械师工会以压倒多数票的表决结果拒绝了公司的新合同,罢工开始了。

2. 矛盾激化

一旦进入破产程序,破产法院法官可能采取比联合航空现有提案更为严厉的劳动及各项成本削减措施。如果员工拒绝配合联合航空的成本削减计划,而导致公司破产,无疑只会面临更为糟糕的解决方式。到时候,员工现在所享受的各项福利都将被法官一笔勾销。

2002 年 11 月底,为帮助公司避免陷入破产,联合航空的 2.4 万名乘务员同意了减薪 4.12 亿美元的提案,联合航空的飞行员工会和其他雇员组织先前就成本削减提案达成临时协议。根据这项协议,联合航空在今后 5 年半内削减 4.12 亿美元营运开支。联合航空公司内共有 67%的公司员工参加了有关这项协议的投票,其中 87%的投票者投了赞成票。这项协议的通过将使面临财政危机的联合航空节省人力成本支出,从而使公司可以获得 18 亿美元的贷款援助。

为了解决人力资源上出现的危机,12 月 1 日联合航空的管理层和机械师工会举行了非公开会谈,就如何避免破产厄运进行再次协商。如果双方不能达成协议,美联航破产将是板上钉钉的事。

但是各种努力最终没有挽救美联航的厄运。

人力资源危机是每个企业的人力资源管理部门都不愿面对的事,然而当人力危机不幸来临时,HR 部门千万不要怨天尤人,而要主动承担起管理的责任,诚意面对问题,找寻合适的办法,降低和转化危机。正如人的身体一样,体质越好,抗御疾病的能力就越强,好的体质来源于经常性的锻炼和良好、均衡的营养。企业素质的提高也需要经过长期的培养与锻炼。希望美联航的事件能给企业一些启发,可以在企业中建立人力资源危机管理预警系统。也可以设计一些危机管理的仿真训练,来测试各个环节存在的问题及应变能力,通过演练提高危机处理的素质。

四、本实验项目内容、步骤、方法和要求

(一) 实验背景

某电子工业有限公司早年开发、生产游戏机,在总经理的带领下,企业迅速成为游戏机行业的主要生产厂商。短暂几年,公司的产值高达数亿元以上。但是某一天,公司总经理突然提出辞职,另行成立了新的竞争性公司,并带走了原来公司绝大多数的中层管理人员,公司很短时间就跌入了黑暗的深渊,并黯然退出了家电第一梯队的竞争行列。

（二）实验内容、要求和步骤

经过痛苦休整后，该公司吸取了上述人力资源危机教训，要求人力资源管理部门提早制定企业人力资源危机解决方案。

该企业处理人力资源危机的解决方案主要围绕以下内容，尝试建立相应机制和措施：①吸引人才；②签订相关约束条款合同；③构建永续经营的企业文化；④完善管理制度；⑤及早发现员工危机征兆；⑥重视与员工沟通。

实验步骤如下。

1．参照同行公司经验和本企业人力资源管理实践情况，提出人力资源危机管理目标。
2．建立人力资源管理危机反应制度和机构设想。
3．公司人力资源危机类型和征兆检测。
4．人力资源危机处理方案。
5．公司人力资源危机管理技能提高对策。

五、实验条件

实验室条件；计算机设施；相关办公条件与调研资料。

六、实验时间

3小时。

七、实验报告和实验成绩评定

1．实验成绩按照优秀、良好、中等、及格、不及格5个等级评定。
2．成绩评定准则。
(1) 对学生理解人力资源危机预警管理程序、机制和方法的程度进行评价。
(2) 评价学生是否掌握人力资源危机预警管理体系的内容。
(3) 对学生拟定的人力资源危机预警方案进行评价。
(4) 课堂模拟、讨论、总结占总成绩70%，实验报告占30%。
(5) 实验报告要求：编写语言流畅，文字简洁，条理清晰。

习　　题

顾某是某化工有限公司的会计，双方订立了无固定期限的合同，在该劳动合同中，双方除就合同解除的条件做了比较详细的约定外，还就合同终止的条件进行了约定。其中约定的一项终止条件就是，如果因国家政策规定或者因顾某个人原因导致顾某的会计从业资格丧失的，双方合同即行终止，劳动合同关系终结。

顾某作为一名资历较深的会计，拥有比较多的社会关系，其也利用业余时间从事兼职会计工作，以增加收入，对此该公司并不反对。但是，在从事兼职业务时，顾某因违反国家关于会计从业人员的管理规定而被吊销会计从业资格，该化工有限公司随即依双方劳动合同的约定，通知顾某终止了双方的劳动合同。顾某不同意终止合同，向当地的劳动争议仲裁委员会申请仲裁，请求裁令该公司继续履行双方的劳动合同。

顾某认为，其被吊销会计从业资格，是因为其在兼职过程中因违规造成的，与其履行与该化工有限公司的劳动合同行为无关，劳动合同种涉及该项终止条件的约定，应仅限于其履行与该公司间劳动合同所发生的事件。因此，该公司终止劳动合同行为错误，双方间的劳动关系应当恢复，原劳动合同应当继续履行。

该公司认为，顾某拥有会计从业资格，是顾某能够履行双方约定的劳动合同的前提条件，该前提条件丧失，双方间的劳动合同当然也就不能举行履行。因此，其公司与顾某关于该项终止条件的约定，理所当然地是指向非因其公司过错所导致的顾某会计从业资格丧失。至于顾某是因履行与其公司劳动合同中的违规行为导致会计资格丧失，还是因履行兼职义务中的违规行为导致会计资格丧失，均未构成劳动合同约定的原因，因此其公司终止双方的劳动合同，行为有据，理由正当。

对于顾某的请求，应当予以支持还是反对？

参 考 文 献

[1] 安鸿章．企业人力资源管理师(三级)[M]．北京：中国劳动社会保障出版社，2007．
[2] 鲍立刚，覃扬彬，覃学强．人力资源管理综合实训演练[M]．大连：东北财经大学出版社，2008．
[3] [美]巴里·格哈特(Barry Gerhart)，萨拉·L 瑞纳什(Sala L. Rynes)．薪酬管理：理论、证据与战略意义[M]．朱舟译．上海：上海财经大学出版社，2005．
[4] 畅铁民．教师绩效薪酬偏好及影响因素分析[J]．山西高等学校社会科学学报．2011，(5)：89-91．
[5] 董克用．人力资源管理概论[M]．3版．北京：中国人民大学出版社，2011．
[6] 冯明，李华，闫威．人力资源管理职位实验教程[M]．重庆：重庆大学出版社，2007．
[7] 顾文静．人力资源管理仿真综合实习教程[M]．北京：经济科学出版社，2010．
[8] 葛培华等．人力资源管理专业实验(实训)指导书[M]．北京：经济科学出版社，2011．
[9] [美]赫尔曼·阿吉斯．绩效管理[M]．刘昕，曹仰锋译．北京：中国人民大学出版社，2008．
[10] 胡君辰，郑绍濂．人力资源开发与管理[M]．3版．上海：复旦大学出版社，2004．
[11] 金龙，刘福成．人力资源管理实验教程[M]．天津：天津大学出版社，2009．
[12] [美]加里·德斯勒．人力资源管理[M]．10版．北京：中国人民大学出版社，2007．
[13] 李永鑫，王明辉．人才测评[M]．北京：中国轻工业出版社，2010．
[14] 刘远我．人才测评：方法与应用[M]．北京：电子工业出版社，2007．
[15] 刘安鑫．人力资源管理实务[M]．北京：北京理工大学出版社，2010．
[16] 刘昕．薪酬管理[M]．3版．北京：中国人民大学出版社，2011．
[17] 李浇，支海宇．人类资源管理实训教程[M]．大连：东北财经大学出版社，2009．
[18] 单国旗，饶惠霞．人力资源管理模拟实训教程[M]．广州：中山大学出版社，2009．
[19] 宋长生，韩淼．人力资源管理实验教程[M]．北京：中国经济出版社，2010．
[20] 石金涛．现代人力资源开发与管理[M]．上海：上海交通大学出版社，2003．
[21] 吴国华．崔霞．人力资源管理试验实训教程[M]．南京：东南大学出版社，2008．
[22] 吴国存，李新建．人力资源开发与管理概论[M]．天津：南开大学出版社，2001．
[23] 谢晋宇．公司人力资源开发与管理[M]．天津：南开大学出版社，2001．
[24] 余凯成，人力资源管理[M]．大连：大连理工大学出版社，2006．
[25] [美]伊万切维奇，[中]赵曙明．人力资源管理[M]．9版．北京：机械工业出版社，2005．
[26] 张文贤．人才测评[M]．北京：科学出版社，2010．
[27] 赵琛微．员工素质测评[M]．北京：海天出版社，2003．
[28] 褚福灵．人力资源管理职位实训教程[M]．北京：清华大学出版社，2009．
[29] 张进辅．现代人才测评技术与应用策略[M]．重庆：重庆出版社，2006．
[30] 张德．人力资源开发与管理案例精选[M]．北京：清华大学出版社，2002．

北京大学出版社本科财经管理类实用规划教材（已出版）

财务会计类

序号	书 名	标准书号	主编	定价	序号	书 名	标准书号	主编	定价
1	基础会计（第2版）	7-301-17478-4	李秀莲	38.00	22	财务管理学	7-301-21887-7	陈 玮	44.00
2	基础会计学	7-301-19403-4	窦亚芹	33.00	23	基础会计学学习指导与习题集	7-301-16309-2	裴 玉	28.00
3	会计学	7-81117-533-2	马丽莹	44.00	24	财务管理理论与实务	7-301-20042-1	成 兵	40.00
4	会计学原理（第2版）	7-301-18515-5	刘爱香	30.00	25	税法与税务会计实用教程（第2版）	7-301-21422-0	张巧良	45.00
5	会计学原理习题与实验（第2版）	7-301-19449-2	王保忠	30.00	26	财务管理理论与实务（第2版）	7-301-20407-8	张思强	42.00
6	会计学原理与实务（第2版）	7-301-18653-4	周慧滨	33.00	27	公司理财原理与实务	7-81117-800-5	廖东声	36.00
7	会计学原理与实务模拟实验教程	7-5038-5013-4	周慧滨	20.00	28	审计学	7-81117-828-9	王翠琳	46.00
8	会计实务	7-81117-677-3	王远利	40.00	29	审计学	7-301-20906-6	赵晓波	38.00
9	高级财务会计	7-81117-545-5	程明娥	46.00	30	审计理论与实务	7-81117-955-2	宋传联	36.00
10	高级财务会计	7-5655-0061-9	王奇杰	44.00	31	会计综合实训模拟教程	7-301-20730-7	章洁倩	33.00
11	成本会计学	7-301-19400-3	杨尚军	38.00	32	财务分析学	7-301-20275-3	张献英	30.00
12	成本会计学	7-5655-0482-2	张红漫	40.00	33	银行会计	7-301-21155-7	宗国恩	40.00
13	成本会计学	7-301-20473-3	刘建中	38.00	34	税收筹划	7-301-21238-7	都新英	38.00
14	管理会计	7-81117-943-9	齐殿伟	27.00	35	基础会计学	7-301-16308-5	晋晓琴	39.00
15	管理会计	7-301-21057-4	彤芳珍	36.00	36	公司财务管理	7-301-21423-7	胡振兴	48.00
16	会计规范专题	7-81117-887-6	谢万健	35.00	37	财务管理学实用教程（第2版）	7-301-21060-4	骆永菊	42.00
17	企业财务会计模拟实习教程	7-5655-0404-4	董晓平	25.00	38	政府与非营利组织会计	7-301-21504-3	张 丹	40.00
18	税法与税务会计	7-81117-497-7	吕孝侠	45.00	39	预算会计	7-301-22203-4	王筱萍	32.00
19	初级财务管理	7-301-20019-3	胡淑姣	42.00	40	统计学实验教程	7-301-22450-2	裴雨明	24.00
20	财务管理学原理与实务	7-81117-544-8	严复海	40.00	41	基础会计实验与习题	7-301-22387-1	左 旭	30.00
21	财务管理学	7-5038-4897-1	盛均全	34.00	42	基础会计	7-301-23109-8	田凤彩	40.00

工商管理、市场营销、人力资源管理、服务营销类

序号	书 名	标准书号	主编	定价	序号	书 名	标准书号	主编	定价
1	管理学基础	7-5038-4872-8	于干千	35.00	28	市场营销学	7-301-21056-7	马慧敏	42.00
2	管理学基础学习指南与习题集	7-5038-4891-9	王 珍	26.00	29	市场营销学：理论、案例与实训	7-301-21165-6	袁连升	42.00
3	管理学	7-81117-494-6	曾 旗	44.00	30	市场营销学	7-5655-0064-0	王槐林	33.00
4	管理学	7-301-21167-0	陈文汉	35.00	31	国际市场营销学	7-301-21888-4	董 飞	45.00
5	管理学	7-301-17452-4	王慧娟	42.00	32	市场营销学（第2版）	7-301-19855-1	陈 阳	45.00
6	管理学原理	7-5655-0078-7	尹少华	42.00	33	市场营销学	7-301-21166-3	杨 楠	40.00
7	管理学原理与实务（第2版）	7-301-18536-0	陈嘉莉	42.00	34	国际市场营销学	7-5038-5021-9	范应仁	38.00
8	管理学实用教程	7-5655-0063-3	邵喜武	37.00	35	现代市场营销学	7-81117-599-8	邓德胜	40.00
9	管理学实用教程	7-301-21059-8	高爱霞	42.00	36	市场营销学新论	7-5038-4879-7	郑玉香	40.00
10	管理学实用教程	7-301-22218-8	张润兴	43.00	37	市场营销理论与实务（第2版）	7-301-20628-7	那 薇	40.00
11	通用管理知识概论	7-5038-4997-8	王丽平	36.00	38	市场营销学实用教程	7-5655-0081-7	李晨耘	40.00
12	管理学原理	7-301-21178-6	雷金荣	39.00	39	市场营销学	7-81117-676-6	戴秀英	32.00
13	管理运筹学（第2版）	7-301-19351-8	关文忠	39.00	40	消费者行为学	7-81117-824-1	甘瑁琴	35.00
14	统计学原理	7-301-21061-1	韩 宇	38.00	41	商务谈判（第2版）	7-301-20048-3	郭秀君	49.00
15	统计学原理	7-5038-4888-9	刘晓利	28.00	42	商务谈判实用教程	7-81117-597-4	陈建明	24.00
16	统计学	7-5038-4898-8	曲 岩	42.00	43	消费者行为学	7-5655-0057-2	肖 立	37.00
17	应用统计学（第2版）	7-301-19295-5	王淑芬	48.00	44	客户关系管理实务	7-301-09956-8	周贺来	44.00
18	统计学原理与实务	7-5655-0505-8	徐静霞	40.00	45	公共关系学	7-5038-5022-6	于朝晖	40.00
19	管理定量分析方法	7-301-13552-5	赵光华	28.00	46	非营利组织	7-301-20726-0	王智慧	33.00
20	新编市场营销学	7-81117-972-9	刘丽霞	30.00	47	公共关系理论与实务	7-5038-4889-6	王 攻	32.00
21	公共关系理论与实务	7-5655-0155-5	李泓欣	45.00	48	公共关系学实用教程	7-81117-660-5	周 华	35.00
22	质量管理	7-5655-0069-5	陈国华	36.00	49	跨文化管理	7-301-20027-8	晏 雄	35.00
23	企业文化理论与实务	7-81117-663-6	王水嫩	30.00	50	企业战略管理	7-5655-0370-2	代海涛	36.00
24	企业战略管理	7-81117-801-2	陈英梅	34.00	51	员工招聘	7-301-20089-6	王 挺	30.00
25	企业战略管理实用教程	7-81117-853-1	刘松先	35.00	52	服务营销理论与实务	7-81117-826-5	杨丽华	39.00
26	产品与品牌管理	7-81117-492-2	胡 梅	35.00	53	服务企业经营管理学	7-5038-4890-2	于干千	36.00
27	东方哲学与企业文化	7-5655-0433-4	刘峰涛	34.00	54	服务营销	7-301-15834-0	周 明	40.00

序号	书名	标准书号	主编	定价	序号	书名	标准书号	主编	定价
55	运营管理	7-5038-4878-0	冯根尧	35.00	69	服务性企业战略管理	7-301-20043-8	黄其新	28.00
56	生产运作管理（第2版）	7-301-18934-4	李全喜	48.00	70	服务型政府管理概论	7-301-20099-5	于千千	32.00
57	运作管理	7-5655-0472-3	周建亨	25.00	71	新编现代企业管理	7-301-21121-2	姚丽郦	48.00
58	组织行为学	7-5038-5014-1	安世民	33.00	72	创业学	7-301-15915-6	刘沁玲	38.00
59	组织行为学实用教程	7-301-20466-5	冀鸿	32.00	73	公共关系学实用教程	7-301-17472-2	任焕琴	42.00
60	现代组织理论	7-5655-0077-0	岳澎	32.00	74	现场管理	7-301-21528-9	陈国华	38.00
61	人力资源管理（第2版）	7-301-19098-2	颜爱民	60.00	75	现代企业管理理论与应用（第2版）	7-301-21603-3	邸彦彪	38.00
62	人力资源管理经济分析	7-301-16084-8	颜爱民	38.00	76	服务营销	7-301-21889-1	熊凯	45.00
63	人力资源管理原理与实务	7-81117-496-0	邹华	32.00	77	企业经营ERP沙盘应用教程	7-301-20728-4	董红杰	32.00
64	人力资源管理实用教程（第2版）	7-301-20281-4	吴宝华	45.00	78	项目管理	7-301-21448-0	程敏	39.00
65	人力资源管理：理论、实务与艺术	7-5655-0193-7	李长江	48.00	79	公司治理学	7-301-22568-4	蔡锐	35.00
66	政府与非营利组织会计	7-301-21504-3	张丹	40.00	80	管理学原理	7-301-22980-4	陈阳	48.00
67	会展服务管理	7-301-16661-1	许传宏	36.00	81	管理学	7-301-23023-7	申文青	40.00
68	现代服务业管理原理、方法与案例	7-301-17817-1	马勇	49.00	82	人力资源管理实验教程	7-301-23078-7	畅铁民	40.00

经济、国贸、金融类

序号	书名	标准书号	主编	定价	序号	书名	标准书号	主编	定价
1	宏观经济学原理与实务（第2版）	7-301-18787-6	崔东红	57.00	21	国际贸易规则与进出口业务操作实务（第2版）	7-301-19384-6	李平	54.00
2	宏观经济学（第2版）	7-301-19038-8	寒冬香	39.00	22	金融市场学	7-81117-595-0	黄解宇	24.00
3	微观经济学原理与实务	7-81117-818-0	崔东红	48.00	23	财政学	7-5038-4965-7	盖锐	34.00
4	微观经济学	7-81117-568-4	梁瑞华	35.00	24	保险学原理与实务	7-5038-4871-1	曹时军	37.00
5	西方经济学实用教程	7-5038-4886-5	陈孝胜	40.00	25	东南亚南亚商务环境概论	7-81117-956-9	韩越	38.00
6	西方经济学实用教程	7-5655-0302-3	杨仁发	49.00	26	证券投资学	7-301-19967-1	陈汉平	45.00
7	西方经济学	7-81117-851-7	于丽敏	40.00	27	证券投资学	7-301-21236-3	王毅	45.00
8	现代经济学基础	7-81117-549-3	张士军	25.00	28	货币银行学	7-301-15062-7	杜小伟	38.00
9	国际经济学	7-81117-594-3	吴红梅	39.00	29	货币银行学	7-301-21345-2	李冰	42.00
10	发展经济学	7-81117-674-2	赵邦宏	48.00	30	国际结算（第2版）	7-301-17420-3	张晓芬	35.00
11	管理经济学	7-81117-536-3	姜保雨	34.00	31	国际结算	7-301-21092-5	张慧	42.00
12	计量经济学	7-5038-3915-3	刘艳春	28.00	32	金融风险管理	7-301-20090-2	朱淑珍	38.00
13	外贸函电（第2版）	7-301-18786-9	王妍	30.00	33	金融工程学	7-301-18273-4	李淑锦	30.00
14	国际贸易理论与实务（第2版）	7-301-18798-2	缪东玲	54.00	34	国际贸易理论、政策与案例分析	7-301-20978-3	冯跃	42.00
15	国际贸易（第2版）	7-301-19404-1	朱廷珺	45.00	35	金融工程学理论与实务（第2版）	7-301-21280-6	谭春枝	42.00
16	国际贸易实务（第2版）	7-301-20486-3	夏合群	45.00	36	金融学理论与实务	7-5655-0405-1	战玉峰	42.00
17	国际贸易结算及其单证实务	7-5655-0268-2	卓乃坚	35.00	37	国际金融实用教程	7-81117-593-6	周影	32.00
18	政治经济学原理与实务（第2版）	7-301-22204-1	沈爱华	31.00	38	跨国公司经营与管理	7-301-21333-9	冯雷鸣	35.00
19	国际商务	7-5655-0093-0	安占然	30.00	39	国际金融	7-5038-4893-3	韩博印	30.00
20	国际贸易实务	7-301-20919-6	张肃	28.00	40	国际商务函电	7-301-22388-8	金泽虎	35.00

法律类

序号	书名	标准书号	主编	定价	序号	书名	标准书号	主编	定价
1	经济法原理与实务（第2版）	7-301-21527-2	杨士富	39.00	5	劳动法和社会保障法（第2版）	7-301-21206-6	李瑞	38.00
2	经济法实用教程	7-81117-547-9	陈亚平	44.00	6	金融法学理论与实务	7-81117-958-3	战玉锋	34.00
3	国际商法理论与实务	7-81117-852-4	杨士富	38.00	7	国际商法	7-301-20071-1	丁孟春	37.00
4	商法总论	7-5038-4887-2	任先行	40.00	8	商法学	7-301-21478-7	周龙杰	43.00

电子商务与信息管理类

序号	书名	标准书号	主编	定价	序号	书名	标准书号	主编	定价
1	网络营销	7-301-12349-2	谷宝华	30.00	8	电子商务概论（第2版）	7-301-17475-3	庞大莲	42.00
2	数据库技术及应用教程（SQL Server版）	7-301-12351-5	郭建校	34.00	9	网络营销	7-301-16556-0	王宏伟	26.00
3	网络信息采集与编辑	7-301-16557-7	范生万	24.00	10	电子商务概论	7-301-16717-5	杨雪霏	32.00
4	电子商务案例分析	7-301-16596-6	曹彩杰	28.00	11	电子商务英语	7-301-05364-5	覃正	30.00
5	管理信息系统	7-301-12348-5	张彩虹	36.00	12	网络支付与结算	7-301-16911-7	徐勇	34.00
6	电子商务概论	7-301-13633-1	李洪心	30.00	13	网上支付与安全	7-301-17044-1	帅青红	32.00
7	管理信息系统实用教程	7-301-12323-2	李松	35.00	14	企业信息化实务	7-301-16621-5	张志荣	42.00

序号	书 名	标准书号	主编	定价	序号	书 名	标准书号	主编	定价
15	电子商务法	7-301-14306-3	李 瑞	26.00	28	电子化国际贸易	7-301-17246-9	李辉作	28.00
16	数据仓库与数据挖掘	7-301-14313-1	廖开际	28.00	29	商务智能与数据挖掘	7-301-17671-9	张公让	38.00
17	电子商务模拟与实验	7-301-12350-8	喻光继	22.00	30	管理信息系统教程	7-301-19472-0	赵天唯	42.00
18	ERP原理与应用教程	7-301-14455-8	温雅丽	34.00	31	电子政务	7-301-15163-1	原忠虎	38.00
19	电子商务原理及应用	7-301-14080-2	孙 睿	36.00	32	商务智能	7-301-19899-5	汪 楠	40.00
20	管理信息系统理论与应用	7-301-15212-6	吴 忠	30.00	33	电子商务与现代企业管理	7-301-19978-7	吴菊华	40.00
21	网络营销实务	7-301-15284-3	李蔚田	42.00	34	电子商务物流管理	7-301-20098-8	王小宁	42.00
22	电子商务实务	7-301-15474-8	仲 岩	28.00	35	管理信息系统实用教程	7-301-20485-6	周贺来	42.00
23	电子商务网站建设	7-301-15480-9	臧良运	32.00	36	电子商务概论	7-301-21044-4	苗 森	28.00
24	网络金融与电子支付	7-301-15694-0	李蔚田	30.00	37	管理信息系统实务教程	7-301-21245-5	魏厚清	34.00
25	网络营销	7-301-22125-9	程 虹	38.00	38	电子商务安全	7-301-22350-5	蔡志文	49.00
26	电子证券与投资分析	7-301-22122-8	张德存	38.00	39	电子商务法	7-301-22121-1	郭 鹏	38.00
27	数字图书馆	7-301-22118-1	奉国和	30.00	40	ERP沙盘模拟教程	7-301-22393-2	周 菁	26.00

物流类

序号	书 名	书号	编著者	定价	序号	书 名	书号	编著者	定价
1	物流工程	7-301-15045-0	林丽华	30.00	28	物流项目管理	7-301-18801-9	周晓晔	35.00
2	现代物流决策技术	7-301-15868-5	王道平	30.00	29	物流工程与管理	7-301-18960-3	高举红	39.00
3	物流管理信息系统	7-301-16564-5	杜彦华	33.00	30	交通运输工程学	7-301-19405-8	于 英	43.00
4	物流信息管理	7-301-16699-4	王汉新	38.00	31	国际物流管理	7-301-19431-7	柴庆春	40.00
5	现代物流学	7-301-16662-8	吴 健	42.00	32	商品检验与质量认证	7-301-10563-4	陈红丽	32.00
6	物流英语	7-301-16807-3	阚功俭	28.00	33	供应链管理	7-301-19734-9	刘永胜	49.00
7	第三方物流	7-301-16663-5	张旭辉	35.00	34	逆向物流	7-301-19809-4	甘卫华	33.00
8	物流运作管理	7-301-16913-1	董千里	28.00	35	供应链设计理论与方法	7-301-20018-6	王道平	32.00
9	采购管理与库存控制	7-301-16921-6	张 浩	30.00	36	物流管理概论	7-301-20095-7	李传荣	44.00
10	物流管理基础	7-301-16906-3	李蔚田	36.00	37	供应链管理	7-301-20094-0	高举红	38.00
11	供应链管理	7-301-16714-4	曹翠珍	40.00	38	企业物流管理	7-301-20818-2	孔继利	45.00
12	物流技术装备	7-301-16808-0	于 英	38.00	39	物流项目管理	7-301-20851-9	王道平	30.00
13	现代物流信息技术	7-301-16049-7	王道平	34.00	40	供应链管理	7-301-20901-1	王道平	35.00
14	现代物流仿真技术	7-301-17571-2	王道平	34.00	41	现代仓储管理与实务	7-301-21043-7	周兴建	45.00
15	物流信息系统应用实例教程	7-301-17581-1	徐 琪	32.00	42	物流学概论	7-301-21098-7	李 创	44.00
16	物流项目招投标管理	7-301-17615-3	孟祥茹	30.00	43	航空物流管理	7-301-21118-2	刘元洪	32.00
17	物流运筹学实用教程	7-301-17610-8	赵丽君	33.00	44	物流管理实验教程	7-301-21094-9	李晓龙	25.00
18	现代物流基础	7-301-17611-5	王 侃	37.00	45	物流系统仿真案例	7-301-21072-7	赵 宁	25.00
19	现代企业物流管理实用教程	7-301-17612-2	乔志强	40.00	46	物流与供应链金融	7-301-21135-9	李向文	30.00
20	现代物流管理学	7-301-17672-6	丁小龙	42.00	47	物流信息系统	7-301-20989-9	王道平	28.00
21	物流运筹学	7-301-17674-0	郝 海	36.00	48	物料学	7-301-17476-0	肖生苓	44.00
22	供应链库存管理与控制	7-301-17929-1	王道平	28.00	49	智能物流	7-301-22036-8	李蔚田	45.00
23	物流信息系统	7-301-18500-1	修桂华	32.00	50	物流项目管理	7-301-21676-7	张旭辉	38.00
24	城市物流	7-301-18523-0	张 潜	24.00	51	新物流概论	7-301-22114-3	李向文	34.00
25	营销物流管理	7-301-18658-9	李学工	45.00	52	物流决策技术	7-301-21965-2	王道平	38.00
26	物流信息技术概论	7-301-18670-1	张 磊	28.00	53	物流系统优化建模与求解	7-301-22115-0	李向文	32.00
27	物流配送中心运作管理	7-301-18671-8	陈 虎	40.00	54	集装箱运输实务	7-301-16644-4	孙家庆	34.00

相关教学资源如电子课件、电子教材、习题答案等可以登录 www.pup6.com 下载或在线阅读。

扑六知识网(www.pup6.com)有海量的相关教学资源和电子教材供阅读及下载(包括北京大学出版社第六事业部的相关资源)，同时欢迎您将教学课件、视频、教案、素材、习题、试卷、辅导材料、课改成果、设计作品、论文等教学资源上传到 pup6.com，与全国高校师生分享您的教学成就与经验，并可自由设定价格，知识也能创造财富。具体情况请登录网站查询。

如您需要免费纸质样书用于教学，欢迎登录第六事业部门户网(www.pup6.com)填表申请，并欢迎在线登记选题以到北京大学出版社来出版您的大作，也可下载相关表格填写后发到我们的邮箱，我们将及时与您取得联系并做好全方位的服务。

扑六知识网将打造成全国最大的教育资源共享平台，欢迎您的加入——让知识有价值，让教学无界限，让学习更轻松。联系方式：010-62750667，wangxc02@163.com，lihu80@163.com，欢迎来电来信。